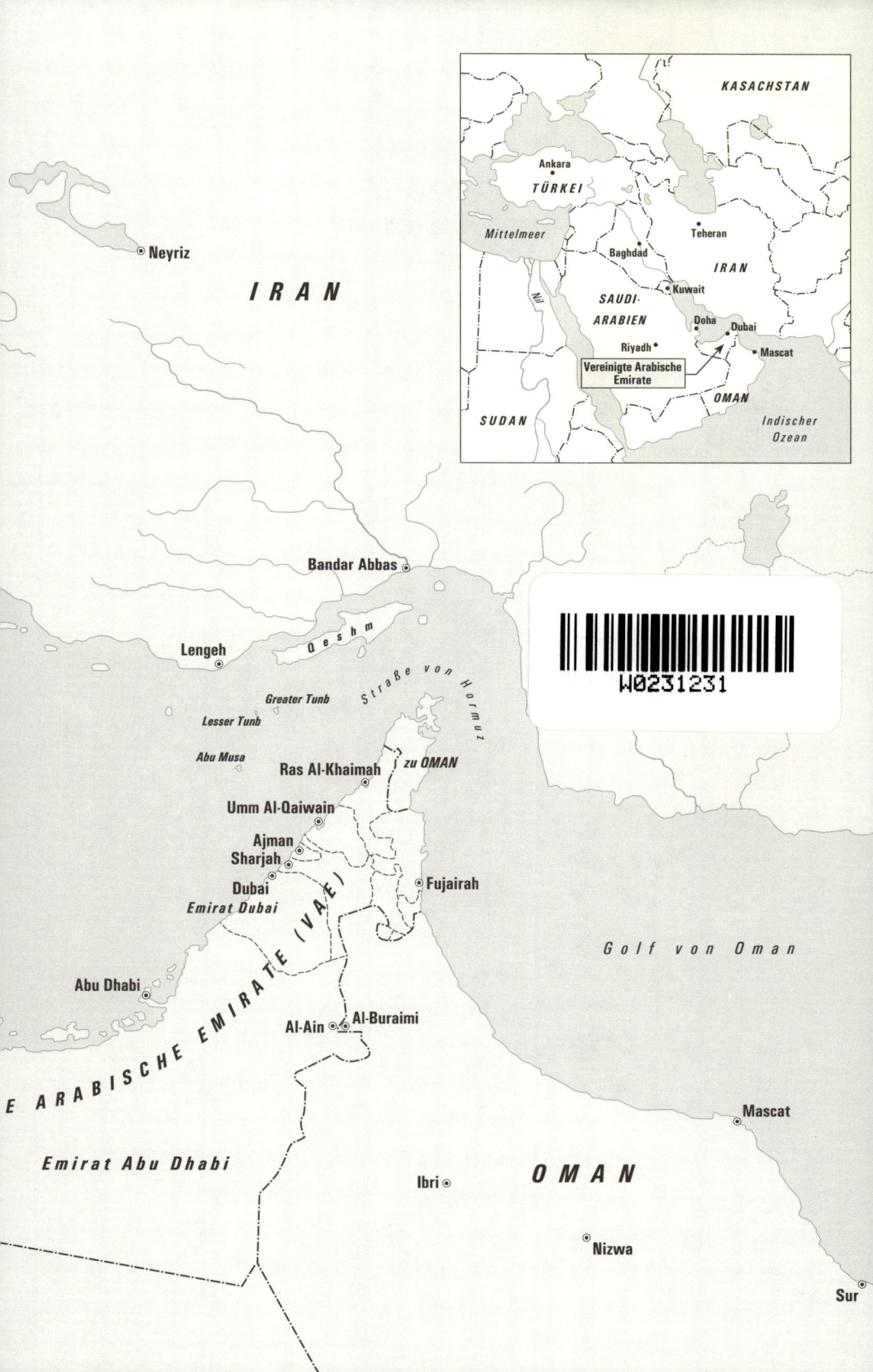

KASACHSTAN

TÜRKEI

Ankara

Mittelmeer

Teheran

Baghdad

IRAN

Nil

Kuwait

SAUDI-
ARABIEN

Doha

Dubai

Riyadh

Mascat

Vereinigte Arabische
Emirate

OMAN

SUDAN

Indischer
Ozean

Neyriz

IRAN

Bandar Abbas

Lengeh

Qeshm

Straße von Hormuz

Greater Tunb

Lesser Tunb

Abu Musa

zu OMAN

Ras Al-Khaimah

Umm Al-Qaiwain

Ajman

Sharjah

Fujairah

Dubai

Emirat Dubai

E ARABISCHE EMIRATE (VAE)

Golf von Oman

Abu Dhabi

Al-Ain

Al-Buraimi

Mascat

E ARABISCHE EMIRATE (VAE)

Emirat Abu Dhabi

Ibri

OMAN

Nizwa

Sur

Gerhard Konzelmann
Die Emirate

Gerhard Konzelmann

Die Emirate

Das Paradies im Nahen Osten

Herbig

Besuchen Sie uns im Internet unter
www.herbig-verlag.de

Schutzumschlag: Wolfgang Heinzel
Umschlagfoto: Picture-Alliance / dpa
Karten: Eckehard Radehose, Schliersee
Herstellung und Satz: VerlagsService Dr. Helmut Neuberger
& Karl Schaumann GmbH, Heimstetten
Gesetzt aus der 11 / 13,5 Punkt Palatino
Druck und Binden: GGP Media GmbH, Pößneck
Printed in Germany
ISBN 3-7766-2443-4

Inhalt

Die Emirate   15

Die Zukunft des Paradieses sichern –
»For the good of the future«   17

Der Wunsch nach dem Paradies bricht immer wieder auf.
Er besitzt vielfache Wurzeln   20

Zur Einführung in die Materie »Emirate«:
Ein Blick auf das Leben in Al Buraimi und Abu Dhabi   21

Die sagenhafte Insel Dilmun und ihre Geheimnisse   23

Der Mythos Dilmun – ein Spiegel vergangener Realität?   24

Die Sippe Al Nahyan   29

Auswanderung aus Abu Dhabi führt
zur Gründung von Dubai   29

Bis in unsere Zeit gefährlich: die Ideologie des
Mohammed Ibn Abdel Wahhab   31

Reiseberichte, Informationen über Land und Leute
haben Seltenheitswert   37

Bündnis des Stammes Qawasimi mit den Wahhabiten   38

Ahmed ibn Majid: arabischer Navigator und Verräter
nautischer Geheimnisse   42

Die romantische Vorstellung der Briten vom Golf
wurde befriedigt. Abenteuer und Gefahr im Orient   46

Der Begriff »Piratenküste« verschwindet.
Der neue Name: Trucial States – die Vertragsstaaten   53

Piraten oder Kämpfer für ihre Freiheit?   55

Die Quelle des Reichtums: Perlen   60

Die Trucial States waren wohlhabend – aber zerstritten   64

Brudermord   66

Dubai wird auf Dauer unabhängig   68

Die Familie Al Maktoum übernimmt
Verantwortung für Dubai   70

Streit mit den Wahhabiten: An der Oase Al-Buraimi
entzündet sich der Konflikt   72

Ägypten bedroht die Arabische Halbinsel –
strategische Überlegungen des Mohammed Ali   81

Jeder Sheikh gegen jeden Sheikh – kostspielige
und sinnlose Bruderkriege   84

Das wahhabitische Saudi-Arabien: erneut eine Bedrohung
für die Trucial Coast   89

Der Mord an Sheikh Khalifah von Abu Dhabi
und die Folgen   90

Der Sheikh von Bahrain bittet Persien um Hilfe   92

Die Trucial Coast und das Schuldnerproblem   94

Großbritannien wehrt sich gegen persischen
und französischen Einfluss am Golf   95

Die Trucial Coast bindet sich »für alle Zeiten« an London   98

Der Untergang des Handelszentrum Lingeh.
Sheikh Maktum Ibn Hasher nützt die Chance für Dubai   100

»England overlord and protector«. Die »Grundsatzrede«
des Viceroy of India, Lord Curzon   103

Der Held Abdel Aziz Ibn Saud – die Bedrohung
der Sheikhtümer wird akuter denn je   105

Die »Blaue Linie« – eine Grenzziehung
im Interesse Englands   109

»Die Ruler sind kurzlebige Existenzen«   112

Eine entschlossene Frau: Sheikha Salamah handelt   114

Selten kamen Fremde zur Trucial Coast   116

Das Ölzeitalter beginnt anderswo   117

Großbritannien stößt den Herrscher von Saudi-Arabien
vor den Kopf   119

Die Trucial Coast bleibt im Ölgeschäft Großbritannien treu   122

Die Armut kehrt zurück. Die Konsequenzen
des Zweiten Weltkriegs für die Trucial Coast   123

»Wir, Shakhbut ibn Sultan ibn Zayed, Ruler von Abu Dhabi,
entscheiden.«   126

Dubai: der langsame Weg aus der Armut   128

Die Enttäuschung des Rulers von Dubai:
Nirgends ist Öl zu finden   137

Der Konflikt um die Oase Buraimi birgt Zündstoff   138

Der Konflikt um die Oase erhält
internationale Dimension   142

Sheikh Zayed der Große: die Lehrjahre in
Al-Buraimi und Al-Ain   146

Sheikh Shakhbut und die Engländer –
Missverständnisse auf beiden Seiten   149

Der Brand des Dampfers »Dara« bleibt
lange in Erinnerung   153

Aufruf zur Gemeinsamkeit! Der Ruler von Dubai
nutzt eine Chance   155

Der erste beladene Öltanker verlässt Abu Dhabi.
Die Untertanen erfahren nichts davon   156

»Die Stimme Arabiens« – der Rundfunk
überwindet Informationsmauern   158

The Popular Front for the Liberation of Oman
and the Arabian Gulf   161

Der Sultan verteidigt Oman gegen die Kommunisten.
ARAMCO aber vertritt in Oman aggressiv US-Interessen   163

Das Ende des »Mittelalters« in Maskat   165

Überraschung aus Persien   168

England sichert sich früh das Recht,
Sharjah anzufliegen   172

Der Schah von Persien als oberster Polizist am Golf 175

Die Folgen des britischen Rückzugs aus dem
Persisch/Arabischen Golf 176

Die brennende Wunde: die drei arabischen Inseln
in iranischer Hand 182

Wird die Trucial Coast Beute der Nachbarn?
Der Egoismus der Emire 184

Störfaktor Iran – und Saudi-Arabien 187

Bietet die Föderation wirklich Schutz vor Saudi-Arabien? 189

Außergewöhnlich am Persisch/Arabischen Golf:
In Bahrain bestimmt die Bevölkerung mit 191

In letzter Minute: Das Machtvakuum wurde vermieden 192

Irak erzeugt Turbulenzen am Golf 192

Die ehrgeizigen Ziele des Saddam Hussein werden deutlich.
Die Emirate geraten in die Gefahrenzone 194

Die Eroberung Kuwaits sollte Generalprobe sein
für die Annektierung der Emirate 196

Der Golf ist vorübergehend kein Paradies
friedlicher Entwicklung 198

»The Merchant Prince« – der Prinz als Kaufmann 199

Die Ruler hatten Vorsorge getroffen.
Der »Klub der Reichen« 200

Dubai wird wieder mit einer
Katastrophe konfrontiert 201

Die unbegründete Angstparole:
»Der Golf wird für hundert Jahre verseucht sein!«   207

Die Vereinigten Arabischen Emirate
und die »Arab Cause«   210

Vor London und New York: Mobile Phone in Abu Dhabi   212

Eine Reaktion auf den rasanten Fortschritt:
panische Angst vor bösen Geistern   217

Morde erschüttern die Vereinigten Arabischen Emirate   219

Die Überraschung: Andere Völker
kennen die Stammesgesetze nicht   220

Die Vereinigten Arabischen Emirate profitieren
von den Golfkriegen   221

Das Emirat Fujairah knüpft an historische Zeiten an   222

Fujairah: ein Paradies entfernt von Konflikten   226

Zahlen schaffen Klarheit: Ein Blick auf die
Weltrangliste der Ölproduzenten   227

»Wenn wir das Volk nicht an der Regierung beteiligen,
wird uns das Volk vertreiben«   228

Die Politik des Emirats Qatar als
Unsicherheitsfaktor am Golf   230

Plötzlich ist die Drohung akut: »Das Leben wird
nicht mehr so sein wie zuvor«   233

Trotz Erkrankung des Rulers von Abu Dhabi:
Die Vereinigten Arabischen Emirate blieben stabil   235

Sheikh Zayed, ein Emir der Superlative 237

Abu Dhabi wird durch Gärten zum Paradies 243

Sharjah lehnt sich an Saudi-Arabien an 248

»Fly Emirates« 250

Sheikh Zayed bin Sultan Al Nahyan verabschiedet sich.
Die Zeit für Veränderungen bahnt sich an 251

Sheikh Zayeds Nachfolger: von Lob überhäuft 254

Zwei Generationen lang Ruler: Sheikh Saqr bin
Mohammed Al Qasimi 259

Die Qasimi machen sich Sorgen. Die Situation des Irak
birgt Gefahren 263

Eine Brücke zwischen Süd und Nord des Golfs:
die Fähre Dubai-Umm Al-Qasr 265

Sechs Fähren am Tag sollen Beziehungen
zu Iran verbessern 267

Die verschwundene Stadt Julfar 268

Aufforderung an Iran: Die Inseln räumen! 271

Die Emire fürchten einen Angriff
der USA auf Iran 272

Die Industrienationen müssen zur Kenntnis nehmen:
»Era of cheap oil is over!« 275

»The importance of the Gulf region has been
increasing worldwide.« 278

The International Defense Exhibition
and Conference   280

Die Vereinigten Arabischen Emirate:
eine Zitadelle des Friedens   283

Die Jebel-Ali-Freihandelszone   285

Dubai kauft pro Jahr 700 Tonnen Gold auf.
Sheikh Mohammed lässt das »Paradies
für Geschäftsleute« entstehen   288

Dubai tritt in das Hightech-Zeitalter ein   290

Die Stuttgarter Projektmanager von
Drees & Sommer gestalten Dubais Zukunft mit   291

Sheikh Mohammed sagt: »Zu unserem Kulturerbe
gehört die Dattelpalme«   292

Zwei Palmen vergrößern das Emirat Dubai   293

Villen und Meer genügen nicht.
Der Wunsch nach Kultur muss befriedigt werden   294

Eine sensationelle Entscheidung:
Polizisten in Dubai sollen Deutsch lernen   297

Eigentlich war Kuwait als Endziel vorgesehen.
Das Deutsche Reich und die Baghdadbahn   299

Ein Jahrhundert später: Die Bundesrepublik kann
mit Sympathie für ein Bahnprojekt rechnen   301

Der Traum von einer gemeinsamen Währung
am Persisch/Arabischen Golf   302

Der Ruler von Abu Dhabi zeigt entschlossen,
dass er zur westlichen Zivilisation gehören will   303

Das Paradies der Superlative. Eine Steigerung
wird nicht mehr möglich sein   305

Dubai: Middle Eastern City of the Future   309

Bibliographie   310

Register   312

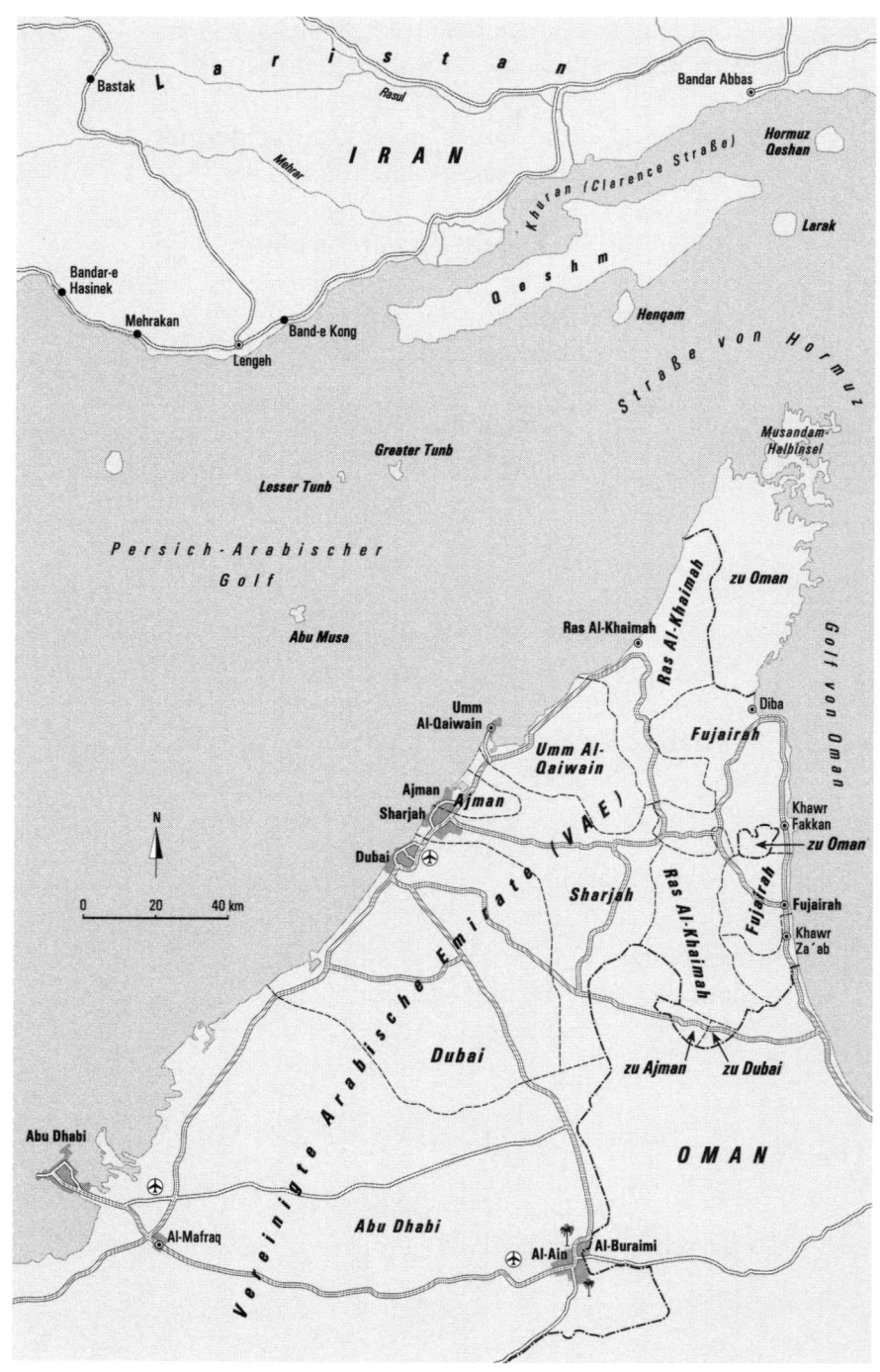

Die Emirate

Emirat Kuwait

Arabischer Name: Dawlat al-Kuwayt
Herrscher: Sheikh Jaber Al Ahmed Al Jabir As Sabah

Emirat Qatar

Arabischer Name: Dawlat Qatar
Herrscher: Sheik Hamad bin Khalifa ath Thani

Königreich Bahrain (Emirat bis 14.2.2002)

Arabischer Name: Al Mamlaka al-Bahrayn
Herrscher: Sheikh Hamad ibn Isa Al Khalifa (König)

Vereinigte Arabische Emirate (VAE)

Arabischer Name: Dawlat al-Jmarat al-Arbiyya al Muttahida
Präsident der VAE: Sheikh Khalifa bin Zayed Al Nahyan
Herrscher in Abu Dhabi

Die souveränen Einzel-Emirate der VAE

Abu Dhabi (Hauptstadt VAE)
Herrscher: Sheikh Khalifa bin Zayed Al Nahyan

Dubai
Herrscher: Sheikh Mohammed bin Rashid Al Maktoum

Sharjah
Herrscher: Dr. Sheikh Sultan bin Mohammed Al Qasimi

Ajman
Herrscher: Sheikh Humaid bin Rashid Al Nuaimi

Umm Al-Qaiwain
Herrscher: Sheikh Rashid bin Ahmed Al Mualla

Ras Al-Khaimah
Herrscher: Sheikh Saqr bin Mohammed Al Qasimi

Fujairah
Herrscher: Sheikh Hamad bin Mohammed Al Sharqi

Die Zukunft des Paradieses sichern –
»For the good of the future«

Der Leitsatz der »Dubai Holding« wird jedem bei der Ankunft auf dem Flughafen Dubai in einprägsamen englischen Worten vertraut gemacht. Die Zukunft – sie wird in den Vereinigten Arabischen Emiraten voll Hoffnung erwartet. Die Zukunft birgt ein gesichertes Paradies. Dass Gefahren drohen, wird einkalkuliert. Ein Blick auf die Geschichte der Emirate macht deutlich, wo die Gefahren lauern. Größere Mächte haben durch die Jahrhunderte darauf gewartet, die Emirate schlucken zu können.

Dem Aufbau und der Sicherung des Paradieses am Persischen Golf ist die staatseigene Corporation Dubai Holding verpflichtet; und in besonderem Maße der Tochtergesellschaft Dubai International Capital. Sie hat Ende Januar des Jahres 2005 einen in den Vereinigten Arabischen Emiraten mit Genugtuung registrierten Schritt zur Zukunftssicherung vollzogen: Dubai International Capital hat Aktien des Daimler-Chrysler-Konzerns im Wert von einer Milliarde Dollar erworben. Die »Stuttgarter Nachrichten« melden dieses Ereignis am 31. Januar 2005 in großen Buchstaben auf ihrer Titelseite: »Dubai wird Daimler-Großaktionär«.

Die Investition in Daimler Aktien soll während der kommenden Jahre die finanzielle Basis des Emirats stabilisieren. Der Chief Executive of Dubai International Capital, Sameer Al Ansari, sagt: »Wir haben mit diesem Kauf bewiesen, dass wir als finanzkräftiger Partner anerkannt werden. Vertrauen besteht in unser auf die Zukunft orientiertes Potenzial.«

Mohammed Al Gergawi, der Verantwortliche der Dubai Holding, sieht den Geschäftsabschluss ebenfalls unter dem Aspekt der Zukunftsorientierung: »Daimler-Chrysler ist gerüstet, um die Führungsposition unter den Automobilherstellern zu übernehmen. Wir haben volles Vertrauen in das Management, das von Professor Jürgen E. Schrempp, dem Chairman, geleistet wird.«

Professor Schrempp sieht im Aktienkauf durch Dubai International Capital eine Krönung seiner Bemühungen »stabile Großak-

tionäre für den Konzern zu finden«. Er sieht in der Verbindung
Dubai mit Daimler-Chrysler ein »langfristig orientiertes Engage-
ment«. Börsenanalytiker wie Jürgen Preper, der Branchenkenner
beim Bankhaus Metzler, beurteilen den Aktienkauf durch Dubai
Holding als »reines Finanzinvestment. Eine aktive Rolle werden die
Dubais bei Daimler-Chrysler nicht spielen.«

Diese Analyse wird in Dubai bestätigt: »Die Aktie ist für uns ›pre-
mier luxury brand‹.« Genüsslich werden einige erfolgreiche Auto-
marken aufgezählt, die Daimler-Chrysler auf den Markt bringen:
Maybach, Jeep, Dodge und Smart.

Der Einstieg bei Daimler-Chrysler hat die Position des Emirats
Dubai innerhalb der Vereinigten Arabischen Emirate hervorgeho-
ben. Partner in der Föderation sind Abu Dhabi, Sharjah, Ajman,
Umm Al-Qaiwain, Ras Al-Khaimah und Fujairah. Das Emirat Dubai
ist der wirtschaftliche Schwerpunkt. Abu Dhabi bemüht sich ebenfalls, ökonomisches Potenzial zu entwickeln – unabhängig vom Öl,
das ihm als einzigem der Emirate in bedeutendem Maße zur Verfügung steht. Abu Dhabi will sich jedoch nicht für alle Zeit zur
Sicherung des »paradiesischen Zustands« auf das Öl verlassen. Das
Emirat will in Deutschland mit VW kooperieren; es hofft darauf,
dass VW auf dem Emiratsterritorium eine »production line« auf-
baut – für welchen Autotyp auch immer.

Die Emirate Dubai und Abu Dhabi bauen am Paradies unserer
Zeit, mit Hilfe der Regeln einer kapitalistisch orientierten Welt. Den
Kontrast dazu bildet das Emirat Sharjah. Es ist von Dubai aus nach
einer Autofahrt von weniger als einer halben Stunde zu erreichen.
Dem Gemeinwesen fehlt der pompöse Protz des Nachbarn Dubai.
Die UNESCO hat im Jahr 1998 Sharjah zur »Kulturhauptstadt der
arabischen Welt« ernannt – präzise gesagt, der gesamten arabischen
Welt. Sharjah erhielt diesen anspruchsvollen Ehrentitel für seine
Leistungen auf den Gebieten der Erziehung, Kunst und der Bewah-
rung des Kulturerbes. Sharjah besitzt einen Küstenstreifen am Per-
sisch / Arabischen Golf, der kaum 50 Kilometer lang ist, doch dieses
Emirat hat es immer fertig gebracht, das Erste zu sein unter allen
Emiraten der Region: Es leistete sich eine Schule, als es noch nir-
gends ringsum Schulen gab; es unterhielt das erste Krankenhaus. In
Sharjah landete das erste Verkehrsflugzeug im Gebiet zwischen
Schatt el-Arab und der Straße von Hormuz.

Der »Ruler«, der Herrscher von Sharjah, besitzt eine eigene Vorstellung vom Paradies. Sie ist geprägt vom Bewusstsein, dass »Heritage« zu bewahren ist, das Kulturerbe. Er ist der Einzige der Emire, der einen Doktortitel trägt – er hat ihn in London erworben. Er heißt deshalb His Highness Dr. Sheikh Sultan bin Mohammed Al Qasimi. Seine Hoheit Dr. Sheikh Sultan hatte sich zu Studienzwecken in London aufgehalten, als sein Vertreter im Land das alte, traditionsreiche Fort Al-Hisn abreißen ließ. Der Vertreter handelte in guter Absicht. Er wollte Seiner Hoheit einen neuen Palast bauen lassen.

Kaum hatte Dr. Sheikh Sultan davon erfahren, dass Al-Hisn demoliert wurde, flog er nach Sharjah zurück. Er fand gerade noch zwei Tore vor und eine Menge von Trümmern. Die Steine und Lehmziegel wurden sorgfältig geordnet und wieder aneinander gefügt. Das Fort Al-Hisn entstand neu – anhand alter Fotografien und Pläne. Es ist an der »Bank Street« zu besichtigen. Die Kombination von Altem mit der Finanzwelt der Banken gehört zur Vorstellung vom Paradies des Dr. Sheikh Sultan. Auf seine Art tritt er den Gefahren entgegen, die seinem Paradies drohen.

An einem Gebäude der »Bank Street« in Sharjah hat Dr. Sheikh Sultan Anfang Februar 2005 eine Veränderung vollziehen lassen. Der weithin sichtbare Name »The National Bank of Sharjah« verschwand und wurde ersetzt durch »Sharjah Islamic Bank«. Damit wurde ein Zeichen gesetzt: Das Emirat Sharjah hat seine Basis im Islam. Auch die Geschäftsführung der Staatsbank folgt islamischen Prinzipien.

Wer mit Sharjah zu tun hat, wer das Emirat besucht, der muss wissen, dass unter der Herrschaft des Dr. Sheikh Sultan der Genuss von Alkohol streng verboten ist. Ärger droht demjenigen, der auf der kurzen Wegstrecke durch Sharjah von der Emiratspolizei mit einer Whiskyflasche im Fahrzeug entdeckt wird. An dieser Maßnahme ist der Einfluss Saudi-Arabiens zu erkennen. Dr. Sheikh Sultan hat vor 20 Jahren mit dem absoluten Alkoholverbot dem Einfluss des mächtigen Nachbarn nachgegeben. Nüchtern soll sich der Gläubige auf den Weg zum Glück begeben. Die Messlatte ist hoch angesetzt: Ein paradiesischer Zustand soll erreicht werden. In manchen Köpfen blüht die Vorstellung, dass die Region des Persisch/Arabischen Golfs immer schon eine Affinität zum Paradies besaß.

Der Wunsch nach dem Paradies bricht immer wieder auf. Er besitzt vielfache Wurzeln

Es war der »Ruler«, der Herrscher des kleinen, unbedeutenden Emirats Abu Dhabi am Persisch / Arabischen Golf, der während der 60er Jahre des vergangenen Jahrhunderts die Prognose wagte: »Wir werden die Emirate in der abgelegenen Ecke der Arabischen Halbinsel in ein Paradies verwandeln. Er sagte nicht in »das« Paradies, sondern er milderte die Formulierung ab in »ein« Paradies.

Der Ruler von Abu Dhabi zu jener Zeit hieß Sheikh Shakhbut bin Sultan. Er war 62 Jahre alt. Schon 38 Jahre lang war er der absolute Herr über einen Küstenstrich, der sich 320 Kilometer weit erstreckt. Er besteht aus Inseln, Halbinseln, Lagunen, Brackwasser und Meer. Wirklich nutzbar zu machen ist dieser Besitz nicht. Abu Dhabi umfasst etwa 30 000 Quadratkilometer. Zu bemerken ist, dass in jener Weltregion die Größe eines Besitzes keinen wesentlichen Faktor darstellt. Wichtiger ist die Zahl der Menschen und die Potenz ihrer Aktivität.

Zur Zeit als Sheikh Shakhbut unumschränkt über die Fläche herrschte, die Abu Dhabi – der Vater der Gazelle – genannt wurde, kannte er die Zahl seiner Untertanen nicht, denen er das Paradies schenken wollte. Eine Volkszählung ist nicht durchgeführt worden. Sie hätte auch kaum ein verlässliches Resultat gebracht, denn die Familien, die in jener trostlosen Gegend lebten, waren den Beduinen zuzuordnen. Sie zogen mit ihren Tierherden von Oase zu Oase, von Wasserstelle zu Wasserstelle – auf der Suche nach Futter für ihre Kamele und Schafe. An Grenzen fühlten sie sich nicht gebunden; es gab keine territorialen Markierungen. Nur eines war zu beachten, die Nachbarn durften nicht bedrängt und eingeengt werden. Gab es Streit, war der »Ruler« gefordert, die Auseinandersetzung zu regeln – oder auszufechten. Der »Ruler« war eine Autorität; doch jede Familie zog es vor, ihr Leben unabhängig von ihm zu führen.

Es geschah, dass sich die Männer während der Nachtstunden an Feuerstellen Geschichten erzählten, aus vergangener Zeit oder aus der Vorzeit der Mythen. So konnte es auch geschehen, dass vom

Paradies die Rede war. Wie es einst ausgesehen haben mag, davon gab es eine deutliche Vorstellung. Man war sich einig: Die Oase Al-Buraimi ist dem Paradies von einst sehr ähnlich. Viele kannten die Oase genau, denn dort befand sich ein viel besuchter Markt.

Die Oase Al-Buraimi existiert noch heute. Sie befindet sich in der Wüste auf halbem Weg zwischen dem Emirat Abu Dhabi und dem Sultanat Oman.

Zur Einführung in die Materie »Emirate«: Ein Blick auf das Leben in Al-Buraimi und Abu Dhabi

Hinter den brüchigen Lehmmauern von Al-Buraimi und den Palmenhainen dahinter, wohnten zur Zeit des Sheikhs Shakhbut etwa 6000 Männer, Frauen und Kinder. Ihre Unterkünfte waren einfach: Sie bestanden aus zusammengefügten Palmwedeln. Einzelne niedere Gebäude, gebaut aus an der Luft getrockneten Lehmziegeln waren die Ausnahme. Aus Lehmziegeln war die »Festung« gebaut, die bei Gefahren dem Schutz der Bevölkerung dienen sollte. Nach Regenfällen, die allerdings selten waren, musste die »Festung« regelmäßig repariert werden. Dem Autor dieses Buchs gab ein Bewaffneter über den Wert der »Festung« Auskunft: »Eine Bresche kann durch den Einsatz von Wasserpistolen erreicht werden – Wasser löst die Backsteine auf. Sie werden einfach weggeschwemmt!«

Gegen Gewehrkugeln boten die Mauern während mehrerer Konflikte allerdings ausreichend Schutz. Das »Paradies« Al-Buraimi war im Verlauf seiner Geschichte immer wieder Zentrum von Konflikten. Daran war die Bevölkerung zwar nicht schuld, doch die Bewohner waren die Leidtragenden. Die Herrschenden vermochten wenig, die Expansionslust fremder arabischer Mächte einzudämmen.

Als Sheikh Shakhbut Herrscher war in Abu Dhabi (1928–1966 n. Chr.), im weit auseinander gezogenen Siedlungsgebiet zwischen der Halbinsel Qatar und dem Emirat Dubai, da war diese soziale Ordnung gültig: Die Bewohner der Oase Al-Buraimi versorgten die Gemeinden des Küstenstrichs mit Datteln, Kürbissen und Gemüse aller Art. Wer am Meer lebte, Fischer und Händler, der bot auf dem

Markt von Al-Buraimi getrockneten Fisch an und einfache hand-
werkliche Erzeugnisse, wie Töpfe, Geschirr. Die Beduinen, deren
Lebenszentrum die Oasen waren, verkauften die Produkte ihrer
Herden: Milch und Fleisch. Abnehmer waren zum Meer hin orientierte Kunden. Die Beduinen sorgten für den Austausch der Waren
der Küstengegenden und der Oasen. Die Struktur des Handels hatte
sich seit Jahrhunderten nicht verändert.

Das Fundament der sozialen Ordnung war für alle die Zugehörigkeit zu einem Stamm. Sie war wichtiger als die Bindung an
einen »Ruler«. Der Stammessheikh war höchste Autorität. Darin
unterschieden sich Bewohner der Wüste und der Küste nicht.

Das Leben in Al-Buraimi war handwerklich-landwirtschaftlich
geprägt. Das Gemeinwesen Abu Dhabi verdankte seine Existenz
dem Meer. Die Familien lebten seit Generationen davon, dass die
Männer zu Perlentauchergruppen gehörten. Vom Meeresboden geholt wurden Muscheln, von denen vermutet wurde, dass sie Perlen
bargen. Davon lebten Taucher und Händler, die die Perlen dem
überregionalen Markt anboten. Wohlhabend werden aber konnten
allein die Händler.

Die Großfamilien, die Sippen, die Bewohner von Küste, Oasen
und die Mitglieder der wandernden Beduinen lebten getrennt –
und doch herrschte bei aller Trennung gegenseitiger Respekt.
Feindschaft war selten. Sheikh Shakhbut, »His Highness, the Ruler
of Abu Dhabi«, gab sich alle Mühe, dass die traditionelle Ordnung
erhalten blieb. Er kannte keine andere Ordnung. Niemand hatte ihn
gelehrt, die Welt außerhalb des Umkreises der Sheikhtümer zu verstehen.

Seit dem 18. Jahrhundert westlicher Zeitrechnung hatte sich Bani
Yas, eine Föderation unterschiedlicher Großfamilien, Einfluss verschafft. Die wichtigste dieser Großfamilien hieß Al Bu Falah. Bani
Yas hatte Weidegebiete um Oasen besessen, doch im Jahr 1800 beschloss der Stammessheikh, ein besseres Leben sei am Meer möglich. Ein Großteil von Bani Yas zog auf die einsame Inselgruppe Abu
Dhabi; sie bestand aus einer dreieckig geformten Hauptinsel und
einer großen Zahl kleinerer Inseln, entstanden aus angeschwemm-
tem Sand; sie ragten selten mehr als einen halben Meter aus dem
Wasser. Einige waren mit Gras und Büschen bewachsen. Auf solche
Inseln brachten Bani-Yas-Familien ihre Schafe und Kamele. Aus

diesen bescheidenen Anfängen entwickelte sich Abu Dhabi. Dank der Einnahmen aus dem Geschäft mit Naturperlen entstand eine bescheidene wirtschaftliche Basis. Sie zu nutzen, verstand niemand; Fortschritt war kein Schlagwort. Noch in der Mitte des 20. Jahrhunderts dachte kein Bewohner von Abu Dhabi an Öffnung des Sheikhtums gegenüber der Welt außerhalb des Meeres vor der eigenen Hütte.

Parallel zu Bani Yas hatte eine zweite Gruppe von Großfamilien Respekt erlangt: die Qawasim. In Abu Dhabi hatten sie wenig zu sagen, doch sie kontrollierten Stammesgebiete im Norden der Landspitze, die auf die Wasserstraße von Hormuz zulief. Die Qawasim hatten nie in der Wüste gelebt; sie waren Seefahrer und Kaufleute; sie besaßen verwandtschaftliche Beziehungen zu Familien in Maskat, im Oman. Die Qawasim waren etwas weltoffener als die Bani Yas.

Beiden Stämmen versprach Sheikh Shakhbut das »Paradies«. Doch eine Vorstellung, wie es gestaltet sein sollte, besaß er nicht. Der Ruler hatte Angst vor der Veränderung. Denn dass er die Macht dazu besaß, das begriff er allmählich. Im Boden seines Herrschaftsgebiets befand sich eine schmutzige, schmierige Flüssigkeit. Sie war begehrt in aller Welt; sie wurde mit Gold aufgewogen. Gold aber bot die Chance, das Tor zum Paradies zu öffnen.

Dass das Paradies einst räumlich ganz nahe gelegen war, diese Vorstellung war von der Realität verschüttet worden. Man hatte vergessen, dass die Menschen längst vergangener Zeiten geglaubt haben, an der Golfküste der Arabischen Halbinsel habe sich der Wohnsitz der Seligen befunden, das Land, in dem sich die Götter aufhielten – das Paradies.

Die sagenhafte Insel Dilmun und ihre Geheimnisse

Den Hinweis auf die Vorstellung vom Paradies einer längst vergangen Zeit gibt die mythische Erzählung der Erlebnisse von Enki und Ninhursag, die dem sumerischen Kulturkreis zuzuordnen ist. Die Sumerer gelten als intelligentes Volk unbekannter Herkunft, das seit dem 3. Jahrtausend v. Chr. im Süden des Zweistromlands von

Euphrat und Tigris siedelte. Die Sumerer gelten als die Erfinder der Keilschrift. Ausgangspunkt waren stark abstrahierte bildmäßige Darstellungen von Tieren und Gegenständen. Die aus Bildern entwickelten Schriftzeichen entstanden durch Eindrücken von Holzkeilen in zunächst weiche Tonplatten und Tonzylinder. Um das Jahr 1400 v. Chr. war die Keilschrift so weit ausgefeilt, dass sie zur Aufzeichnung langer epischer Erzählungen geeignet war.

In Keilschrift ist das Epos von »Enki und Ninhursag« überliefert. Erzählt wird vom Geschehen auf der Insel Dilmun. Dort leben Enki und Ninhursag, umgeben von einer paradiesisch zu nennenden Umwelt. Diese Details sind den Textfragmenten zu entnehmen: »Niemand beklagt sich über Krankheit und Alter.« Offensichtlich sind Alter und Krankheit auf Dilmun unbekannt. »Niemand ist mit Mühsal und Arbeit beladen. Wasser ist im Überfluss vorhanden. Wilde Tiere bleiben den Herden fern; der Wolf lässt das Lamm in Ruhe; der Löwe tötet nicht; der Hund ist zahm.« Die Menschen sind nicht von Gegnern bedroht. Über allem steht Enki, »der Herr der Weisheit«. Enki übt im Paradies Götterfunktion aus. Enki ist verantwortlich für das Süßwasser; dem Süßwasser kommt in diesem Paradies besondere Bedeutung zu.

Schwer zu ordnen ist die Götterwelt des sumerischen Volkes. Enki verliert an Bedeutung auf der Insel Dilmun. Ninhursag allein übt schließlich Schutz aus über dieses Paradies.

Der Mythos Dilmun – ein Spiegel vergangener Realität?

Häufig erwähnen sumerische Keilschrifttexte die Existenz einer Region, die sich »Dilmun« nennt – allerdings ist der Inhalt solcher Berichte weit entfernt von einer möglichen Wirklichkeit. Den Wesen, die auf Dilmun zu Hause waren, wurde manchmal sogar Unsterblichkeit zugeschrieben.

Wissenschaftler mit moderner Auffassung historischer Gegebenheiten befassten sich mit dem Thema »Dilmun«. Archäologen untersuchten den Boden mancher Küstenstriche zwischen dem Emirat Kuwait und dem Sultanat Oman. Der erste ernsthafte Forscher war

Ernest Mackay, der im Jahr 1925 Grabungen durchführte. Er stieß im Boden der Insel Bahrain auf eine große Zahl von Grabstätten, die aus der Bronzezeit stammen mussten. Derartige Grabstätten waren allerdings auch auf dem Festland zu finden. Eine Besonderheit war Bahrain in diesem Fall also nicht. Im Jahr 1953 nahm eine dänische Expedition die Arbeit auf – und sie blieb hartnäckig bis 1973 am Persisch/Arabischen Golf. Das Resultat ihrer Forschungen: Die östliche Küstenregion der Arabischen Halbinsel hatte einst zu einem einheitlichen Kulturbereich gehört.

Die Forscher, die sich mit dem Thema »Dilmun« befassten, waren überzeugt, dass einst für die sumerischen Textautoren Anlass bestand, einer trostlosen Gegend am Meer paradiesische Zustände zuzuschreiben. Irgendein Anzeichen dieser paradiesischen Zustände musste die Zeiten überdauert haben.

Zur dänischen archäologischen Expedition, die im Jahre 1953 ihre Arbeit aufgenommen hatte, gehörte Peder Mortensen. Er fand an der Nordküste der Insel Bahrain die Reste eines Tempels. In den Tempeltrümmern lagen Scherben einer Tonplatte, die mit Schriftzeichen bedeckt waren. Die systematische Untersuchung der Scherben wurde belohnt. Peder Mortensen fand einen Hinweis auf den Namen Ninhursag. Der Archäologe war sofort überzeugt, den Zusammenhang herstellen zu können zwischen der Ninhursag des Epos »Enki und Ninhursag« und der Fundstelle der Scherben. Der Schluss lag nahe, dass Dilmun in sumerischer Zeit die Bezeichnung der heutigen Insel Bahrain war.

Einen Beweis hatte Mortensen allerdings nicht in der Hand. Ihm war bekannt, dass eine Studie aus dem Jahr 1925 mit dem Titel »Tilmun, Bahrain und das Paradies« (von E. Burrows und A. Damel) die Vermutung zur Diskussion stellt, der gesamte Küstenstrich im Osten der Arabischen Halbinsel – samt der heute iranischen Insel Qish – sei in sumerischer Zeit als »Dilmun« bezeichnet und dem Paradies zugeordnet worden; folglich auch die Emirate unserer Zeit. Diese Studie geht davon aus, dass der überwiegende Teil von Dilmun auf dem Festland, auf dem Territorium der Emirate zu suchen sei.

Erstaunlich ist, wie ernsthaft die Suche nach dem Paradies in neuerer Zeit betrieben worden ist. Als Schlüssel auf dem Weg zur Erkenntnis erwiesen sich immer wieder Inschriften. Dem König

Sargon II. von Assyrien (721–705 v. Chr.) wird diese geografische Fixierung der Insel Dilmun zugeschrieben: »Uperi, der König von Dilmun residiert an einem Ort, der wie ein Fisch in der Mitte des Meeres der aufgehenden Sonne liegt.« Die Bezeichnung »Meer der aufgehenden Sonne« ist häufig zu finden auf den Tontafeln aus sumerischer Zeit. Sie wurde zur Definierung des Gewässers, das heute entweder Persischer oder Arabischer Golf genannt wird – je nachdem, ob ein Perser oder ein Araber über jenes Gewässer redet. »Wie ein Fisch in der Mitte des Meeres der aufgehenden Sonne« – dies ist ohne Zweifel der Hinweis auf eine Insel. Doch Widersprüchliches findet sich in einem anderen Text, der ebenfalls auf Sargon II. zurückzuführen ist: »Land dehnt sich aus vom Fluss, der brackiges Wasser führt bis zur Grenze von Dilmun.« Diese Worte lassen sich so interpretieren: Irgendein Land, das Sargon II. interessiert, dehnt sich aus vom Schatt el-Arab bis zur Dilmun-Grenze, die auf dem östlichen Küstenstreifen der Arabischen Halbinsel liegt, also auf dem Festland.

Wer sich mit den sumerischen Mythen befasst, stößt immer wieder auf Dilmun und seinen von den Göttern gespendeten Reichtum an Süßwasser: »Dilmun soll aus den Quellen trinken vom Wasser des Überflusses. Die Brunnen des bitteren Wassers werden zu Brunnen des süßen Wassers.«

Dem Text von Enki und Ninhursag ist zu entnehmen, dass Dilmun – und damit das Paradies – reich ist an Süßwasser. Der Legende nach trug Gott Enki selbst die Verantwortung, dass sich die Wasservorräte nicht erschöpften. Bis heute verfügt die Insel, die Bahrain heißt, über ein erstaunliches Reservoir an Süßwasser. Der Süßwasserreichtum konnte Dilmun tatsächlich in ein Paradies verwandeln.

Das Epos von Enki und Ninhursag beginnt mit einer Lobpreisung der Insel: »Das Land Dilmun ist heilig. Heiliges Land Sumer. Das Land Dilmun ist heilig; das Land Dilmun ist rein.«

Im Verlauf der Geschichte verblasste die Erinnerung der Menschen im Zweistromland von Euphrat und Tigris an die sumerische Götterwelt. Im Babylonischen Reich und besonders zur Zeit des Nebukadnezar II. (605–562 v. Chr.) war die Vorstellung vom Paradies geprägt durch die Legenden, die im jüdischen Volk verbreitet waren und die im Ersten Buch Mose (2. Kapitel ff.) für Jahrhunderte bis in unsere Zeit fixiert wurden.

Die Überraschung geschah im Sommer 1966: Die Erinnerung brach auf an das »heimische Paradies« im Arabischen Meer. Der Herrscher von Abu Dhabi versprach, die Region an der Küste in ein Paradies zu verwandeln, »in dem unsere Menschen ein besseres Leben führen können«.

Sheikh Shakhbut bin Sultan hatte sich in der Tat mit der Materie der Vergangenheit der Region zwischen Kuwait und Oman befasst. In seinem Buch »Dilmun, die Entdeckung der ältesten Hochkultur« beschreibt Geoffrey Bibby, der wesentlich beteiligt war am Erfolg der dänischen archäologischen Expedition (1953 bis 1973), ein Zusammentreffen mit Sheikh Shakhbut so: »Wir sahen eine Gruppe weiß gekleideter Gestalten den Abhang zu uns herunterkommen. Wir gingen ihnen entgegen, um sie zu begrüßen. Der Besuch dauerte eine halbe Stunde. Sheikh Shakhbut zeigte große Neugier für unsere Arbeit. Er machte sich Gedanken, was für Menschen das wohl gewesen waren, die ihre Hütten und ihre Gräber einst auf seinem Herrschaftsgebiet angelegt hatten. Er wurde begleitet von seinen Söhnen und seinem Bruder Zayed, einem großen, schlanken, breitschultrigen Mann. Er hatte das Falkengesicht des echten Beduinen mit einem kurzen, schwarzen sorgfältig gepflegten Bart. Zayed war an die Küste gekommen, um den Ramadan zu begehen, hielt sich aber sonst im Innern des Landes auf, wo er als Vizeregent über die Dörfer der Oase Buraimi regierte. Er war ein bedeutender Jäger und ein berühmter Wüstenkämpfer.«

Bemerkenswert ist, dass sich während des Aufenthalts des Sheikhs und des Vizeregenten auf den Ausgrabungsfeldern der Archäologen im Gebiet von Abu Dhabi der Konflikt zwischen den beiden abzeichnete. Shakhbut und Zayed hatten je ein Konzept des »Paradieses«, das in den Emiraten verwirklicht werden sollte. Doch diese Konzepte unterschieden sich gewaltig. Shakhbuts Vorstellung vom Paradies war an der Vergangenheit orientiert, beeinflusst von Mythen und Legenden. Fortschritt im modernen Sinne war nicht sein Ziel. Er hatte Scheu, die Gelder, die aus dem Ölgeschäft zu erzielen waren zur Veränderung des Lebensstils der Untertanen einzusetzen. Er hielt die einlaufenden Beträge zurück. In Abu Dhabi wunderten sich die wenigen Geschäftsleute, die mit Geld umzugehen wussten, über das seltsame Verhalten des Sheikhs Shakhbut: Er lebte in einer engen Kammer eines schlichten Lehmgebäudes. An den Wänden und auf dem Boden befanden sich verblichene Teppiche; die Polstermöbel, Jahrzehnte alt, waren verschlissen. Nicht mehr nachprüfbar ist, ob das damalige Gerücht der Wahrheit entsprach, Sheikh Shakhbut bewahre die Ölgelder in einer Schuhschachtel unter einem Sofa auf.

Sein Bruder Zayed aber sah im allmählich wachsenden Reichtum des Emirats die Chance, Anschluss zu finden an die technisch orientierte Kultur der Europäer – ohne jedoch die eigenen Traditionen aufzugeben. Sheikh Zayed besaß zu jener Zeit – es handelt sich um die frühen 60er Jahre – wenig Gelegenheit, sich über den Stand der Technik in der Welt und über die Entwicklung in den europäischen Staaten, vor allem in England, zu orientieren. Die Zahl der Reisenden aus fremden Ländern, die zur Ostküste der Arabischen Halbinsel kamen, war gering.

Eine Gelegenheit boten Sheikh Zayed die Archäologen aus Dänemark. Sie waren immer bereit, über Europa zu erzählen. Zayed erfuhr, dass es Länder gab, in denen die Bewohner einen höheren Lebensstandard hatten, dass dort der Wohlstand nahezu allen gehörte. Sheikh Zayed war beeindruckt. Sheikh Shakhbut erfuhr von diesen Begegnungen – er registrierte sie in seinem Bewusstsein mit Argwohn. Shakhbut reagierte schließlich schroff. Er verwies die dänischen Archäologen aus seinem Herrschaftsbereich.

Zu diesem Zeitpunkt – im Verlauf des Jahres 1966 – sah sich die Familie Al Nahyan gezwungen zu handeln: Die Ablösung des regierenden Sheikhs Shakhbut musste rasch erfolgen. Darauf drängte vor allem der British Political Resident, der Vertreter der Krone Großbritanniens am Golf.

Alle Beteiligten einigten sich gütlich. Dieses Ereignis aus dem Jahr 1966 zu erwähnen, ist ein Vorgriff im historischen Ablauf. Aufzuarbeiten ist die Geschichte der Sheikhtümer und ihres Nachbarn Saudi-Arabien.

Die Sippe Al Nahyan

Anzunehmen ist, dass ein Mann mit Namen Al Nahyan als Stammvater der Sippe gelten kann, die sich in Abu Dhabi und in der Oase Al-Buraimi durchsetzte. In jener Zeit, um das Jahr 1770 westlicher Zeitrechnung, waren Stammesauseinandersetzungen an der Ostküste der Arabischen Halbinsel keinem fremden, kolonialen Einfluss unterworfen. Die Perser fühlten sich nicht veranlasst, auf der ihrem Reich gegenüberliegenden Küste des Golfes Fuß zu fassen. Die »kolonialistischen Mächte« – in wachsendem Maße England – konzentrierten sich auf Stützpunkte, die ihnen nützlich waren bei der Verfolgung ihrer Ziele in Richtung Indien. Maskat auf omanischem Gebiet passte besser in das machtpolitische Konzept der Engländer.

Aus dem Dunkel der Geschichte tritt der Enkel des Al Nahyan gegen Ende des 18. Jahrhunderts hervor. Sein Name: Dhjyab bin Isa. Während seiner Herrschaft soll eine Wasserquelle auf der dreieckig geformten, kaum bewohnten Insel Abu Dhabi entdeckt worden sein. Diese Quelle wurde zum Zentrum einer Ansiedlung. Sie befindet sich heute im Areal der Festung Qasr Hosn in Abu Dhabi. Die Entdeckung der Quelle ermöglichte die permanente Ansiedlung von Familien.

Auswanderung aus Abu Dhabi führt zur Gründung von Dubai

Nur langsam wuchs die Ansiedlung Abu Dhabi, doch bald entstand Rivalität unter der Bevölkerung. Gestritten wurde darum, wer seine Palmwedelhütte nahe an der Ausfahrt zum offenen Meer bauen durfte und wer sich Weidegrund auf der Insel mit der üppigen Vegetation sicherte.

Auch bekam die Sippe Al Nahyan Konkurrenz: Der Stamm Al Bu Falasah, der Bani Yas zuzuordnen war, erwies sich als tüchtig. Er war überlegen auf dem Gebiet der Schifffahrt zwischen den Inseln. Al Bu Falasah war an Zahl der Menschen der Sippe Al Nahyan durchaus gewachsen. Die Streitereien mehrten sich. Die Siedlung Abu Dhabi geriet in Gefahr, im Konflikt zu zerbrechen. Eine Verständigung mit Al Nahyan zu suchen schien dem Sheikh von Al Bu Falasah ohne Aussicht auf Erfolg zu sein; er entschloss sich, mit dem Großteil seiner Familie Abu Dhabi zu verlassen.

Der Stamm Al Bu Falasah suchte 100 Kilometer von Abu Dhabi entfernt eine neue Heimat. Es waren nur 400 Personen, die schließlich tatsächlich zur Auswanderung aus Abu Dhabi bereit waren. Sie fanden ein ärmliches Fischerdorf. Es bestand auch nur aus Palmwedelhütten, doch es lag nicht auf einer Insel, sondern auf festem Land, an einer tiefen Meereseinbuchtung, einem Creek. Er bot ankernden Schiffen Schutz vor Wetter und vor feindlichen Überfällen. Dubai galt bis dahin als Teil von Abu Dhabi, der verwaltet wurde von einem Mitglied der Al Nahyan-Familie. Der Verwalter zog sich kurz nach der Zuwanderung der Al Bu Falasah nach Abu Dhabi zurück. Er vermied damit den »Bürgerkrieg« um Dubai.

Der Name Dubai, der wahrscheinlich schon vor der Ansiedlung der Al Bu Falasah gebräuchlich war, ist hergeleitet vom arabischen Wort für »junge Heuschrecke«. Anzunehmen ist, dass auf dem Landstrich von Dubai zu irgendeiner Zeit Heuschrecken gewohnheitsmäßig ihre Eier abgelegt hatten.

Innerhalb der Sippe Al Bu Falasah schob sich eine Familie in den Vordergrund. Ihr Name Al Maktoum. Diese Familie sicherte die Unabhängigkeit ihres Siedlungsgebiets, das sich bald weit ins Küstenland ausdehnte. Möglich war diese Ausdehnung durch rasche Zunahme der Zuwanderung nach Dubai. Wer Handel treiben wollte, der fand dort eine Geschäftsbasis. Kaufleute kamen aus Qatar, Kuwait und von der iranischen Golfküste. Die iranischen Handelsplätze Lingeh und Bander Abbas wurden von Sunniten verlassen, die dem Druck der Schiiten nicht mehr standhalten konnten. Die Sunniten wollten sich der schiitischen Glaubensregel nicht beugen, die vorschrieb, dass die Gläubigen nur von Trägern des schwarzen Turbans regiert werden dürfen – also von Geistlichen, die in direkter Linie vom Propheten Mohammed abstammten. Die »Diktatur der Genealogie« machte sich breit im Iran. In Dubai gab es keine religiösen Zwänge: Das »Gesetz des Marktes« bestimmte das Leben.

Die Sippe Al Maktoum erwies sich von Anfang an als außergewöhnlich stark auf den Handel orientiert. Sie legte sich eine Flotte von Dhaus zu. Die Schiffe waren an der Golfküste von Ort zu Ort unterwegs. Die Seeleute trieben Handel. So geschah es, dass sich Dubai rasch von Abu Dhabi unterschied: Dubais Häuser wurden stabiler; als Baumaterial wurden durchweg nur Lehmziegel verwandt. Palmwedelhütten wurden selten.

In Abu Dhabi herrschte eine eigentümlich aggressive Stimmung, deren Ursprung Generationen zurücklag. Der Enkel des Al Nahyan hatte wenig Gefallen gefunden am Leben auf der dreieckigen Insel im Meer. Er wollte der Sheikh der Familien aus der Sippe Al Nahyan sein, die als Beduinen auf dem Festland lebten. Der Enkel zog fort aus der Siedlung Abu Dhabi. Das Resultat dieser Spaltung in Familien am Meer und in der Wüste war Streit. Es muss um das Jahr 1793 gewesen sein, dass der erste Mord in der Familiengeschichte der Al Nahyan geschah. Getötet wurde der Enkel des Begründers der Dynastie. Der Mörder gönnte ihm die Macht, Sheikh zu sein, nicht.

Aus Gründen, die nicht zu klären sind, wurde der Mörder nicht verfolgt. Die Bluttat erzeugte Turbulenzen innerhalb der Sippe; zehn Verwandte verloren ihr Leben. Sieger war ein Mann aus der Sippe Al Nahyan, der Shakhbut hieß. Zum ersten Mal ist in Abu Dhabi ein Sheikh namens Shakhbut nachzuweisen. Shakhbut gelang es für einige Jahre, den Konflikt in der Familie einzudämmen, denn Ruhe war dringend notwendig, um Kraft zu sammeln zur Abwehr einer Gefahr, die vom Zentrum der Arabischen Halbinsel her drohte.

Bis in unsere Zeit gefährlich: die Ideologie des Mohammed ibn Abdel Wahhab

Es soll um das Jahr 1760 abendländischer Zeitrechnung gewesen sein, dass der Sheikh des in Zentralarabien mächtigen Stammes As Saud in einer Wüstenoase den Worten eines Predigers lauschte, der Argumente in seine Predigt einflocht, die den Sheikh, der Ibn Saud hieß, überzeugten. Der Prediger – er hieß Mohammed ibn Abdel Wahhab – warf den Gläubigen des Islam insgesamt vor, sie seien vom Weg des Propheten Mohammed abgekommen. Bequem seien sie geworden. Der Prophet Mohammed sei ein Kämpfer gewesen, der »Dschihad« geführt habe, den »Heiligen Krieg«, um die Glaubensgrundsätze, die er im Koran geoffenbart hatte, zu verbreiten und durchzusetzen. Der Wille zum Kampf für den Glauben – so ereiferte sich der Prediger – sei den Gläubigen abhanden gekommen im Verlauf der Jahre seit dem Tod des Propheten (632 n. Chr.). Der Kampf für den Glauben aber sei heute wichtiger denn je.

Die Frage, gegen wen Dschihad geführt werden müsse, hatte der Prediger in einer Schrift beantwortet; sie trägt den Titel »Kitab al Tawhid«. Der Titel bedeutet: »Das Buch von der Einheit Allahs«. Dieser Begriff umfasst »Gott« als eine Einheit; Gott ist unteilbar; er kann nicht dreigeteilt werden. »Al Tawhid«, die »Einheit«, wirkt bis heute wie ein Kampfruf gegen alle, die daran glauben, dass sich in Gott drei Glaubensfacetten vereinigen: Vater, Sohn und Heiliger Geist. Der Kampfruf richtet sich gegen die Trinität, gegen die Glaubensbasis des Christentums insgesamt.

Den Sheikh des mächtigen Stammes As Saud interessierte die Auseinandersetzung mit der Trinität nur wenig; die Christen stellten auf der Arabischen Halbinsel keinen ernst zu nehmenden ideologischen Faktor dar. Den Sheikh faszinierte vielmehr die Entschlossenheit des Predigers, jeden zu bekämpfen, der sich nicht bereit erklärte, auf Glaubensgewohnheiten zu verzichten, die sich seit dem Tod des Propheten Mohammed ausgebreitet hatten. Der Sheikh des Stammes As Saud, sah in dieser Kampfansage die Möglichkeit auf kriegerische Weise seine Machtsphäre auszuweiten.

Die Kriegsgründe, die der Prediger Mohammed ibn Abdel Wahhab auflistete, waren leicht zu verstehen und zu akzeptieren. Mohammed ibn Abdel Wahhab forderte von den Gläubigen Verzicht auf das Gebet an Gräbern, in Mausoleen der Toten. Angebetet werden dürfe allein Allah. Gebet am Grab bedeute Anbetung des Toten und sei Gotteslästerung.

Der Prediger sah auch eine Gotteslästerung in der Einfügung eines himmlischen Fürsprechers, eines Heiligen oder eines Engels, in das Gebet. Wer dieser Gotteslästerung schuldig befunden wurde, der sollte mit dem Tode bestraft werden. Mohammed ibn Abdel Wahhab überzeugte den Sheikh des Stammes As Saud, dass er sämtliche Sippen zu unterwerfen habe, die Friedhöfe in Ehren hielten. Er hatte Erfolg: Seit damals bis heute sind Gräber nicht gekennzeichnet im Herrschaftsgebiet des Hauses As Saud – nicht einmal die Gräber der Könige sind markiert. Auch andere wahhabitische Maßnahmen wirken sich bis heute aus. Moscheen durften keinen Luxus aufweisen; der Prediger verbot auch Minarette – dieses Verbot hielt sich allerdings nicht.

Mohammed ibn Abdel Wahhab reduzierte die Möglichkeiten des Genusses und der Lebensfreude auf ein Minimum: Wer Tabak rauchte, der wurde mit 40 Peitschenhieben bestraft. Wer sich den Bart abrasierte, wurde mit demselben Strafmaß bedacht. Singen und das Spielen auf Musikinstrumenten wurde zum strafwürdigen Verbrechen erklärt.

Wer war dieser Mann, der das Leben auf der Arabischen Halbinsel derartig nachhaltig reformierte, dass Saudi-Arabien seit 1760 bis heute wahhabitisch genannt werden kann?

Die »Shorter Encyclopaedia of Islam« gibt Auskunft: Mohammed ibn Abdel Wahhab ist im Jahr 1115 des Islam geboren worden – diese Zeitangabe entspricht dem Jahr 1703 christlicher Zeitrechnung. Seine Eltern gehörten zur angesehenen Sippe Sinan. Geburtsort war das einst ansehnliche Wüstendorf Uyaina; von ihm ist in unsere Zeit kaum eine Spur erhalten geblieben. Uyaina lag im Herzen des zentralarabischen Oasengürtels. Der Junge lebte bis zu seinem 16. Jahr in Uyaina, dann zog er zum Studium des Koran nach Medina. Er wählte sich angesehene Lehrer aus. Vom daran anschließenden Lebensweg ist wenig bekannt. Vier Jahre lang lebte er in Basra am Schatt el-Arab als Betreuer des Sohnes eines reichen Richters. In Baghdad heiratete er eine reiche Witwe, die allerdings bald verstarb und ihm ein beachtliches Erbe hinterließ. Das Geld ermöglichte ihm ein unabhängiges Leben. Ohne ein bestimmtes Ziel zu verfolgen, reiste Mohammed ibn Abdel Wahhab nach Isfahan in Persien. Dort interessierte den Geistlichen die persisch geprägte Auslegung des Koran; sie beeinflusste ihn allerdings nicht wesentlich. Zurückgekehrt nach Uyaina legte er sein ererbtes Barvermögen in Grund und Boden an.

In Uyaina arbeitete Mohammed ibn Abdel Wahhab sein Traktat »Kitab Al Tawhid« aus, das den Grundsatz aufstellt, dass Allah eine untrennbare Einheit sei, und nicht dreifaltig. Auf der Grundlage des Traktats begann er zu predigen, wobei er deutlich von seinen Zuhörern verlangte, sie sollten seinen Ansichten folgen – auf Widerrede und Diskussionen ließ sich Mohammed ibn Abdel Wahhab nicht ein. Doch als er begann, seine Grundsätze Wirklichkeit werden zu lassen, wuchs in seinem Heimatort Widerstand. Besonders die Frauen wollten weiterhin vor dem Mausoleum ihres Ortsheiligen beten. Bei ihnen hatte er mit seinem Argument und seinen Vorhaltungen, wer am Aberglauben der Anbetung eines Toten festhalte, der werde von Allah zur Rechenschaft gezogen und zu einer Höllenstrafe verurteilt, nur geringen Erfolg. Die Frauen von Uyaina beteten vor dem Heiligengrab weiterhin um Kindersegen, um Befreiung von Krankheiten, um Fruchtbarkeit für die Herden, um reiche Ernten. Kritisch wurde die Situation, als Mohammed ibn Abdel Wahhab selbst mit Hammer und Axt die Lehmmauern des Mausoleums abzubrechen begann. Er wurde von Männern aus der eigenen Sippe bedroht. Die Verwandtschaft bat schließlich den zuständigen osmanischen Gouverneur des Bereichs Zentralarabien darum, den »Unruhestifter« auszuweisen. Zu bemerken ist, dass wenn ein Mann das Recht verliert, seinem Stamm anzugehören, er keinen Schutz mehr genießt; er kann von jedem Fremden verfolgt, ausgeraubt und erschlagen werden. Der aus seinem Stammesgebiet ausgewiesene Mohammed ibn Abdel Wahhab wanderte durch die Zentralarabische Wüste auf der Suche nach einem Stammessheikh, der bereit war, den Heimatlosen aufzunehmen. Grund und Boden hatte er zur Flucht nicht mitnehmen können; der Prediger war jetzt ohne Besitz. In der Siedlung Diariyah traf er auf den Sheikh Mohammed ibn Saud, den starken Mann des Stammes As Saud, der ungefähr 10 000 Menschen umfasste. Diariyah war der Mittelpunkt des Siedlungsgebiets; etwa 70 Lehmhäuser befanden sich dort.

In erstaunlich kurzer Zeit war Sheikh Mohammed ibn Saud bereit, die Ideologie des Predigers zu akzeptieren – weniger aus religiöser Überzeugung, sondern in der Einsicht, die Kombination der bewaffneten Streitmacht, über die er verfügte, mit der Überzeugung, im Namen Allahs zu kämpfen, sei unschlagbar; ihr müsse der Sieg zufallen. Die Parole hieß fortan: Der Mund des Predigers spreche die Wahrheit Allahs – wer der Wahrheit Allahs nicht folge, der sei ein Feind Allahs und habe den Tod verdient. Der Prediger vertrat eine Ideologie, die absolute Unterwerfung forderte. Wer sich den »Kämpfern Allahs« widersetzte, der hatte den Tod verdient.

Sheikh Mohammed ibn Saud begriff, dass er die Chance hatte, »im Namen Allahs« die anderen Sippen Zentralarabiens zu unterwerfen. Überliefert ist, dass der Sheikh und der Geistliche bald schon nach dem ersten Treffen in Diariyah ein Bündnis geschlossen haben. Sie vereinbarten, dass die Herrschaft über unterworfene Stämme und Gebiete dem Sheikh zufalle; dass jedoch die religiöse Orientierung ohne Einschränkung Sache des Mohammed ibn Abdel Wahhab sei.

Die Kraft der »wahhabitischen« Bewegung, die selbst nie diese Bezeichnung akzeptierte, erwies sich schon nach wenigen Wochen. Reiter des Stammes As Saud, zu hunderten unterwegs, fielen in Siedlungen anderer Sippen ein. Sie verwüsteten Friedhöfe und zerstörten Moscheen, deren Baukörper aufwändig verziert waren. Die Auseinandersetzungen mit den Großfamilien Zentralarabiens begannen um das Jahr 1765 n. Chr. Wichtigstes Ziel war zunächst die Marktsiedlung Riyadh; ihr Sheikh verteidigte hartnäckig den Ruheplatz der Toten und die Mausoleen der »Heiligen«. Immer wieder griffen die Saudi-Reiter an – und immer wieder wurden sie zurückgeschlagen. Um die Erfolgschancen zu vergrößern, gab Mohammed ibn Abdel Wahhab Sheikh ibn Saud den Rat, sich Feuerwaffen zu beschaffen. Derartige Kampfmittel waren zu jener Zeit in Zentralarabien noch nicht im Gebrauch. Osmanische Waffenhändler besorgten die Gewehre aus England. Berichtet wird, der Prediger selbst habe die Unterweisung im Gebrauch der Gewehre erteilt. Die Beherrschung der Schusswaffe garantierte den As Sauds die Herrschaft über die Nachbarstämme. Was Mohammed ibn Abdel Wahhab versprochen hatte, traf ein: Sheikh ibn Saud wurde das mächtigste Sippenoberhaupt in der Mitte der Arabischen Halbinsel.

Der Sheikh starb jedoch schon um das Jahr 1775. Nachfolger wurde sein Sohn Abdel Aziz, der sich zuvor schon als Kommandeur der Saudi-Reiterei bewährt hatte. Ihm gelang es bald schon die Marktsiedlung Riyadh zu erobern. Damit hatten sich alle Sippen der Region den Glaubensprinzipien des Mohammed ibn Abdel Wahhab gebeugt. Niemand sang mehr oder pfiff oder rauchte Tabak; niemand fluchte oder gebrauchte obszöne Sprüche. Keiner wagte es, sich zu rasieren, Luxus an Kleidung oder Schmuck zu zeigen. Jeder Mann hatte sich für die Verbreitung des streng ausgerichteten Glaubens einzusetzen.

Sheikh Abdel Aziz hatte den Ehrgeiz, die heilige Stadt Mekka seinem Herrschaftsbereich einzugliedern. Zunächst konnte der Sheikh glauben, Mekka würde zu seiner Überzeugung wechseln, doch diese Hoffnung trog: Der Sherif der heiligen Stadt erkannte schließlich die Gefahr für seinen Machtanspruch. Er verbot den »Wahhabiten« den Aufenthalt in Mekka. Sie wurden am jährlichen Pilgerzug zur Ka'aba aus dem Kreis der islamischen Gläubigen ausgeschlossen. Die Glaubensbewegung des Mohammed ibn Abdel Wahhab musste fortan ihre Eigenständigkeit beweisen.

Um diese Zeit starb jedoch der Prediger; er war annähernd 90 Jahre alt geworden. Getreu seiner Vorschrift ist er im Wüstensand begraben worden, ohne dass der Begräbnisplatz markiert worden wäre. Auch am Grab des Mohammed ibn Abdel Wahhab sollte nicht gebetet werden dürfen.

Auch nach dem Tod des Predigers flaute der wahhabitische Expansionsdruck nicht ab. Überfallen wurden Stämme im Gebiet des Shatt el-Arab. Diese Raubzüge lösten allerdings eine Reaktion des osmanischen Gouverneurs in Basra aus: Er bat den Sultan in Istanbul um Instruktionen, ob und wie der »Wahhabitischen Gefahr« zu begegnen sei. Prompt traf die Anweisung in Basra ein, den Einfluss des Stammes As Saud nach Zentralarabien zurückzudrängen. Die wahhabitische Reiterei fühlte sich zum raschen Rückzug veranlasst.

Doch der Expansionsdrang der Saudi-Kämpfer musste befriedigt werden. Als Ziel bot sich um das Jahr 1800 n. Chr. das Sultanat Oman an, das über Jahrzehnte von Bürgerkriegen zerrüttet worden war. Doch das Land befand sich in einer Zeit des Umbruchs: Um das Jahr 1780 n. Chr. war die Hafenstadt Maskat zur Hauptstadt erklärt worden. Das Sultanat Oman war damit enger als bisher mit dem Meer verbunden worden. Maskat befand sich im Blickfeld der Engländer, die immer mehr an Stützpunkten interessiert waren, die am Seeweg von England nach Indien lagen. Maskat war für die britische Flotte ein idealer und sicherer Ankerplatz. Zum Glück für das Sultanat herrschte dort eine starke Persönlichkeit: Imam Said ibn Sultan, aus der Dynastie Al Bu Said, die bis heute die Macht ausübt in der Stadt am Wendekreis des Krebses. Die Dynastie Al Bu Said ist die älteste Herrscherfamilie im Mittleren Osten.

Reiseberichte, Informationen über Land und Leute haben Seltenheitswert

Das Reich der Wahhabiten wurde gemieden von Reisenden. Nur wenige wagten sich in seine Nähe – zum Beispiel nach Oman. Über die Verhältnisse in Maskat, die dort in jener Zeit geherrscht haben, als die Wahhabiten ihre Expansionslust mit der Besetzung von Oman befriedigen wollten, berichtete der Deutsche Carsten Niebuhr, der an einer dänischen Expedition durch Arabien nach Oman teilnahm:

»Maskat gehört einem unabhängigen arabischen Prinzen, der sich Imam von Oman nennt. Die Einwohner, durchweg Mohammedaner, leben sehr mäßig. Der Vornehme kleidet sich hier nicht prächtiger als die Geringeren, außer dass sie vielleicht einen feineren Turban auf dem Kopf tragen, oder dass einer einen kostbareren Säbel hat. Alle sind höflich gegen Fremde, welchen sie erlauben, nach ihren eigenen Gesetzen zu leben. Allerdings darf sich der Fremde nur mit Weibern einlassen, von welchen bekannt ist, dass sie sich auch den Mohammedanern für Geld überlassen. Von diesen Weibern wohnt eine große Menge außerhalb der Stadt. Übrigens ist die Polizei hier so vortrefflich, dass man nie von einem Diebstahl hört, obwohl es nicht selten ist, dass Kaufmannswaren viele Wochen lang auf der Straße liegen. Niemand darf in Maskat des Nachts ohne Leuchte auf die Straße gehen. Der Imam hat in dieser Stadt einen Kommandanten. Ich nehme an, dass hier 1200 Menschen wohnen. Juden sieht man wenige, Europäer überhaupt nicht.«

Carsten Niebuhr beschrieb weitere Eindrücke der Hafenstadt: »Maskat ist gut befestigt. Auf den steilen Klippen zu beiden Seiten des Hafens, in dem auch die größten Schiffe vor Stürmen sicher sind, befinden sich Kastelle und vortreffliche Kanonen. Die Stadt ist von einer Mauer umgeben, auf der ebenfalls Kanonen stehen. Die Häuser sind alle schlecht. Die Moscheen haben keine Minarette. Die besten Gebäude sind zwei, einst von den Portugiesen erbaute Kirchen. In der einen wohnt jetzt der Kommandant, in der anderen ist

ein Warenlager. Außerhalb der Stadt gibt es viele Gärten mit Dattelpalmen.«

Auch über das Klima in Maskat schrieb Carsten Niebuhr. Als er
sich dort aufhielt, regnete es offenbar fast täglich – es war Januar.
Vom Klima zur Sommerzeit erfuhr er: »Wenn die Sonne hier nahe
zum Scheitelpunkt kommt und die Sonnenstrahlen überdies von
den kahlen Felsen zurückprallen, ist Maskat eine der heißesten
Städte der Welt.«

Noch kein Europäer ist je von Maskat landeinwärts gereist. Auch
Carsten Niebuhr hütet sich, den Versuch zu wagen, die Fürstentümer am Persisch / Arabischen Golf – Dubai und Abu Dhabi – aufzusuchen. Er notierte diesen Satz: »Die Reise dorthin überlasse ich
jenen, welchen Zeit und Umstände dies erlauben.« Carsten Niebuhr
verließ Maskat per Schiff in Richtung Persien.

Keine damalige Landkarte hätte dem Reisenden auch nur an-
deutungsweise Auskunft geben können über die geografischen Verhältnisse der Region der heutigen Emirate. Das Interesse Englands
am Seeweg nach Indien wirkte sich noch kaum auf die Arbeit der
Kartenzeichner aus. Die beste Karte jener Zeit gab allerdings die
Route von der englischen Küste bis Bombay genau vor. Im Mittleren Osten war verständlicherweise nur Maskat von Interesse. Die
Namen der Orte am Persisch / Arabischen Golf waren der Phantasie
des Kartenzeichners entsprungen. Einzig der Name des Ortes
»Deba« könnte der geografischen Realität entsprechen. Wo der
Name »Deba« steht, befindet sich heute Dubai.

Bündnis des Stammes Qawasimi
mit den Wahhabiten

Wie und wann sich die Kooperation genau entwickelt hat, lässt sich
nicht feststellen. Die Aktivität der Qawasimi entwickelte sich in
einer Periode des Machtvakuums an der Küste zwischen Maskat
und dem Schatt el-Arab. Im frühen 16. Jahrhundert verloren die
Portugiesen nach und nach den politischen und den kommerziellen
Einfluss auf die Persien gegenüberliegende Golfküste. Die Holländer versuchten, die Nachfolge der Portugiesen anzutreten. Sie

waren jedoch den Engländern nicht gewachsen. Die Rivalität zwischen den beiden Kolonialmächten endete mit dem absoluten Erfolg Englands: Um das Jahr 1765 zogen sich die Holländer zurück. England entwickelte sich zur Supermacht am Golf. Genau zu dieser Zeit hatte sich England nach langem Kampf die Vorherrschaft über Indien gesichert.

Während der langen Zeit der Rivalität und der gegenseitigen Lähmung der europäischen Mächte, breitete sich auf dem Gewässer nordwestlich der Straße von Hormuz unkontrollierte Gewalt zur See aus. In den fjordähnlichen Creeks bauten beutehungrige Seefahrer Stützpunkte aus, in denen sie vor Sturm, aber auch vor Feinden geschützt waren. Während des 17., 18. und Beginn des 19. Jahrhunderts blieb die Unabhängigkeit dieser Beherrscher des Golfs ungestört. Ihre Opfer waren die Dhaus, Segler und Ruderschiffe, die unterwegs waren zwischen arabischen und persischen Häfen. Sie transportierten Händler, lebendiges Vieh und Gewürze von Persien nach Arabien; auf dem umgekehrten Weg waren Perlen, getrocknete Fische und Reis und Zwiebeln unterwegs. Begehrt war eine andere Ware, die »ambergris« (Ambra) hieß, eine seltsame, tierähnliche Substanz, die in Persien für Herstellung von Parfüm Verwendung fand; das sehr wertvolle Material war ein Exkrement der Walfische.

Wertvoller noch als »ambergris« war Gold, das auch den Dhaus und ihren Coptans anvertraut war. Häufig verließen kleine Schiffe die Creeks, um Gold nach Indien oder Afrika zu transportieren. Sie waren für die Beherrscher des Golfs eine besonders begehrte Beute. Auf dem Rückweg brachten die Schiffe Mangrovenstämme aus den Sümpfen der ostafrikanischen Küste mit. Die Stämme wurden benötigt, um den Gebäuden in den Hafensiedlungen Abu Dhabi und Dubai Stabilität zu geben. Bis zur Aktivierung des ostafrikanischen Holzhandels waren Palmwedel das einzige erreichbare Baumaterial gewesen.

Langsam entwickelte sich vom Golf aus reger Handelsverkehr mit Ostafrika. Allerdings waren diese Seefahrten in die Sumpfgebiete, wo die Mangrovenstämme abzuholen waren, bei den Seefahrern höchst unbeliebt – fast jeder erkrankte an Malaria. Das Eindringen in die Sümpfe forderte Opfer.

Aus dem bescheidenen Handel zwischen der arabischen und der persischen Küste entwickelte sich ein reger Austausch von Waren über weite Strecken. Die einfachen Schiffe aus dem Golf erreichten Indien. In Bombay fand das Gold aus Arabien Interessenten, die bereit waren, Produkte von hohem Wert für Gold einzutauschen

Die Liste der von Dhaus zu transportierenden Waren umfasste schließlich diese Güter: Datteln, getrocknetes Haifischfleisch, getrockneten Fisch allgemein, Haifischöl, Elfenbein, Kaffee, Tabak, Weihrauch, Myrrhe, Gewürze jeder Art und Perlen. Je wertvoller und seltener die Güter waren, desto begehrenswerter wurden sie – insbesondere für die Konkurrenten zur See.

Die Seefahrer vom Stamm Qawasimi, die an der arabischen Küste lauerten, kannten den Inhalt des Koran besser als die Besatzungen der Dhaus. Während die Piraten auf Beute warteten, hatten sie Zeit, sich die Suren des Koran einzuprägen. Aus diesem Koranvers zogen sie besondere Ermutigung: »Es ist rechtens für euch, das zu holen, was das Meer bietet« (Sure V, 97). Gemeint ist wohl die Erlaubnis, Fische zu fangen – doch fand der Vers eine weit reichende Auslegung: »Es ist rechtens für euch, Beute zu holen, die das Meer bietet.« Urheber dieser Auslegung waren Agenten der Wahhabiten, die Einfluss ausübten auf die Bewohner der Küstensiedlungen zwischen Bahrain und Maskat. Sie wussten Koransprüche, die Mut spendeten bei der Ausfahrt aus den Schlupfwinkeln der Creeks. Passend war immer die Koransure VI, 98: »Allah ist es, der euch die Sterne an den Himmel gesetzt hat, damit sie euch in der Finsternis zur See recht leiten. So hat Allah seine Zeichen, für diejenigen, die sie zu lesen vermögen, deutlich gemacht.«

Die wahhabitischen Agenten hatten sich genau ausgesucht, wer für ihre Ideologie offene Ohren hatte. Bei den Stämmen von Abu Dhabi und Dubai fanden ihre Parolen keinen Anklang. Doch die Qawasimi in der Region von Ras Al-Khaimah waren aufgeschlossen. Sie führten aggressiven »Seekrieg« auf dem Golf. Sie benötigten zur Rechtfertigung eine Ideologie. Da passte der Spruch der fünften Koransure: »Es ist rechtens für euch, das zu holen, was das Meer bietet.«

Ausgangspunkt für die wahhabitische Infiltration des Küstengebiets war die Oase Al-Buraimi, die einen Tagesritt auf dem Kamelrücken südlich von Abu Dhabi liegt. Vom Zentrum der Wahhabiten in Zentralarabien ist Al-Buraimi eine Reitstrecke von einer Woche entfernt. Nachgewiesen ist, dass sich – trotz der beachtlichen

Entfernung von der Basis – bereits im Jahr 1795 n. Chr. eine wahhabitische Garnison, also Reiter des Stammes As Saud, in der Oase
befand. Der Stamm As Saud erhob damals schon Anspruch auf Al-
Buraimi.

Die Oase weist eine Besonderheit auf: Sie ist durch Kanäle mit
wasserreichen Zonen des nahe liegenden Hajar-Gebirges verbunden. Jahrhunderte vor dem saudi-wahhabitischen Einzug waren
diese Kanäle angelegt worden. Anzunehmen ist, dass sie im Hajar-
Gebirge eine Mutterquelle in tausend Meter Höhe speist. Der Stützpunkt, dessen Wasserversorgung sicher war, galt als idealer Platz
für die Propagierung wahhabitischer Ideen. Die beutegierigen Seefahrer nordwestlich von Buraimi waren empfänglich für wortreiche
Predigten. Festgestellt werden muss, dass die arabischen Bewohner
am Golf in jenen Jahren kaum von Predigern aufgesucht wurden.
Die Wahhabiten trafen auf viele Familien, die bereit waren, eine
Glaubenslehre – gleich welcher Richtung – anzunehmen.

Die Agenten der Sippe As Saud motivierten die Beutehungrigen
in den Küstensiedlungen. Sie planten und koordinierten die Überfälle auf die Dhaus, die zwischen Arabien und Persien unterwegs
waren. Besonders die Schiffe, die Gold an Bord hatten, waren in
Gefahr, ausgeraubt zu werden.

Es geschah zu Beginn des 19. Jahrhunderts, dass die wahhabitischen Agenten ihre Ziele neu definierten. Ihre Predigten richteten
sich häufig gegen Christen, gegen die Gläubigen der Lehre von der
Dreifaltigkeit Gottes. Es befanden sich jedoch normalerweise keine
Überzeugten der Lehre von der Trinität am Golf – doch es geschah
hin und wieder, dass ein britischer Segler die Straße von Hormuz
passierte. Wurde er von den wahhabitischen Vorposten auf den Ras-
Musandam-Inseln entdeckt, wurde der Segler zum Angriffsziel für
die Qawasimi-Seefahrer.

Die Briten erlitten dabei zunächst nur geringen Schaden – ihre
weit reichenden Kanonen vertrieben die schlechtbewaffneten Angreifer. Trotzdem: In Bombay wurden solche Überfälle von den Beamten
der British East India Company, die höchste britische Regierungs-
autorität der Region East of Suez, als ärgerlich empfunden. Sie waren
ein Angriff gegen die Seeherrschaft Englands, gegen den Stolz der
Briten. Im Jahr 1818 veränderte sich die Situation: Die Seefahrer des
Stammes Qawasimi entwickelten eine neue Taktik des Kampfes

gegen die Engländer. Beute hatte nicht mehr Priorität; es ging darum, die Briten, die sich Rechte anmaßten, zu vertreiben. Die Qawasimi wollten zeigen, dass sie wahrhaftig die Herren am Golf sind.

Als sich die Verluste der Engländer steigerten, wurde der »Seekrieg« in London und in Bombay ernst genommen. Ehe er in eine entscheidende Phase trat, musste die öffentliche Meinung in England und im übrigen Europa für ein hartes Vorgehen gewonnen werden. Dem Seekonflikt wurde ein »zivilisatorisches Mäntelchen« umgehängt: Die Qawasimi wurden generell als »Seeräuber« abqualifiziert, zu »Feinden der seefahrenden Menschheit«. Vergessen war, dass die Qawasimi dieser »seefahrenden Menschheit« beachtliche Dienste geleistet hatten.

Ahmed ibn Majid: arabischer Navigator und Verräter nautischer Geheimnisse

Er ist in Ras Al-Khaimah geboren worden. Den Geburtsjahrgang genau zu bestimmen, ist nicht möglich. Ahmed ibn Majid muss zwischen 1432 und 1437 geboren worden sein. Eltern und Großeltern waren Seefahrer gewesen. Der Großvater Mohammed ibn Umar hatte es dem jungen Ahmed besonders angetan. Er wusste zu erzählen, wie er vom Creek Ras Al-Khaimah aus die große Fahrt angetreten hatte, die ihn bis zur Küste Indiens geführt hatte. Der Vater Majid bin Mohammed war für seine Kenntnis der Gefahren des Roten Meeres bekannt gewesen. Seemännisches Geschick ist nötig, um an den Küsten Arabiens und des Sudan Untiefen und widrige Winde zu bezwingen. Mit dem Wissen, das ihm Vater und Großvater hinterlassen hatten, gelang es Ahmed ibn Majid Ruhm als erfahrenster Seefahrer seiner Zeit zu erlangen. Er war sich seines Wertes bewusst, denn in einem seiner zahlreichen Gedichte lobt er sich selbst:

Ich war ein brillanter Stern der am Himmel aufzieht.
Ein Stern unter den Navigatoren.
Sie befolgen meine Anweisungen, um Unheil zur See zu vermeiden.

Anerkannt ist mein einzigartiges Wissen
Um die Geheimnisse der Seefahrt.

Ahmed ibn Majid findet Vergnügen darin, seine geografischen Er-
kenntnisse in Verse zu kleiden:

Andalus liegt weit im Westen.
Andalus gehört dem Islam und den christlichen Franken.
Zurzeit als ich dies schrieb, gehört Andalus jedem zu Hälfte.

Der wichtigste und größte Teil seiner Niederschrift ist der Praxis der
Seefahrt vorbehalten. Ahmed ibn Majid beschreibt die Lage von
Untiefen; er warnt vor »verräterischen, heimtückischen Riffs«; er
weist auf Sandinseln hin, die unter der Wasseroberfläche verborgen
sind. Es entstand ein Handbuch (Kitab) für »Navigatoren«, die im
Persisch/Arabischen Golf und im Roten Meer unterwegs waren.
Das Handbuch (Kitab) soll die Geschicklichkeit vermitteln, die notwendig ist, um eine Dhau sicher zu ihrem Bestimmungsort zu lenken. Sein wichtigstes Anliegen besteht darin, Unfälle zu verhindern.
Leichtsinn soll vermieden werden: »Leichtsinn vernichtet Güter
und Menschenleben«.

Eigentümlich sparsam, aber exakt ist Ahmed ibn Majids Beschreibung der Golfregion, die sein eigentliches Arbeitsgebiet darstellt: »Von Basra aus erstreckt sich die westliche Golfküste nach
Salamiya (dahinter verbirgt sich Kuwait) und dann nach Al-Hasa
(heute saudi-arabische Ölprovinz) und Qatar. Darauf folgen bewohnte und unbewohnte Inseln. Eine bewohnte Insel heißt Bahrain.
Auf dieser Insel sind Perlentaucherschiffe stationiert, vielleicht tausend an der Zahl. Nach Perlen wird bei Bahrain seit Jahrhunderten
getaucht. Entlang der Küste sind weitere Orte und Inseln zu finden,
auf denen Perlentaucher leben. Wer von Bahrain aus zur Landspitze Musandam gelangen will, der braucht über Land einen Monat
und zur See sieben Tage. Vor Musandam ändert die Küste ihre Richtung leicht nach Nordosten.«

Ahmed ibn Majid nennt die Jahreszahl, wann diese Küstenbe-
schreibung verfasst worden ist: Es war im islamischen Jahr 895.
Nach abendländischer Zeitrechnung entspricht dies dem Jahr 1490.
Der Navigator starb zehn Jahre später. Zum Zeitpunkt seines Todes

war unter den »Navigatoren« Arabiens eine heftige Diskussion darüber entbrannt, ob es der Seefahrer Ahmed war, der dem Portugiesen Vasco da Gama den Seeweg nach Indien erklärt und damit geöffnet habe. Bis heute ist in Ras Al-Khaimah die Meinung zu hören, Ahmed ibn Majid habe damals ein gut behütetes Geheimnis, das die Grundlage der Überlegenheit arabischer Seefahrer gewesen war, an Vasco da Gama, der im Dienst der Kolonialmacht Portugal stand, verraten.

Dass der Verdacht der Navigatorkollegen begründet war, ergibt das Studium portugiesischer Chroniken jener Zeit.

Die Expedition des Vasco da Gama begann am 8. Juli 1497 in Lissabon. Nach Umseglung des Kaps der Guten Hoffnung im November desselben Jahres, erreichte die kleine Flotte die Insel Mozambique am 2. März 1498. Dort erfuhr Vasco da Gama, dass sich arabische Seefahrer und Händler auf der Insel befanden. Der Portugiese gab bei der Ankunft im Hafen von Mozambique an, er und die Männer seiner Besatzung seien Moslems. Daraufhin stellte der Sultan von Mozambique den Fremden zwei Navigatoren, die vertraut waren mit der Indienroute. Als einer der beiden begriff, dass er für Christen tätig war, desertierte er.

Am 7. April 1498 ankerten die Schiffe im Hafen Mombasa (heute in Kenia). Dort soll sich den Portugiesen ein arabischer Navigator verdingt haben, der sich als wirklicher Spezialist für die Fahrt nach Indien erwies. Innerhalb von 23 Tagen erreichte die Expedition zielsicher den Hafen Calicut an der südwestlichen Küste Indiens.

Calicut war damals ein wichtiges Handelszentrum. Die arabischen Händler aus der Golfregion besaßen das Handelsmonopol. Sie erkannten sofort die Gefahr, von den Christen verdrängt zu werden. Die Moslems reagierten feindlich, aggressiv. Die Feindschaft richtete sich besonders gegen den arabisch-islamischen Navigator, der die »Ungläubigen« nach Indien gebracht hatte.

Seit damals ist in Ras Al-Khaimah der Vorwurf nicht verstummt, Ahmed ibn Majid sei ein Verräter gewesen. Festzuhalten ist, dass der »Navigator« in seinem Werk »Kitab« sehr präzise die Passage von Indien nach Mozambique beschrieben hat. Vielleicht ist dies schon als »Verrat von Geheimnissen« betrachtet worden.

Verräter oder nicht, zu spüren ist in Ras Al-Khaimah der Stolz, dass ein derart exzellenter Seefahrer in ihrem Creek die Anfänge der

Navigation gelernt hatte. Restaurants und Supermärkte schmücken sich mit dem Namen Ahmed ibn Majid – 500 Jahre nach dem Tod des »Navigators«.

Der Stamm Qawasimi bewahrte das Andenken an Ahmed ibn Majid. Vorteilhaft für das Gedenken war, dass sich in Ras Al-Khaimah über Jahrhunderte nichts veränderte.

Nur wenige niedrige Wohnhäuser, gebaut aus Lehm und Palmwedeln, boten Familien Heimat. Der Vorteil von Ras Al-Khaimah war, einen Fjord, einen Creek zu besitzen. Hier konnten die Piratenboote sicher verankert werden. Doch Anfang des 19. Jahrhunderts endete die Unabhängigkeit des Stammes Qawasimi. Von Abdel Aziz As Saud entsandte wahhabitische Reiter übernahmen die Befehlsgewalt in Ras Al-Khaimah. Sie organisierten von dort aus die Seeherrschaft der Qawasimi.

Der Brite Sir John Malcolm, der sich im Auftrag der British East India Company am Golf aufhielt, beschrieb die Bewohner der Siedlungen an den Creeks so: »Gott schütze uns vor diesen Ungeheuern. Ihr Beruf ist die Seeräuberei und ganz besonderen Spaß finden sie darin, Menschen zu töten. Für ihre Schurkereien finden sie die frömmsten Gründe, die es geben kann. Sie halten sich genau an den Text ihres heiligen Buches, den Koran, und lassen keine Abweichung gelten. Wenn einer ihr Gefangener wird, und er ihnen all sein Hab und Gut anbietet, um ihr Gemüt zu erweichen, dann sagen sie: ›Nein das können wir nicht annehmen, denn es steht im Koran geschrieben, dass man Lebende nicht ausplündern darf – doch es steht nirgends geschrieben, dass es verboten sei, einem Toten alles abzunehmen.‹ Und dann erschlagen sie den Gefangenen und nehmen dem Toten alles ab.«

Im Jahr 1808 n. Chr. ist das britische Handelsschiff »Minerva« unterwegs von Bombay zum persischen Hafen Bushir. Der Segler wird überfallen von Bewaffneten des Stammes Qawasimi aus Ras Al-Khaimah. Ihre Späher hatten die »Minerva« entdeckt, als sie die Straße von Hormuz passierte. Aus rund 20 kleineren Schiffen versuchen die Seeräuber immer wieder an Bord des großen Seglers zu steigen. Sie werden zwar jedes Mal abgewiesen, doch es gelingt ihnen nach und nach, Mitglieder der Besatzung zu erschlagen. Zwei Tage lang verteidigt sich die Mannschaft, dann ergibt sich der Kapitän mit dem Rest der Besatzung – sie besteht noch aus 40 Engländern und Indern. Ihnen werden »im Namen Allahs« die Hälse durchgeschnitten. Die Leichen verschwinden im Meer, verschont wird allein der Schiffszimmermann. Ihn können die Piraten auf ihrer Werft in Ras Al-Khaimah gebrauchen. Die »Minerva« segelte fortan unter arabischem Kommando.

Die British East India Company in Bombay, die ein Organ der britischen Regierung war, sah sich veranlasst, dem Küstenstreifen zwischen Bahrain und Maskat, für den bisher keine offizielle Bezeichnung existierte, den Namen »Piratenküste« zu geben. Nahezu während des gesamten 19. Jahrhunderts blieb dies der geografische Begriff, der völlig der Realität zu entsprechen schien.

Die romantische Vorstellung der Briten vom Golf wurde befriedigt. Abenteuer und Gefahr im Orient

Der Arabienreisende Carsten Niebuhr, der zwar kein Abenteuer ausließ, der dennoch von Maskat aus die Reise über den ihm unbekannten Landstrich der arabischen Küste des Golfes gescheut hatte, machte dann bittere Erfahrungen während der Seefahrt. Das Schiff, das Niebuhr benützte, traf unterwegs auf einen britischen Segler, der von Bombay her unterwegs war. »Der Kapitän hieß Sutherland; er und seine zwei Steuermänner und der Bootsmann waren Engländer. Die Mannschaft bestand im Wesentlichen aus Arabern.« Diese Araber hatten sich unterwegs dem Kapitän »aufgedrängt«. Es geschah, dass Wassermangel herrschte an Bord. Der Kapitän schickte einen der beiden Steuermänner auf die Insel, an der dieser Segler nach einem Sturm gerade ankerte – der Steuermann sollte Wasser holen. Carsten Niebuhr berichtet: »Diese Gelegenheit benützten die Araber, um zunächst den Kapitän zu töten; sie durchbohrten ihn mit einer Lanze. Als er nicht sofort tot war, zerfleischten sie ihn mit ihren Säbeln. Der eine Steuermann, der an Bord geblieben war, wurde auf Deck erschlagen. Der Bootsmann wollte sich verkriechen, doch die Araber fanden ihn und schlugen ihm den Kopf ab. Der zweite Steuermann wurde bei der Rückkehr, als er aus einem Boot eben aussteigen wollte, erschossen.«

Carsten Niebuhr bemerkt in den Erinnerungen an seine Reise im Gewässer zwischen Arabien und Persien: »Die Araber waren also die Herren des Schiffes. Bald merkten die Seeräuber jedoch, dass sie nicht imstande waren, ein derart großes Segelschiff zu handhaben. Sie fanden Gelegenheit, alles Bargeld und die wertvollsten Waren, die sich an Bord befanden, in kleinen Booten zu verstauen und damit das Weite zu suchen.«

Das herrenlose britische Schiff wurde schließlich von Seglern der British East India Company geborgen. Die von den »Piraten« erbeuteten Waren blieben verschwunden.

Allein im Jahr 1808 kaperten »Seeräuber« des wahhabitisch gewordenen Stammes Qawasimi 20 Handelsschiffe. Die Beutegierigen fanden leicht Zuflucht an der Piratenküste vor den sie verfolgenden britischen Kriegsschiffen. Die Dhaus der Gegner der Briten verbargen sich in Creeks, hinter vorgelagerten Korallenriffen, in ausgedehnten Lagunen. Die British East India Company musste einsehen, dass sie eine falsche Taktik verfolgt hatte. Im Jahr 1806 hatte die Gesellschaft vorsichtig versucht, mit dem Sheikh des Stammes Qawasimi Beziehungen anzuknüpfen. Die britische Autorität in Bombay gab, um, von vornherein für eine positive Stimmung zu sorgen, das Versprechen ab, die Besatzungen ihrer Schiffe würden auf keinen Fall bei einer Begegnung mit arabischen Dhaus den ersten Schuss abgeben. Das Resultat war, dass die britischen Schiffe im Golf leicht überrumpelt werden konnten. Die Bestimmung, Gefechte zu vermeiden, wurde gelockert. Doch die Lockerungsverordnung erreichte oft nicht rechtzeitig die britischen Kapitäne in der Golfregion.

Unmittelbar nach dem Verlust des Seglers »Minerva« wird die »Sylph« vor der persischen Küste angegriffen; Kapitän und Besatzung hatten sich überraschen lassen. Die »Sylph« ging verloren. Nur Stunden später, nahezu auf derselben Position wie der Segler »Sylph«, bemerkt der Kapitän Bennett der »Nautilus«, dass sich einige Dhaus offenbar in aggressiver Absicht nähern. Kapitän Bennett gibt seinen Artilleristen Feuerbefehl. Die Dhaus entfernen sich, so rasch sie nur können. Die »Nautilus« ist gerettet.

Im fernen Medina berät unterdessen der Kreis der Sheikhs der Sippe As Saud darüber, ob die wahhabitische Art der gnadenlosen Kriegführung nicht auch auf den Golf zwischen Arabien und Persien ausgeweitet werden könnte – nach dem Prinzip, wer sich nicht unterwirft, der wird umgebracht. Die Voraussetzung für den See-krieg war geschaffen; die Siedlungen an den Creeks der arabischen Küste befanden sich in saudi-wahhabitischer Hand. Die Stützpunk-te wurden zentral kommandiert von der Oase Al-Buraimi aus. Den Kapitänen der Piratenschiffe werden Männer mit wahhabitischer Überzeugung zur Seite gestellt. Sie haben dafür zu sorgen, dass ein Fünftel der Beute nach Medina abgeliefert wird. Die Wahhabiten legen fest, welche Schiffe gekapert werden und welche den Golf unbelästigt passieren können. Mit der straffen Organisation der Beduinensheikhs aus Zentralarabien verändert sich die Kleinpira-terie zum gezielten Seekrieg.

Im September des Jahres 1809 segelt eine britische Expeditions-flotte in Bombay los. Der Kapitän, der Engländer Seton, hat einer-seits die Anweisung, den Konflikt mit dem wahhabitischen Stamm Qawasimi zu lösen, andererseits soll er jedes Gefecht mit der Reite-rei der As Sauds an Land vermeiden. Kapitän Seton wählt einen eigenen Weg: Er lässt seine Schiffsartillerie feuern. Aus weiter Entfernung treffen die Granaten den Hafen Ras Al-Khaimah. Die Dhauflotte wird Opfer der Geschosse. Die hölzernen Schiffe ver-brennen – auch die gekaperte »Minerva«. Dem Stamm Qawasimi bleibt kein einziges Schiff mehr.

Kapitän Seton will jetzt seinen Auftrag erfüllen: Er soll den Sheikhs der Qawasimi-Familie deutlich machen, dass Großbritan-nien in Freundschaft mit den Bewohnern der Küste des Golfs leben will. Großbritannien will das Gewässer für die freie Schifffahrt und für den Handel sichern. Die Ansicht der Admiralität in London und Bombay: »Die Verfolgung dieses Ziels kann nicht als feindseliger Akt ausgelegt werden.« Der Sheikh des Stammes Qawasimi kann sich dieser Auffassung nicht anschließen. Die Abgesandten des Stammes As Saud raten zum Abwarten und planen zugleich die Fortsetzung der Vorbereitung zum Kampf gegen die »Ungläubigen«.

Im Sommer 1810 befinden sich die britischen Flotteneinheiten wieder in Bombay; kein einziger britischer Segler ist im Golf zurückgeblieben. Der Qawasimi-Stamm und die wahhabitischen Verbündeten nützen die Chance: Aus den Trümmern der Piraten-flotte werden wieder Dhaus und Segler gebaut. Sie sind im Frühjahr 1811 bereit zur Ausfahrt in den Golf. Vorsichtig entwickeln die

Qawasimi die neue Phase des Kampfes, den die Europäer »Arabische Piraterie« nennen. Zuerst werden schwach bewaffnete britische Handelsschiffe angegriffen und gekapert. Dann aber glauben die Seeräuber, eine große Aufgabe anpacken zu können. Sie überfallen den Frachtsegler »Deriah Dowent«, der im Auftrag der British East India Company im Golf unterwegs ist. Die Qawasimi-Aktion gelingt. 17 Seeleuten, die in britischem Dienst stehen, werden die Hälse durchgeschnitten.

Nach diesem Erfolg setzt die Wahhabitenführung in Medina die Ziele neu. Die »Piraten« verfügen zu diesem Zeitpunkt über 60 schnellsegelnde Schiffe, mit jeweils etwa 100 Mann Besatzung. Doch die »Piratenflotte« verfolgt ehrgeizige Ziele: Sie will das gesamte Gebiet des Arabischen Meeres und Teile des Indischen Ozeans beherrschen. Für diese überregionale Aufgabe entstehen Großsegler, die Platz für 300 Mann bieten.

Die British East India Company muss befürchten, dass der Seeweg zwischen dem britischen Mutterland und der indischen Kolonie unterbrochen wird. Wenn England sich seine wirtschaftliche Kraft erhalten wollte, durfte diese Lebensader nicht gekappt werden. Der Reichtum Indiens wurde mit Schiffen nach England gebracht, mit Seglern, die in Maskat Wasser und Proviant aufnahmen, um dann Afrika zu umrunden. Im Golf zwischen Arabien und Persien warteten die Piraten auf die reiche Beute, die von Indien her unterwegs war.

Im Herbst 1819 verließen 3700 britische und indische Soldaten auf 50 Schiffen Bombay. Anfang Dezember 1819 trifft die Flotte vor Ras Al-Khaimah ein. Im Dezember 1819 machte sich eine personell ebenso starke Truppeneinheit auf den Weg in Richtung Ras Al-Khaimah. Diese Truppe war in Maskat aufgebrochen; sie war beritten und auf dem Festland unterwegs. Die britische Strategie bestand darin, die Piraten von zwei Seiten her in die Zange zu nehmen. Die Belagerung dauerte sechs Tage. Die Entscheidung fiel durch die Seestreitkräfte: Die Schiffskanonen feuerten präzise. Am 9. Dezember verbrennen sämtliche Schiffe des Stammes Qawasimi, die bei Ras Al-Khaimah zusammengezogen sind. Zum zweiten Mal ist die »Piratenflotte« zerstört. Der Qawasimi-Sippe bleibt nur die Kapitulation. Die wahhabitischen Verbündeten zogen sich geschlossen in die Oase Al-Buraimi zurück.

Als Vermittler zwischen den Briten und dem Piratenstamm wirkt Sheikh Shakhbut, der Herrscher in Abu Dhabi. Sheikh Shakhbut wird als Unterhändler akzeptiert, denn er und seine Sippe haben nicht am Piratenkrieg teilgenommen. Von einer wahhabitischen Beteiligung an den damaligen Verhandlungen ist nichts bekannt. Im Januar 1820 wird dieses »vorläufige Abkommen« unterzeichnet:

Im Namen Allahs, des Mitleidigen, des Mitfühlenden!
Alle Männer sollen wissen, dass Sheikh Shakhbut ibn Dhyab Al Talahij mit General Sir William Grant Keir zusammengetroffen ist, und dass sie folgende Absichtserklärung abgeben.

Artikel 1
Wenn in Abu Dhebbee oder an irgendeinem anderen Ort im Herrschaftsbereich des Sheikh Shakhbut irgendein Schiff angetroffen wird, das den Männern gehört, die im derzeitigen Krieg als Piraten zu bezeichnen sind, so ist dieses Schiff dem General zu übergeben.

Artikel 2
Sheikh Shakhbut wird aufgenommen in den Kreis derer, die Vertragspartner werden mit England.
Gegeben zu Ras Al-Khaimah am 25. des Monats Rabee al-Awal im Jahr eintausendzweihundert und fünfunddreißig. Dies entspricht dem elften Januar 1820.
Unterschrift: W. Grant Keir, Generalmayor.
Shakhbut

Generalmajor William Grant Keir verschwendete keine Zeit. Unmittelbar nach der Zerstörung der Piratenflotte im Creek von Ras Al-Khaimah setzte er – auf Anordnung der British East India Company – die Sheikhs der Sippen, die an der Golfküste siedelten unter Druck. Die Voraussetzung war ungünstig. Außer Sheikh Shakhbut war keiner der lokalen Fürsten zunächst bereit, Piratenschiffe an die Engländer auszuliefern. Doch der Generalmajor bewies Hartnäckigkeit. Er verfolgte allerdings eine sehr geschickte Taktik: Er respektierte den Stolz der Sheikhs, mit denen er zu verhandeln hatte. Er tastete ihre Würde nicht an. Bei seiner Rückkehr nach Bombay wurde William Grant Keir deshalb von den Beamten der British East India Company, die seine Vorgesetzten waren, heftig kritisiert – er sei den Sheikhs in der Vertragsformulierung zu sehr entgegengekommen. Doch Flexibilität und Druck führten zum Erfolg. In zeitlicher Nähe zur ersten Absichtserklärung konnte ein »Generalvertrag« abgeschlossen werden. Dies ist sein Wortlaut:

Im Namen Allahs, des Mitleidigen, des Mitfühlenden!
Preis sei Allah, der den Frieden angeordnet hat, als Segen für seine Kreaturen.
Ein für alle Zeit andauernder Frieden wird geschlossen zwischen der britischen Regierung und den arabischen Stämmen, die diesen Vertrag unterzeichnen. Festgelegt werden folgende Bedingungen:

Artikel 1

Es wird von Seiten der Araber ein Ende bereitet aller Piraterie und aller Plünderungen. Der Friede, eingehalten von den Vertragspartnern, gilt für alle Zeiten.

Artikel 2

Wenn irgendein Angehöriger der arabischen Stämme jemand, der zu Land oder zu See unterwegs ist, angreift – gleich welcher Nationalität er sein mag – so begeht der Angreifer Piraterie und Plünderung. Er handelt nicht im Rahmen eines »anerkannten Krieges«. Der Angreifer wird als Feind der gesamten Menschheit betrachtet. Sein Leben und sein Eigentum sind der Allgemeinheit verfallen. Als »anerkannter Krieg« gilt der Krieg, der ordentlich erklärt worden ist und der von Regierung gegen Regierung geführt wird. Töten und Wegnahme von Gütern ohne Kriegserklärung und ohne Anordnung durch eine Regierung ist Plünderei und Piraterie.

Artikel 3

Die Araber, die diesen Vertrag unterzeichnen, sollen an Land und auf der See eine rote Fahne bei sich führen. Nach dem Gutdünken der arabischen Stämme kann die Fahne durch Buchstaben geziert sein. Das rote Tuch ist von einem weißen Rand eingerahmt. Weiß und rot wird die Fahne der Araber sein, die zu diesem Vertrag stehen. Keine andere Fahne wird anerkannt.

Artikel 4

Die Stämme, die den Vertrag unterzeichnet haben, nehmen ihre Beziehungen früherer Zeit wieder auf. Neu ist, dass die Stämme im Frieden mit der britischen Regierung leben, und dass sie nicht gegeneinander kämpfen. Die gemeinsame Fahne wird das Zeichen des Friedens sein.

Artikel 5

Die Schiffe der Vertragsunterzeichner sollen ein Papier an Bord haben, das die Unterschrift des Stammessheikhs trägt. Auf diesem Papier soll der Name des Schiffs vermerkt sein, seine Länge und seine Breite, seine Tonnage. Dieses Papier muss unterwegs jedem kontrollierenden britischen Schiff vorgewiesen werden. Es soll Auskunft geben über Ladung und Besatzung.

Artikel 6

Araber, die diesen Vertrag unterzeichnen, können – nach ihrem Willen – einen Gesandten zur British Residency am Golf delegieren. Der Gesandte wird dort verbleiben zur Regulierung der Geschäfte, die mit der British Residency abzuwickeln sind. Der britischen Regierung steht es frei, ebenfalls einen Gesandten zu delegieren. Seine Aufgabe wird es sein, die Papiere abzuzeichnen, die bereits die Signatur des Sheikhs tragen, und die Auskunft geben über Länge, Breite und Tonnage des Seglers. Die Kosten für die Gesandtschaften trägt der Entsender.

Artikel 7

Wenn sich irgendein Stamm nicht an die Abmachung zur Unterlassung von Piraterie und Plünderung hält, werden die Araber, die den Vertrag unterschrieben haben, gegen den seeräuberischen Stamm gemäß ihrer Fähigkeiten und Umstände vorgehen. Vorgesehen ist für diesen Fall ein gemeinsames Vorgehen mit der britischen Regierung.

Artikel 8

Die Hinrichtung von Menschen, nachdem sie sich ergeben haben, wird als Akt der Piraterie angesehen. Die arabischen Stämme werden sich zusammenschließen gegen diejenigen, die einen derartigen

Akt der Piraterie begangen haben. Sie werden so lange handeln, bis sich der Schuldige ergeben hat.

Artikel 9
Die Entführung von Sklaven – sei es Mann, Frau oder Kind – von der afrikanischen Küste und der Transport dieser Sklaven auf Schiffen gilt als Piraterie. Staaten, die den Generalvertrag unterschrieben haben, enthalten sich derartiger Aktivitäten.

Artikel 10
Alle Schiffe, die eine Flagge der Art tragen, die in Artikel 3 erwähnt ist, sind berechtigt, jeden britischen Hafen anzulaufen. Ihnen ist dort erlaubt, Waren zu kaufen und zu verkaufen.

Wird das arabische Schiff, das die genannte Flagge führt, angegriffen, wird sich die britische Regierung um die Angelegenheit kümmern.

Artikel 11
Die genannten Bedingungen gelten für alle Stämme, die diesen Vertrag in Zukunft unterzeichnen wollen.

Unterzeichnet in Ras Al-Khaimah um die Mittagszeit, am Samstag, den 22. des Monats Rabee al-Awul im Islamischen Jahr eintausendzweihundert und fünfunddreißig. Dieses Datum entspricht dem 8. Januar des Jahres eintausendachthundert und zwanzig. Die Unterzeichner: W. Grant Keir, Generalmajor,

J. P. Thompson, Hauptmann der 17. Leichten Dragoner als Übersetzer

und Shakhbut, Sheikh von Abu Dhebbee.

Der Generalvertrag bestimmt für die Zukunft die geografische Bezeichnung der Region am Golf.

Der Begriff »Piratenküste« verschwindet.
Der neue Name: Trucial States – die Vertragsstaaten

Während der Jahre vor dem Vertragsabschluss im Januar 1820 erschütterten Turbulenzen das Sheikhtum Abu Dhabi. Die Geschehnisse sind schwer nachzuzeichnen, da die damaligen Herrscher der

Scheikhtümer keinen Wert auf Geschichtsschreibung legten. Es muss im Jahr 1816 gewesen sein, dass Sheikh Shakhbut von Abu Dhabi durch seinen ältesten Sohn Mohammed entmachtet worden ist. Der Vorgang selbst bleibt im Dunkeln. Sicher ist nur, dass Sheikh Shakhbut während des Umsturzes nicht getötet wurde. Dass der Sohn, Sheikh Mohammed, die Initiative zum Machtwechsel ergriffen hatte, ist begrüßt worden in Abu Dhabi. Genauso populär war die Aktion des Sheikhs Tahnun, der im Jahr 1818 seinen Bruder Sheikh Mohammed aus dem Sheikhtum jagte. Der gestürzte Mohammed floh nach Bahrain. Dort wurde ihm Schutz gewährt. Das weitere Geschehen ist zwar nicht durch Dokumente belegt, doch eines steht fest: Am 11. Januar 1820 hat Sheikh Shakhbut den Generalvertrag unterzeichnet – und kein anderer.

Das Abkommen regelte keineswegs das Zusammenleben der Stämme an der »Trucial Coast«. In Vertragsklauseln gefasst wurde das Verhältnis zwischen den Sheikhtümern und Großbritannien. Der Vertrag gab den Verantwortlichen in London und Bombay Sicherheit vor unliebsamen Störungen ihres Verbindungswegs zwischen dem Mutterland und Indien. Generalmajor W. Grant Keir, der britische Unterzeichner, formulierte den Sinn des Abkommens so:

»Es baut ein System der ständigen Kontrolle der Sheikhtümer auf – und festigt zugleich die freundschaftliche Beziehung.«

Unmittelbar nach Vertragsabschluss verließen die britischen Schiffe den Golf; es gab ja offenbar keinen Grund mehr für ihre Stationierung, die Geld kostete. Sie war von der British East India Company finanziert worden. Für Ordnung sorgen sollte der British Envoy, der von Bombay aus an den Golf entsandt worden war. Er trug die Bezeichnung »British Resident« und residierte in der persischen Hafenstadt Bushir. Ihm blieb meist nichts anderes übrig, als die Auseinandersetzungen zwischen den Trucial States zu registrieren.

Der starke Mann nach 1820 war Tahnun, der Sohn des Shakhbut; er war der Sheikh von Abu Dhabi. Im Jahr 1824 wurde Tahnun ibn Shakhbut aufgesucht von britischen Beamten, die untersuchen sollten, ob der Generalvertrag respektiert wurde. Im Abschlussbericht der Beamten, den sie in Bombay abgaben, ist diese Beurteilung des Sheikhs von Abu Dhabi zu lesen:

»Tahnun, der Häuptling der »Abuthubee« (gemeint sind die Bewohner von Abu Dhabi) ist ein aktiver Charakter, geprägt von

Unternehmungslust. Er empfindet Vergnügen bei kriegerischen Aktionen. Tahnun ist eher eine kleine Erscheinung. Er wird dafür gepriesen, dass er einerseits tapfer ist, und andererseits einen aufgeschlossenen Geist besitzt. Auf sein Kommando hören etwa 400 Mann. Sie sind gut ausgebildete Soldaten. Sie verschaffen Tahnun, dem Sheikh der Abuthubee den militärischen Vorteil: Er beherrscht den Sheikh von Sharjah und auch alle anderen Häuptlinge der Küstenregion.«

Piraten oder Kämpfer für ihre Freiheit?

Die britische Regierung in London verstand es, den Generalvertrag mit den Sheikhs der »Trucial Coast« des Jahres 1820 gegenüber der britischen Öffentlichkeit als einen Sieg der Zivilisation über die »arabische Barbarei« darzustellen. Die Sippe Al Qawasimi hatte in britischen Augen Seeräuberei betrieben und damit auf einem Teilabschnitt des für England wichtigen Seewegs zwischen England und Indien die »christliche Seefahrt« behindert. Dem Sheikh des Stammes Qawasimi blieb keine Chance, den arabischen Standpunkt der Welt mitzuteilen. So nahm niemand zur Kenntnis, dass die Großfamilie Qawasimi seit Generationen viele erfahrene und kühne Seefahrer aufzuweisen hatte. Erst jetzt, zu Beginn des dritten Jahrtausend, erwacht die Erinnerung an eine Vergangenheit, auf die es sich lohnt stolz zu sein. Erfindungen früherer Zeit finden Beachtung. Ein Beispiel: In den Creeks von Sharjah und Ras Al-Khaimah war das dreieckige Segel entwickelt worden, das dem Segler größere Beweglichkeit als das traditionelle Vierecksegel gestattete. Das Dreiecksegel ermöglichte Fahrten über große Entfernungen, zu afrikanischen Küsten und in Richtung Indien.

Nicht am Golf erfunden, doch in Gebrauch gebracht von arabischen Seenavigatoren, wurde das Astrolabium. Ein Grieche hatte das Prinzip der Positionsbestimmung mit Hilfe der Fixsterne entdeckt. Der Wert des Navigationsgeräts war früh von arabischen Navigatoren erkannt worden. Schon ab dem 11. Jahrhundert n. Chr. war das Astrolabium auf den Dhaus im Golf in Gebrauch. Wer das Astrolabium verwendete, der war nicht mehr der Weite des Meeres

ausgeliefert. Die »Piraten« aus Sharjah und Ras Al-Khaimah wussten ganz selbstverständlich mit diesem Hilfsmittel umzugehen. Als
sie auch noch über den Magnetkompass verfügten, waren Besatzungen der Segelschiffe von Sharjah und Ras Al-Khaimah gut aus-
gerüstet für weite Fahrten. Der Warenaustausch zwischen Mesopotamien, Persien und Indien war Sache der arabischen Seefahrer.
   Ihr Nachteil bestand darin, dass sie sich nicht dazu entschließen
konnten, eine starke gemeinsame Handelsorganisation zu gründen
– nach Art der British East India Company. Diese Gesellschaft war
ursprünglich durch private Initiative entstanden. Die British East
India Company erwarb Grund und Boden in Indien. Streitigkeiten
um Besitz und Einfluss schwächten die Struktur der privaten kauf-
männischen Vereinigung. Der britische Staat ergriff um das Jahr
1765 die Chance, Fuß zu fassen in der Region um Bombay. Das Parlament in London begann die Umwandlung der Company in ein
staatliches Organ, das im Auftrag der britischen Regierung handelte. Das Parlament erließ Reformdekrete. Der erste Generalgouverneur von Ostindien W. Hastings (1773–1785) verwandelte die
British East India Company weitgehend in eine militärisch ausge-
richtete Bürokratie. »Pax Britannica« herzustellen, war das erklärte
Ziel des Generalgouverneurs. Als ein Instrument, dieses Ziel zu
erreichen, erwies sich die British East India Company als überaus
geeignet. Sie verwaltete schließlich zwei Drittel des indischen Gebiets. Die Gesellschaft, in britischer Hand, war zum weltpolitischen
Faktor geworden – mit der Absicht, auch Meere zu beherrschen.
Dabei duldete die Company keine Störung durch Sheikhs an der
Küste des Golfs, die in Wahrheit eine unbedeutende Konkurrenz
darstellten. Diese Araber und vor allem der Stamm Qawasimi wurden zu »Piraten« erklärt. Dass sich die Sippe kraftvoll und auch ge-
walttätig wehrte, wurde im christlichen Abendland mit Entsetzen,
aber auch fasziniert zur Kenntnis genommen. Leser in Europa nahmen mit Erstaunen die Abenteuer von Sindbad dem Seefahrer zur
Kenntnis.
   Unmittelbar nach der Zerschlagung der Qawasimi-Basis in Ras
Al-Khaimah begannen Geografen der Britisch East India Company
mit der kartografischen Erfassung der arabischen Golfküste. Dies
geschah im Frühjahr 1820. Die britischen Geografen fürchteten, von
Dhaus der Sippe Qawasimi attackiert zu werden. Sie erbaten sich

deshalb Schutz von Sheikh Tahnun, der Dhaus und bewaffnete Besatzungen von Abu Dhabi zur Verfügung stellte.

Die Engländer hätten allen Grund gehabt, sich am Golf sicher zu fühlen. Der Generalvertrag von 1820 verbot den seefahrenden Sippen der arabischen Golfküste jegliche gegen britische Interessen gerichtete Aktivität. Doch Überraschungen waren nie auszuschließen, insbesondere durch Seeleute des Stammes Qawasimi nicht. Sheikh Tahnun wurde dazu bestimmt, die Unruhe der »Joasmees« einzudämmen. »Joasmees« war die britische offizielle Schreibweise für Qawasimi. Die bereitwillige Mitarbeit von Sheikh Tahnun ermöglichte den Briten den sparsamen Umgang mit eigenen Kräften. Die Verantwortlichen der British East India Company glaubten es auf sich nehmen zu können, die Präsenz der Kriegsschiffe im Gewässer zwischen der Arabischen Halbinsel und Persien zu reduzieren. In den Creeks aber wurde nach und nach der Bau von flinken Dhaus betrieben, die geeignet waren zum Einsatz außerhalb der Straße von Hormuz, im Golf von Oman.

Der British Resident in Bushir war zunächst nicht beunruhigt. Die Zahl der Überfälle auf Schiffe unter britischer Flagge war unbedeutend. Bemerkenswert für den Resident war allein der Umstand, dass Bani Yas aktiv an den Attacken teilnahm, ein Stamm, der sich bisher an der Auseinandersetzung mit den Engländern nicht beteiligt hatte. Der Stamm fühlte sich dem Sheikh von Abu Dhabi zugeordnet. Bani Yas galt als eine lose Gruppierung von Familien. Clarence C. Mann schreibt in einer 1969 in Beirut erschienenen Untersuchung der Stammesstrukturen: »Die Zusammensetzung von Bani Yas entsprach nie dem Standard und dem Zusammenhalt anderer arabischer Stämme. Die Einheitlichkeit der Interessen war nie gegeben. Bani Yas hat auch vermieden, sich einer Führungspersönlichkeit unterzuordnen. Die Männer haben eine gewisse Neigung zur Seefahrt; sie unterhalten jedoch auch Plantagen von Dattelpalmen. Um die Dattelpalmen kümmern sie sich während der heißen Jahreszeit; zur See fahren sie im Winter.«

Von der Veränderung im Charakter von Bani Yas berichtet der British Resident in Bushir: »Sie sind jetzt eine Bande von entschlossenen Piraten. Sie rauben aus, was ihnen in den Weg kommt.« Derart allgemein war die Auswahl der Beute allerdings nicht. Ihr Kampf war eindeutig gegen die Fremdherrschaft, gegen den Kolonialis-

mus der Engländer, gerichtet. Im Verlauf weniger Monate hatten die
Seefahrer von Bani Yas 15 britische Segler gekapert und nach Abu
Dhabi gebracht.

Als sie sich vorgenommen hatten, das britische Kriegsschiff
»Elphinstone«, das mit 18 großkalibrigen Geschützen bestückt war,
nahe der Straße von Hormuz in ihren Besitz zu bringen, forderten
sie das Glück zu sehr heraus. Die »Elphinstone« wurde von unge-
zählten Dhaus des Stammes Bani Yas gestellt und umzingelt. Doch
der Kapitän ließ sich nicht einschüchtern. Seine Kanoniere zielten
exakt und brachten eine Dhau nach der anderen zum Sinken. Die
Flotte der »Freiheitskämpfer« wurde innerhalb von zwei Stunden
vernichtet. Mit der Schuldzuweisung waren die Briten rasch bei der
Hand: Der Sheikh von Abu Dhabi wurde gezwungen, den britischen Kapitulationsbedingungen zuzustimmen. Er musste dafür
sorgen, dass alles, was Bani Yas erbeutet hatte, an die British East
India Company zurückgegeben wurde. Verlangt wurde auch ein
hoher Betrag, als »Entschädigung« für die »Störung des Friedens
zur See«.

Hauptmann S. Hennel, der damals mit dem Amt des British
Resident am Golf betraut war, sah ein, dass die Last für den Sheikh
nicht zu hoch sein durfte. Er schlug vor, die Lastenregelung auf später zu verschieben. Hauptmann S. Hennel führte dieses vernünftige
Argument an: »Der Entschädigungsbetrag würde zu einer derartigen Belastung auf der arabischen Seite führen, dass die Betroffenen
sich veranlasst fühlten, erneut Gewaltmaßnahmen zu ergreifen.
Dies könnte dann zum Zusammenbruch des gesamten Vertragssys-
tems führen.« Der Sheikh von Abu Dhabi war dankbar für den Vorschlag, die Angelegenheit vorläufig nicht länger zu verfolgen; er
wollte keine weitere Auseinandersetzung mit den mächtigen Briten. Er hatte entdeckt, dass am »Perlentauchen« verdient werden
konnte. Er wollte Dhaus hinausschicken in die Gebiete, in denen die
Chance bestand, Muscheln am Meeresgrund zu finden, in denen
eine Perle herangewachsen war. Für den Erfolg dieser Perlentauch-
aktion benötigte er sicheren Frieden im Golf. Er bat Hauptmann
S. Hennel um Unterstützung bei der Vereinbarung eines Waffen-
stillstands. Es gelang dem Hauptmann, den Vertrag für einen befris-
teten Frieden auszuhandeln. Am 25. August 1835 trafen sich die
Sheikhs von Abu Dhabi, Dubai, Sharjah und Ras Al-Khaimah in

Bushir. Alle vier hatten Interesse daran, noch im Herbst ihre Tau-
cherflotten loszuschicken. Sie waren dringend auf die Einnahmen
aus dem Perlenverkauf angewiesen.

Die Tauchsaison 1835 verlief ohne Störungen. Der Hauptmann
schlug vor, die Abmachungen zu verlängern – um ein Jahr. Verlän-
gerungen wurden tatsächlich am 13. April 1836 und am 15. April
1837 beschlossen und beschworen. Bis zur Einigung auf einen dau-
erhaften Vertrag verging Zeit. Er fand erst im Jahr 1853 die Billigung
aller Beteiligten. Der Wortlaut des »Treaty of Peace in Perpetuity«
(Vertrag über den ewigen Frieden zur See) lautet:

Wir, deren Siegel diesem Dokument angeheftet sind: Sheikh Sultan
bin Saqr von Ras Al-Khaimah, Zayed bin Tahnun, Sheikh von Abu
Dhabi, Zayed ibn Butye, Sheikh von Debay, Hamid bin Rashid,
Sheikh von Ajman, Abdullah ibn Rashid, Sheikh von Umm Al-Qaiwain, wir haben nun einige Jahre den Vorteil des Friedenszustandes
zur See kennen gelernt. Diesen Friedenszustand hatten wir aus-
gehandelt durch Vermittlung des British Resident in the Persian
Gulf. Der Friedenszustand ist von Jahr zu Jahr verlängert worden
bis zur heutigen Zeit. Unsere Untertanen und Abhängigen waren
dadurch in die Lage versetzt, das Perlentauchen in Sicherheit auszuüben. Mit dieser Erfahrung sind wir entschlossen, einen dauer-
haften, ewig geltenden Frieden zu beschließen. Dieser Entschluss
soll für uns, unsere Erben und Nachfolger gelten von nun an für alle
Ewigkeit. Wir verpflichten uns, die folgenden Bedingungen einzuhalten:

Artikel 1
Vom heutigen Tag an, vom 25. Rujjub 1369, das ist der 4. Mai 1853,
wird eine komplette Einstellung aller Feindseligkeiten in Kraft tre-
ten. Sie betrifft unsere Untertanen und Abhängigen, uns selbst und
unsere Nachfolger.

Artikel 2
Sollte es geschehen (was Allah verhindern möge), dass einer unserer Untertanen und Abhängigen auf dem Meere einen Akt der
Aggression unternimmt, gegen Leben oder Eigentum eines Unter-
zeichners dieses Abkommens, werden wir die Angreifer sofort be-

strafen. Wir werden dafür sorgen, dass, nachdem wir von diesem Akt der Aggression erfahren haben, Entschädigung geleistet wird.

Artikel 3

Sollte ein Akt der Aggression begangen werden durch jemand, dessen Stamm diesen Vertrag unterschrieben hat, gegen einen unserer Untertanen oder Abhängigen, werden wir keineswegs sofort Maßnahmen ergreifen, sondern wir werden den British Resident informieren. Er wird die notwendigen Schritte unternehmen, dass das Opfer entschädigt wird. Voraussetzung ist die völlige Aufklärung des Vorfalls.

Wir sind ferner damit einverstanden, dass die Einhaltung des Friedens, der hiermit bekräftigt ist, von der britischen Regierung überwacht wird. Sie wird dafür sorgen, dass zu allen Zeiten die oben erwähnten Artikel beachtet werden. Allah ist Zeuge und Garant.

Das Dokument trägt die Unterschrift der Sheikhs von Umm Al-Qaiwain, Ajman, Debay (Dubai), Ras Al-Khaimah und Abu Dhabi.

Der Generalgouverneur der britischen Regierung in Bombay bestätigt am 24. August 1853 die Rechte und Pflichten, die England mit diesem Vertrag übernommen hat.

Dieses von England garantierte Abkommen hatte tatsächlich zur Folge, dass im Golf zwischen der Arabischen Halbinsel und Persien die Perlentaucher unbelästigt blieben.

Die Quelle des Reichtums: Perlen

»Genieße den Tee, und trinke dann das bittere Wasser.« Diese Worte gehörten zu einem traurigen Lied, das die Männer sangen, die auf den Dhaus zusammengedrängt hockten, die hinausfuhren in die offene See. Braune Gestalten, in ramponierte Hemden gekleidet; Tücher schützten den Kopf vor der sengenden Sonne. Das dreieckige Segel bot nur geringen Schatten.

Im Frühsommer verließen die Dhaus der Perlentaucher die

Creeks der Küstenstädte am Golf. Die Rückkehr erfolgte immer erst im Herbst, wenn sich Wind und Wasser abkühlen. Die Taucher nutzten die Wochen der warmen Strömungen; Kälte trieb die Taucher aus dem Wasser. Wärme erleichtert die Suche nach den Muscheln, die eine Perle enthalten könnten.

Unterbrochen wurden die Wochen des Aufenthalts auf dem Meer nicht. Feiertage blieben unbeachtet. Eine Pause in der täglichen Einöde zwischen Sonnenaufgang und Sonnenuntergang bot allein der heilige Fastenmonat Ramadan. Seine strengen Fastenregeln, die die Einnahme von Speisen und Getränken verbieten, solange die Sonne am Himmel steht, verhindern, dass die Männer die Kräfte, die sie beim Tauchen verlieren, wieder durch Nahrung ersetzen. Die Unterbrechung der Arbeit durch den Fastenmonat reduzierte allerdings das Einkommen der Taucher, denn sie wurden nach der Zahl und der Größe der Perlen, die sie eingesammelt haben, belohnt. Sie holten Muscheln vom Meeresgrund nach oben. Was sich in der Muschel befand, erfahren die Taucher erst später, wenn die »Ernte« ausgewertet wurde.

Wie die Perle entsteht, davon erzählen sich die Perlentaucher ein Märchen: An der Küste Arabiens lebte ein junges Paar in gemeinsamem Glück. Er war Fischer. Was er an Fischen täglich zum Hafen brachte, genügte, um so viel Geld zu verdienen, dass die beiden gut leben konnten. Eines Tages aber kehrte der Fischer nicht heim. Die anderen Fischer erzählten, er sei auf geheimnisvolle Weise vom Meer verschlungen worden. Die junge Frau bestieg allein ein Boot und fuhr auf das Wasser hinaus, um ihren Mann zu suchen. Verzweifelt beugte sie sich über den Bootsrand hinaus und weinte. Die Tränen gelangten in die Öffnungen von Muscheln. Dort wurden sie zu Perlen.

Unter dem Stichwort »Perlen« informiert »Meyers Großes Universallexikon«: »Perlen sind meist erbsengroße (selten bis walnussgroße) kugelige bis birnenförmige harte Gebilde aus Perlmutter. Perlen sind krankhafte Erscheinungen bei vielen Schalenweichtieren, besonders bei den Seeperlmuscheln.« Perlmutter wird im selben Lexikon so definiert: »Das Material, der bei Lichteinfall infolge Interferenz stark irisierenden Innenschicht der Schalen von Weichtieren, insbesondere der Muscheln.« Zur Entstehung der Perle sagt das Lexikon dies aus: »Die Perlbildung geschieht durch zwischen Schale und Mantel der Muschel einbuchtende Fremdkörper, zum Beispiel Sandkörner oder Parasiten, die zum Kern der Perle werden.«

Erfahrung lehrt, dass Muscheln in flachem Gewässer bei warmer Temperatur besonders gut gedeihen. Ergiebige Perlenbänke finden sich an der arabischen Golfküste westlich einer Linie, die von Kuwait im Norden bis zum Emirat Sharjah im Süden führt. Von dieser geografischen Situation profitieren besonders die Perlentaucher in Dubai und Abu Dhabi.

Berichtet wird, dass einst bis zu 4000 Boote alljährlich im Frühsommer aufgebrochen sind, um die ergiebigsten »Perlenbänke« aufzusuchen. Geschätzt wird, dass einst mehr als 50 000 Männer mit Perlentauchen beschäftigt waren; sie verdienten den Unterhalt für unzählige Familien.

Ihre Arbeit ist durch Jahrhunderte unverändert geblieben. Der Taucher steht im Wasser auf einem Stein, der an einem Seil hängt, dessen anderes Ende sich in den Händen eines Mannes befindet, der »Hochholer« genannt wird. Der Taucher steckt sich eine hölzerne Klammer an die Nase, um das Eindringen von Wasser zu verhindern. Unmittelbar vor dem Eintauchen atmet der Taucher ganz leicht; er vertraut sich dem Wasser nicht mit voller Lunge an. Erkennt der Taucher, dass er eine »Perlenbank« erreicht hat, löst er die Muscheln von Korallen oder Gesteinsformationen ab und sammelt sie in das Netz, das er bei sich trägt. Ist das Netz voll oder verlässt ihn seine Kraft, macht sich der Taucher dem »Hochholer« durch das Seil bemerkbar. Der Taucher wird nach oben gezogen; an der Wasseroberfläche angekommen, steigt der Taucher nicht an Bord der Dhau. Er bleibt im Wasser, bis er sich stark genug fühlt, erneut zu tauchen. Ungefähr hundert Mal bemüht sich der Taucher möglichst viele Muscheln einzusammeln. Pro Tag verbringt er etwa drei Stunden im Wasser. Wenn die Position günstig ist, bringt der Taucher pro Tauchgang 20 Muscheln nach oben. Die Zahl wird notiert. Dann werden die Muscheln an Deck gelagert. Erst gegen Abend werden sie geöffnet und untersucht. Diese Beschäftigung ist unbeliebt, denn die Muschelberge haben in der Hitze des Tages Fliegenschwärme angezogen; die Herkunft dieser Fliegenschwärme auf dem offenen Meer bleibt ein Rätsel. Nach dem Öffnen werden die Muscheln ins Meer geworfen.

Nur größere Exemplare werden zurückbehalten. Sie haben größere Perlmutterflächen. Für dieses Perlmutter interessieren sich Händler in Dubai und Abu Dhabi, sie finden Abnehmer in Asien. Die Perlenausbeute ist dem »Coptan« anvertraut. Er führt Buch über die Ergebnisse, die jeder Taucher erzielt.

Es gab kaum einen Taucher, der nicht, wenigstens zeitweise, unter Halluzinationen, unter Geistesverwirrung, litt. Die Ursache soll darin zu suchen sein, dass der Aufenthalt in der Tiefe den Sinnen die Orientierung raubt. Die Betroffenen erzählen davon, sie hätten seltsame Tiere mit mehreren Köpfen gesehen und Frauen in langen weißen Gewändern. Der Schock des Schreckens löst sich oft erst langsam.

Diese Beschreibung der Arbeit und des Lebens der Perlentaucher bezieht sich auf die Zeit, als die Bezeichnung Trucial Coast Gültigkeit besaß, als Großbritannien das Interesse der seefahrenden Stämme der so langsam entstehenden Sheikhtümer auf die Profitmöglichkeiten des Perlengeschäfts lenkte.

Vorweggenommen, aber in diesen Zusammenhang gestellt, sei die Bemerkung über das Ende der Arbeit der Perlentaucher. Es war im ersten Drittel des 20. Jahrhunderts, dass die japanische Industrie »Zuchtperlen« auf den Markt brachte, die billiger und dazuhin regelmäßig in der Gestalt waren. Auch veränderte sich der Geschmack der Frauen. Sie hatten seit der viktorianischen Zeit gerne Perlen getragen. Jetzt aber verlangte die Mode eine andere Art von Schmuck. Die Perlen vom Persisch/Arabischen Golf waren nicht mehr gefragt.

Erschreckt reagierten die Sheikhs auf die Bedrohung ihres Perlenmonopols durch Japan: Sie reagierten seltsamerweise durch Verbot der Einfuhr von Zuchtperlen in die Trucial States. Die Sheikhs hatten feststellen müssen, dass sich Zuchtperlen und natürliche Perlen zunächst nicht unterscheiden: Erst im Alter verliert die Zuchtperle ihren Reiz.

Die Trucial States waren wohlhabend –
aber zerstritten

Im Jahr 1820 war der Generalvertrag zwischen England und dem
Sheikh von Abu »Dhebbee« geschlossen worden, der die Grundlage gelegt hatte für die friedliche Entwicklung der »Ernte« der Perlmuscheln auf dem Meeresgrund des Persisch/Arabischen Golfes.
Für Abu Dhabi (Dhebbee) hatte Sheikh Shakhbut die Verpflichtung
des maritimen Friedens unterschrieben. Nicht jeder an der Trucial
Coast war mit der Kapitulation und der Annahme der Bedingungen
von Generalmajor William Grant Keir einverstanden. Manches Mitglied der regierenden Familien war entschlossen gewesen, den
Kampf gegen Großbritannien fortzusetzen. Zu den Entschlossenen
gehörte Shakhbuts ältester Sohn Mohammed. Er war der Meinung,
durch Hartnäckigkeit könnte die Flotte der British East India Company in die Knie gezwungen werden. Es zeichnete sich in jener Zeit
ab, dass die regulären britischen Kriegsschiffe für Einsätze im Golf
weniger häufig herangezogen wurden. Familiäre Spannung trug
dazu bei, dass der Sohn den Konflikt mit Großbritannien verschärfte. Sheikh Mohammed wollte sich nicht mehr länger dem Diktat des
Vaters beugen. Mohammed setzte Sheikh Shakhbut ab und verbot
ihm den Aufenthalt in Abu Dhabi. Dies muss nur wenige Monate
geschehen sein, nachdem Shakhbut den Generalvertrag unterzeichnet hatte.

Lange konnte sich Sheikh Mohammed in Abu Dhabi allerdings
nicht an der Macht halten. Er wurde überrascht durch den Putsch,
den sein Bruder Tahnun auslöste. Tahnun war jene Herrscherpersönlichkeit, die den britischen Beamten als außergewöhnliche Erscheinung aufgefallen war. Allerdings: Trotz der Truppe von 400
Soldaten, die der Brite so sehr gelobt hatte, gelang es Tahnun nicht,
Unruhen unter Kontrolle zu halten. Der Brite hatte offenbar Anlass
gehabt zu glauben, Tahnun habe auch den Sheikh von Sharjah in seiner Hand, doch er hat sich bei dieser Beurteilung getäuscht. Gerade
in Sharjah fand Tahnuns Bruder Mohammed Unterstützung für den
Versuch, Abu Dhabi zurückzuerobern.

Mohammed konnte mit Hilfe von Geldern, die der Sheikh von Sharjah zur Verfügung gestellt hatte, von Qatar aus berittene Beduinen in großer Zahl anwerben. Es muss im Jahr 1823 gewesen sein, dass diese Reiterei überraschend in die Siedlung Abu Dhabi einbrach. Die Ansammlung von Lehmhäusern wurde geplündert; was unbrauchbar und brennbar war, wurde angezündet. Nur wenig blieb von Abu Dhabi übrig.

Tahnun bewies nun seine Führungsqualität: Er mobilisierte ebenfalls Beduinenreiter; sie kamen aus der Gegend von Al-Buraimi. An Zahl waren sie offenbar den Gefolgsleuten des Mohammed überlegen. Mit großem Schwung fegten die Tahnun-Kämpfer die Gegner aus Abu Dhabi hinaus. Mohammed und seine Leute flohen bis Sharjah, das an der Küste etwa 200 Kilometer von Abu Dhabi entfernt liegt. Sheikh ibn Saqr, damals der Herr über Sharjah, hielt mit seinen Leuten die Verfolger auf und gewährte dem Fliehenden Schutz.

Als die British East India Company im Jahr 1820 ihre kartografische Erfassung der Sheikhtümer durchführte, notierten die Geografen, Sharjah besitze eine ausgebaute Festung, »Al-Hisn« genannt, die Bestandteil der Verteidigungsanlagen war. »Al-Hisn«, der Aufenthaltsort des Flüchtlings Mohammed, ist heute noch zu erkennen.

Tahnun bereitete sich darauf vor, Sharjah mit seinen Leuten zu umzingeln, zu belagern. Doch Sheikh ibn Saqr brauchte seine Bündnistreue zu Mohammed nicht unter Beweis zu stellen: Mohammed besorgte sich in Sharjah ein Schiff – und floh zurück nach Qatar. Tahnun, dessen Reiter nicht darauf vorbereitet waren, eine Verfolgung über das Meer aufzunehmen, musste eingestehen, dass ihm die Rache an seinem Bruder nicht geglückt war.

Nicht immer waren die Ereignisse, mit denen sich die Menschen an der Trucial Coast damals beschäftigten, kriegerischer Art; Streitigkeiten betrafen auch häufig das Zivilrecht.

Es geschah – zu einem Zeitpunkt in den 1820er Jahren, der nicht mehr genau zu fixieren ist –, dass ein Mann, der Suwaidan ibn Za'ab hieß, in Abu Dhabi Schulden machte. Als die Schulden eingetrieben werden sollten, floh Suwaidan ibn Za'ab. Er versteckte sich nicht an Land; auf dem Meer fühlte er sich in Sicherheit – auf beweglichen Dhaus, so glaubte er, werde er jedem Verfolger entkommen. Suwaidan hatte sich nicht nur eine Dhau besorgt, sondern etwa zehn dieser Schiffe. Mit dieser Flotte zog er über das Gewässer des Golfs und glaubte, vor Verfolgung sicher zu sein. Doch es gelang Sheikh Tahnun, der sich für die betrogenen Gläubiger einsetzte, einige der Dhaus des Schuldners mit Gewalt an sich zu bringen.

Suwaidan aber gab sich keineswegs geschlagen. Er kannte den Inhalt des Generalvertrags von 1820, der genau bestimmte, dass Piraterie und Plünderung die Bestrafung dessen zur Folge hatte, der Piraterie und Plünderung begangen hatte.

Suwaidan gelang es – auf heute nicht mehr feststellbare Weise – den British Resident in Bushir davon zu überzeugen, dass Sheikh Tahnun Piraterie und Plünderung auf See zu verantworten habe. Suwaidan berief sich auf Artikel 7 des Generalvertrags von 1820, der das britische Eingreifen in einem solchen Falle vorsah. Der British Resident – er hieß Leutnant Macleod – in Bushir entsandte ein Schiff nach Abu Dhabi, dessen Kapitän dem Sheikh Tahnun ein Dekret zu überbringen hatte, mit der Aufforderung, dem beraubten Suwaidan sein konfisziertes Eigentum zurückzugeben.

Mit dieser Entscheidung konnte sich Sheikh Tahnun nicht zufrieden geben. Er legte nun seinerseits dem British Resident in Bushir, Leutnant Macleod, den Sachverhalt vor – und es gelang ihm diesen zu überzeugen, dass sich Suwaidan im Unrecht befinde. Der Resident gab jetzt dem Sheikh Recht. Den Bemühungen des Leutnant Macleod gelang es schließlich, den Streitfall beizulegen.

Brudermord

Der Herrscher über Abu Dhabi war immer darauf bedacht gewesen, seine Brüder Khalifah und Sultan aus Abu Dhabi fern zu halten. Sheikh Tahnun traute ihnen nicht. Schließlich aber wurde Tahnun von Familienmitgliedern bedrängt, den beiden Brüdern endlich eine Palmwedelhütte in Abu Dhabi zuzuweisen. Das Vertrauen in die Brüder schien gerechtfertigt zu sein, denn sie waren kurz nach ihrem Einzug in Abu Dhabi wesentlich daran beteiligt, dass ein Anschlag gegen Tahnun vereitelt werden konnte. Drei der Verschwörer wurden enthauptet.

In jener Zeit war Sheikh Tahnun mit Streitereien der Sheikhtümer untereinander beschäftigt. Tahnun war mit dem Sultanat Oman in

Konflikt geraten; und er wollte jedes Sheikhtum durch Überfälle bestrafen, das ein Bündnis mit Oman einging. Die Herrscher von Ajman und Sharjah wollten sich derartige Drohungen nicht gefallen lassen: Sie verbündeten sich gegen Sheikh Tahnun. Es herrschte Krieg zwischen Ajman, Sharjah und Abu Dhabi. Die Mächtigen der drei Küstenstädte besannen sich gerade noch rechtzeitig darauf, dass die Monate bevorstanden, in denen am besten nach Perlmuscheln getaucht werden konnte. Die Einnahmen aus dem Perlenverkauf wollten sie sich nicht entgehen lassen. Die Mächtigen verabredeten einen Waffenstillstand.

Kaum aber waren die Perlentaucherschiffe in ihre Häfen zurückgekehrt, begannen offene Feindseligkeiten: Sharjah überfiel Dhaus, die Abu Dhabi gehörten, auf offenem Meer. Sheikh Tahnun ordnete daraufhin die Attacke gegen zehn Dhaus an, die in Sharjah beheimatet waren.

Die Gefahr bestand, dass die Trucial Coast, gefangen in einem Netz von Konflikten, den Stämmen keine Heimat mehr bieten konnte. Da handelten die beiden Brüder Khalifah und Sultan. Im April 1833 lauerten die beiden dem Sheikh Tahnun auf – entschlossen, ihn zu töten. Der eine Bruder schoss auf Tahnun, der andere stach auf ihn ein.

Khalifah und Sultan waren nach dem Mord zunächst durchaus gewillt, Abu Dhabi gemeinsam zu regieren. Doch offenbar war Khalifah zupackender als der Bruder. Innerhalb weniger Monate hörten die Familien von Abu Dhabi nur noch auf ihn. Sultan versuchte, Anhänger zu mobilisieren. Eine wirkungsvolle Unterstützung für seine Ansprüche erhielt er allerdings nicht – doch er erreichte, dass sich Unzufriedenheit in Abu Dhabi breit machte, die sich gegen Khalifah und gegen Sultan richtete. Die Absicht der Unzufriedenen konzentrierte sich um die Jahresmitte 1833 darauf, Khalifah zu beseitigen. Ein Vetter der beiden Brüder war dazu ausersehen, Herrscher des Sheikhtums Abu Dhabi zu werden. Dieser Vetter aber erschrak über das Angebot: Die Position des Herrschers war ihm zu gefährlich. Er begab sich zu Khalifah und erzählte ihm von dem Komplott. Der reagierte sofort. Drei der Verschwörer wurden auf Befehl des Khalifah enthauptet. Die Exekutionen lösten Empörung aus in Abu Dhabi.

Dubai wird auf Dauer unabhängig

Es war im Frühjahr 1833 gewesen, dass die Sippe Al Bu Falasah, die zum Stammesverband Bani Yas gehörte, beschloss, sich nicht länger von Sheikh Khalifah beherrschen zu lassen. Sie waren die Küste entlang nach Norden gewandert; rund 180 Kilometer entfernt hatten sie die kleine Siedlung Dubai gefunden. Die Familien der Sippe Al Bu Falasah hatten sich dort niedergelassen, wo sich heute die Stadtteile Deira und Al-Shindagha befinden, rechts und links des Creekbogens, rund 700 Meter vom Meer entfernt.

Die Berichte der nach Dubai ausgewanderten Familien müssen sehr zufrieden geklungen haben, denn sie veranlassten immer mehr Verwandte dazu, Abu Dhabi zu verlassen. Der Auswandererstrom wuchs an. Abu Dhabi verlor auf diese Weise einen wesentlichen Teil seiner Streitmacht. Das veränderte Kräfteverhältnis verleitete die Mächtigen von Al Bu Falasah, einen Angriff auf Abu Dhabi zu wagen.

Als Zeitpunkt dafür wählten sie die letzten Wochen der Perlentauchsaison. Die »waffenfähigen« Männer des Sheikhs Khalifah befanden sich noch draußen auf dem Meer. Während Dubai und Sharjah bereits ihre Boote von den Perlenbänken an die Küste abgezogen hatten, um die Männer für den Überfall zu mobilisieren.

Sheikh Khalifah hatte keine Ahnung von dieser Entwicklung. Doch die Kapitäne der Dhaus aus Abu Dhabi wunderten sich, dass sie keinem Schiff aus Dubai und Sharjah mehr begegneten. Sie ahnten die Gefahr. Beunruhigt verließen sie die Muschelbänke und kehrten mit Mann und Schiff in den Hafen zurück, um Khalifah zu informieren. Der Sheikh hatte, auf diese Weise gewarnt, die Möglichkeit, die Verteidigung zu organisieren.

Am 10. September 1833 landeten die Dhaus aus Dubai und Sharjah bei Nacht am Strand, fünf Kilometer von der Insel Abu Dhabi entfernt. Die Sheikhs aus Dubai und Sharjah waren überzeugt, ihnen sei eine Überraschung gelungen. Sie waren allerdings verblüfft, als sie bei Tagesanbruch feststellen mussten, dass ihre Invasionstruppe an Land auf drei Seiten von Bewaffneten aus Abu

Dhabi abgeriegelt war. Es blieb nur der Weg zu den Dhaus offen. Als die Sheikhs der Abgeriegelten ihre Lage erkannten, flohen sie selbst als Erste in Richtung Meer – die Übermacht der Abu-Dhabi-Truppe jagte ihnen Furcht ein. Die Flucht vollzog sich ungeordnet und verlustreich. Berichtet wird, 60 Dhaus der Angreifer seien verloren gegangen. 30 Tote blieben am Strand von Abu Dhabi zurück.

Diese Niederlage entmutigte die Sheikhs von Dubai und Sharjah keineswegs, doch noch den Versuch zu wagen, eine Entscheidung zu erzwingen. Im Spätherbst 1833 organisierten sie die Blockade der Hafenausfahrten von Abu Dhabi. Sheikh Khalifah aber hatte vorgesorgt: Über osmanische Lieferanten hatte er Kanonen angekauft; sie wurden als Küstenbatterien eingesetzt. Ihre Feuerkraft hielt die angreifenden Dhaus auf Distanz. Trotzdem dauerte die Blockade der Zufahrten vom Golf nach Abu Dhabi bis zum Frühjahr 1834 – bis zum Beginn der für das Perlentauchen günstigen Jahreszeit.

Der Beginn der Perlentauchsaison 1834 war durch immer wieder aufflammenden Streit gestört. Es war Sheikh Khalifah, der schließlich zur Einsicht kam, dass dieser Streit beachtliche Einbußen an Einnahmen aus dem Perlengeschäft zur Folge hatte. Khalifah erklärte sich zum einseitigen Waffenstillstand bereit. Als Voraussetzung dafür gab er seinen Untertanen die Anweisung, dass jede Provokation zur See oder zu Lande künftig unterlassen werden müsse. Die Sheikhs von Dubai und Sharjah, die sich verbündet hatten, ärgerten sich über die Friedfertigkeit des Sheikhs Khalifah. Sie wollten gerne weiter gegen ihn streiten – in der Hoffnung, Abu Dhabi schließlich doch noch besiegen zu können. Ihre Geduld wurde stark beansprucht. Doch sie warteten in Übereinkunft das Ende der Perlentauchzeit 1834, bis zur Heimkehr aller Dhaus ab. Dann aber zerbrach die Einigkeit. Es gab bald Anzeichen dafür, dass Sharjah den alten Konflikt, für den es eigentlich keinen einsehbaren Grund mehr gab, neu aufflammen lassen wollte.

Sheikh Khalifah von Abu Dhabi ergriff in dieser Situation energisch eine diplomatische Initiative: Er vertraute auf die Weisheit des Alters. Er schickte seinen Vater Shakhbut, der Jahre zuvor von seinem Sohn Mohammed abgesetzt worden war, als Unterhändler zu den regierenden Sheikhs der Trucial Coast. Sein Angebot: Verzicht des Sheikhtums Abu Dhabi auf jeglichen Anspruch, der Dubai betraf. Beide Ruler respektieren künftig jeweils das Herrschaftsgebiet des anderen. Die Trennung von Dubai und Abu Dhabi war nun endgültig vollzogen.

Die Familie Al Maktoum übernimmt Verantwortung für Dubai

Dass sich um das Jahr 1833 die Sippe Al Bu Falasah entschlossen hatte, von Abu Dhabi nach Dubai umzusiedeln, hatte sich als segensreich für Dubai erwiesen. Bis dahin war Dubai von geringer Bedeutung gewesen: Eine unbedeutende Zahl von Fischern und Perlentaucher hatte dort gewohnt. Jetzt aber veränderte sich die soziale Struktur der Einwohner. Zur Sippe Al Bu Falasah gehörten Handwerker jeder Art und Händler. Dazu ließen sich auch Viehzüchter am Creek von Dubai nieder.

Bis dahin hatte es keinen Suk, keinen Markt, gegeben. Die neu hinzugezogenen Bewohner aber schlugen Marktstände auf, boten Waren an, verstanden zu handeln, zu verkaufen. Schon im Jahr 1834 war zu erkennen, dass Dubai zum Handelsplatz der Trucial Coast werden würde. Als besonders aktiv erwies sich die Familie Al Maktoum. Sie besaß ein Gespür dafür, was ihnen und der ganzen Siedlung nützte. Über die Grenzen von Dubai hinaus schlossen die Maktoums Vereinbarungen, Handelskontrakte ab.

Damals war die Blütezeit des Handels mit den Perlen aus den Gewässern des Persisch/Arabischen Golfs. Die Maktoums vergrößerten die Dhauflotte der Stadt, boten Arbeitsplätze an für junge Männer, die auf See tätig werden wollten.

Wer Arbeit hatte, verdiente, seine Lebensqualität hob sich. Vom besseren Leben waren wiederum die Verwandten der bisher schon Zugezogenen fasziniert. Der Zustrom schwoll an. Das Ansehen der Familie Al Maktoum wuchs.

Wenig bekannt ist über den ersten anerkannten Sheikh von Dubai; sein Name war Maktoum bin Buti. Er soll den Einfall gehabt haben, die Siedlung Dubai in eine wirkliche Stadt zu verwandeln.

Sheikh Maktoum bin Buti starb unerwartet im Jahr 1852. 20 Jahre lang hatte er das Gemeinwesen Dubai geleitet. Bei aller Unabhängigkeit der Hafenstadt hatte der Sheik stets darauf geachtet, dass er und seine Abhängigen nicht aus dem Stammesverband der Al Bu Falasah ausschieden. Der Stammesverband bot Schutz gegen die Qawasimi, die auch nach ihrer Niederlage im Creek von Ras Al-Khaimah nicht bescheidener in ihren Machtansprüchen geworden waren. Die Qawasimi besaßen einen Schwerpunkt ihrer Macht in Sharjah. Die Entfernung zwischen Sharjah und Dubai war auf dem Kamelrücken in einer Stunde zu überwinden. Über Generationen hin hielten die Sheikhs von Dubai und Sharjah mühsam eine Koexistenz aufrecht.

So effektiv Maktoum bin Buti für seine Stadt gewirkt hatte, mit dem Resident seiner britischen Majestät war er offenbar nur schlecht zurechtgekommen. Im Jahr 1839 – also nur sechs Jahre nach der Übersiedlung der Sippe Al Bu Falasah – schrieb der Resident diese Bemerkung an seine oberste Behörde in Bombay: »Von Sheikh Maktoum von Debaye ist zu sagen, dass er intrigant ist. Sein Hafen liegt zwischen Sharjah und Abuthabee (Abu Dhabi).«

Nach dem Tod des Sheikhs Maktoum bin Buti ging die Regierungsgewalt auf seinen Bruder Sheikh Zayed bin Buti über. Er war bis zum Jahr 1859 verantwortlich für die Entwicklung von Dubai. Vorgesehen vom Familienrat der Maktoum war eigentlich, dass Zayed bin Butis Neffe Sheikh Hasher bin Maktoum die Gewalt im Staat übernimmt. Doch dann wurde es für klüger erachtet, den älteren Sheikh Zayed mit dem höchsten Amt zu betrauen. Er hatte sich vertraut zu machen versucht mit den Geschehnissen in der nahöstlichen Welt. Ägypten hatte an Bedeutung gewonnen; irgendwann musste eine Entscheidung gefällt werden, wie Ägypten als Macht eingeschätzt werden sollte. Für diese Aufgabe war im Jahr 1852 Sheikh Zayed für geeignet gehalten worden. Doch er starb 1859. Jetzt wurde doch Sheikh Hasher bin Maktoum oberste Autorität in Dubai.

Überraschend klein war die Zahl der Bewohner Dubais. Im Jahr 1999 zeichnet der Brite Graeme Wilson – ein exzellenter Kenner der Region – die Geschichte des Emirats nach. Wilson ist der Meinung, dass zur Regierungszeit des Sheikhs Hasher bin Maktoum nicht mehr als 3000 Menschen rings um den Creek von Dubai gelebt haben. Sharjah, so lautete die Schätzung, hatte damals eine fünffach

höhere Einwohnerzahl. Sheikh Hasher begriff diese Differenz als
Mangel seines Herrschaftsbereich. Er bemühte sich, Sippen der Beduinenstämme, die im Landesinnern lebten, an die Küste zu holen.
Kleine Siedlungen am Rande von Dubai wurden in die Einheit einbezogen. Dazu gehörten Deira, Hamriyah und Jumeirah.

Streit mit den Wahhabiten:
An der Oase Al-Buraimi entzündet sich der Konflikt

Wechselvoll war die Geschichte des wahhabitischen Staates in Zentralarabien während dieser Jahrzehnte verlaufen. Das Gebiet, das
der Stamm As Saud beherrschte, war größer geworden. Standge-
halten gegen die Expansion hatte Bahrain (1810). Maskat, die
Hauptstadt von Oman, war nur indirekt bedroht gewesen.

Im Jahr 1810 n. Chr. fiel in Istanbul eine wichtige Entscheidung:
Das Osmanische Reich wollte sich die »wahhabitische Herausfor-
derung« vom Halse schaffen. Für den Sultan waren die Wahhabiten
eine »fanatische Sekte«, die den Islam nach ihrem Gutdünken aus-
legte, ohne Rücksicht auf islamische Traditionen und auf den Anspruch des Sultans in Istanbul, oberste Glaubensautorität in der islamischen Welt zu sein.

Bis zum Jahr 1803 hatte sich der Sultan des Osmanischen Reiches
nicht veranlasst gesehen, aktiv gegen die »Fanatiker« auf der Arabischen Halbinsel vorzugehen. Doch dann hatten die Wahhabiten
nach den heiligsten Orten des Islam gegriffen – nach den Städten
Mekka und Medina –, nach der Wirkungsstätte des Propheten Mohammed. Dieser »Gesandte Allahs« war im Jahr 632 abendländischer Zeitrechnung in Medina gestorben. In Medina befindet sich
Mohammeds Begräbnisstätte. Zum Beschützer dieses heiligen
Ortes hatte sich der Sultan des Osmanischen Reiches erklärt. Er
musste eingreifen, als sich die saudisch-wahhabitische Streitmacht
der Städte Mekka und Medina bemächtigte.

Das Zentrum der Wahhabiten befand sich im Jahr 1803 noch
immer in der zentralarabischen Oase Diraiyah. Dort herrschte Un-
schlüssigkeit. Die Reiterei der Sippe As Saud stand zwar bereit zum
Sturm in Richtung Mekka und Medina – diese Städte lagen 600 Ki-

lometer entfernt. Doch die Erinnerung lebte fort, auch im Bewusstsein der Wahhabiten, dass der Prophet Mohammed einst gesagt hatte: »O Gläubige, kämpft nicht im Schatten der Ka'aba!« Im Umkreis des Heiligtums sollten die Moslems jeden Streit, jede bewaffnete Auseinandersetzung vermeiden. Wie aber sollten Mekka und Medina erobert werden, ohne Kampf? Eine Anweisung des Propheten zu missachten, das kam für die wahhabitischen Saudi-Sheikhs nicht in Frage. Ihnen fiel ein, dass das Ziel auch auf Umwegen zu erreichen war.

60 Kilometer südlich von Mekka, im Bergland, befindet sich die Stadt Taif. Sie war damals nur geringfügig befestigt. Die Kommandeure der wahhabitischen Reiterei befahlen den Angriff auf Taif. Er verlief erfolgreich: Die Häuser wurden niedergebrannt, die Bewohner erschlagen. Die Absicht dieser Aktion war, in Mekka und Medina Schrecken zu verbreiten, die Bewohner der heiligen Städte zu demoralisieren.

Es war der Monat der Pilgerfahrt nach Mekka, als sich die Nachricht vom schrecklichen Ende der Bewohner von Taif verbreitete. Die Stadt um das Heiligtum Ka'aba war überfüllt von Pilgern aus Ägypten, Syrien, Mesopotamien und dem Osmanischen Reich. Ihre Zahl betrug 10 000 Männer und Frauen. Die Männer waren durchweg bewaffnet, da sie auf dem Weg nach Mekka immer befürchten mussten, von Beduinenbanden überfallen zu werden.

Die Pilger waren an Zahl den Bewaffneten der Wahhabiten überlegen. Wären sie entschlossen gewesen, im Zusammenwirken mit den Truppen des Sherifen von Mekka, der dem Sultan des Osmanischen Reiches verpflichtet war, die heiligen Stätten zu verteidigen, hätten sie mit dem Sieg rechnen können. Doch auch die führenden Köpfe der Pilger waren in ihrer Entschlusskraft gehemmt durch die Erinnerung an die Anweisung des Propheten Mohammed, jeglichen Kampf »im Schatten der Ka'aba« zu unterlassen. So setzte sich rasch die Meinung durch, es sei unklug, sich in den internen Streit innerarabischer Stämme einzumischen. Die ägyptischen Pilger sagten ganz deutlich, sie seien als Teilnehmer an einem religiösen Fest gekommen, und nicht als Hilfstruppen des Sherifen von Mekka. Sie brachen rasch auf, da sie fürchteten, die Wege zur Küste könnten bald schon durch die wahhabitische Reiterei versperrt werden. Die Folge war, dass alle Pilger Mekka und Medina verließen.

Da verloren die Eliteschicht und die Bewohner der heiligen
Städte den Mut. Viele machten sich auf den Weg zur Hafenstadt
Dschedda am Roten Meer. Ohne einen Schuss abzugeben und ohne
einen Schwertstreich fielen im Jahr 1803 die heiligen Stätten des
Islam in die Hand des wahhabitischen Clans As Saud.

Die »Säuberung« in Erfüllung der Vorschriften des Predigers Mohammed ibn Abdel Wahhab begann sofort. In Mekka und Medina
waren im Verlauf der 1200 Jahre, die seit dem Tod des Propheten
Mohammed vergangen waren, Grabmäler, Mausoleen entstanden
für Männer, die als Heilige und Wundertäter galten.

Für die wahhabitischen Reiter war der Glaubensgrundsatz verbindlich, dass Anbetung von Toten ein Verbrechen an Allah darstellt, denn jegliche Anbetung gebühre allein Allah. Die wahhabitischen Herren verboten alle Äußerungen von Trauer – und von
Freude – im eroberten heiligen Bezirk. Sie ließen Häuser nieder-
reißen, die von einem höheren Lebensstandard ihrer Bewohner
zeugten. Verboten wurde der Gebrauch von Werkzeugen und Hilfs-
mitteln des täglichen Bedarfs, die es zur Lebenszeit des Propheten
Mohammed nicht gegeben habe. Nur für sich selbst handelten die
Wahhabiten in einem Punkt nicht gemäß ihrer eigenen Vorschrift:
Sie benutzten selbstverständlich Gewehre – obgleich der Gesandte
Allahs eine derartige Feuerwaffe überhaupt nicht gekannt hatte; es
gab sie erst rund 800 Jahre später.

Der wahhabitische Saudi-Clan war fest entschlossen, in der islamischen Welt alle Auffassungen des Islam zu unterdrücken, die
nicht den Glaubensprinzipien des einstigen Predigers Mohammed
ibn Abdel Wahhab entsprachen. Besonders verhasst waren den
Wahhabiten die Schiiten, die den Standpunkt vertreten, es dürfe
überhaupt nur jemand regieren, der in direkter Linie vom Propheten Mohammed abstamme. Die osmanische Reichsverwaltung
hatte die Schiiten geduldet. Die Wahhabiten wollten die Schiiten
vernichten.

Schwer wiegend für die osmanische Zentrale des Riesenreichs
war das Geschehen an den heiligen Stätten: Die bisherigen Geistlichen wurden entmachtet – sofern sie nicht jeden ausdrücklich ver-
dammten, der die Auffassung duldete, Allah (Gott) sei dreifaltig.
Der osmanische Beherrscher der Gläubigen hatte darüber hinweg-
gesehen. Mit Toleranz war jetzt Schluss in Mekka und Medina.

Der Sultan des Osmanischen Reiches konnte sich eine derartige Veränderung der traditionellen Glaubensauffassungen nicht gefallen lassen: Er sah seine Position als Beschützer der heiligen Stätten gefährdet. Er musste seine Aufgabe darin sehen, »die Ordnung« in Mekka und Medina wiederherzustellen. Die Vorbereitung zum Feldzug der Rückeroberung dauerte mehrere Jahre. Erst 1812 traten ägyptische Truppen im Namen des Sultans zum Angriff auf Mekka an.

Den Ägyptern half eine Erscheinung am Himmel: Im Februar 1813 ereignete sich ein Zeichen am Firmament, für das die wahhabitischen Geistlichen keine Erklärung hatten: Die Sonne verfinsterte sich. Diese Erscheinung wurde in Zentralarabien so gedeutet: Das Haus As Saud ist dem Untergang geweiht. Die Folge war, dass Krieger in ihre Stammesgebiete zurückkehrten; sie verließen die Reihen der Wahhabiten. Als die osmanischen Kampfverbände vor den heiligen Städten aufmarschierten, standen ihnen die Stadttore weit offen.

Der Verantwortliche in der Familie As Saud war zu dieser Zeit Emir Saud ibn Abdel Aziz. Der Gedanke, Mekka und Medina verloren zu haben, quälte ihn. Er starb im April des Jahres 1814 an einer fiebrigen Erkrankung in der Oase Diraiyah. Nachfolger wurde sein Sohn Abdallah ibn Saud. Ihm blieb die Aufgabe, zu retten, was vom wahhabitischen Reich noch vorhanden war. Da der Westen Zentralarabiens verloren war, wandte sich das Interesse des Oberhaupts des Saud-Clans dem Osten zu.

Das Sultanat Oman war bisher deshalb unbehelligt geblieben, weil sich die Initiativen des wahhabitischen Staates auf Mekka und Medina konzentriert hatten. Jetzt aber hatte sich die Situation verändert: Der Osten lockte – und besonders das Sultanat Oman; dessen Verbindung nach Indien erzeugte den Eindruck, in Maskat sei ein gewaltiger Reichtum anzutreffen.

Die Voraussetzung zur völligen Kontrolle des Sultanats war im Jahr 1795 n. Chr. geschaffen worden. Damals war eine Einheit berittener Wahhabiten in der Oase Al-Buraimi stationiert worden. Sie nisteten sich dort derart ein, dass alle Versuche der Stämme dieser Region, die Wahhabiten zu vertreiben, scheiterten. Mehr als zehn Jahre bedeuteten diese Fanatiker eine Gefahr für Oman und für Abu Dhabi, Dubai und Sharjah. Bani Yas, der wichtigste Stamm der

Küstenregion, bemühte sich allerdings mit der Garnison in der Oase
friedlich zusammenzuleben. Diese Bemühung scheiterte, als die
Garnison der Saudi-Wahhabiten in die omanische Küstenregion am
Golf von Oman einbrach. Die Reiterei von Oman und von Bani Yas
schlossen ein Bündnis, um die Eindringlinge zu vertreiben. Dem
Zusammenwirken war nur ein dürftiger Erfolg beschieden. Zwar
zogen sich die Wahhabiten nach Al-Buraimi zurück, doch dort
klammerten sie sich fest.

Diese Situation änderte sich erst im März 1818 n. Chr., als die
ägyptisch-osmanischen Truppen die Oase Diraiyah, das Zentrum
des Wahhabitenstaates, erreichten. Die osmanische Streitmacht bestand aus Reiterei und Infanterie, und – dies war eine Neuerung für
die Kriegführung in Arabien – aus einigen Batterien Kanonen mit
durchschlagender Wirkungskraft.

Zwar schlugen die Kanonenkugeln Breschen in die Lehmmauern, die Diraiyah umgaben, doch waren diese Mauerlöcher von den
Verteidigern immer rasch wieder mit einfachen Mitteln zu flicken.
Der Widerstand der Wahhabiten brach im Ansturm der osmanisch-
türkischen Verbände nicht zusammen.

Nahezu ein halbes Jahr zog sich die Belagerung hin. Die Familien
hinter den Lehmmauern litten schließlich Hunger; die Lebensmit-
telvorräte waren zu Ende. Unzufriedenheit mit der herrschenden
Familie As Saud machte sich breit.

Am 5. September 1818 begann die Endphase des Kampfes um die
Oase Diraiyah. Die osmanisch-ägyptische Artillerie, die bisher erstaunlich wirkungslos gewesen war, konzentrierte nun ihr Feuer
auf schwächere Punkte der Lehmmauer. Wenig später griff die
ägyptische Infanterie an. Diese Attacken brachten greifbare Resultate. Emir Abdallah ibn Saud geriet in eine schwierige Lage. Die Verteidigung brach zusammen. Völlig ohne Waffen flüchtete der Emir
in das einzige wirklich feste Haus in der Oase. Dort erfuhr Abdallah ibn Saud, dass sein Onkel eben dabei war, gegenüber den Osmanen für das gesamte Gebiet von Diraiyah zu kapitulieren. Abdallah ibn Saud ergab sich; er geriet in osmanische Gefangenschaft.

Die Verluste der Sippe As Saud im Verlauf der Kämpfe waren
groß gewesen. Drei Brüder des Emirs Abdallah ibn Saud hatten ihr
Leben verloren. 18 weitere Mitglieder der Sippe waren ebenfalls
umgekommen. Sieben Brüder des Emirs und drei seiner Söhne

hatten die Gefechte bis zum Waffenstillstand überlebt. Sie waren im Durcheinander um die Kapitulation durch die Palmenhaine entkommen. Gnädig behandelt wurde, wer in Gefangenschaft geriet.

Die Nachfahren des Predigers Mohammed ibn Adel Wahhab aber fanden keine Gnade. Als der Enkel des Mannes, der die Vision vom Staate Allahs in Arabien dem Hause As Saud verkündet hatte, in Diraiyah zur Hinrichtung geführt wurde, da musste er eine schlimme Demütigung hinnehmen: Eine Musikkapelle geleitete ihn zum Block des Henkers. Musik hatte einst sein Großvater streng verboten, weil Musik die Gedanken der Gläubigen von Allah ablenke.

Der Fall von Diraiyah bedeutete das Ende des ersten Wahhabiten-Staats. 80 Jahre später lebte die Idee des Predigers wieder auf. Zunächst aber war der Konflikt um Al-Buraimi von selbst erloschen. Als das wahhabitische Machtzentrum Diraiyah nicht mehr existierte, verließen die Kämpfer der Garnison Al-Buraimi die Oase. Sie begaben sich zu ihren Stämmen in Zentralarabien.

Kaum waren die Wahhabiten aus Al-Buraimi abgezogen, da stritten sich Maskat und Sharjah um die Oase. Sheikh ibn Saqr (in britischen Dokumenten ibn Suggar genannt) ließ zum Zeichen der Sharjah-Souveränität einige Lehmtürme besetzen. Dagegen protestierte der Sheikh von Abu Dhabi. Der Resident der britischen Krone versuchte zu vermitteln. Er erklärte Al-Buraimi zur neutralen Zone. Doch mit dieser Entscheidung war niemand an der Trucial Coast zufrieden.

Überraschend und schnell veränderte sich im Jahr 1823 die Situation in Zentralarabien. Nach der Niederlage von Diraiyah war der wahhabitische Emir Abdallah ibn Saud in Istanbul enthauptet worden. Sein Sohn Turki ibn Abdallah aber lebte; er war der Verfolgung durch die osmanischen Häscher entkommen. Ganz plötzlich tauchte er in der Oase Riyadh auf und präsentierte seine Ansprüche als Erbe des Hauses As Saud.

Die Nachricht, die wahhabitische Idee sei unerwartet wieder auferstanden, verbreitete sich von Siedlung zu Siedlung, von Stamm zu Stamm. Auch an der Küste des Golfs erkannten die Sheikhs, dass der wahhabitische Expansionsdrang erneut zu befürchten war. Abu Dhabi, Dubai und Sharjah planten vorsorglich eine gemeinsame Verteidigungsstrategie für die Oase Al-Buraimi. Doch ihre Angst vor den »Wahhabiten« verflog wieder so rasch, wie sie entstanden war.

Turki ibn Abdallah hatte Begeisterung erwartet – doch er erlebte eine bittere Enttäuschung. Die Männer, die in der zentralen Oase Riyadh zu bestimmen hatten, teilten mit, sie hätten versprochen, jetzt der osmanischen Verwaltung die Treue zu halten. Sie bezogen keine harte Position gegen Turki ibn Abdallah – sie verhielten sich eher gleichgültig. Niemand beachtete seine Anweisungen. Es dauerte Tage, bis Turki ibn Abdallah begriff, dass niemand in Riyadh sein Leben für die Sache des Hauses As Saud einsetzen werde. Er plante schließlich mit den wenigen Anhängern, die er mitgebracht hatte, einen geordneten Rückzug aus Riyadh; doch er erhielt eine Warnung, die seine Pläne durchkreuzte. Ein osmanischer Reiterverband näherte sich der Stadt. Turki ibn Abdallah floh. Osmanische Reiterpatrouillen bemerkten die Flucht, sie nahmen die Verfolgung auf, doch sie fanden Turki ibn Abdallah nicht.

Obgleich sie Turki nicht unterstützt, sondern ihre Abneigung gegen das Haus As Saud bewiesen hatten, mussten die Familien von Riyadh hohe Strafabgaben leisten. Die osmanischen Truppen plünderten, was sich an Wertvollem in der Oase befand.

Das Ergebnis dieses osmanischen Terrors war, dass die Honoratioren der Siedlungen rings um Riyadh begriffen, dass sie durch Demonstration der Ablehnung des Hauses As Saud nichts gewinnen konnten. Sie begannen sich daran zu erinnern, dass sie unter Saudi-Emiren glanzvolle Zeiten des Reichtums erlebt hatten. Die Erinnerung daran, dass sie strengen Glaubensvorschriften unterworfen worden waren, verblasste. Der Gedanke, es werde eines Tages wieder ein Mann aus dem Hause As Saud mächtig werden in der Mitte Arabiens, breitete sich aus in den Köpfen: Man redete darüber in den Oasen und an den Wasserstellen.

In der Mitte des Jahres 1823 war das Gerücht zu hören, Turki ibn Abdallah halte sich in der Steppengegend zwischen Riyadh und Diraiyah auf. Wer sich zum Haus As Saud bekenne, der möge sich dort einfinden.

Mancher Sheikh der Dörfer des Oasengürtels war glücklich, als er hörte, dass zum Hause As Saud noch immer ein mutiger Mann gehörte, doch sich zu Turki bekennen, das wagten sie aus Angst vor der osmanischen Obrigkeit nicht. Der Flüchtling verstand die Gründe des Zögerns. Er selbst musste den Sheikhs helfen, die Furcht zu überwinden. Dazu gab es nur ein Mittel: durch eine Heldentat zu imponieren. Beeindrucken konnte er nur durch die Eroberung von Riyadh. Turki nahm sich vor, die Oase im Handstreich einzunehmen. Er setzte alle Hoffnung darauf, als Kriegsheld gefeiert zu werden.

Nur ein Dutzend Männer begleiteten ihn, als er auf Riyadh zuritt – überzeugt, die Überraschung werde gelingen. Doch die Bewohner jubelten nicht, als sie das Banner des Hauses As Saud über den Köpfen der Reiter flattern sahen. Das Tor von Riyadh blieb geschlossen. Turki musste sein Pferd wenden. Wieder entkam er in die Steppe.

Zwar musste sich Turki erneut verstecken. Doch er besaß eine wirkungsvolle Waffe: die Propaganda. Wer ihn aufsuchte, dem sagte Turki, die Osmanen seien schuld daran, dass Zwietracht und Streit in Arabien herrschten: Sie pflanzten Missgunst, Neid und Bruderhass in die Herzen der arabischen Stämme ein. Die Osmanen hätten erreicht, dass die Stämme gegeneinander kämpften. Dieser Streit nutze allein den Osmanen, die keine Araber seien. Er, Turki ibn Abdallah aus dem Hause As Saud, werde künftig der Anführer sein, der die arabischen Stämme zu Einheit, Ansehen und Ehre führe.

Im Frühjahr 1824 unternahm Turki den dritten Versuch, Riyadh zu erobern. Diesmal bestand seine Begleitung aus einer großen Zahl von Reitern. Die Streitmacht war stark genug für eine Belagerung der Oase. Auch der Zeitpunkt war für den Angreifer günstig: Die Vorratskammern der zu belagernden Stadt waren leer. Die Belagerten sahen von der Mauer aus, wie Turkis Männer die Datteln von den Palmen schlugen, wie sie das noch unreife Getreide mit ihren Pferden zertrampelten. Die Bewohner der Oase, durch Hunger zur Verzweiflung getrieben, ergaben sich Turki ibn Abdallah.

Der osmanischen Verwaltung in Medina blieb nichts anderes übrig, als den Erfolg des Hauses As Saud einzugestehen. Sie war froh, dass Turki keine Neigung zeigte, die heiligen Stätten zu erobern. Er festigte seine Macht im Oasengürtel. Bald schon interessierte ihn die fruchtbare Gegend um Al-Buraimi.

Dorthin verlegte er einen Verband von Bewaffneten. Dagegen regte sich weder in Abu Dhabi noch in Dubai noch in Sharjah

Widerstand. Auch aus der omanischen Hauptstadt Maskat war kein Protest zu hören.

Turki konnte die Besetzung mit einigem Recht durchführen. Er hatte noch in Riyadh Sheikhs aus Al-Buraimi empfangen, die ihn dringend darum baten, Ordnung zu schaffen in der Oase. Die Sicherheit der dortigen Sippen sei gefährdet durch permanente Streitigkeiten unter den benachbarten Sheikhtümern. Die Abgesandten erklärten sich bereit, für die Einführung der strengen wahhabitischen Glaubensregeln in Al-Buraimi zu sorgen.

Tatsächlich, so wird berichtet, jubelten die Bewohner, als sich ihnen ein Statthalter des wahhabitisch-saudischen Herrschers Turki ibn Abdallah vorstellte. An seiner Seite stand ein Qadi, ein in islamischem Recht kundiger Richter, der wahhabitisch orientiert war.

Die Besetzung von Al-Buraimi durch das Haus As Saud hatte regional große Folgen: Dubai, Oman, Sharjah und Bahrain akzeptierten die Herrschaft des Saudi-Clans in ihrer unmittelbaren Nähe. Sie bezahlten Steuern an Turki ibn Abdallah. Bemerkenswert ist, dass sich allein Abu Dhabi weigerte, die wahhabitische Oberherrschaft anzuerkennen.

Den Widerstand gegen die Wahhabiten organisierte noch Sheikh Tahnun, der dann im April 1833 durch seine Brüder umgebracht wurde. Dieser Widerstand war möglich, weil sich Abu Dhabi zu einer wirtschaftlich starken Gemeinschaft entwickelt hatte. Zum Zeitpunkt des Todes von Sheikh Tahnun lebten 1200 Frauen, Männer und Kinder in Abu Dhabi. Der Sheikh hatte sich dazuhin auf 2400 Kämpfer von Bani Yas verlassen können.

Zwist unter Verwandten gefährdete wenige Monate später den Zusammenhalt des Hauses As Saud und der wahhabitischen Herrschaft. An einem Freitag im Frühjahr 1834 verließ Turki ibn Abdallah nach dem Morgengebet die Moschee von Riyadh. Ein naher Verwandter trat auf Turki zu, mit einer Geste, als ob er ihn umarmen wolle. Erst als Turki in den Armen des Verwandten zusammenbrach, war zu erkennen, dass er blutete. Während sich die Begleiter um den Verwundeten bemühten, betrat der Mörder in aller Ruhe das befestigte Haus des Turki. Von den Bewaffneten, die er dort vorfand, verlangte er, dass sie ihn als neuen Herrn anerkannten. Vom Geschehen überrumpelt gehorchten die Männer. Noch am selben

Tag erklärten die Sheikhs der Stadt, sie seien mit dem Machtwechsel und mit dem Mörder des Turki ibn Abdallah als Herrscher einverstanden.

Sie hatten allerdings nicht damit gerechnet, dass der Sohn des Ermordeten, Faisal ibn Turki, den Tod seines Vaters rächen würde. Faisal erschien einen Monat nach der Bluttat – er hatte sich am Persisch/Arabischen Golf befunden – in Riyadh. Es gelang ihm, den Mörder zu töten. Doch der Rächer konnte seine Macht nicht lange halten.

Zu jener Zeit beunruhigten erneut Himmelszeichen die Menschen auf der Arabischen Halbinsel. Fünf Nächte lang war der Himmel so hell erleuchtet, als ob der Vollmond schiene – doch da war kein Mond zu sehen. Wenige Wochen später, so wird berichtet, habe ein grausiger Anblick Schrecken verbreitet: Die Sonne sei giftgrün gefärbt gewesen, als sie aus dem Horizont auftauchte.

Als dann Krankheiten über die Stämme Zentralarabiens hereinbrachen, herrschte die Überzeugung, sie seien das Unheil, das von den Himmelserscheinungen angekündigt worden sei. Doch anderes Unheil bedrohte die Stabilität der Region Nach Meinung der Bewohner von Riyadh war es unvermeidlich, sende doch der Himmel ein deutliches Zeichen: Ein Komet zog im Sternzeichen des Großen Bären seine Bahn. Wissende glaubten, das Zeichen deuten zu können. Sie warnten: am Nil braue sich Gefahr zusammen.

Ägypten bedroht die Arabische Halbinsel – strategische Überlegungen des Mohammed Ali

Unter dem Kommando des osmanischen Offiziers Isma'il Agha erreichten einige hundert ägyptische Soldaten den Hafen Janbu am Roten Meer. Der osmanische Sultan hatte diese Truppe geschickt.

Der Vertreter des Sultans in Cairo, sein Name war Mohammed Ali, hatte einen besonderen Grund, sich den Besitz der Arabischen Halbinsel zu sichern. Er war im Osmanischen Reich zuständig für Syrien geworden. Diese Entwicklung führte ganz selbstverständlich dazu, dass für Mohammed Ali die Region südlich von Syrien nicht gleichgültig sein konnte. Die Arabische Halbinsel gewann in

der Vorstellung des Herrschers über Ägypten und Syrien an Bedeutung. Die Strategie der Absicherung des für Syrien wichtigen
zentralarabischen Hinterlands führte zur Entsendung der Truppen-
verbände, die einen Vorstoß in wahhabitisch-saudisches Gebiet
planten.

Gefährlich für Faisal ibn Turki war nicht die Truppenstärke der
Ägypter, sondern eine Persönlichkeit, die das Vorrücken des Isma'il
Agha begleitete. Neben Agha ritt ein Mann von imposanter Erscheinung: Khaled ibn Saud, ein Sohn des Sheikhs Saud ibn Abdel
Aziz, der im April des Jahres 1814 in der Oase Diraiyah an einer fiebrigen Erkrankung gestorben war. Khaled ibn Saud hatte 20 Jahre
in ägyptischer Geiselhaft verbracht. Um seine Freilassung zu erreichen, hatte er Mohammed Ali versprochen, künftig dessen Interessen in Arabien zu vertreten. Khaled ibn Saud wollte mit Hilfe des
Mohammed Ali der mächtigste Mann in Zentralarabien werden –
gegen einen Mann aus der eigenen Familie, gegen Turki ibn Abdallah. Die Taktik der Osmanen, einen Mann des innersten Saud-Clans
– schließlich war Khaled der Sohn des legendären Emirs Saud ibn
Abdel Aziz – den Stämmen als rechtmäßigen Erben der Macht zu
präsentieren, war erfolgreich. Die Stammessheikhs der westlichen
Oasen nahmen Kontakt zu Khaled ibn Saud auf; sie verhandelten
mit ihm und boten sehr rasch ihre Huldigung an. So geschah es,
dass der Vormarsch der ägyptischen Streitmacht in Richtung Osten
ohne Halt voranschritt. Die Golfsheikhtümer waren zum möglichen
Ziel geworden. Doch in Abu Dhabi und Dubai wurde die Gefahr
noch nicht erkannt. Im Herrschaftsgebiet der Sippe As Saud aber
wuchs die Sorge rasch, dass die Osmanen der wahhabitischen Glau-
bensstrenge ein Ende bereiten würden.

In Riyadh war der Sohn des ermordeten Turki ibn Abdallah, Fai-
sal ibn Turki, inzwischen zum Befehlshaber der Front gegen die
Ägypter aufgerückt. Doch er hatte das Gefühl, dass er in seiner
Hauptstadt keinem mehr trauen könne. Er glaubte, von Verrätern
umgeben zu sein. Aus Angst um sein Leben verließ er heimlich
Riyadh. Die Oase fiel kampflos den Ägyptern zu.

Mohammed Ali, der Herr am Nil, durfte annehmen, dass er sein
Ziel, die gesamte Arabische Halbinsel zu beherrschen, bald erreichen würde – ein arabisches Großreich wollte er schaffen. Als östliche Grenze war der Persisch / Arabische Golf vorgesehen. Auf dem

Weg zum Golf war wieder einmal als Stützpunkt die Oase Al-Buraimi eingeplant. Die saudi-wahhabitische Garnison in Al-Buraimi, die sich von Faisal ibn Turki im Stich gelassen fühlte, besaß nur eine geringe Kampfmoral. Als sich die Ägypter näherten, floh der saudische Gouverneur samt seiner Reiterei. Al-Buraimi wurde von den Truppen des Mohammed Ali besetzt. Zwischen der Oase Al-Buraimi und Dubai befanden sich nun keine nennenswerten Widerstandsnester mehr. Die Sheikhs von Dubai, Abu Dhabi und Sharjah überlegten es sich, mit dem ägyptischen Befehlshaber in Verhandlungen einzutreten.

Die Situationsberichte vom Persisch/Arabischen Golf beunruhigten den höchsten Beamten der britischen Krone in Bombay. Er beauftragte den Assistent Political Resident, der in Bushir amtierte, sofort die Sheikhs der Trucial Coast aufzusuchen. Seine Botschaft war eine Warnung: Keiner der Sheikhs durfte Verhandlungen mit den anrückenden Ägyptern aufnehmen. Ihre Angebote seien zurückzuweisen. Zuwiderhandlungen würden den Zorn Großbritanniens hervorrufen. Die Folge sei der Verlust der britischen Protektion.

Überliefert ist, dass es dem Assistant Political Resident unwohl war bei der Erfüllung dieses Auftrags aus Bombay. Er soll die Haltung seiner eigenen Regierung als anmaßend gegenüber den Herrschern der Trucial Coast empfunden haben. Er kannte den Stolz der Sheikhs von Abu Dhabi, Dubai und Sharjah. Der Assistant Political Resident war jedoch trotz des eigenen Zweifels darum bemüht, die Verhandlungen mit den Sheikhs zu einem erfolgreichen Abschluss zu bringen, jedoch die Argumente der Ägypter waren zugkräftiger als seine Ermahnungen.

Zum Gegenspieler des Assistant Political Resident hatte sich General Khurshid Pascha entwickelt, der starke Mann unter den Militärs des Mohammed Ali. Khurshid Pascha war Oberbefehlshaber der ägyptischen Invasionstruppen geworden; er trug die Verantwortung für die Strategie des Feldzugs. General Khurshid Pascha war der Überzeugung, dass er sich ein wirkungsvolles Lockmittel ausgedacht habe, um die Sheikhs der Golfstaaten auf seine Seite zu ziehen: Er versprach den Sheikhs von Abu Dhabi, Dubai und Sharjah, er werde sie beim Kampf gegen die ungläubigen und ungeliebten Engländer unterstützen.

Sein Herr Mohammed Ali habe sich das Ziel gesetzt, Arabien insgesamt von jeder Fremdherrschaft zu befreien. Dem Protektor Arabiens sei wohl bekannt, dass der Political Resident den Auftrag der Regierung in London erfüllen müsse, die Trucial Coast völlig abhängig von der britischen Verwaltung in Bombay zu machen. Dieser perfide Anschlag auf die Unabhängigkeit der Ruler am Golf könne nur, so argumentierte Khurshid Pascha, durch den raschen Vorstoß der ägyptischen Streitkräfte aus dem Zentrum Arabiens heraus verhindert werden.

Bevollmächtigte des Generals trafen bald schon in Sharjah ein und wurden freundlich aufgenommen. Sheikh Sultan ibn Saqr stellte seine Hafenstadt zur Vorbereitung der ägyptischen Besetzung der Trucial Coast zur Verfügung. Als Sammelpunkt zum Angriff war die Oase Al-Buraimi vorgesehen.

Im Mai 1839 sandte der Assistant Political Resident diese Einschätzung der Situation nach Bombay: »Sheikh Khalifah ibn Shakhbut von Abu Dhabi zeigt geringe Neigung, sich mit den Ägyptern zu verbünden.« Zwei Monate später ist er allerdings gegenteiliger Meinung: »Sheikh Khalifah und der Abgesandte des Khurshid Pascha stehen in regem Briefwechsel. Die Sheikhs von Abu Dhabi und Sharjah bemühen sich um die Gunst des Generals, der das Vertrauen des Mohammed Ali besitzt.«

Jeder Sheikh gegen jeden Sheikh – kostspielige und sinnlose Bruderkriege

Der Erfolg lag zum Greifen nahe. Doch die britische Kunst der Improvisation führte schließlich zum Sieg.

In dieser kritischen Situation stellte die Verwaltung des Empires in Bombay dem Political Resident ein Dampfschiff zur Verfügung. Es war das erste Dampfschiff, das je den Golf befahren hat. Es machte gewaltigen Eindruck an der Trucial Coast. Khalifah, der Sheikh von Abu Dhabi, dem von den Engländern das Vorrecht gewährt wurde, das Dampfschiff als Erster besichtigen zu dürfen, bestaunte die Kraft der Maschine. Nie hatte er etwas Derartiges gesehen. Auf der Stelle war er bereit, die Überlegenheit Großbritanniens anzuerkennen; er versprach, jeglichen Kontakt zu Khurshid Pascha abzubrechen. Khalifah veranlasste die Sheikhs von Dubai, Sharjah und Umm Al-Qaiwain ebenfalls die Hoffnung auf Ägyptens Unterstützung im Kampf gegen Fremdherrschaft aufzugeben. Khalifah übertraf noch alle Erwartungen des britischen Verantwortlichen durch die Bitte, England möge eine Reitertruppe in die Oase Al-Buraimi entsenden. Ein Offizier aus Bombay soll dort das Kommando über eine ständige Garnison übernehmen. Diese Bitte wurde allerdings von Bombay abgelehnt. Derart intensiv wollte sich Großbritannien nicht engagieren.

Der Besuch des ersten Dampfschiffes an der Trucial Coast hatte zur Folge, dass der Sheikh von Sharjah die Abgesandten des ägyptischen Generals Khurshid Pascha rasch aus der Stadt wies. Sie machten sich auf den weiten Weg zur Küste des Roten Meeres, um vom Hafen Janbu aus ihren Oberherrn Mohammed Ali in Cairo vom Scheitern ihrer Mission zu informieren.

Als das Dampfschiff die Gewässer der Trucial Coast wieder verlassen hatte, ärgerte sich Sheikh Khalifah offenbar darüber, dass er sich derart hatte beeindrucken lassen. Er bereute sein Versprechen, jeglichen Kontakt zu den Ägyptern und vor allem zu Khurshid Pascha abzubrechen. Ihn reute auch seine Bitte, England möge eine Garnison nach Al-Buraimi entsenden. Khalifah sah es als Glücksfall an, dass Bombay dieser Bitte nicht entsprochen hatte. Er selbst schickte jetzt Berittene in die Oase.

Von dort aus machen sich Boten auf den Weg, die Kontakt zu den zurückweichenden Ägyptern aufnehmen sollen. Sheikh Khalifah will die Truppen des Mohammed Ali einladen, an die Trucial Coast zu kommen. Der Political Resident in Bushir wird um diese Zeit argwöhnisch: Er entdeckt das Komplott des Sheikhs von Abu Dhabi. Er schickt dem Herrscher einen Brief mit der Aufforderung, den Kontakt zu Khurshid Pascha einzustellen und den Vorposten Al-Buraimi zu räumen. Khalifah fühlt sich gedemütigt, als er in dem Schreiben lesen muss, dass er als Feind Großbritanniens angesehen werde, wenn er nicht innerhalb von drei Monaten die britischen Forderungen erfülle.

Der Lauf der Geschichte erleichterte dem Sheikh die Abkoppelung von Ägypten. Die Mächtigen am Nil verloren das Interesse an der Arabischen Halbinsel. Die Aktivitäten der europäischen Mächte und die allmähliche Loslösung Ägyptens aus dem Verband des

Osmanischen Reiches fesselten Interesse und Energie der Herrscher am Nil. Es war die Zeit, als die Pläne zum Bau des Suezkanals reiften. England und Frankreich interessierten sich für dieses Projekt – und für die an die künftige internationale Wasserstraße angrenzende Region. Es muss um das Jahr 1841 n. Chr. gewesen sein, dass der Sheikh von Sharjah beschloss, sich das Gebiet von Umm Al-Qaiwain anzueignen. Ein Blick auf die Landkarte zeigt, dass vom geografischen Standpunkt aus dieser Entschluss sinnvoll erscheint. Die Einverleibung von Umm Al-Qaiwain würde das Territorium von Sharjah abrunden. Umm Al-Qaiwain wirkt wie ein Keil, der 80 Kilometer weit ins Gebiet der Landspitze zwischen dem Persisch / Arabischen Golf und dem Golf von Oman hineinreicht. Umm Al-Qaiwain und Dubai sind die einzigen Sheikhtümer, die keine Enklaven im Bereich anderer Sheikhtümer besitzen.

Umm Al-Qaiwain gehört zu den Kleinsten der Staaten an der Trucial Coast. Seine Küste am Golf ist kaum 20 Kilometer lang. Dennoch war seine wirtschaftliche Aktivität auf das Meer ausgerichtet: Die Bewohner des Sheikhtums lebten in der Mitte des 19. Jahrhunderts vom Fischfang; sie exportierten getrockneten Fisch nach Abu Dhabi und Dubai. Die einzige fruchtbare Oase, Falah ibn Mu'allah, produzierte Datteln für den Bedarf der Bewohner der einzigen größeren Siedlung: Sie heißt, wie das ganz Ländchen, Umm Al-Qaiwain. Der Name bedeutet »Mutter des Qaiwain«. Niemand kann den Namen »Qaiwain« deuten.

Seit Jahrhunderten hat sich militärisch, politisch und ökonomisch nichts geändert. Als sich der Sheikh von Sharjah für das Territorium interessierte, gab es keinen Weg von Sharjah nach Umm Al-Qaiwain, keinen Fahrweg. Das Sheikhtum war am besten mit der Dhau über das Wasser zu erreichten. Der Angriff auf Umm Al-Qaiwain sollte bei dieser Verkehrslage selbstverständlich vom Meer aus stattfinden.

Aus heute unbekannten Gründen sah sich der Sheikh von Dubai veranlasst, den Sheikh von Sharjah im Streit gegen Umm Al-Qaiwain zu unterstützen. Dieser Entschluss war für das Vorhaben keineswegs nützlich. Während der kurzen Seefahrt zur Küste von Umm Al-Qaiwain stritten sich die beiden Sheikhs; das Vorhaben wurde aufgegeben.

Die Situation, dass der Ruler von Dubai durch Streit mit dem Sheikh von Sharjah beschäftigt war, wollte Sheikh Khalifah von Abu Dhabi ausnützen: Er befahl den Angriff der Abu-Dhabi-Reiterei gegen Dubai. Die Attacke hatte noch nicht begonnen, da erreichte das Dampfschiff des Political Resident aus Bushir die Küste von Abu Dhabi. Der Beamte sollte den unsinnigen Streit schlichten. Dem Vertreter der britischen Krone gelang es tatsächlich, Sheikh Khalifah zur Vernunft zu bringen: Khalifah sah die Sinnlosigkeit des Unternehmens ein. Es bestand keine Chance, gegen die Bewaffneten der Siedlung am Creek von Dubai militärisch zu gewinnen.

Doch da stand plötzlich ein neuer Feind gegen Dubai auf. Der Sheikh von Sharjah, damals über 70 Jahre alt, glaubte, seine Ehre verlange es, gegen Dubai einen Feldzug zu organisieren. Sein Vorwurf gegen die Sippe Maktoum, die in Dubai herrschte, lautete: Das Haus Maktoum mische sich in die Belange von Sharjah ein. Wahrscheinlich war dieser Vorwurf berechtigt, denn Sharjah wurde damals geplagt von separatistischen Umtrieben, die von der Sippe Maktoum gefördert wurden. Ras Al-Khaimah, wirtschaftlich unabhängig, war durch Stammesbeziehungen mit Sharjah verbunden, doch ehrgeizige Stammessheikhs wollten ein unabhängiges Sheikhtum Ras Al-Khaimah bilden – die völlige Trennung gelang dann im Jahr 1866.

Fujairah, am Golf von Oman gelegen, drängte ebenfalls seit langem auf Selbstbestimmung. Sie zu erreichen, gelang schließlich im Jahr 1901.

Die Stammesprobleme waren ungelöst, als sich Sheikh Sultan ibn Saqr entschloss, die Sippe Maktoum für ihre »Einmischung« zu bestrafen. Er bot Sheikh Khalifah von Abu Dhabi ein Bündnis an; Khalifah ging auf das Angebot ein. Die beiden Sheikhs beschlossen, Dubai in gemeinsamer Aktion zu zerstörten. Ihr Plan verfolgte ein weiteres Ziel: Die Bevölkerung von Dubai sollte je zur Hälfte nach Abu Dhabi und nach Sharjah deportiert werden. Da entschied sich ganz plötzlich der Sheikh von Umm Al-Qaiwain, dem Bündnis gegen Dubai beizutreten. Er wollte von der Beute profitieren. Der Bruderkrieg stand unmittelbar vor dem Beginn, da gelang es der Sippe Maktoum, das Unheil abzuwenden: Sie bot Sheikh Sultan ibn Saqr eine beachtliche Menge Gold an, wenn er auf diesen Krieg verzichte. Der alte Herrscher nahm das Gold – und löste sich aus dem

Bündnis gegen Dubai. Innerhalb weniger Tage zerfiel die Allianz. Dubai war gerettet.

Wenige Monate später flammte die Feindschaft erneut auf. Es geschah zunächst, dass eine Seuche die Trucial Coast heimsuchte. In Dubai starben besonders viele Menschen. Um dem Tod durch die Seuche zu entfliehen, machten sich viele Familien auf den Weg von Dubai aus entlang der Küste in Richtung Sharjah und Umm Al-Qaiwain. Die Zahl der Auswanderer soll 500 betragen haben. Sheikh Khalifah von Abu Dhabi, dessen Sheikhtum von der Seuche weitgehend verschont geblieben war, hatte den Eindruck, dass die Kampfkraft von Dubai geschwächt sei. Der Zeitpunkt schien günstig zu sein für einen militärischen Konflikt mit Dubai. Dieser Eindruck war richtig, denn der Überfall der Abu-Dhabi-Reiterei gelang mühelos. Das Resultat des Kampfes: Die Palmenhaine von Dubai wurden verwüstet. Der Sheikh von Sharjah fühlte sich verpflichtet, der überfallenen Stadt Dubai zu helfen; doch die Hilfe war gar nicht mehr nötig. Sheikh Khalifah hatte seine Reiter im Stich gelassen. Im Augenblick, als alles auf dem Spiel stand, war er nach Abu Dhabi zurückgekehrt.

Das ernüchternde Resultat nahm ihm die Lust Krieg zu führen noch immer nicht. Nur wenige Wochen später unternahm die Reiterei des Sheikhs von Abu Dhabi erneut einen Angriff auf Dubai. Einen greifbaren Erfolg erzielten diese Bemühungen alle nicht. Unermüdlich versuchte der Political Resident, der Vertreter der britischen Krone, die zerstrittenen Herrscher zu einem »Waffenstillstand an Land« zu bewegen – so wie es einen »Waffenstillstand zur See« bereits gab. Er war deshalb nicht erfolgreich, weil an Land keine gemeinsamen wirtschaftlichen Interessen existierten, die friedliche Koexistenz nahe legten. Auf See existierten derartige Interessen: Jeder der Sheikhs wollte vom »Perlentauchen« profitieren. Dies war nur möglich, wenn während der Perlentauchsaison keine Störungen durch Konflikte eintraten. An Land konnte jeder Herrscher seine Expansionsgelüste befriedigen. Der Political Resident machte immer wieder Friedensvorschläge, oft gegen Warnungen seines Vorgesetzten, des Generalgouverneurs in Bombay. Dieser hatte begriffen, dass die Sheikhs durch keinen gemeinsamen Nenner der Interessen zu einer gemeinsamen Politik zusammenfinden konnten. Die Zeit, so meinte der Generalgouverneur, sei nicht reif für den Frieden. Den Grund dafür erkannte er deutlich. Großbritannien war nicht stark genug am Persisch/Arabischen Golf präsent, um lokale Konflikte dauerhaft einzudämmen.

Das wahhabitische Saudi-Arabien: erneut eine Bedrohung für die Trucial Coast

Kaum war die ägyptische Gefahr für die Herrschaft der Sippe As Saud erloschen, wurden die Agenten wahhabitischer Stämme erneut in Al-Buraimi aktiv. Die Herrscher der Sheikhtümer erkannten die Entwicklung. Unter dem Eindruck bedroht zu sein, waren sie nun doch darauf bedacht, sich zu einigen, gemeinsame Anstrengungen zu unternehmen. Es war Sheikh Khalifah von Abu Dhabi, der zu einer Versammlung der Sheikhs nach Al-Buraimi einlud. Diese Konferenz beschloss, den Political Resident zu bitten, seine Regierung zu veranlassen, die Trucial Coast gegen das Vordringen der Wahhabiten auf Dauer zu schützen. Die Antwort aus Bombay und London war enttäuschend für die Sheikhs. Sie lautete: Großbritannien war nur bereit gewesen, gegen ägyptische Expansionsstrategie auf der Arabischen Halbinsel vorzugehen. Großbritannien sieht sich jedoch nicht in der Lage, die Sheikhtümer der Trucial Coast gegen wahhabitische Gewalt zu schützen. Die Anweisung, die vom Colonial Office in London ausgegeben worden war, lautete: »Wir kümmern uns um innerarabische Probleme nicht.« Dieser Standpunkt verkehrte sich schließlich ins Gegenteil – doch bis dahin verging Zeit.

Verbittert über die Haltung der Engländer, entschloss sich Sheikh Khalifah, selbst den Widerstand gegen die Wahhabiten zu organisieren. Zur Überraschung des Political Resident gelang dies. Diese Einschätzung von Macht und Einfluss des Sheikhs Khalifah schickte der britische Beamte von Bushir nach Bombay: »Es gibt in der gesamten Region der Trucial Coast keinen einzigen Herrscher, der sich seinem Willen widersetzt. Alle stehen geschlossen hinter Khalifah.« Doch der Political Resident täuschte sich: Sheikh Sultan ibn Saqr von Sharjah entzog sich dem Einfluss des Sheikhs von Abu Dhabi. Als Khalifah erneut die Situation beraten wollte, die in der von den wahhabitischen Saudis bedrohten Region Al-Buraimi herrschte, erschien Sultan ibn Saqr nicht. Die Koalition der Sheikhs sah sofort weniger stabil aus. Die Wahhabiten, gut informiert, nützten die für sie günstige psychologische Lage: Erneut zogen sie in der Oase Al-Buraimi ein.

Die Sieger der Stunde verbargen ihr Kriegsziel nicht. Von ihnen war zu erfahren, dass sie Maskat im Visier hatten. Oman, lange schon vom Saudi-Clan zu Annektierung vorgesehen, sollte diesmal wirklich dem wahhabitischen Staat eingegliedert werden.

Die Gefahr der Saudi-Expansion wurde ernst genommen in Oman und in den Residenzen der Sheikhs an der Trucial Coast. Angst machte nachgiebig. Alle Regionalherrscher – bis auf Khalifah von Abu Dhabi – bemühten sich, dem Saudi-Gouverneur von Al-Buraimi ihre Ergebenheit zu beweisen. Ohne aufgefordert worden zu sein, zahlten sie Steuern nach Riyadh. Der Sultan von Oman, der spürte, dass sein Land mehr als die anderen von einer Invasion bedroht war, übertraf alle anderen an Gesten der Unterwerfung.

Hatten die Sheikhs wenige Wochen zuvor Sheikh Khalifah als ihre Leitfigur gefeiert, so gaben sie ihm jetzt die Schuld an der derzeitigen misslichen Lage. Dass er plötzlich isoliert war, bekam er zu spüren. Seine Vision, alle Herrscher der Trucial Coast unter seinen Willen zu beugen, verfolg sehr rasch.

Der Mord an Sheikh Khalifah von Abu Dhabi und die Folgen

Er war durch Mord an die Macht gekommen, durch Mord verlor er die Macht. Zusammen mit seinem Bruder Sultan hatte er den anderen Bruder Tahnun umgebracht – weil sie ihn beerben wollten. Jetzt starben sie beide gemeinsam. Sie waren von einem Verwandten eingeladen worden zu einem Festmahl. Der Gastgeber erwies sich als Mörder. Er und seine Komplizen stachen auf die Brüder ein – der Mörder hieß Isa ibn Khalid.

Dieser Verwandte der Ermordeten hatte seine Tat gut vorbereitet. Die meisten der Männer von Abu Dhabi befanden sich draußen auf dem Meer – sie ernteten die Muschelbänke ab und kehrten über Wochen nicht zurück. Niemand war präsent, der dem Mörder hätte entgegentreten können. Isa ibn Khalid rief sich zum Sheikh von Abu Dhabi aus.

Er war sich seiner Sache sicher. Die beiden bisher Mächtigen, Khalifah und Sultan, wurden ohne Aufheben bestattet. Doch da wartete schon ein Vetter der toten Brüder auf seine Chance. Während einer Audienz bei Isa ibn Khalid zog er seinen Dolch und stach auf den Sheikh ein. Niemand fiel dem Mörder in den Arm. Abu Dhabi bekam auf diese Weise einen neuen Sheikh. Diesem blieb allerdings nicht lange Zeit, sich in das Herrscheramt einzuleben. Wenige Tage nach der Amtsübernahme wurde er ermordet – ebenfalls von einem Verwandten.

Die Kette der Morde war damit keineswegs abgerissen: Ein Sohn des Isa ibn Khalid rächte seinen Vater. Der Rächer hatte allerdings einen Bruder, der selbst von Ehrgeiz besessen war. Dieser Bruder machte dem Rächer die Position des Sheikhs streitig. Beide Brüder waren bereit, den jeweils anderen umzubringen. Da verloren wichtige Männer von Bani Yas die Geduld, mit der sie bisher dem mörderischen Treiben zugeschaut hatten. Sie suchten nach einer starken Persönlichkeit und fanden sie in Zayed, dem Sohn des früheren Sheikhs Tahnun. Ihm gelang es, die Einflussreichen von seiner Entschlossenheit zu überzeugen, dem Sheikhtum Abu Dhabi die Stabilität wiederzugeben, die es mit der Ermordung des Sheikhs Khalifah verloren hatte.

Das war im Sommer 1845 gewesen; jetzt war der Herbst desselben Jahres erreicht. Im Verhältnis der Sheikhtümer zueinander hatte sich wenig verändert. Sheikh Sultan ibn Saqr, der Herr über Sharjah, suchte immer noch halsstarrig Streit mit den Nachbarn. Im Januar 1848 hielt er es für richtig, das Sheikhtum Ajman zu überfallen.

Ajman war und ist das unbedeutendste der Sheikhtümer an der Trucial Coast. Es bestand damals aus einem Dorf an der Küste und einem Streifen Land, der kaum 50 Kilometer lang und am Ufer acht Kilometer breit war. Sheikh ibn Saqr ärgerte sich über die Existenz von Ajman, denn es wirkte wie ein Dorn in seinem Territorium. Die Distanz von Ajman zur Hauptstadt Sharjah betrug kaum 15 Kilometer. Die Stadt Ajman weist einen Vorteil auf, den sie mit anderen Küsten-Siedlungen der Trucial Coast gemeinsam hat: Ajman besitzt einen Creek, der Dhaus Schutz bieten kann vor Stürmen und Feinden.

Sheikh Sultan ibn Saqr hatte wenig Glück beim Versuch, Ajman zu annektieren. Sämtliche anderen Sheikhtümer schlossen sich gegen Sultan ibn Saqr zusammen. Das Resultat: Der britische Political Resident belegte den Sharjah-Sheikh mit einer Buße von 25 000 Pfund Sterling, weil er einen gültigen Stillhaltevertrag nicht eingehalten habe. Dass England die Macht hatte, das Bußgeld einzutreiben, schreckte den unruhigen Geist in Sharjah nicht zurück, immer wieder Streit mit Nachbarn anzufangen. Dem Political Resident gelang die Zähmung des Ehrgeizigen selten. Diese Schwäche hing damit zusammen, dass sich die British East India Company – die Stütze des Political Resident – langsam selbst auflöste. Im Jahr 1858 existierte die einst mit Ruhm bedeckte Kolonialgesellschaft nicht mehr. Die britische Verwaltung in Bombay übte deren Funktionen aus. Die Übergangszeit zog sich allerdings hin: Die Royal Navy übernahm die maritime Kontrolle im Bereich des Persisch/Arabischen Golfs. Zum wirksamen Eingreifen fähig war sie erst ab dem Jahr 1871. Der Political Resident beklagte sich in einer Reihe von Berichten nach Bombay, dass er nicht mehr in der Lage war, den Sheikhs der Trucial States zu imponieren.

Dass den Briten die Kräfte am Persisch/Arabischen Golf schwanden, spürten die Mächtigen des wahhabitischen Staates der Sippe As Saud.

Der Sheikh von Bahrain bittet
Persien um Hilfe

Als im Jahr 1860 Sheikh Sultan ibn Saqr starb, bestand Hoffnung auf Frieden unter den Trucial States. Da griff Sheikh Zayed von Abu Dhabi einen schwelenden Konflikt mit Sharjah auf, dessen Ursache nicht mehr festzustellen ist. Was selten vorkommt: Die Sheikhs der beiden Kleinstaaten Abu Dhabi und Sharjah fochten gegeneinander im Zweikampf. Sheikh Zayed siegte; der Herrscher von Sharjah starb an seinen Verwundungen. Sheikh Zayed überschätzte von nun an seine eigenen Kräfte: Er wollte dem Sheikh des Inselstaates Bahrain in einem Streit mit dem benachbarten Sheikhtum Qatar helfen.

Der Herrscher von Bahrain geriet in Panik: Er war der Meinung, nur noch eine Maßnahme könne ihn retten – das Eingreifen Persiens zu seinen Gunsten. Er bedachte offenbar nicht, dass Persien seit Jahrhunderten Anspruch erhob auf Bahrain.

Kein Zweifel besteht, dass in der Spätantike Bahrain vom Perserreich abhängig war. Historisch und politisch und propagandistisch gewichtiger ist die Eroberung Bahrains durch persische Truppen im Jahr 1602 und die darauf folgende dauerhafte Bindung der Insel an Persien. Die Herrschaft Persiens über Bahrain dauerte bis zum Ende des 18. Jahrhunderts. Die Unabhängigkeit der Insel erkämpfte die Dynastie Al Khalifah. Für eine Erneuerung des persischen Anspruchs im 19. Jahrhundert fehlte nur das Eingeständnis, dass Bahrain ohne Unterstützung durch Persien nicht lebensfähig war. Mit dem Hilfeersuchen war jetzt dieses Eingeständnis erfolgt. Persien konnte von nun an immer darauf hinweisen, dass seine Bestrebungen der »Eingemeindung« Bahrains im Einvernehmen mit den Verantwortlichen auf der Insel erfolgten.

Diesmal reagierte der Political Resident in Bushir rasch und effektiv. Er hatte Anweisung, jegliche Form von persischer Expansionslust in Richtung Trucial Coast zu unterbinden. Der Schuldige war schnell erkannt. Der Sheikh von Bahrain hatte die persische Lust geweckt.

Doch mit Entsetzen sieht dieser, dass ihm die Initiative aus der Hand gerissen wird. In seinem Hafen ankert bald darauf ein britisches Kriegsschiff; ihm entsteigt der Political Resident. Ohne Diskussion befolgt der Brite eine Anweisung, die er aus Bombay erhalten hat: Er setzt den Sheikh von Bahrain ab – und ernennt einen neuen. Persien hat von einem Tag auf den anderen einen wichtigen Freund verloren.

Es war die Zeit, in der die British Navy wieder Stärke zu demonstrieren begann. Sheikh Zayed von Abu Dhabi stellte sich rasch auf diese Entwicklung ein. Er schrieb dem Political Resident im März 1869: »Ich stehe bereit, ihre Aufträge in allem zu erfüllen. Ich hoffe, sie werden mir Anweisungen zukommen lassen. Ich verspreche, dass ich mich mit niemandem als mit Ihnen beraten werde.«

Der Nachweis, Sheikh Zayed sei einen Monat später belohnt worden für die Zusage, nur mit Großbritannien Beziehungen unterhalten zu wollen, ist nicht zu erbringen. Doch ist der Umstand zu be-

richten, dass der Gouverneur der wahhabitischen Garnison in Al-
Buraimi über Nacht auf rätselhafte Weise verstarb. Die saudischen
Wahhabiten verschwanden ohne einen Grund anzugeben aus der
Oase. Sheikh Zayed erschien mit einer Reitertruppe in Al-Buraimi.
Er übernahm die Verantwortung für die Stämme der Region. Von
diesem Zeitpunkt an verstärkte Abu Dhabi immer mehr seine Prä-
senz in der Region Al-Buraimi.

Interne Konflikte lenkten den Ruler von Abu Dhabi häufig von
Problemen in den Grenzgebieten ab. Ein Mann aus dem Stammesverband Bani Yas ermordete einen Bruder des Sheikhs Zayed bin
Tahnun. Gemäß der Beduinentradition verlangte Sheikh Zayed,
dass Bani Yas den Schuldigen selbst töte. Doch die Ältesten von Bani
Yas argumentierten, der Ermordete habe seinen Tod verdient gehabt. Sheikh Zayed gab zu erkennen, dass er dem Mörder vergeben
habe. Als der Mörder sich bei Sheikh Zayed bedanken wollte, stieß
ihm dieser seinen Dolch in die Brust.

Diesen Bruch der Beduinentradition konnte wiederum Bani Yas
nicht verzeihen. Die Ältesten zwangen Zayed zur Flucht. Er begab
sich unter persischen Schutz.

Die Trucial Coast und das Schuldnerproblem

Es war die Zeit der Hochblüte des Geschäfts mit arabischen Perlen.
Der bisher einfache Perlenhandel hatte sich verändert: Gewinn, Profit waren wichtiger geworden als der ehrliche Austausch von Ware
und Geld. Die einheimischen Perlenhändler waren verdrängt worden durch ambitionierte Geschäftsleute, die meist aus Indien gekommen waren.

Nicht Bargeld war zur Grundlage des Perlengeschäfts geworden,
sondern Schulden. Die Gläubiger waren häufig Mitglieder der regierenden Familien. Dieser Umstand erleichterte den Schuldnern
die Flucht aus der Verantwortung: Sie zogen um, vom Sheikhtum,
in dem sie Schulden angehäuft hatten, zum Nachbarsheikhtum, in
dem ihnen noch kein Geld geliehen worden war. Der neuen Obrigkeit war die Verschuldung im Nachbarstaat gleichgültig. Der
Schuldner wurde nicht belangt.

Um das Jahr 1878 erfuhr Oberstleutnant Ross, der eben von der Verwaltung in Bombay zum Political Resident berufen worden war, von diesem eigentümlichen Missstand. Oberstleutnant Ross dachte sich diese Lösung aus: Jeder Sheikh der Trucial Coast verpflichtete sich, keinem Schuldner, der überwechseln wollte von einem Herrschaftsbereich zum anderen, Aufnahme und Schutz zu gewähren. Das Fehlen einer effektiven Schuldenregelung gefährdete die Substanz des Handels mit Perlen. Jeder Sheikh beschuldigte den Nachbarn, er trage durch sein Verhalten zur Verschuldung in seinem Sheikhtum bei.

Oberstleutnant Ross wollte das Problem lösen; er nahm es ernst. Im Sommer 1879 gelang es ihm, sechs Herrscher zur Unterzeichnung eines Abkommens zu veranlassen, das die Flucht von Schuldnern verhindern sollte.

Der Vertrag gibt Auskunft, wie zwei wichtige Sheikhs der Trucial Coast zu jener Zeit heißen, und wie der Political Resident der britischen Majestät die Namen schreibt:

Salim ibn Sultan ibn Suggar (Saqr) von Sharjah
Hushur (Hasher) ibn Maktoum von Dubai

Das Schuldnerproblem belastete die Wirtschaft der Sheikhtümer künftig kaum mehr. Oberstleutnant Ross hatte bewiesen, dass die Vertretung der britischen Krone nützlich sein kann.

Großbritannien wehrt sich gegen persischen und französischen Einfluss am Golf

Am Ende des 19. Jahrhunderts glaubten militärisch starke Mächte, ein leichtes Spiel mit den Sheikhtümern zu haben, die sich nur mit einfachen Handfeuerwaffen und primitiven Schwertern und Lanzen zu wehren wussten. Kanonen, die seit der Zeit der »Piraterie« allgemein in Gebrauch waren, galten inzwischen als Seltenheit.

Es waren zunächst die Osmanen, die im letzten Jahrzehnt des 19. Jahrhunderts von Basra aus ihren Einfluss am Golf auszudehnen versuchten. Der osmanische Gouverneur am Schatt el-Arab hatte nur ein allgemeines Expansionsziel im Auge; geografische Zielvorgaben leiteten ihn nicht – er warb Verbündete an. Doch deren militärische Aktivität war gering. Die osmanische Gefahr flaute ab.

Der zentralarabische Stamm Rashid aber schien ein stärkeres Kampfpotenzial zu besitzen. Die Sippe Rashid war lange die unterlegene Seite in der Auseinandersetzung mit dem wahhabitischen Saudi-Clan. Gestritten wurde um Weideland, Oasen, Wasserstellen. Die Beduinen im Gebiet Jebel Shammar im Norden von Riyadh ordneten sich dem Haus Rashid zu. Sie hatten schließlich die Kraft gefunden, die As Sauds zu besiegen. Der Stamm Rashid war nun die stärkste Kraft der Arabischen Halbinsel geworden: Der osmanische Gouverneur in Basra wollte das militärische Rashid-Potenzial nutzen. Doch diese Idee entwickelte sich zu spät. Die Zeit der Osmanen ging rasch vorüber. Sie hatten jahrhundertelang die Araber zwischen der Libyschen Wüste und dem Schatt el-Arab beherrscht. Jetzt besaßen die osmanischen Sultane und ihre Vasallen kaum mehr Kraft, den Zerfall ihres Reichs aufzuhalten. Die Trucial-Coast-Initiative der Osmanen zeigte keine Resultate.

Da ereignete es sich, dass Persien 20 Jahre nach dem Scheitern des Versuchs in Bahrain Fuß zu fassen, erneut den Blick in Richtung Westküste des Golfes richtete.

Zur Zeit des Schahs Nasr Eddin (1846–1896) verschlang die persische Hofhaltung viel Geld. Der Schah glaubte, er könne durch Vergabe von Monopolen auf die Herstellung von Waffen und auf den Handel mit Tabakwaren an ausländische Interessenten hohe Beträge in seine Taschen holen. Diese Idee erwies sich als trügerisch. Das Persische Reich verschuldete sich gegenüber dem Ausland; das Volk empörte sich über die fremden Ausbeuter – und über die Regierenden im eigenen Land. Es mangelte dem Schah an Erfolgen, die er vorweisen konnte, um seine Popularität wieder zu steigern. Aus den aktuellen Schwierigkeiten hätte eine Annektion der Trucial Coast propagandamäßig sehr geholfen. Schah Nasr Eddin schickte eine Delegation nach Abu Dhabi und Dubai. Dem British Political Resident blieb der Sinn dieser Mission lange verborgen – die Sheikhs der besuchten Residenzen schwiegen. Auf dem Umweg über Maskat drang schließlich die Information bis Bushir durch, der

Vertreter des Schahs habe eine Allianz der beiden Sheikhtümer Dubai und Abu Dhabi mit Persien vorgeschlagen. Zur psychologischen Vorbereitung der Bevölkerung auf das Bündnis seien in Dubai und Abu Dhabi Fähnchen in den Farben und mit den Symbolen Persiens in großen Mengen verteilt worden. Der Zweck war ganz offensichtlich, den Gedanken dem Volk von Dubai und Abu Dhabi nahe zu bringen, dass beide Sheikhtümer Persien künftig als ihren Souverän anerkennen.

Oberstleutnant Ross, der Political Resident, begab sich sofort nach Eintreffen dieser Information in Bushir per Dampfschiff auf den Weg zur Trucial Coast. Er brachte es fertig, den von der persischen Propagandaaktion betroffenen Herrschern jeden Kontakt zum Schah auszureden.

Die Reise des Oberstleutnants Ross konnte vor persischen Agenten geheim gehalten werden – trotz der Benützung des auffälligen Dampfschiffs. So geschah es, dass einen Monat später derselbe Delegierte des Schahs von Persien wieder an der Trucial Coast erschien, um erneut persische Fähnchen zu verteilen. Der Political Resident aber hatte Beamte in Abu Dhabi und Dubai zurückgelassen, die den persischen Delegierten davon unterrichteten, dass er sich im Interessensgebiet Großbritanniens befinde. Der Delegierte begriff, dass seine Mission gescheitert war.

Seine Abreise von der Trucial Coast entmutigte Vertreter Frankreichs nicht, eine ähnliche Aktion zu beginnen. Sie wählten sich ein bescheideneres Objekt aus: Zwei Franzosen trafen im Auftrag ihrer Regierung in Umm Al-Qaiwain ein, um dem Sheikh diesen Vorschlag zu unterbreiten: Der Sheikh möge seinen Schiffen Befehl geben, künftig unter französischer Flagge zu fahren – damit seien sie besser geschützt gegen Feinde aller Art.

Der Sheikh von Umm Al-Qaiwain war überhaupt nicht daran interessiert gewesen, die Farben Frankreichs auf dem Persisch/Arabischen Golf zu zeigen, doch Kontakt zu Frankreich – dies ließ er durchblicken – würde er gerne aufnehmen. Hätte der Sheikh von Umm Al-Qaiwain nach eigenem Ermessen handeln dürfen, wäre Englands Anspruch, allein den Persisch/Arabischen Golf kontrollieren zu können, verloren gewesen. Doch Englands Agenten waren wachsam.

Als Oberstleutnant Ross von Frankreichs Aktivität erfuhr, schickte er eine eilige Nachricht an seine vorgesetzte Behörde nach Bombay. Er schlug vor, die Sheikhs der Trucial Coast zu veranlassen, zu Großbritannien in eine enge und exklusive Vertragsbindung einzutreten.

Die Trucial Coast bindet sich »für alle Zeiten« an London

Bemerkenswert bei diesem völkerrechtlichen Akt des Souveränitätsverzichts ist, dass er, obgleich im Jahre 1892 abgeschlossen, erst im Jahr 1904 der französischen Regierung zur Kenntnis kam. Er galt bei allen staatlichen Organen Großbritanniens als Staatsgeheimnis.

Der Vertragstext, der vom Sheikh von Abu Dhabi unterzeichnet wurde, galt als Muster für sämtliche Abkommen der Trucial States:

Ich, Zayed ibn Khalifah, der Sheikh von Abu Dhabi, erkläre in Gegenwart des Political Resident am Persischen Golf, dass ich mich feierlich an folgende Vertragskonditionen binde – und zwar mich, meine Erben und meine Nachfolger:

Artikel 1
Ich werde auf keinen Fall irgendein Abkommen mit irgendeiner Macht abschließen. Ich werde auch mit keiner anderen Macht als der britischen Regierung Korrespondenz unterhalten.

Artikel 2
Ich werde es auf keinen Fall zulassen, dass sich ohne Genehmigung durch den Political Resident auf meinem Herrschaftsgebiet ein Vertreter irgendeiner anderen Regierung niederlässt.

Artikel 3
Ich werde auf keinen Fall auch nur einen Teil meines Territoriums abtreten, verkaufen oder verpfänden, außer es geschähe an die britische Regierung.

Abu Dhabi am 6. März 1892, der dem 5. Shaaban entspricht im Jahr 1309 islamischer Zeitrechnung.
Unterzeichnet: Zayed ibn Khalifah, Sheikh von Abu Dhabi.
Oberstleutnant A. C. Talbot, Resident am Persian Gulf.

Talbot hatte inzwischen Ross abgelöst. Die Ratifizierung geschah am 12. Mai 1892 durch den Vizekönig und Generalgouverneur von Indien.

Der britische Political Resident wirkte im Stillen aber rasch und effektiv an der Einbeziehung aller Sheikhtümer in das Abkommen, das zunächst mit Abu Dhabi geschlossen worden war. Die Sheikhs der Trucial Coast unterzeichneten noch während des Jahres 1892; das Sultanat Oman schloss sich im Jahr 1897 an und Kuwait im Jahr 1898.

In der Diplomatensprache der Briten hieß das Abkommen, dessen Abschluss England erreicht hatte, das »Exclusive Agreement«. Es schloss andere Staaten als mögliche Vertragspartner völlig aus. Nur die »anderen möglichen Vertragspartner« wussten nichts davon.

Dem British Political Resident entging allerdings manchmal, dass sich einer der Sheikhs nicht an das »Exclusive Agreement« hielt. A. C. Talbot erfuhr durch Agenten im Jahr 1899, dass sich der Sheikh von Abu Dhabi in freundschaftliche Korrespondenz mit Darega Baghi, dem persischen Gouverneur der Häfen des Schahs an der Golfküste eingelassen hatte. Sheikh Zayed hatte sogar ein wertvolles Ehrenschwert vom Schah erhalten, zusammen mit einem Begleitschreiben, dessen Text die Persönlichkeit des Sheikhs besonders hervorhob. Der Grund dafür mag darin zu finden sein, dass der persische Hafengouverneur von der Sorge geplagt wurde, die Sheikhtümer könnten unter Führung von Abu Dhabi sich dazu entschließen, im Hafen von Lingeh Propaganda für die Trucial States zu entwickeln. Lingeh, an der persischen Küste des Golfs gelegen, war jahrzehntelang von Dubai beherrscht worden. Das Lob für den Ruler von Abu Dhabi war ein diplomatischer Hieb gegen den Ruler von Dubai, der glaubte, noch immer zuständig zu sein für Hafen und Stadt Lingeh. Die Autorität des Rulers von Dubai sollte untergraben werden. Der Schah von Persien begann, seinen Griff nach Lingeh vorzubereiten.

Lingeh war wirtschaftlich für Persien so wichtig wie der Hafen Bandar Abbas, doch Lingeh wurde von arabisch orientierten Kaufleuten beherrscht; arabisch geprägt war auch die Verwaltung von Lingeh – der Gouverneur wurde vom Sheikh von Dubai bestimmt. Die persische Regierung duldete nur mühsam diesen arabischen Stützpunkt auf ihrem Reichsgebiet. Im Jahr 1887 riss die persische Geduld: Teheran befahl seinen Truppen den Angriff auf Hafen und Stadt Lingeh.

Der Untergang des Handelszentrum Lingeh. Sheikh Maktoum ibn Hasher nützt die Chance für Dubai

Die Hafenstadt mit florierendem Markt lag etwa 110 Kilometer von Ras Al-Khaimah durch den im Süden enger werdenden Persisch/ Arabischen Golf vom Festland der Trucial Coast entfernt. Verwandtschaftliche Beziehungen bestanden zu den Sippen der Region Ras Al-Khaimah und der Insel Qishim, die nach 30 Kilometer Bootsfahrt zu erreichen war. Zusammenhalt bot das Stammesgefüge der Qawasimi, die hauptsächlich um Ras Al-Khaimah beheimatet waren. Die Verwandtschaft prägte die Handelsgewohnheiten: Wenn Eigentümer von Dhaus Handel treiben wollten mit Indien, mieden sie selbst meist die weite Fahrt; sie suchten den Hafen Lingeh auf und fanden dort indische Seefahrer, die den Weitertransport der Waren übernahmen. Lingeh galt als Warenumschlagplatz.

Doch es war nicht allein ein ökonomischer Grund, der Persien bewog, Lingeh zu annektieren; es gab auch einen religiösen Grund: Persien betonte immer stärker, dass die schiitische Ausprägung des Islam Staatsreligion war. Ali, der Schwiegersohn des Propheten Mohammed, wird von den Schiiten höher eingestuft als der »Gesandte Allahs«. Die Sunniten, und dazu gehören die Bewohner der Trucial Coast, lehnen die Bevorzugung Alis ab. Die Händler von Lingeh, an der persischen Küste daheim, waren Sunniten. Sie sollten nach dem Willen des Schahs aus dem schiitischen Perserreich verschwinden.

Als die persische Verwaltung Lingeh gewaltsam übernahm, unterbrach sie alle arabischen Traditionen: Wer Araber war und zu den

Honoratioren zählte, der musste Lingeh verlassen. Wer eine verantwortungsvolle Position besaß, wurde aus der Hafenstadt gewiesen. Diese Veränderung hätte die Händler nicht sonderlich berührt; sie hatten sich von politischen Turbulenzen kaum jemals beeindrucken lassen. Doch diesmal betraf der Umsturz die wirtschaftliche Substanz; die Perser veränderten die Bedingungen des Marktes. Die arabischen Behörden waren darauf bedacht gewesen, die fiskalischen Belastungen für Kaufleute gering zu halten: Die Steuern waren niedrig gewesen. Die neuen persischen Herren sahen den Hafen als Objekt an, aus dem Staatseinnahmen zu pressen waren. Die Steuersätze schnellten hoch. Die Gebühren für behördliche Dienstleistungen wurden erhöht.

Für den Staat ging die Rechnung zunächst auf: seine Einnahmen stiegen. Aber damit war schon der Niedergang von Lingeh verbunden. Die Händler und Dhau-Eigentümer mieden schon im kommenden Jahr den Warenumschlagplatz an der persischen Küste. Der Gouverneur der Provinz Lingeh fürchtete damals, von Dubai aus könne ein Überfall organisiert werden, um die früheren Verhältnisse wiederherzustellen. Diese Sorge mag die Mächtigen an der persischen Küste auch veranlasst haben, dem Sheikh von Abu Dhabi ein Ehrenschwert zu verleihen.

Im Jahr 1902 sah sich die persische Verwaltung nicht mehr in der Lage, den Hafenbetrieb für den Staat profitabel weiterzuführen. Belgier wurden dafür eingesetzt. Sie verfügten allerdings über kein anderes Rezept für die Steuerpraxis als die Perser. Die arabischen Kaufleute bereiteten den Umzug zur Trucial Coast vor. Die Frage war, wo sollten sich die rund 500 Kaufleute ansiedeln, die Lingeh verließen. Nahe liegend war, sich in Ras Al-Khaimah niederzulassen – dorthin bestanden verwandtschaftliche Beziehungen. Auch Sharjah lag nahe.

Doch da gab es einen Sheikh, der die Entwicklungen der Region genau verfolgte: Sein Name ist Sheikh Maktoum ibn Hasher Al Maktoum. Seit 1894 ist er der Herrscher von Dubai. Sein Vorgänger, Sheikh Rashid, ist in jenem Jahr vermutlich während einer Cholera-Epidemie gestorben. Der Sohn brauchte sich nicht mühsam durchzusetzen, obgleich der Vater es versäumt hatte, die Nachfolge zu regeln. Der Amtsantritt des Sheikh Maktoum als »Ruler« war von den Honoratioren begrüßt worden. Auch der British Political Resident hatte sich für den jungen Sheikh Maktoum ausgesprochen. Den Titel »Ruler« hatten die Engländer eingeführt. Er wurde fortan für alle Regierenden der Sheikhtümer verwendet.

Sheikh Maktoum war zu Begin seiner Amtszeit hinterbracht worden, zwei Verwandte hätten sich ein Komplott gegen ihn ausgedacht. Die beiden – sie hießen Buti und Zaed – wurden von Maktoum zu Sheikh Saqr ibn Khalid Al Qasimi nach Sharjah ins Exil geschickt.

Nachdem auf diese Weise das leidige Familienproblem gelöst war, konnte sich Sheikh Maktoum um die Ansiedlung der Händler von Lingeh in seiner Stadt Dubai kümmern. Von seinem Vater, Sheikh Hasher, der bis 1886 regiert hatte, war Maktoum eingeschärft worden, er solle sich in erster Linie um Handel und Gewerbe kümmern. Handel und Gewerbe würden Wohlstand, Reichtum schaffen. Der Vater hatte den Hafen von Dubai vergrößern lassen. Damit war die Grundlage geschaffen für die Realisierung der Pläne des Sohnes.

Wer Maktoum die Idee unterbreitet hatte, den Hafen Dubai zum »free trade port« zu erklären, ist ungewiss. Diese Idee war derartig grundlegend neuartig, dass sie nur von jemand hatte entwickelt werden können, der wusste, was dem überregionalen Handel von Nutzen ist. Die Anregung stammte schwerlich vom British Political Resident. Alle Engländer, die in dieser Funktion tätig waren, hatten den Ablauf der Handelgeschäfte in ihrem Schutzgebiet nicht als ihre Aufgabe betrachtet; diese Einstellung änderte sich auch weiterhin nicht. Sheikh Maktoum muss wohl andere Berater gehabt haben. Graeme Wilson, ein Kenner der Historie von Dubai, ist der Meinung, Sheikh Maktoum sei oft in der Gesellschaft persischer und indischer Kaufleute gesehen worden; sie hätten ihm Verständnis beigebracht »of the vibrant world of trade«.

Es geschah im Jahr 1901, dass sich Dubai als »free trade port« präsentierte. Die Hafenbehörden verlangten keine Zölle für Einfuhr und Ausfuhr. Sie boten den Einwanderern aus Lingeh Gelände zum Aufbau von Lagerschuppen und Handelskontoren. Der Schutz von Leben und Eigentum wurde garantiert. Die Grundlage war bereitet für Dubais Zukunft.

»England overlord and protector«.
Die »Grundsatzrede« des Viceroy of India, Lord Curzon

Sheikh Maktoum, der Begründer des Freihafens Dubai, hatte als Beobachter des überregionalen politischen Geschehens begriffen, dass
Großbritannien im Nahen und Mittleren Osten die bestimmende
Weltmacht war – und dass der Persisch / Arabische Golf für England
wichtig war, als Stützpunkt für die britische Handelsflotte auf der
Seeroute zwischen Indien, dem Garanten des britischen Wohl-
stands, und dem Mutterland. Für Sheikh Maktoum war die Ankündigung des Viceroys, er werde die Trucial Coast besuchen, eine Be-
stätigung für die Bedeutung der Golfstaaten im Zusammenhang
des britischen Weltreiches. Der Sheikh von Dubai war sich bewusst,
dass sein Herrschaftsgebiet dabei besonders wichtig war, wurde
sein Hafen doch von Schiffen der Indian Navigation Company im
Jahr 1902 alle zwei Wochen angesteuert. Kein anderer Hafen der
Trucial Coast konnte eine derartige Schiffsverbindung mit Indien
vorweisen.

Der höchste Beweis für den Respekt, den Sheikh Maktoum in
London und Bombay genoss, war die Ankündigung des Viceroy
Lord Curzon, er werde Ende November 1903 der Trucial Coast
einen Besuch abstatten.

Der Viceroy ließ sein Dampfschiff nicht im Hafen am Creek von
Dubai ankern, sondern vor der Küste des Sheikhtums Sharjah.
Sheikh Maktoum hatte keinen Grund, diesen Umstand als schmerz-
lich zu empfinden, denn er wurde als Einziger eingeladen, den Viceroy an Bord seines Dampfers aufzusuchen.

Am Morgen des 21. November 1903 brachte ein Beiboot den Ruler
von Dubai und Mitglieder seiner Familie zum prachtvollen Schiff
des hohen Gastes, der sich als aufmerksamer Gastgeber benahm.
Nach kurzer Begrüßung hielt Lord Curzon die vorbereitete Rede,
die Großbritanniens Golfpolitik der nächsten Jahrzehnte definierte:
»Sheikhs, unsere Beziehungen haben sich mit Ihrer Zustimmung
derart entwickelt, dass die britische Regierung zum Garanten des
Friedens zwischen Ihren Stämmen wurde. Politische Bande zwi-

schen der Regierung Indiens und Ihnen sind entstanden, dadurch wurde wiederum die britische Regierung ›your overlord und protector, and you have relations with no other power‹. Wie Sie wissen, hat sich jeder Einzelne der Trucial States dazu verpflichtet, mit keiner anderen Macht Vereinbarungen zu treffen oder mit ihr in Korrespondenz einzutreten. Sie haben sich auch verpflichtet, keinen Vertreter einer anderen Regierung bei sich aufzunehmen. Sie werden auch nie einen noch so kleinen Teil Ihres Territoriums an irgendjemand abtreten. Diese Abmachungen sind bindend für jeden Einzelnen von Ihnen. Sie haben die Abmachungen getreulich einzuhalten. Sie sind allerdings auch bindend für die britische Regierung. So lange Sie am Vertrag festhalten, besteht keine Gefahr, dass sich jemand erlauben wird, Ihre Rechte oder Freiheiten zu beschneiden.«

Lord Curzon begründete die britischen Ansprüche: »Wir sind hierher gekommen als erste Macht in neuerer Zeit; wir haben uns in diesen Gewässern vor anderen Mächten gezeigt. Wir fanden Streit vor und wir haben Ordnung geschaffen. Unsere Handelswege und Ihr Handel waren gefährdet. Handelswege und Handel verlangten britischen Schutz. Wir haben Sie davor bewahrt, durch Ihre Nachbarn ausgelöscht zu werden. Wir haben diesen Golf für die Schiffe aller Nationen geöffnet. Sie können Ihre Flaggen auf friedvollen Meeren zeigen. Wir haben uns nicht Ihr Territorium angeeignet. Wir haben nicht Ihre Unabhängigkeit zerstört – wir haben sie bewahrt.«

Die Sheikhs der Trucial States verstanden: Großbritannien betrachtete den Golf als ein britisches Gewässer. Großbritannien wird sich nur dann in Angelegenheiten der Sheikhs einmischen, wenn durch ihr Verhalten Gefahr besteht für die Interessen der Regierungen in London und Bombay. Eine derartige Gefahr entwickelte sich kurze Zeit später.

Aus Zentralarabien trafen Briefe in Dubai, Abu Dhabi und Sharjah ein. Der Absender war Abdel Aziz ibn Saud, der wahhabitische Herrscher des Staates der Sippe As Saud. Ibn Saud informierte die Sheikhs der drei Trucial-Coast-Staaten, dass er mit Hilfe Allahs die Oase Riyadh, die Hauptstadt, die seinem Stamm gehörte, wieder in rechtmäßigen Besitz genommen habe. Er, ibn Saud, werde in allernächster Zeit die Trucial Coast besuchen, um das Geschehen, das Zentralarabien wieder verändert, persönlich zu erläutern.

Zu diesem Zeitpunkt saß der Vertreter der Kolonialverwaltungen, die in Bombay und London ihren Sitz hatten, in Kuwait. Sein offizieller Titel war »Political Agent«. Er schickte alarmierende Berichte an seine Vorgesetzten in beiden Hauptstädten. Er konnte schildern, was in Riyadh geschehen war.

Der Held Abdel Aziz ibn Saud – die Bedrohung der Sheikhtümer wird akuter denn je

Als die Hitze der Sommermonate des Jahres 1901 noch nicht Körper und Hirn der Menschen Zentralarabiens lähmte, machte sich ein Trupp von 40 berittenen Bewaffneten von Kuwait aus auf den Weg durch die Wüste nach Süden. Kamele, Pferde, Waffen und Proviant hatte der Emir von Kuwait gestiftet. Angeführt wurde die Gruppe von einem hochgewachsenen Mann mit scharf geschnittener Nase. Sein Name: Abdel Aziz ibn Saud. Er ritt mit seinen Begleitern durch die Wüste, um die Oase wieder zu erobern, von der aus seine Vorfahren einst Zentralarabien beherrscht hatten. In Riyadh, so nennt sich diese Oase, residiert ein Mann, den Abdel Aziz ibn Saud hasst, denn seine Sippe hat den As Sauds Unglück gebracht: Die Rashids haben sich eine Generation zuvor mit Hilfe des osmanischen Gouverneurs das saudische Herrschaftsgebiet angeeignet. Die Familie As Saud hatte aus Riyadh fliehen müssen. Unterstützt durch den Emir von Kuwait hatten die As Sauds ihren Stolz zurückgewonnen und konnten es nun wagen, alte Rechte geltend zu machen. Abdel Aziz ibn Saud hatte vorausgesagt, der Sieg über die Sippe Rashid werde rasch zu erringen sein, denn die Stämme Zentralarabiens seien auf der Stelle bereit, die Ansprüche der As Sauds zu unterstützen.

Doch Abdel Aziz hatte sich getäuscht. Die Stammessheikhs erinnerten sich daran, dass die Vorfahren des jungen Mannes Verfechter der Ideologie des Predigers Mohammed ibn Abdel Wahhab gewesen waren, die von den Gläubigen verlangte, sie hätten so zu leben, wie einst der Prophet Mohammed. Zu töten waren diejenigen, die sich weigerten ein Leben zu führen, das die Fundamente des islamischen Glaubens beachtete, und diejenigen, die der Glaubenslehre verfallen waren, Gott (Allah) sei keine Einheit, sondern »dreifaltig«. Mohammed ibn Abdel Wahhab hatte dem Glauben an die Trinität Gottes den Kampf angesagt. Das Haus As Saud hatte für die Durchsetzung der Überzeugung des Predigers gekämpft. Abdel Aziz ibn Saud war der Ansicht, der Kampf für die Ideologie von einst werde wieder zum Erfolg führen. Seine 40 Begleiter hatte er davon überzeugen können, dass die Glaubenslehre des Predigers noch immer Allahs Gefallen finde. Die Stammessheikhs aber lehnten den »Wahhabismus« ab.

Ibn Saud war dadurch gezwungen, einige Monate in den Randgebieten der Rub-al-Khali abzuwarten, im »Leeren Viertel« – so nennen die Beduinen die riesige Wüste von Zentralarabien. Abdel Aziz versuchte die Großfamilien, die am Rand von Rub-al-Khali lebten, von der Rechtmäßigkeit seiner Ansprüche zu überzeugen – zunächst ohne Erfolg.

Abdel Aziz hat eine Idee, wie es ihm gelingen könnte, die Sheikhs für sich zu gewinnen: Er befahl den Überfall auf Karawanen, die vollbeladen durch die Wüste zogen. Die Beute schenkte er den Familien in den Oasen. Abdel Aziz ibn Saud wollte zeigen, dass es sich lohnte, mit ihm zu ziehen. Bald wussten arabische Poeten an den Wasserstellen von der riesigen Goldkiste zu berichten, aus der Abdel Aziz seine Gefolgsleute für treue Dienste bezahlte. Die Hoffnung auf einen Anteil an der Beute lohnte sich. Abdel Aziz konnte sich im Herbst 1901 auf 400 Krieger verlassen.

Abdel Aziz hatte zwar darauf geachtet, dass sie alle aus Stämmen zu ihm gestoßen waren, die dem Haus As Saud zuzuordnen waren. Die Frage, ob sie jedoch vor allem an Beute interessiert waren, und nicht so sehr an Ruhm und Glanz der Sippe, war schwer zu beantworten. Wenn er scheiterte, waren die 400 Kämpfer sicher schnell wieder verschwunden. Das Vorhaben des jungen Mannes aus dem Hause As Saud war risikoreich und verwegen.

In der Oase Riyadh leben zu dieser Zeit etwa 8000 Menschen in niederen, schlichten Gebäuden aus Lehmziegeln. Nach der Vertreibung der Sauds hatte der Verfall eingesetzt. Lethargie, Unlust beherrschen die Stimmung in der Oase. Nur die Männer, die sich im Regierungspalast niedergelassen haben, fühlen sich sicher. Sie gehören zum Kreis der Rashids, zum Stamm der Gegner der Sippe As Saud.

Der Garnisonskommandeur hat zu befehlen in der Oase; er vertritt den Sheikh des Stammes Rashid. Der Kommandant ist jähzornig aber faul. Seine Pflicht nimmt er nicht ernst. Er hat sich nicht darum gekümmert, dass die Lehmmauern rings um die Oase zerbröckeln. Abdel Aziz gewinnt einen Vorteil aus den Fehlern der Rashid-Besatzung. Mit sechs seiner Beduinenkrieger übersteigt er bei Nacht die Mauer an einer der Stellen, die nicht ausgebessert worden sind. Niemand entdeckt die sieben Männer, die in der Dunkelheit durch die engen Gassen zwischen den Lehmhäusern schleichen. Abdel Aziz ist in Riyadh aufgewachsen; er findet den Weg zum Kern der Siedlung. Dort steht der Palast des Gouverneurs und daneben das zweistöckige Gebäude des wohlhabenden Viehhändler Juwaisir. Dieser wird behutsam aufgeweckt. Juwaisir ist keineswegs überrascht; er hat mit dem jungen Mann aus der Sippe As Saud gerechnet. Abdel Aziz glaubt, Juwaisir sei ihm ergeben. Der Viehhändler soll mutig auf das Dach eines Nebengebäudes des Gouverneurspalasts springen. Doch Juwaisir flieht in die Dunkelheit; er traut der Aktion der Sauds nicht. Die Gefahr besteht, dass er die Eindringlinge verrät. Doch es bleibt alles ruhig in der Oase.

Der Sprung vom Dach auf das Palastnebengebäude wagt Abdel Aziz selbst; er gelingt. Abdel Aziz ist überrascht: Er befindet sich unbemerkt im Frauentrakt des Palastes. Er wartet ab.

Am frühen Morgen betritt auch der Gouverneur das Frauenhaus. Er hat die Angewohnheit bei Sonnenaufgang seine Lieblingsfrauen zu besuchen. Dass dies auch heute geschieht, hatte Abdel Aziz gehofft. Seine Getreuen, denen inzwischen von innen die Tür geöffnet worden war, überfallen den Gouverneur und erdolchen ihn. Innerhalb kurzer Zeit wird Abdel Aziz ibn Saud Herr der Oase Riyadh. Es ist der 12. Januar 1902. Abdel Aziz kann daran denken, den wahhabitisch-saudischen Staat wieder aufzubauen. Auf Zentralarabien war sein Blick orientiert, doch er war auch darauf bedacht, die Kleinstaaten der Trucial Coast nicht zu vernachlässigen. Der Sieger von Riyadh ließ dem Sultan von Oman mitteilen, er habe die Absicht, der Stadt Maskat im Jahr 1906 einen Besuch abzustatten. Ganz offensichtlich wollte Abdel Aziz ibn Saud den einstigen wahhabitischen Einfluss auf die Monarchien der östlichen Küstenländer zurückgewinnen.

Der British Political Resident, sein Name war Major Percy Cox, hatte den Verdacht, dass bald schon nach dem imponierenden Gewaltstreich des Abdel Aziz ibn Saud, Kontakte von Riyadh in Richtung Abu Dhabi hergestellt werden würden.

Der Verdacht bestätigte sich. Der Sheikh von Abu Dhabi erhielt aus Riyadh Gold- und Silbermünzen als Geschenk. Sheikh Zayed hatte das Gefühl, dass sein persönlicher Wert durch das Wiedererstehen des wahhabitischen Staates gesteigert wurde. Er bemerkte, dass er umworben wurde.

Für gute Beziehungen aller Sheikhs zum neuerstandenen wahhabitischen Saudi-Arabien gab es logische Gründe: Der Ruhm des Abdel Aziz ibn Saud verlockte die Sheikhs seinem Zauber als »heldenhafte Erscheinung« zu verfallen. Der British Resident erkannte die Gefahr. In eiligen Mitteilungen warnte Major Percy Cox die Ruler davor, sich mit dem Saudi-Clan in »Intrigen einzulassen«.

Der Resident hatte glaubwürdige Informationen erhalten, Abdel Aziz ibn Saud habe die Absicht, demnächst nicht nur das Sultanat Oman, sondern auch sämtliche Sheikhtümer der Trucial Coast aufzusuchen. Diese diplomatische Offensive des Saudi-Clans musste – aus britischer Sicht – verhindert werden. Percy Cox wusste, dass der Emir von Kuwait dafür sorgte, dass der Waffennachschub für die Wahhabiten in Zentralarabien reibungslos funktionierte. Der British Resident übte Druck auf den Emir von Kuwait aus, nur dann den Waffennachschub für den Saudi-Clan ungehindert passieren zu lassen, wenn Abdel Aziz ibn Saud das Versprechen abgab, den Besuch der Trucial Coast aus seinem Programm zu streichen. Abdel Aziz ibn Saud versprach, die Sheikhtümer in Ruhe zu lassen. Acht Jahre lang verhielt sich Saudi-Arabien ruhig.

Doch im Jahr 1913 gelang ibn Saud die Ausdehnung seines Staates bis zur Hasa-Provinz im Nordosten der Arabischen Halbinsel. Die Hasa-Provinz grenzt an Kuwait an. Damit hatte Saudi-Arabien Anschluss an den Persisch/Arabischen Golf gewonnen. Bahrain, Qatar und die Trucial Coast waren in ernsthafte Bedrohung durch die Wahhabiten geraten. Die Sheikhs fürchteten nichts so sehr wie eine direkte Invasion ihres Territoriums in breiter Front von Zentralarabien aus – Riyadh, die Hauptstadt der As Sauds, lag nur drei Tagesritte entfernt. Viel realistischer war die Annahme, die wieder aggressiv gewordenen Saudis würden sich die Herrschaft über Oman sichern. Die Besetzung des Sultanats könnte nützlich sein zur Absicherung des saudischen Besitzes. Die Trucial Coast würde den Saudis dann wohl nahezu von selbst zufallen.

Die »Blaue Linie« – eine Grenzziehung im Interesse Englands

In jenem Jahr 1913, als der Saudi-Clan wieder Lust auf Expansion zum Golf bekam, waren die Diplomaten Großbritanniens noch damit beschäftigt, die Politik des Osmanischen Reiches in der Golf-region zu analysieren. Sie glaubten die Tendenz entdecken zu können, dass der Gouverneur in Basra, am Schatt el-Arab, Vorbereitungen traf für einen Vorstoß in Richtung Qatar. Dies hätte bedeutet, dass die Osmanen den Saudi-Clan aus der Hasa-Provinz wieder vertrieben hätten. Daran, dass derartige Absichten in Basra wirklich bestanden, glaubte der British Political Resident am Golf allerdings nicht – er sagte den Zusammenbruch des gesamten Osmanischen Reiches voraus. Es besitze keine Kraft mehr in Zukunft eine politische Macht von Bedeutung darzustellen. Doch seine Vorgesetzten in Bombay waren der Meinung, die britische Diplomatie müsse noch immer darauf ausgerichtet sein, aus Sicherheitsgründen in Übereinkunft eine deutliche Abgrenzung der osmanischen und der britischen Einflusssphären zu erreichen. Tatsächlich wurden in den Jahren 1913 und 1914 die »Anglo-Turkish-Conventions« abgeschlossen.

Erreicht wurde die Festlegung der »Blue Line«, die in Wahrheit das Gebiet genau definierte, das von Großbritannien beansprucht wurde; es umfasste Qatar, Abu Dhabi, die Trucial Coast, Oman. Allen Staaten dieses Gebiets garantierte Großbritannien Schutz und Unabhängigkeit. Eine derartige Absicherung erschien im Jahr 1914 deshalb schon dringend notwendig, weil sich der türkisch-britische Krieg abzeichnete. Die Türkei – besser gesagt, das noch immer existierende »Osmanische Reich« bereitete sich darauf vor, an der Seite Deutschlands gegen England zu kämpfen.

Dass die »Blue Line« in jedem Fall Schutz garantierte, daran glaubte der Sheikh von Abu Dhabi nicht. Er fürchtete den wahhabitischen Angriff. Er wollte gerüstet sein. Private Waffenhändler waren schon zu jener Zeit tätig. Ihre Verstecke befanden sich an der Küste von Dhofar und Somalia. Sie waren gerne bereit, Handfeuerwaffen und Munition in beträchtlicher Menge nach Abu Dhabi zu liefern. Zusammen mit dem Sheikh von Dubai aktivierte Sheikh Zayed von Abu Dhabi die Beduinenstämme im Landesinnern: Sie sollten bereit sein zur Abwehr saudisch-wahhabitischer Attacken. Sheikh Hamdan ibn Zayed, der Sohn des Rulers, hielt es sogar für klug, die Beduinensheikhs zu »Präventivangriffen« gegen die Wahhabiten zu veranlassen.

Derartige, durch nichts zu rechtfertigende Angriffe sah der British Political Resident als Störung des bestehenden friedlichen Zustandes am Rande der Arabischen Halbinsel an. Er informierte die Sheikhs, dass nach seiner Kenntnis die Wahhabiten nicht daran dächten, die Trucial Coast anzugreifen. Sollte dieses dennoch geschehen, werde Großbritannien selbstverständlich, wie versprochen, den Schutz der Sheikhtümer übernehmen. Sheikh Hamdan ibn Zayed ließ sich nicht überzeugen.

Schwierig war die Situation der Londoner Regierung in dieser Zeit. Der Erste Weltkrieg hatte begonnen. Was England befürchtet hatte, war eingetreten. Das osmanisch-türkische Reich wollte an der Seite Deutschlands kämpfen. Der Sultan in Istanbul rief zum »Heiligen Krieg« auf gegen die Engländer, Franzosen und Russen. Sie seien Feinde des Islam, deshalb sei es Pflicht der Gläubigen, vor allem gegen die Engländer zu kämpfen, die am Nil, am Suezkanal, am Persischen Golf den Arabern die Freiheit verwehrten.

Der Aufruf des Sultans bewirkte nichts. Die Voraussetzung für ein türkisch-arabisches Bündnis war schlecht. Die Türken hatten sich in der Vergangenheit nicht als Freunde der Araber erwiesen. Doch der Nahe Osten befand sich im Wandel. Selbst wenn die Türken im Jahr 1915 die Araber nicht als Partner im Krieg gegen die Deutschen hatten gewinnen können, musste der Sultan in Istanbul an mögliche Entwicklungen in der Zukunft denken – so sicher war es nicht, dass England den Krieg gegen das deutsche Kaiserreich gewinnen würde. War dies nicht der Fall, dann war das Deutsche Reich eine Großmacht am Persisch/Arabischen Golf. Deutschland hatte vorgesorgt: Die »Baghdad-Bahn«, die Berlin direkt mit Bagh-dad und Kuwait verbinden sollte, befand sich im Bau – zum Ärger der Regierung in London. Dort setzte sich diese Überzeugung durch: England benötige einen starken Verbündeten auf der Arabi-schen Halbinsel. Zur Überraschung der Sheikhs der Trucial Coast wählte sich England den wahhabitisch-saudischen »Emporkömm-ling« aus.

Im Frühjahr 1915 schloss der Generalgouverneur in Bombay im Namen der britischen Regierung mit Abdel Aziz ibn Saud ein Freundschaftsabkommen. Als ehrenvoll empfand der Chef des Hauses As Saud, dass er zum »Knight Commander of the Indian Empire« ernannt wurde. Diese Auszeichnung war hoch geschätzt im britischen Weltreich. Noch wichtiger aber war dem hoch Geehr-ten, dass ihm künftig in jedem Monat 5000 britische Pfund ausbe-zahlt wurden.

Nichts erhielten die Ruler am Golf; sie empfingen Briefe des Poli-tical Resident, in denen ihnen nahe gelegt wurde, in dieser Kriegs-zeit alles zu unterlassen, was die Interessen Großbritanniens verlet-zen könnte.

Sheikh Hamdan von Abu Dhabi verstand den Brieftext so, dass von ihm erwartet werde, er solle von sich aus Beziehungen aufneh-men zum Herrscher des Saudi-Clans. Sheikh Hamdan teilte Abdel Aziz ibn Saud bald darauf mit, er empfinde freundschaftliche Ge-fühle für ihn – er sei bereit, zum Zwecke der Unterzeichnung eines Bündnisvertrages zu ihm nach Riyadh zu kommen. Hamdan war allerdings überrascht, dass der Saudi-Fürst einen völlig anderen Treffpunkt vorschlug: Er wollte Hamdan in Maskat treffen. Der Sheikh aus Abu Dhabi begriff, dass Ibn Saud damit zum Ausdruck bringen wollte, er – ibn Saud – sei der Souverän über Oman und damit berechtigt, den künftigen Vertragspartner in den Oman zu bitten.

Nun war aber Oman keineswegs im Besitz der Wahhabiten. Ham-dan konnte aus dem Sachverhalt der Einladung den Schluss ziehen, er sei von ibn Saud verhöhnt worden. Hamdan bezog fortan eine ab-lehnende Position gegenüber den Mächtigen in Riyadh. Er hatte Angst bekommen vor den Machenschaften der Wahhabiten.

Die Konsequenz war, dass Sheikh Hamdan ibn Zayed fortan mit dem Sultan von Oman in Kontakt blieb. Regelmäßig fuhr Hamdan nach Maskat. Der Sheikh wurde dort mit großen Ehren und mit kostbaren Geschenken empfangen.

In dieser Zeit wirkte der British Political Resident beruhigend auf den Sheikh, der die Wahhabiten auch weiterhin fürchtete. Der Political Resident verwies auf die »Blue Line«. Selbst nach dem Zusammenbruch des Osmanischen Reiches am Ende des Ersten Weltkriegs galt diese Linie als Garantiegrenze für die Sheikhtümer der Trucial Coast: Großbritannien werde nie zulassen, dass »irgendjemand«, gemeint war das wahhabitische Saudi-Arabien, sich in die Angelegenheiten der Sheikhtümer einmische.

»Die Ruler sind kurzlebige Existenzen«

Die Feststellung, die Lebenserwartung der Sheikhs sei kurz, traf der Political Resident im Jahr 1901. Der Originaltext: »Unfortunately owing to the chronic prevalance both of familiy and tribal feuds, they have for the last few generations been a short-lived class.« Der British Political Resident versuchte Ordnung in die Lebensverhältnisse der Sheikhs zu bringen. Eine Rangordnung wurde festgelegt. Dies geschah nach Art der Royal Navy. Sie bestimmte zunächst, wie viele Salutschüsse jeder Ruler zu erhalten habe. Der Sheikh von Abu Dhabi wurde bei der Begrüßung fortan mit fünf Kanonenschüssen bedacht. Er stand damit auf einer Stufe der Würde mit den Sheikhs von Kuwait und Bahrain. Drei Salutschüsse waren vorgesehen für die Sheikhs von Dubai, Sharjah, Ajman, Ras Al-Khaimah, Fujairah und Umm Al-Qaiwain.

Der Sheikh, dem die Briten die höchste Stufe der Ehrerbietung zugestanden hatten, ist im Jahr 1909 gestorben – eines natürlichen Todes. Zum besseren Verständnis von Vergangenheit, Gegenwart und Zukunft, ein Blick auf die dynastische Reihenfolge des Herrscherhauses Al Nahyan: Auf Sheikh Zayed sollte der älteste Sohn, Khalifah, folgen, doch dieser lehnte die Würde ab. In der Rangordnung folgte dessen Bruder Tahnun. Drei Jahre lang war dieser »Ruler«, dann starb er – eines natürlichen Todes.

Wieder wurde Khalifah gefragt, ob er Sheikh des Stammes Al Nahyan werden wolle. Er lehnte erneut ab. Ein anderer Bruder bekam die Würde zugewiesen: Hamdan ibn Zayed. Zehn Jahre lang durfte er das Geschehen in Abu Dhabi bestimmen. Seine letzte Amtshandlung war die Unterzeichnung eines Abkommens mit dem British Political Resident. Es war die erste Vereinbarung über eine Vergabe der künftigen Konzession zur Suche nach Ölvorkommen auf dem Gebiet der Trucial Coast. Sheikh Hamdan garantierte dafür, dass eine derartige Konzession nur an eine Person vergeben werden durfte, die vom »High British Government« dazu ermächtigt worden war.

Unmittelbar nach der Unterzeichnung dieser Vereinbarung ist Sheikh Hamdan zum Essen ins Haus seines Bruders eingeladen worden. Der Bruder, Sultan ibn Zayed, nutzte die Gelegenheit, seinen Bruder Hamdan in den Rücken zu schießen. Der Sheikh war sofort tot.

Erstaunlich ist, dass der Mord keinerlei Unruhe in Abu Dhabi verursachte. Er wurde offenbar kaum beachtet. Die Händler und Handwerker hielten ihre Läden offen. Sie nahmen es als ganz selbstverständlich hin, dass der Mörder ihr nächster Herrscher wird. Eine enge Beziehung zur regierenden Familie besaßen sie nicht. Dieser Umstand gab ihrem Gemeinwesen trotz heimtückischer Morde in der Herrscherfamilie Stabilität.

Beunruhigend für die zum Wohlstand beitragenden Schichten der Bevölkerung war die wirtschaftliche Situation in Europa. Solange der Erste Weltkrieg entflammt war, gab es nur geringes Interesse für Perlen. Selbst die Reichen hatten andere Sorgen, als sich mit Perlenketten zu behängen. Der Perlenabsatz lag völlig darnieder. Der arabische Perlenmarkt sollte sich davon nie wieder richtig erholen.

Mit dem Niedergang des Perlengeschäfts sanken die Einnahmen der Ruler. Sheikh Sultan, der Mörder des Sheikhs Hamdan, war gezwungen, die Beträge zu reduzieren, die seit Generationen an Beduinenstämme ausbezahlt wurden. Von den Stämmen ausgehend, die nun von ihren Kamelzüchter-Einnahmen zu leben hatten, machte sich Unzufriedenheit breit. Diese Stimmung berührte den Bruder des Rulers Sultan sehr. Er fürchtete, das Sheikhtum Abu Dhabi werde innerlich zerrissen. Er machte für die Missstimmung seinen Bruder Sultan verantwortlich. Saqr ibn Zayed zog die Konsequenz: Als Sultan, der Ruler, eines Abends die Stufen zum Dach seines recht ärmlichen Palasts hochstieg – er wollte dort sein Abendgebet verrichten –, ging sein Bruder hinter ihm; er zog eine Waffe und schoss. Im Rücken getroffen, sank Sultan die Stufen hinunter. Dies geschah im Herbst 1925. Sheikh Sultan war drei Jahre lang Ruler gewesen.

Wie es üblich war, wurde der Mörder der neue Ruler. Es erhob sich keine Stimme des Protests gegen Saqr ibn Zayed. In der Nacht nach dem Mord an Sheikh Sultan flohen dessen Söhne Shakhbut und Huzza aus Abu Dhabi; sie waren in Sorge, ebenfalls erschossen zu werden. Sie wurden zunächst in Dubai aufgenommen, und dann in Sharjah. Nirgends fühlten sich Shakhbut und Huzza sicher – bis ihnen der saudisch-wahhabitische Herrscher Abdel Aziz ibn Saud Asyl anbot.

Saqr ibn Zayed wurde ständig von der Angst geplagt, er werde schon bald ebenfalls sein Leben durch Schüsse in den Rücken verlieren. Sehr konkret fürchtete er, sein älterer Bruder Khalifah, der die Würde des Rulers beständig abgelehnt hatte, plane ein Komplott gegen ihn. Dies war keineswegs der Fall, doch Saqr ibn Zayed ließ sich von seinem Argwohn nicht abbringen. Er plante nun seinerseits den Mord an Khalifah. Dieser Anschlag wurde noch in der Planungsphase verraten. Ein Familienrat beschloss, dass rasch gegen Saqr ibn Zayed gehandelt werden müsse.

Diesmal wollte keiner der führenden Köpfe aus der Sippe die Schüsse abgeben. Ein Sklave sollte den Mord verüben – er bekam dafür Geld. Doch im entscheidenden Augenblick verlor der Sklave die Nerven; er schoss daneben. Der Ruler konnte entfliehen. Doch innerhalb des »Palastes« fand er kein Versteck; er wurde schließlich gestellt und erschossen. Sheikh Saqr ibn Zayed hatte knapp zwei Jahre lang Abu Dhabi regiert.

Eine entschlossene Frau: Sheikha Salamah handelt

Khalifah ibn Zayed, der nie hatte Ruler sein wollen, schrieb an Shakhbut und Huzza, die beiden Söhne des Sultan, die sich eben wieder in Sharjah aufhielten. Khalifah bat sie, nach Abu Dhabi zu kommen – zur Regelung der Nachfolgefrage. Sie folgten der Aufforderung.

Die Kürze der Amtszeit der Herrscher beunruhigte den British Political Resident. Er befürchtete das Ende der inneren Stabilität und damit das Ende der staatlichen Ordnung innerhalb der Trucial States. Inzwischen hatten sich innerhalb der herrschenden Familie zwei Fronten gebildet; jede forderte für sich das Recht, den Ruler zu stellen. Vorauszusehen war, dass weitere Morde vorprogrammiert waren. Doch der British Political Resident sah keine Möglichkeit einzugreifen. Die Weisung seiner Vorgesetzten in Bombay und London war strikt: keine Einmischung in Vorgänge innerhalb der regierenden Sippen.

Sofort nach dem Tod des Sheikhs Saqr ibn Zayed hatte der Sohn des Khalifah das »Government House« in Abu Dhabi besetzt. Der Sohn war, im Gegensatz zum Vater Khalifah, durchaus bereit, Ruler zu werden. Khalifah selbst zog einen der Söhne des Sultan, Shakhbut oder Huzza, dem eigenen Sohn vor. Bei der Ankunft der beiden aus dem Exil in Sharjah übergab Khalifah, nach kurzer Bedenkzeit, trotz der Proteste des eigenen Sohnes, das »Government House« an Shakhbut, den Sohn des Sheikhs Sultan, der im Herbst 1925 ermordet worden war.

Die Stimmung in Abu Dhabi war gespannt. Ein Krieg innerhalb des Stammes Al Nahyan war wahrscheinlich geworden. In diesem Krieg wäre das Gemeinwesen Abu Dhabi untergegangen.

Es war eine Frau, die begriff, dass gehandelt werden musste: Sheikha Salamah bint Buti, die Frau des getöteten Rulers Sheikh Sultan ibn Zayed. Sie hatte erleben müssen, dass ihr Mann ermordet worden war, dass ihre Söhne in Gefahr lebten, ermordet zu werden. Sie wollte dem Morden ein Ende bereiten.

Die Sheikha muss eine außergewöhnliche Erscheinung gewesen sein. Sie war als sehr junges Mädchen – mit 13 Jahren – verheiratet worden an einen jungen Mann, der nicht wesentlich älter war als sie. Erwartet wurde nicht viel von der jungen Sheikha. Die Aufgabe der Frau in den Familien, die das Leben der Frauen und Männer im Gemeinwesen bestimmten, war es Söhne zu gebären und sie zu behüten. In wichtigen Angelegenheiten der Sippe wurde die Frau nicht um Rat gefragt. Die Sheikha Salamah aber, als sie Witwe geworden war, entwickelte selbstbewusst Initiative. Völlig neuartig war diese Idee: Sheikha Salamah holte die Frauen der Söhne zu sich in ihre Gemächer. Langsam bildete sich eine weibliche Hausmacht. Ihre wichtigsten Verbündeten waren die Frauen der Brüder Shakhbut und Huzza. Die beiden Frauen waren verheiratet mit Männern, die – gemäß der Familientradition im Streit um die Macht – hätten verfeindet sein müssen. Keine der beiden Frauen wollte ihren Mann und den Vater ihrer Kinder verlieren. Der Gedanke reifte heran, einen Ausweg zu finden, um das Duell zwischen Shakhbut und Huzza zu vermeiden.

Das »Government House« war von Shakhbut besetzt worden. Er hatte einen wesentlichen Vorsprung vor dem Bruder Huzza. Doch damit war noch nichts gewonnen: Vor Mord hätte ihn der Besitz des »Government House« nicht geschützt.

Da rief die Sheikha die Brüder und sämtliche Familienmitglieder, die im Kampf um die Macht in Frage kamen, zusammen. Salamah ließ alle einen heiligen Eid schwören, dass sie keinen Mord begehen an Shakhbut, dass sie niemals mehr innerhalb der Verwandtschaft Blut vergießen. Alle begriffen den Ernst und die Heiligkeit dieses Eids. Tief im Bewusstsein der Schwörenden war der Glaube verankert, dass der Bruch dieses Eids gegenüber der Mutter den Verlust des Platzes im Paradies bedeutete. Vom Paradies ausgeschlossen zu sein, das wollte keiner riskieren. Shakhbut konnte nach der Eidesleistung tatsächlich 40 Jahre lang regieren, ohne in der Sorge leben zu müssen, umgebracht zu werden.

Am 24. April 1928 traf der British Political Resident mit dem Dampfschiff »H.M.S. Crocus« in Abu Dhabi ein. Sheikh Shakhbut empfing den Vertreter der britischen Krone bei der Ankunft. Der Resident bemerkte in seinem Bericht: »Alle Bewohner von Abu Dhabi lieben Sheikh Shakhbut und sie preisen ihn. In Abu Dhabi herrscht Ruhe und Frieden.«

Selten kamen Fremde zur Trucial Coast

Einer der wenigen Gäste war der Amerikaner Samuel M. Zwemer, ein Geistlicher. Über Abu Dhabi notiert er in seinem Tagebuch: »Dort wohnen etwa 10 000 Menschen. Es sind alle Araber oder Neger. Das wichtigste Gebäude ist das ›imposing castle of the Sheikh‹.« Zwemer stellt fest, dass fast sämtliche Wohnungen aus

Wedeln der Dattelpalmen bestehen. »Diese Wohnungen ziehen sich über drei Kilometer an der Küste hin.«

Der Deutsche Hermann Burchardt besuchte die Trucial Coast im Jahre 1904. Er war erstaunt, dass sich an der »Piratenküste« ein derart reger Handel hatte entwickeln können. Burchardt überraschte vor allem die Zahl der Händler aus Indien, die den Markt belebten: »Durch ihre Hände gehen die meisten Waren, die hier verkauft werden.«

Burchardt erfährt, dass der Sheikh sich regelmäßig mit den Ältesten berät: »Diese Treffen werden Majlis genannt.« Alle Fragen werden besprochen, die wichtig sind für die Sippe. Der deutsche Reisende bemerkt mit Freude, dass ihm eine eigene Hütte aus Palmwedeln zur Verfügung steht. Er stellt fest, dass keine Armut in Abu Dhabi herrscht. Er vermutet zu Recht, der Wohlstand stehe mit dem Perlenhandel in Beziehung.

Dass es Sklaven gibt in Abu Dhabi löst im Gemüt des Reisenden keine Bestürzung aus: »Sie werden alle gut behandelt.« Ein Schiff traf ein, dessen Kapitän »zwei schöne Frauen aus Abessinien« zu verkaufen hatte. Der Ruler zeigte kein Interesse an diesen Sklavinnen.

Wenige Fremde fühlten sich von der entlegenen Gegend am Persisch/Arabischen Golf angezogen. Es kamen Männer, die von der Exotik der Region fasziniert wurden, von der Romantik des Abenteuers. Ein Geschäft zu machen war mit der Trucial Coast nicht. Ein Wandel trat erst langsam ein – im Gefolge einer technischen Revolution. Der Verbrennungsmotor, der mit Ölprodukten gespeist wurde, war erfunden worden. Jetzt wurde der Zugriff auf die Erdölvorkommen wichtig. Die Trucial Coast blieb zunächst vom »Ölfieber« verschont.

Das Ölzeitalter beginnt anderswo

Am 26. Mai des Jahres 1908 war das erste Öl des gesamten Nahen und Mittleren Ostens gefördert worden – nahe der Stadt Meshjed i Suleiman ostwärts des Schatt el-Arab in Persien. Dieses Ereignis – es fand wenig Beachtung – war dem kanadischen Geschäftsmann William Knox d'Arcy zu verdanken.

Ihm war berichtet worden, dass dort, wo das Zagrosmassiv aus der Ebene Mesopotamiens aufsteigt, sich die Ruine eines Tempels befinde, zu dessen Kultritual einst die Anbetung einer ewigen Flamme gehört habe. Archäologen hatten vor Beginn des 20. Jahrhunderts bereits an Ort und Stelle das Rätsel lösen können: Das Feuer war durch Gase gespeist worden, die aus dem Boden hochgestiegen waren. William Knox d'Arcy folgerte, dass solche ewig strömenden Gase auf die Existenz von Erdöl im Boden hinweisen. Der Kanadier wollte dieses Erdöl finden. Seine Suche begann unmittelbar nach dem Anbruch des 20. Jahrhunderts. Knox d'Arcy ließ sich vom persischen Schah eine Konzession erteilen, die ihm die Exploration, die Suche nach Bodenschätzen, in weiten Gebieten Persiens erlaubte.

Bald schon war die britische Admiralität über die Aktivitäten des Kanadiers informiert. Darüber hinaus beflügelte der technische Wandel ihr Interesse, denn die stolze britische Flotte wollte nicht länger zum Antrieb der Kriegsschiffe Kohle verfeuern: Öl war zum Treibstoff der Zukunft für die Schlachtschiffe geworden. Die Konsequenz: Die Admiralität war gezwungen, Geld für die Ölexploration aufzubringen. Nach Erdöl gesucht wurde bald nicht nur in Persien, sondern auch im Irak. Dort wurden die Explorateure im Oktober 1927 bei Kirkuk fündig. Zunächst lag das Ölgeschäft des Nahen und Mittlern Ostens in britischer Hand. Die Briten bekamen jedoch Konkurrenz.

Nach Persien und Irak wurde die Insel Bahrain zu Beginn der 30er Jahre für Ölkonzerne interessant. Bahrain liegt im Winkel zwischen der Halbinsel Qatar und der Ostküste der Arabischen Halbinsel. Dass Bahrain zum Ölförderland werden kann, hatten Ölsucher aus den Vereinigten Staaten festgestellt. Die amerikanische Gesellschaft Standard Oil of California meldete die Absicht an, die Ölproduktion vorzubereiten. Doch sofort protestierte die britische Regierung gegen den Einbruch der Vereinigten Staaten von Amerika in ihr Einflussgebiet am Persischen Golf. Die Regierung in London argumentierte, der Emir von Bahrain sei durch ein Schutzabkommen an Großbritannien gebunden – er besitze deshalb gar kein Recht, Verträge mit Gesellschaften oder Personen anderer Staaten abzuschließen.

Die Argumente der britischen Regierung waren deshalb überzeugend, weil Großbritannien sich tatsächlich für die Unabhängigkeit der Insel Bahrain gegenüber persischen Ansprüchen eingesetzt hatte. Die Verantwortlichen in Persien haben mehrfach den Besitz von Bahrain für sich reklamiert, weil sie nachweisen konnten, dass Bahrain im 17. und 18. Jahrhundert zum Persischen Reich gehört hatte. Bahrain hatte seine Unabhängigkeit nur mit Hilfe der britischen Diplomatie und der Royal Navy bewahren können. Der Streit um das Förderrecht auf den Ölfeldern von Bahrain zog sich in die Länge. Am Ende konnten sich die USA in der völkerrechtlichen Auseinandersetzung behaupten. Zwei amerikanische Konzerne – Standard Oil of California und die Texas Oil Company – gründeten die Bahrain Petroleum Company (BAPCO). Sie begann mit der Ölförderung im Jahr 1937.

Die erfolgreiche Exploration der BAPCO wirkte sich weit über Bahrain hinaus aus. Die Geologen stellten fest, dass sich Bahrain in einer ausgedehnten Bodenstruktur befand, in der Ölvorkommen zu erwarten waren. Diese Bodenstruktur erstreckte sich offenbar über die gesamte Ostküste der Arabischen Halbinsel. Überall in dieser Region begann die Suche nach »Ölfeldern«.

Die Ölfelder von Bahrain waren England erst nach harter diplomatischer Auseinandersetzung verloren gegangen – die Vorkommen von Saud-Arabien aber wurden leichtfertig durch offensichtliche Interesselosigkeit verspielt. Für die künftige Geschichte des Sheikhtums Abu Dhabi als Ölstaat war dieser Vorgang von größter Bedeutung. Die durch ihn geschaffene Situation hätte nahezu zum unberechenbaren Krieg zwischen den Großmächten USA und Großbritannien geführt.

Großbritannien stößt den Herrscher von Saudi-Arabien vor den Kopf

Das wahhabitische Königreich war nicht durch einen Schutzvertrag an die Londoner Regierung gebunden, doch der Einfluss der Engländer auf Abdel Aziz ibn Saud war beachtlich. Britische Berater waren im Palast von Riyadh gerne gesehen. Da gab es den Offizier William Henry Irvine Shakespear und den Geschäftsmann

Harry St. J. B. Philby. Großbritannien galt dem Herrscher als verlässlicher Partner. Von den USA war ihm nur bekannt, dass dort die Fordwerke Automobile von Qualität bauten.

Als Abdel Aziz schließlich begriffen hatte, dass ihm die Erdölvorräte seines eigenen Landes die Möglichkeit boten, viel Geld in die Hand zu bekommen, da war es für ihn eine Selbstverständlichkeit, dieses Geschäft mit britischen Partnern abzuwickeln. Für ihn kam nur die hauptsächlich mit britischem Kapital arbeitende Iraq Petroleum Company als Konzessionsträger in Frage. Die Iraq Petroleum Company war sehr daran interessiert, in der saudi-arabischen Hasa-Provinz nahe am Persischen Golf zu bohren, denn ihre Geologen hatten bereits nach Prüfung der Wüstenoberfläche die Überzeugung gewonnen, dort seien kommerziell ergiebige Öllager im Boden zu finden.

Abdel Aziz wollte den britischen Geschäftspartnern entgegenkommen. Für die Erteilung der Bohrkonzession verlangte er nur 20 000 Britische Pfund in Gold. Hatte Abdel Aziz geglaubt, er verhalte sich mit dieser Forderung ausgesprochen konziliant, so täuschte er sich. Die britische Finanzverwaltung beurteilte die Situation anders. Sie weigerte sich, das Gold bereitzustellen, mit dem Argument, ein derartiger Goldtransfer schwäche die Stabilität der Währung des britischen Weltreiches. Dieser Standpunkt veranlasste die Iraq Petroleum Company zum Verzicht auf die saudi-arabische Konzession. England hatte sich selbst das Geschäft verdorben. Darauf hatte die US-Konkurrenz nicht zu hoffen gewagt.

Kaum hatte sich die Iraq Petroleum Company mit bitteren Gefühlen aus den Verhandlungen mit Abdel Aziz ibn Saud zurückgezogen, da zeigte Standard Oil of California Interesse. Sie war auf die saudi-arabische Hasa-Provinz durch den amerikanischen Ingenieur K.S. Twichell aufmerksam gemacht worden, der eigentlich auf der Arabischen Halbinsel auf der Suche nach Wasservorräten in der Erde war. Twichell war bisher nicht auf Wasser gestoßen, doch er hatte Erdöllager gefunden. Als er Abdel Aziz davon berichtete, zeigte dieser kein Interesse. Er wollte damals Wasser haben und kein Erdöl. Nach den Erfahrungen mit den Briten hielt er die ganze Erdölgeschichte für Bluff.

Lange dauerte diese ablehnende Haltung des Emirs allerdings nicht. Ihm wurde berichtet, die Herrscher von Kuwait und Bahrain verfügten über Geld; sie könnten sich alles leisten, was ihr Herz begehrte. Das Geld stamme aus der Kasse großer Erdölkonzerne. So langsam begann sich Abdel Aziz damit abzufinden, dass er sich mit amerikanischen Gesellschaften zu befassen hatte. Standard Oil of California bekam eine Chance.

Doch beinahe wäre erneut eine grobe Fehlkalkulation geschehen, die das Geschäft zum Scheitern gebracht hätte. Auch die US-Regierung sprach sich gegen einen Goldtransfer in einen bedeutungslosen Wüstenstaat aus, der über keine geordnete Haushaltsführung verfügte. Die Regierung war der Meinung, das Gold verschwinde irgendwo im Sand. Die Herrn von Standard Oil of California mussten langwierige Überzeugungsarbeit leisten, bis Abdel Aziz ibn Saud die diesmal geforderten 35 000 Goldmünzen in bar erhielt.

Die geografische Darstellungen der Gebiete zu Land und zur See der Region des Persisch/Arabischen Golfs füllten sich mit Markierungen der Konzessionsgebiete der internationalen Ölgesellschaften. Nachdem Irak, Kuwait, Bahrain, Oman, Saudi-Arabien und Qatar Ölförderländer geworden waren, blieb nur noch die Golfküste der Trucial States unmarkiertes Gebiet. Der British Political Resident war wachsam. Britische Petroleumgesellschaften sollten nicht noch einmal erleben müssen, dass sich ihre Verhandlungsposition in Luft auflöste. Saudi-Arabien war als Partner im Ölgeschäft für die Briten verloren – sie konzentrierten ihr Interesse auf die Trucial Coast. Doch amerikanische Verhandler standen bereit, rasch ihre Angebote zu unterbreiten. Dieses Vorgehen wurde wiederum vom British Political Resident in Bushir aufmerksam beobachtet. Als ihm während der 1950er Jahre mitgeteilt worden war das Sheikhtum Qatar habe Gespräche aufgenommen mit einem Vertreter aus den USA, wurde der Sheikh von Qatar darauf hingewiesen, dass er verpflichtet sei, Verträge mit Großbritannien abzuschließen. Der Emir von Qatar folgte diesem Hinweis.

Die Trucial Coast bleibt im Ölgeschäft Großbritannien treu

Noch ehe die britischen Ölgesellschaften aktiv wurden, reisten Privatleute in die Sheikhtümer. Im Jahr 1935 machte es sich der Engländer Williamson zu Nutze, dass er den Vornamen Abdullah trug und sich zum Islam bekannte. Mit dem Zusatz Hajji zum Namen wies Williamson darauf hin, dass er seine Pflicht zur Pilgerfahrt nach Mekka erfüllt hatte. Der Moslem Abdullah Williamson durfte Entgegenkommen erwarten. In Abu Dhabi hatte er Sheikh Shakhbut ibn Sultan dazu überreden können, ihm eine Option zu übergeben, die es ihm gestattete, zwei Jahre lang nach einem geeigneten Konzessionär für die Petroleumexploration im gesamten Gebiet der Trucial Coast zu suchen. Williamson hatte dafür zunächst die Anglo Iranian Oil Company (AIOC) vorgesehen. Letztlich wurde die Iraq Petroleum Company (IPC) der Vertragspartner für die Sheikhtümer. Gewährleistet war, dass Großbritanniens Interessen beachtet blieben. Für das Ölprojekt an der Trucial Coast gründete IPC eigens eine Company, die Petroleum Development Trucial Coast Limited (PDTC). Das geschah im Jahr 1936 – das Kapital betrug nur 100 000 Dollar. Es dauerte allerdings, bis die Ruler von Dubai, Sharjah, Ras Al-Khaimah und Kalba ihre Unterschriften geleistet hatten.

Kalba war und ist ein unbedeutender Ort am Arabischen Meer. Kalba gehört nicht zur Golfregion. Die Rechtslage der Unabhängigkeit war über lange Zeit ungeklärt. Kalba wird heute dem Emirat Sharjah zugeordnet. Die Ölkonzession, die schließlich 1939 von einem Vertreter Kalbas unterschrieben wurde, ist ohne Konsequenz geblieben, denn in und um Kalba fanden sich keine Ölvorkommen.

Die Konvention, die schließlich Großbritannien und die Trucial Coast in allen Rohölangelegenheiten aneinander band, ließ keine Möglichkeit für eine nichtbritische Gesellschaft in den Vertragsrahmen einzusteigen. Allein die Petroleum Development Trucial Coast erhielt das Recht, »Petroleum zu entdecken, danach zu bohren und das Mineralöl zu fördern. PDTC besitzt die Eigentumsrechte an allen geförderten Substanzen. PDTC kann allein darüber verfügen, sowohl im Innern als auch außerhalb des Vertragsgebiets, vorausgesetzt dass der Ölexport vom Territorium des Konzessionsgebers aus direkt erfolgt.« Gemeint sind die Trucial States. Die Sheikhs der jeweils unabhängigen Gebiete von Dubai, Sharjah, Ras Al-Khaimah und Kalba hatten sich von PDTC vertraglich zusichern lassen, dass ihnen jährlich ein fester Betrag ausbezahlt würde. Dieser Betrag hing nicht davon ab, ob, und in welcher Menge Rohöl exportiert wurde. Sheikh Shakhbut von Abu Dhabi, der glaubte, klüger zu sein als die anderen Ruler, feilschte mit PDTC um die Höhe des Festbetrags, bis er endlich das Gefühl hatte, von Großbritannien sei nicht mehr herauszuholen. Dann erst unterschrieb auch Sheikh Shakhbut den Vertrag – im Januar 1939. Ein halbes Jahr später brach in Europa der Zweite Weltkrieg aus. Um den Petroleumvertrag mit der Trucial Coast kümmerte sich niemand mehr.

Die Armut kehrt zurück. Die Konsequenzen des Zweiten Weltkriegs für die Trucial Coast

Für Saudi-Arabien und für die Trucial Coast bestand bei Kriegsausbruch derselbe Nachteil: Die Ölförderung hatte noch nicht begonnen. Die Krieg führenden Mächte Großbritannien und die USA aber verlangten, dass ihnen jetzt Öl in großer Menge zur Verfügung gestellt wurde. Die Ölkonzerne, die den Bedarf der Kriegswirtschaft der USA und von Großbritannien zu decken hatten, sicherten sich den Rohstoff dort, wo kein langer Transportweg zurückzulegen war. Die eigenen Ölfelder in den USA wurden aktiviert; in zweiter Linie wurden Lieferstaaten in Südamerika bevorzugt. Saudi-Arabien und die Trucial States lagen zu weit von den Kriegsgebieten entfernt – und dazuhin befanden sich ihre Förderanlagen noch im Aufbaustadium.

Den Rulern der Trucial Coast fiel es schwer zu verstehen, warum die Zahlungen der Ölkonzerne auf einmal ausblieben. Sie hatten auch erwartet, dass die ausländischen Gesellschaften, wie bei Vertragsabschluss abgesprochen, in den abgelegenen Wüstengegenden ihrer Sheikhtümer Aktivität einwickelten. Nichts geschah.

Sheikh Shakhbut erhielt eine Zahlung von PDTC, die es ihm ermöglichte, sich in Abu Dhabi endlich einen Palast zu bauen, der eines Rulers würdig war. Das alte Gebäude aus Lehmziegeln war unbewohnbar geworden. Mitten im Zweiten Weltkrieg, im Jahr 1942, ließ Shakhbut ein imposantes Gebäude erstellen, rings um den alten Bau, der einst vor allem deshalb errichtet worden war, um die einzige Wasserquelle der Siedlung Abu Dhabi, die auf einer Insel lag, zu schützen. An den vier Ecken stehen Türme, die den Willen des Palastbewohners demonstrieren, sich seine eigene Welt zu bewahren.

Der Palast Qasr al-Hosn lag lange Jahre abseits der Stadt Abu Dhabi, die zuerst nur langsam wuchs. Erst allmählich rückten die Stadthäuser näher heran. Heute wird dieser Palast, in dem nicht mehr regiert wird, von Hochhäusern umrahmt, die ihn dicht bedrängen. Der Palast Qasr al-Hosn erinnert an die Zeit von Sheikh Shakhbut.

Als dieser Palast gebaut wurde, erließ der British Political Resident eine »Defense Regulation for all the Sheikhdoms« – Richtlinien für die Verteidigung. Erlassen worden sind sie am 14. April 1942. Es war die Zeit, in der die deutschen Truppen unter Generalfeldmarschall Erwin Rommel in Nordafrika bis in die Reichweite des Suezkanals vorrückten. Ein weiterer Vorstoß im Nahen und Mittleren Osten war in Hitlers Planung durchaus vorgesehen. Der deutsche Vormarsch im Osten hatte nicht nur die Stoßrichtung auf Stalingrad zu, sondern auch auf die Ölfelder des Kaukasus. Irak, Kuwait, Bahrain und die saudi-arabische Hasa-Provinz waren durchaus strategische Zeile der deutschen Heeresleitung. Der Persische Golf musste auf kritische Zeiten vorbereitet werden – auch wenn eine wirkliche Krisenlage unwahrscheinlich war. Dem Zweck der Vorbereitung auf das Schlimmste diente die »Defense Regulation« vom April 1942.

Sie sah vor, dass die Sheikhs im Krisenfall ihre Souveränität an britische militärische Befehlshaber weitgehend abzutreten hatten. Die »Defense Regulation« hatte im Wesentlichen den Zweck, jede fremde Macht davon abzuhalten, etwas im Bereich der Trucial States zu unternehmen, was die britische Seeverbindung zwischen England und Indien belästigen könnte.

Als Kuriosum sei bemerkt, dass Abu Dhabi und Dubai im Frühjahr 1945 dem Deutschen Reich den Krieg erklärt haben. Zu diesem Zeitpunkt lag der Führerbunker in Berlin bereits unter dem Feuer der sowjetischen Artillerie. Eine praktische Auswirkung hatte die Kriegserklärung nicht. Sie war allerdings Voraussetzung dafür, dass Abu Dhabi und Dubai in die damals entstehende Organisation der Vereinten Nationen aufgenommen wurden. Dieser Kriegszustand gilt wahrscheinlich jetzt noch, zu Beginn des 3. Jahrtausends. Er hatte nie eine praktische Auswirkung.

Dass große Teile der Welt Krieg gegeneinander führten, stürzte die Trucial Coast in schlimme Armut. Es gab keine Saison für die Perlentaucher mehr. Niemand interessierte sich für Perlen. Die Männer der Küstendörfer hatten keine Arbeit und keinen Lohn. Selbst wenn die Familien Geld gehabt hätten, es gab nichts zu kaufen. Die wenigen Schiffe, meist Dhaus, die Abu Dhabi, Dubai, Sharjah und Ras Al-Khaimah erreichten, brachten nur Menschen, die Verwandte besuchten. Waren wurden kaum ausgeladen. Die Familien lebten von getrocknetem Fisch, getrocknetem Fleisch, Kamelmilch und Gemüse vom eigenen Feld. Immer wieder keimte die Hoffnung auf, dass mit Kriegsende das Interesse der Ölgesellschaften an der Trucial Coast neu entfacht werden würde.

Tatsächlich befinden sich ab 1945 die Spezialisten, die zu wissen glaubten, wo die Erdöllager zu entdecken sind, wieder auf der Arabischen Halbinsel. In Saudi-Arabien etablierten sich die Amerikaner – in den Trucial States die Engländer. Bei ihren Fahrten durch die Wüsten und Steppen trafen sie auf keine Grenzmarkierungen. An einer Definition der Grenzen war bis dahin niemand interessiert gewesen. Die Geologen der Ölgesellschaften aber wollten dringend wissen, wie weit sich ihr Explorationsgebiet erstreckte. Den Beduinenstämmen war eine konkrete Grenzziehung fremd gewesen; sie hatten sich an ungefähre Absprachen über mögliche Weidegründe gehalten. Jetzt aber waren präzise Definitionen verlangt – materielle Vor- oder Nachteile standen auf dem Spiel. Im Boden befanden sich Ölfelder, deren Lage noch niemand kannte.

Das weltweite Ölgeschäft der Konzerne hatte sich erst im Verlauf des Jahres 1948 von den Kriegsfolgen erholt. Der Ölbedarf stieg an. Das Ölzeitalter hätte auch für die Trucial Coast wirklich beginnen können. Doch der Weg in die Zukunft wurde durch Sheikh Shakhbut blockiert. Donald Hawley, zu jener Zeit British Political Resident, beschrieb den Charakter des Rulers so: »Der Sheikh besitzt eine sehr vornehme aber völlig unzeitgemäße Nostalgie für die traditionelle arabische Lebensart. Ihn zeichnet ein scharfer Verstand aus. Seine Art ist gewinnend, aber nur dann, wenn sich das Gespräch nicht um Geschäfte drehte. Sheikh Shakhbut gibt sich höflich; dies ändert sich sofort, wenn jemand etwas von ihm will. Shakhbut ist sicher geprägt durch die weniger glücklichen Zeiten, die er und die Trucial Coast zu durchleben hatten.«

Plötzlich aber präsentierte sich Sheikh Shakhbut als entschlossener Ruler.

»Wir, Shakhbut ibn Sultan ibn Zayed, Ruler von Abu Dhabi, entscheiden.«

Ein Machtwort war gesprochen. Der Ruler hat entschieden, dass »der Meeresgrund, der sich an unser Festland anschließt, auch wenn sich dieser Meeresgrund auf hoher See befindet, Bestandteil von Abu Dhabi ist, und ausschließlich unter unsere Rechtsprechung fällt«.

Eine neue juristische Situation war geschaffen: Sheikh Shakhbut bestimmt »offshore«-Territorium zum eigenen Besitz. Wie weit diese Besitzergreifung in den Persisch/Arabischen Golf hineinreichen sollte, war einer Klärung zu späterer Zeit vorbehalten.

Der Sheikh traf diese Entscheidung am 10. Juni 1949. Vorausgegangen war eine intensive aber vergebliche Suche nach Erdöl an Land der Trucial Coast. Die seismischen Untersuchungen des küstennahen Festlands hatten drei Jahre nach Kriegsende begonnen. Durch künstlich ausgelöste minimale Erdbeben wurde die Beschaffenheit des Untergrundes erforscht. Ausgangspunkt dieser seismischen Untersuchungen war die schon lange bekannte Erkenntnis, dass sich das Erdöl nicht in Seen oder Tümpeln in den geologischen Strukturen der Erdschichten aufspüren lässt. Das Erdöl ist in winzigen Tröpfchen in das Gestein eingelagert. Diese Einlagerungen können sich über weite Strecken hinziehen. Bei künstlich ausgelöster Erschütterung des Bodens kann durch Messung des Verhaltens der Gesteinsstrukturen festgestellt werden, ob der Boden öltropfenhaltiges Gestein aufweist. Solche seismischen Untersuchungen wurden von der Petroleum Development Trucial Coast (PDTC) ab Ende 1948 durchgeführt.

Im Nordosten des Sheikhtums Abu Dhabi wurde schließlich ein Gebiet gefunden, das von Geologen als »ölträchtig« empfohlen wurde. Das Gebiet war abgelegen von der Küste, von Siedlungen und Oasen. Straßen mussten angelegt werden, Unterkünfte für die Ölarbeiter und Ingenieure; schließlich wurde für kleinere Flugzeuge ein Streifen für Starts und Landungen geschaffen. Die Anfangsinvestition belief sich auf mehr als eine Million Dollar. PDTC drängte auf einen raschen Erfolg der Arbeit.

Nach einem halben Jahr fand die erste Probebohrung statt. Schwierigkeiten stellten sich sofort ein. Es waren etwa 400 lokale Arbeitskräfte angeheuert worden. Die meisten der Männer waren ungeeignet für einfachste Arbeiten. Die Logistik erwies sich als problematisch: Der Erdölgesellschaft gelang es nicht, ausreichende und geeignete Nahrung für die Arbeiter zur Verfügung zu stellen. Psychologische Probleme kamen hinzu: Die Männer ertrugen es nicht, fernab von der Küste oder von den Oasen zu leben; sie hatten Heimweh nach ihren Sippen. Das Bohrvorhaben geriet in Zeitverzug. Das Schlimmste für PDTC aber war, dass keine der Bohrungen auf Ölvorkommen stieß.

Im Mai 1951 entschloss sich PDTC einen neuen Versuch an anderer Stelle in Abu Dhabi zu wagen. Der zweite teuere Versuch erwies sich als ebenso erfolglos wie der erste.

Sheikh Shakhbut sah alle Hoffnung auf Öleinnahmen für sich und sein Sheikhtum schwinden. Da hatten die Verantwortlichen von PDTC eine damals völlig neuartige Idee. Ihre Geologen hatten festgestellt, dass der Meeresboden vor der Küste von Abu Dhabi Formationen aufwies, die vermuten ließen, dass sich darunter ölführende Schichten befanden. Das Vorhaben der offshore-Ölbohrungen musste mit Sheikh Shakhbut beraten werden. Der Vorschlag der Gesellschaft lautete: »Wir bringen die Bohrungen innerhalb eines Meeresgürtels von drei Meilen Breite – von der Küste an gemessen – nieder.« Dagegen sprach sich allerdings sofort Sheikh Shakhbut aus. Der Grund: Saudi-Arabien hatte bekannt gegeben, es erhebe Ansprüche auf die Nutzung des Meeresbodens in einer Zone, die über drei Meilen hinausgehe.

Diese Erklärung des Saudi-Herrschers Abdel Aziz ibn Saud gab

den Ausschlag. Sheikh Shakhbut erweiterte ebenfalls sein Herrschaftsgebiet hinein in den Persisch/Arabischen Golf. Voll Stolz
verkündete er: »Wir Shakhbut ibn Sultan ibn Zayed, Ruler von Abu
Dhabi, haben beschlossen.«

Die offshore-Bohrungen waren in der Tat erfolgreich: Es wurde Öl
in einer für die kommerzielle Auswertung ausreichenden Menge
gefunden. Allerdings hatte die Bohrung bis in eine Tiefe von nahezu 3000 Meter geführt werden müssen. Dies war keine leichte Aufgabe bei einem offshore-Projekt, für das Ingenieure und Arbeiter
nur geringe Erfahrung besaßen. Die Kosten für Bohrinsel und Bohr-
gestänge samt Ausgaben für das Personal waren um das Dreifache
höher als bei Bohrungen an Land.

Jetzt, da Öl tatsächlich floss, und da die Kosten für Exploration
und Ölförderung auf dem Tisch lagen, konnte über den Betrag verhandelt werden, der in die Kasse des Sheikhs Shakhbut gezahlt
wurde. Er belief sich zunächst auf den geringen Preis von 8 cents
pro Barrel Öl (159 Liter). Abgerechnet wurde damals in »Rupees«,
in der für die Bombay-Administration gültigen indischen Währung.

Ein »profit-sharing arrangement« zwischen PDTC und dem
Sheikh wurde im September 1965 vereinbart. Es sah eine Teilung
des Gewinns im Verhältnis 50 zu 50 vor. Danach erhielt Sheikh
Shakhbut immerhin 75 cents pro Barrel. Da die offshore-Förderung
vor Abu Dhabis Küste im weiteren Verlauf überaus erfolgreich war,
konnten dem Ruler im Jahr 1966 bereits 27,9 Millionen Pfund Sterling überwiesen werden. Die Entscheidung des Rulers Shakhbut,
seine Besitzrechte auf See auszudehnen, lohnte sich.

Dubai: der langsame Weg aus der Armut

Der Siegeszug der »pearl«, der Zuchtperle, der von Japan ausging,
wirkte sich für das Sheikhtum Dubai verheerend aus. Die Japaner
hatten die Technik entwickelt, billig Perlen zu züchten, die zunächst
an Qualität nicht von Golfperlen zu unterscheiden waren Das Resultat: Der Perlenhandel von Dubai war im Jahr 1929 völlig zusam-
mengebrochen.

Die Verwaltung des British Political Resident hat die Entwicklung festgehalten: »1929 fiel die Perlentauchsaison in Dubai nahezu völlig aus. Die Dhaus lagen, an Land gezogen, als traurige Erinnerung an gute Zeiten auf dem Trockenen. Überall an der Trucial Coast bot sich dasselbe Bild. Auf See befand sich nur ein geringer Teil der Dhaus. Da die Händler die Perlen nicht absetzen konnten, hatten sie kein Geld, um die Dhau-Eigner zu bezahlen, damit waren diese nicht mehr in der Lage, Taucher anzuheuern. Die Taucher waren Familienväter, die nicht wussten, wie sie Frauen und Kinder ernähren konnten.«

Der Niedergang des Perlengeschäfts war begleitet von der raschen Entwicklung des Waffenhandels, der manchem geschickten Händler eine Verdienstmöglichkeit bot. Auch diese Entwicklung wurde von den Beamten des British Political Resident registriert. Angefangen hatte die Einfuhr von Gewehren aller Art um das Jahr 1910 im Sheikhtum Ajman. Sehr schnell verlagerte sich der Handel nach Sharjah und Dubai. Es gab zwar ein bindendes Abkommen der beiden Ruler von Dubai und Sharjah mit dem British Political Resident, das die Einfuhr von Waffen in die Häfen der Trucial Coast verbot, doch hielt sich niemand daran. Den Engländern war es kein Geheimnis, dass es hunderte von Buchten an der Küste gab, die seit der Zeit der »Piraten« zur Landung von Dhaus, deren Ladung nicht entdeckt werden sollte, geeignet waren. Der Waffenhandel florierte; er beschäftigte Menschen und er ernährte Familien. Als »ehrenrührig« galt Einfuhr und Verkauf von Gewehren nicht.

Lieferanten der Gewehre waren europäische Händler, denen die Waffenproduktion aus England, Deutschland und Frankreich der Zeit vor und nach dem Ersten Weltkrieg zur Verfügung stand. Abnehmer waren die Beduinenstämme aus dem Grenzgebiet zum wahhabitischen Saudi-Arabien. Die Nachfrage schien groß zu sein. Über die innere Verfassung dieser Beduinenstämme und der Menschen des Sheikhtums überhaupt wusste der Sheikh von Dubai jener Zeit genau Bescheid. Seine Beobachtung: »Die Beduinen leben in Elend und Armut. Das Resultat ist, dass sie miteinander im Streit liegen, sie rauben sich gegenseitig aus, und sie bringen sich um.« Der Ruler zog dieses wenig ermutigende Fazit: »Die Leute sind alle dumm. Sie haben bisher vom Tauchen nach Perlen gelebt. Sie haben keinerlei Intelligenz. Man kann sagen, sie haben so viel Verstand wie ein Fisch. Wenn Allah dies alles so gewünscht und angeordnet hat, dann wird es wohl stimmen, was unsere Vorfahren gedacht und ausgesprochen haben: Von Allah kommen wir, und zu ihm kehren wir zurück.«

Dem Ruler in dieser Zeit der Armut blieben bittere Erfahrungen mit der British Navy nicht erspart. Als der Political Resident sich dazu durchrang, in Dubai mit dem Waffenhandel aufzuräumen, wollte er hart durchgreifen – die Royal Navy übertrieb dann wohl bei der Ausführung der Anweisungen. Der Ruler von Dubai berichtet der britischen Verwaltung in Bombay: »Niemals haben wir Derartiges mitgemacht, als das, was uns die Mannschaft Ihres Kriegsschiffes angetan hat. Um 5 Uhr in der Frühe sind die Matrosen von Bord gegangen und vom ersten Augenblick an haben sie geschossen und meine Leute umgebracht. 37 meiner Männer sind getötet worden.«

Die Verantwortlichen in Bombay rügen den Kapitän und die Mannschaft des britischen Kriegsschiffes: »Was geschehen ist, bezeichnen wir als schändlich.« Die Soldaten hatten den Befehl gehabt, Waffenlager in den Gebäuden um den Hafen aufzuspüren. Ihre Anweisung hatte ausdrücklich gelautet, die Durchsuchungen nur im Beisein des Rulers vorzunehmen – und mit seiner Zustimmung. Von Bombay aus wurde dem Ruler gegenüber die Entschuldigung der britischen Verwaltung ausgesprochen. Der Ruler antwortete beleidigt: »Sie wissen, dass ich Hochachtung und Respekt empfinde für die britische Regierung. Aber das was geschehen ist, geht zu weit.«

Der Ruler jener Zeit starb bald nach diesem Ereignis – verbittert. Sein Sohn Zayed übernahm die Macht in Dubai – mitten in der Depression der 20er und 30er Jahre. Die Geschichten, die von ihm erzählt werden, berichten von einem erstaunlich milden Charakter.

Er habe, so wird berichtet, eines Morgens in aller Frühe, noch ehe die Wachen Posten bezogen haben, einen Mann, der zu seinem Haushalt gehörte, beim Diebstahl eines wertvollen Teppichs ertappt. Der Ruler soll dem Mann gesagt haben: »Bring den Teppich zurück – ehe dich die Wachen erwischen!«

Bemerkenswert ist dieser Ruler weniger durch Veränderungen und Reformen, die er durchgesetzt hat, als durch Stabilität und Beständigkeit seiner Bemühungen, das Gemeinwesen Dubai in dieser Zeit der Depression auf eine wirtschaftlich halbwegs gesunde Basis zu stellen. Erstaunliches wird überliefert: Der Ruler Sheikh Zayed hatte eine Frau geheiratet, die es immer wieder verstand, ihn auf die Probleme der Bewohner des Sheikhtums hinzuweisen. Sie kannte die Not der Frauen und Männer, die täglich Angst um ihre Existenz hatten. Der Name dieser Frau, die sich nicht mit der Funktion begnügte, die ihr im Leben des Stammes traditionsgemäß zugewiesen war: Sheikha Hessa bint Al Murr. Von ihr, wie von Sheikha Salamah bint Buti, der Witwe des Sheikhs Sultan von Abu Dhabi, existieren keine Fotografien. Frauen, auch wenn sie Außergewöhnliches geleistet haben, durften nicht fotografiert werden.

In Dubai war es zu jener Zeit der Not und Armut Sheikha Hessa, zu der die Frauen kamen, die nicht wussten, wie sie ihre Kinder ernähren sollten. Sie half ganz praktisch nach ihren Möglichkeiten. Überliefert ist, dass sie »Geschäftsfrau« gewesen sei, mit einem eigenen Vermögen. Niemand weiß allerdings zu berichten, wie es ihr, im strengen Rahmen der Großfamilie gelungen ist, eigenständige Geschäfte zu tätigen.

Eine Leistung ist der Sheikha unbedingt zuzuschreiben: Sie hat die Verantwortung getragen für die Erziehung des ältesten Sohnes des Sheikhs Zayed. Darin sind sich alle Berichte aus jener Zeit einig. Der Name des Sohnes, Rashid. Im Jahr 1912 ist er zur Welt gekommen. Es war offenbar die Mutter, die dafür sorgte, dass Rashid im Gegensatz zum Vater Zayed, ein entschlossener und starker Charakter wurde.

Aufgewachsen ist Sheikh Rashid in einem repräsentativen Gebäude im Stadtteil Al-Shindagha an der nordwestlichen Seite des Creeks von Dubai. Das Haus stand so günstig, dass von dort aus die Einfahrt zum Creek zu überschauen war. Es wird heute noch gezeigt als das Haus des Sheikh Zayed.

Der Sohn der energischen Sheikha Hessa bint Al Murr war zu Beginn der 1960er Jahre zwar noch nicht der offizielle Ruler von Dubai – Sheikh Zayed lebte noch – doch Rashid beherrschte die Situation. Ein Zeitzeuge schildert das Verhältnis von Vater und Sohn so: »Sheikh Zayed hat gelernt, sich auf das gute Urteilsvermögen des Sohns zu verlassen.«

Wie populär Sheikh Rashid als junger Mann war, obgleich er nicht als die oberste Autorität in Dubai galt, zeigte sich am 29. März 1939. Der designierte Nachfolger des Vaters heiratete Sheikha Latfa bint

Hamdan Al Nahyan. Ihr Vater, Sheikh Hamdan hatte in Abu Dhabi von 1912 bis 1922 geherrscht. Mit der Ehe zwischen Rashid aus der Sippe Maktoum und der Frau aus der Sippe Al Nahyan war eine Verbindung eingegangen worden, die eine stabile Brücke schuf zwischen den Herrscherhäusern von Dubai und Abu Dhabi. Die Sippen Maktoum und Al Nahyan sind blutsverwandt geworden – in Arabien, auch an der Trucial Coast, ein Zeichen der unbedingten Solidarität für alle Mitglieder der beiden Stämme. Verständlich ist, dass nach so langer Zeit der Missverständnisse und auch der Streitereien, über die friedliche Verständigung gejubelt wurde in Dubai – und auch in Abu Dhabi.

Die Beilegung historischer Zwistigkeiten brachte den Händlern von Dubai keine Verbesserung ihrer Geschäftslage. Das Gegenteil trat ein: Mehr als in Abu Dhabi wirkte sich in Dubai der Zweite Weltkrieg aus.

Im Jahr 1942 erließ der British Political Resident die »Defense Regulation for the Sheikhdoms«. Wirkten sich diese Regulation für alle anderen Sheikhtümer kaum aus, trafen sie das Land hart, in dem Sheikh Rashid nach langer Depression Wohlstand schaffen wollte. Der Grund, warum Dubai besonders betroffen war, lag in den exzellenten Handelsbeziehungen, die Dubai und Iran verbanden.

Iran, unter der Herrschaft von Schah Reza Khan galt den Regierenden in London als »gefährlicher Sympathisant« des Deutschen Reiches, der darauf hoffte, dass England den Krieg verlieren und Hitler gewinnen würde. England sah sich veranlasst, ein Embargo gegen den Iran zu verhängen. Kein Schliff durfte iranische Häfen anlaufen, das Lebensmittel jeder Art und Zucker und Tee transportierte. Das Resultat: Jeder Handel zwischen Iran und den Trucial States war unterbunden. Eine wichtige Einnahmequelle für Dhau-Besitzer und Schiffspersonal war versiegt. In Dubai machte sich Unmut breit, der sich auch gegen den Ruler richtete. Der Stellvertreter des Rulers wollte die Notlage der Untertanen lindern. Er sah ein, dass er handeln musste. Er setzte sich beim British Political Resident für eine Lockerung des Embargos gegen den Iran ein – um den Handel seiner Untertanen wenigstens teilweise wieder zu beleben. Zum Glück für Rashid wurde bald darauf Schah Reza Khan von den Engländern ins Exil geschickt – Mohammed Reza Pahlawi, der Sohn des Abgesetzten, wurde Herrscher vom Iran. Beibehalten wurde für Iran die Regierungsform der absoluten diktatorischen Monarchie – wobei der Monarch den Anweisungen der Briten, Amerikaner und Russen zu folgen hatte. Stalin hätte leicht zu diesem Zeitpunkt die Staatsform der Republik für Iran durchsetzen können. Doch Stalin beharrte auf dem Standpunkt, während des Krieges sei eine derartige Veränderung nicht angebracht. Sie würde Unruhe stiften und Unsicherheit auslösen. Sheikh Rashid war mit dieser Entscheidung sehr zufrieden – das Verschwinden der Monarchie im Nachbarstaat Iran hätte Rashids Dynastie in Schwierigkeiten gebracht; die Untertanen hätten Überlegungen angestellt, ob Monarchien von Allah tatsächlich gewollt und geschützt werden.

Mit der Ablösung des Schahs Reza Khan entspannte sich die Situation am Golf wieder; das gegen Iran verhängte Embargo wurde nach und nach abgeschafft; der Handel mit dem Nachbarland belebte sich wieder; der Hafen Dubai und seine Handelsflotte waren wieder beschäftigt.

Mohammed Reza Pahlawi, der junge Herrscher von Iran, der Geschäftssinn besaß, gab unmittelbar nach dem Zweiten Weltkrieg die Anregung, zur Entwicklung der Beziehungen zu den Trucial States beizutragen – vor allem zu Dubai. Die Imperial Bank of Iran erhielt den Auftrag, das Verhältnis der Bewohner des Sheikhtums zum Geld zu untersuchen. Die verblüffendste Feststellung war, dass die Familien ihre Ersparnisse gewohnheitsmäßig im Sand vergruben. Dies geschehe mit Vorliebe unter oder neben dem Gebilde aus Palmwedeln, in dem sie wohnten. Geschäftsleute wählten als Geldversteck den Sandboden unter ihrem Firmengebäude aus. Das Fazit der Studie der Imperial Bank of Iran: Dubai benötigt dringend eine vertrauenswürdige und vermögensfördernd wirkende Bank. Ganz selbstverständlich wollte die Imperial Bank of Iran selbst in dieses Geschäft eintreten. 1954 waren die Verhandlungen darüber abgeschlossen. Die Bank sicherte sich ein Monopol auf 20 Jahre; sie ging jedoch die Verpflichtung ein, Mitarbeiter aus Dubai heranzubilden, die im Verlauf der Zeit das Bankgeschäft erlernen und auch in leitende Funktionen eintreten sollten.

In jenem Jahr 1954 erfuhr ein junger Mann, der in Hongkong lebte, dass man in Dubai eine positive Einstellung dem Handel gegenüber hatte. Sein Name: Choithram. Zur Jahrtausendwende 1999 zu 2000 steht der Name »Choithram« groß über vielen Supermärkten in Dubai.

Der Begründer der Supermaktkette Choithram erzählt aus dem Jahr 1954: »Ich bin vor Dubai wegen seiner Klimaverhältnisse gewarnt worden. Es gab keine Elektrizität, also auch keine Aircondition. Ich kaufte zwei Ventilatoren, deren Motoren von einer Autobatterie gespeist wurden. Diese Ventilatoren standen rechts und links von meinem Schreibtisch. Mein erster Kühlschrank wurde mit Kerosin betrieben. Alles war einfach, doch der Handel begann. Irgendwann stand Sheikh Rashid vor meinem Schreibtisch und erkundigte sich nach dem Verlauf der Geschäfte. Sein Interesse war echt und nicht geheuchelt.«

Zu Sheikh Rashid entwickelte Choithram ein zwar distanziertes aber vertrauensvolles Arbeitsverhältnis. Als Choithrams Geschäft aufblühte, hatte Dubai bereits eine Bevölkerung von 25 000 Personen.

Dass diese Menschen eine medizinische Versorgung benötigten und ein funktionierendes Schulsystem, dessen war sich Sheikh Rashid bewusst. Doch für den Aufbau von Medical Units und von Schulen war erst eine stabile Grundlage der Staatsfinanzen notwendig. Sie konnte nur über die Wirtschaft entwickelt werden.

Doch das wirtschaftliche Wachstum verlief zögerlich. Die Menschen waren in ihren Traditionen gefangen: Die Vorfahren waren Fischer gewesen; davon lösten sich die Jungen nur mit Schwierigkeiten. Die meisten der Männer, die in Dubai lebten, waren noch immer als Fischer tätig.

Während der 50er Jahre hatten die Fischer mit einer Schwierigkeit zu kämpfen: Der Creek, der Meeresarm, der den lang gezogenen Mittelpunkt von Dubai bildete, versandete ziemlich rasch. Es geschah häufig, dass Fischerboote bei der Einfahrt in den Creek in Sandbänken stecken blieben. Eine renommierte britische Firma machte Vorschläge, wie der Creek vor der Verflachung zu retten sei. Ein Verfahren dazu wurde entwickelt. Die Kosten sollten sich auf 600 000 Pfund Sterling belaufen. Diese Summe konnte das Sheikhtum bei damaliger Finanzlage auf keinen Fall aufbringen.

Sheikh Rashid, der stellvertretende Ruler, der offiziell immer noch nicht die volle Verantwortung trug, war immer darauf bedacht, die Steuersätze und Zolltarife niedrig zu halten. Allerdings existierte noch im Jahr 1954 kein effektives Steuersystem. Es bestand keine Hoffnung, die »Ausbaggerung« des Creeks durch Steueraufkommen zu finanzieren. Sheikh Rashid stellte sich die Frage, wer ist interessiert daran, dass der Creek unbehindert von Schiffen genutzt werden kann. Die Antwort war einfach zu finden: Wer seine Schiffe an diesem Meeresarm liegen hatte, der wollte, dass sie freie Fahrt in Richtung Meer hatten. Alle diese Schiffseigner waren durch die Verlandung geschädigt. Die Idee: Um den Schaden abzuwenden, sollte jeder der Betroffenen in das Vorhaben der »Ausbaggerung« investieren. Sheikh Rashid ließ »Creek Bonds« verkaufen. Er versprach Zinsen und Rückzahlung. Er hatte Erfolg damit. Doch die Einnahme reichte nicht ganz aus. Den Rest des benötigten Geldes schoss der Emir von Kuwait als Kredit vor.

Am 4. Oktober 1958 erreicht Sheikh Rashid bin Zayed Al Maktoum endlich das Ziel, das er seit mehr als einem Jahrzehnt anvisiert hatte: Der Vater war tot. Sheikh Rashid regiert selbst.

Mancher aus der älteren Generation erinnert sich, dass am 9. September 1958, am Tag der Beerdigung von Sheikh Zayed, ein drückendes, schwülheißes Wetter geherrscht habe. Am 4. Oktober aber sei die Temperatur milder gewesen. Das Meer war ruhig; auch nicht die kleinste Welle sei zu sehen gewesen. Tausende von Menschen hätten sich vor »Zayeds House« im Stadtteil Al-Shindagha versammelt. Um 10 Uhr fuhr der British Political Resident vor dem Lehmhaus vor, in dem jetzt Sheikh Rashid als Ruler residierte. Dann folgte die Wagenkolonne anderer Ruler der Trucial Coast Staaten: Sheikh Ahmed bin Rashid Al Moalla, der Ruler von Umm Al-Qaiwain – Sheikh Rashid bin Humaid Al Nuaimi, der Ruler von Ajman – Sheikh Saqr bin Sultan, der Ruler von Sharjah. Sheikh Saqr bin Mohammed Al Qasimi erschien nicht; er war krank. Es fehlten auch die Sheikhs von Abu Dhabi und Fujairah; offenbar waren sie beleidigt, weil sich Sheikh Rashid erst spät dazu entschlossen hatte, sie einzuladen.

Die programmatische Rede zur Amtseinführung von Sheikh Rashid hielt der Political Resident, der Vertreter der britischen Krone. Er war im Jahr 1958 noch immer der eigentliche Souverän des Sheikhtums Dubai. Der Political Resident sagte: »Wir heißen Sheikh Rashid willkommen. Er ist nun der Ruler von Dubai. Wir wünschen Ihm Erfolg und vor allem Wachstum der Wirtschaft. Er hat über

Jahre Erfahrungen sammeln können in der Überwindung von
Schwierigkeiten. Sheikh Rashid hat lange in Vertretung seines nun
verstorbenen Vaters gewirkt. Wir haben erlebt, wie Dubai wirtschaftlich gewachsen ist. Sheikh Rashid hat eine Stadtverwaltung
geschaffen, zum Wohl der Einwohner. Eine Organisation der Polizei ist entstanden, die für Sicherheit sorgt. Der Creek und der Hafen
werden ausgebaggert. Der britischen Regierung gefällt es, dass die
Trucial States Fortschritte machen. Die britische Regierung unterstützt die Bemühungen, die der Sicherung einer guten Zukunft dienen. Doch der Großteil dieser Arbeit muss von den Menschen, die
hier leben, getan werden. Der Ruler und die Kaufleute sind gemeinsam gefordert. Ich denke dabei an Menschen aller Klassen und
Rassen. Als Vertreter der britischen Krone registriere ich, dass die
Beziehungen zwischen den Trucial States besser geworden sind. Bis
vor kurzem war es noch unsere Aufgabe, Kriege an der Trucial
Coast zu verhindern. Kriege werden nicht mehr stattfinden. Wir
werden darauf achten, dass eine fruchtbare Zusammenarbeit zwischen den sieben Sheikhtümern stattfindet.«

Der Festtag endete mit einem Dinner für 250 Personen. Das
»House of Zayed« bot mit Mühe so viel Platz. Nie vorher und nie
nachher fand hier ein solches Ereignis statt. Wer den »Lehmpalast
des Sheikhs Zayed« sieht – er ist heute noch zu besichtigen –, der
wundert sich, dass 250 Männer essend am Boden sitzend, damals
untergebracht werden konnten.

Zum Zeitpunkt dieses Festes geschah ein Ereignis, das wenig Beachtung fand: Dem verstorbenen Vater wurde ein Sohn geboren.
Sein Name: Sheikh Ahmed bin Zayed Al Maktoum. Sheikh Zayed
hatte im Alter von 74 Jahren eine junge Frau geheiratet und mit ihr
den Sohn gezeugt. Wer Fotos sieht, die Sheikh Zayed im Jahr der
Hochzeit zeigen, der wundert sich, denn zu sehen ist ein zerbrech-
licher Greis. Ahmed bin Zayed Al Maktoum, der in der Familie des
Sheikhs Rashid aufgewachsen ist, wurde ein wichtiger Mitarbeiter
seines Halbbruders.

Im Jahr 1960 war das Projekt der Rettung des Creeks abgeschlossen. Das britische Unternehmen hatte Zeitplan und Kostenvorgabe
eingehalten. Noch im selben Jahr zeigten sich positive Resultate:
Weit mehr Schiffe als zuvor liefen den Creek an. Die Umsätze der
Händler steigerten sich.

Aufschlussreich für den Erfolg ist die Statistik des letzten Quartals des Jahres 1960: Im Oktober wurde der Wert der eingeführten Waren auf 468 670 Pfund Sterling veranschlagt; im Dezember schnellte dieser Betrag auf 764 732 Pfund Sterling in die Höhe.

Eines zeichnete sich deutlich ab: Dubai war und blieb der kommerzielle Mittelpunkt der Trucial Coast. Die britische Regierung sah sich veranlasst, die Residenz des British Political Resident von Bushir nach Dubai zu verlegen. Das Sheikhtum gewann dadurch an politischem Gewicht in der gesamten Golfregion.

Die Enttäuschung des Rulers von Dubai: Nirgends ist Öl zu finden

Am Anfang war die Hoffnung groß. Es war im Jahr 1937, also vor den Turbulenzen des Zweiten Weltkriegs, dass Sheikh Zayed eine erste Konzession für die Suche nach Öl vergab. Britische Gesellschaften waren überzeugt, die geologischen Untersuchungen hätten keinen Zweifel daran gelassen, dass im Boden des Sheikhtums Dubai Erdöl zu finden sei. Als die Versuchsbohrungen kein Resultat erbrachten, wichen die Geologen und Ingenieure mit ihrem Bohrgerät aufs Meer aus: »Offshore-drilling« sollte die erwünschten Funde sichern. Die Dubai Petroleum Company wurde 1966 gegründet. Sie verkündete noch im selben Jahr: Erdöl sei in kommerziell verwertbarer Menge gefunden worden. »Offshore« im Ölfeld »Fatah A«. Der Name ist mit Absicht gewählt; »Fatah« bedeutet »Durchbruch«. Der optimistische Name war nicht angebracht.

Fotodokumente zeigen den Ruler von Dubai mit seiner Begleitung bei der Besichtigung einer offshore-Bohranlage vor der Küste Dubais. Wer das Gesicht des Rulers genau betrachtet, der bemerkt, dass er skeptisch auf das technische Gerät blickt. Ein anderes, weit deprimierenderes Foto, beweist die Enttäuschung: Zu Füßen des Sheikh Rashid, der auf einer Sanddüne steht, plätschert ein elendes Öl-Rinnsal. Der Sheikh und seine Begleitung blicken traurig auf die Öllache am Boden. Der Sheikh verliert an diesem Tag seinen Optimismus, Dubai werde Ölproduzent werden wie Abu Dhabi. Im Juli 1965 steht jedoch sein Entschluss fest: Dubai wird das Handelszentrum der Trucial Coast. Sheikh Rashid erlässt ein richtungsweisendes Dekret: Die »Dubai Chamber of Commerce« wird gegründet. Die Basis dafür hatte sein Vorfahr Maktoum schon im Jahr 1901 gelegt, durch die Einrichtung des »free trade port«. Durch Wegfall von Zöllen wurde der internationale Handel erleichtert. Auf der Basis des »free trade port« entwickelte Sheikh Rashid seine Vision vom modernen Dubai weiter.

Die kluge Politik der Sippe Al Maktoum hat Reibereien mit Nachbarn und jahrelang andauernde Grenzstreitigkeiten vermieden. Der Ausgangspunkt dazu war wenig ermutigend gewesen. Es geschah, allen Ernstes, dass Abu Dhabi und Saudi-Arabien um Ölfelder stritten, die nur in der Vorstellung der Großmächte England und USA existieren.

Der Konflikt um die Oase Buraimi birgt Zündstoff

Die Oasen Al-Buraimi und Al-Ain im Südosten der Arabischen Halbinsel befinden sich dort, wo das Sheikhtum Abu Dhabi, das Sultanat Oman und das wahhabitische Königreich Saudi-Arabien zusammenstoßen. Diese Osae bewohnen Beduinen; für sie sind Grenzen nicht von Bedeutung. Niemand hatte ernsthaft Interesse gezeigt an einer deutlichen Markierung der Herrschaftsgebiete des Sheikhs, des Sultans und des Königs der Wahhabiten. Im Jahre 1913 war über Grenzziehungen gesprochen worden – das war die Zeit, als das Osmanische Reich von der Arabischen Halbinsel fern gehalten werden sollte. Jetzt aber betraf die Diskussion über Grenzen in Wahrheit mögliche Zuweisung von Eigentumsrechten über Ölfelder – von denen niemand wusste, ob sie wirklich versteckt im Boden vorhanden waren.

In Saudi-Arabien, in Abu Dhabi und in der omanischen Hauptstadt Maskat waren die Herrschenden überzeugt, die Oase Al-Buraimi befinde sich über einem beachtlichen Erdölvorkommen. Allerdings war sie nach dem Zweiten Weltkrieg nur ein fruchtbarer Fleck in der Wüste, der dank eines sehr alten aber raffinierten Bewässerungssystems über viel Wasser verfügte. Al-Buraimi bestand aus Gruppen von einfachen, niederen Lehmhäusern, verteilt auf einem Landstrich von acht Kilometern Durchmesser. In einem Palmenwald, zwischen den Lehmhäusern, befand sich eine Festung, aus Lehmziegeln gebaut. Von Saudi-Arabien bezahlte Beduinenfamilien machten in der Region dafür Propaganda, dass in dieser Festung über Jahrzehnte hin ein saudi-arabischer Gouverneur residiert habe. Das wahhabitische Königreich besitze deshalb bis heute Anspruch auf Al-Buraimi. Wer unter den Beduinen zu Abu Dhabi oder zu Oman hielt, der sagte, die Wahhabiten seien längst vertrieben worden und Oman und Abu Dhabi teilten sich den Besitz der Oase.

Die saudi-arabisch-amerikanische Erdölgesellschaft ARAMCO nahm im Februar 1949 die Initiative in die Hand. Die Streitereien waren ihr gleichgültig. ARAMCO schickte Geologen und Ingenieure in Richtung der Oase los. Das Team hatte den Auftrag, die geologischen Strukturen der Region zu untersuchen. Auftraggeber war König Abdel Aziz ibn Saud selbst. Um die Bedeutung der Aktion zu unterstreichen, schickte er einhundert Soldaten als Begleittruppe nach Al-Buraimi.

Die Nachricht von der »saudischen Invasion« verbreitete sich rasch in den Küstenstaaten zwischen Abu Dhabi und Ras Al-Khaimah. Am schnellsten war sie in der omanischen Hauptstadt Maskat angelangt. Von dort machte sich P. D. Stobert auf den Weg, der Vertreter Großbritanniens im Sultanat Oman. Anfang April 1949 erschien Stobert in der Region von Al-Buraimi. Er handelte nicht im Interesse des Sultans in Maskat. Die Regierung in London hatte ihn zur Oase geschickt. Stobert suchte sofort das Camp der ARAMCO auf. Er präsentierte einen Brief an den Verantwortlichen der ARAMCO vor Ort. Der Brief informierte, dass sich das Camp auf dem Territorium des Rulers von Abu Dhabi befinde, und dass das Eindringen saudi-arabischer Truppen in dieses Territorium vom Ruler des Sheikhtums als feindliche Aktion betrachtet werde.

Während der Zeit seit Februar bis Anfang April hatte die amerikanisch-saudi-arabische Gesellschaft Fakten geschaffen: Fünf Bohrungen waren in die Tiefe getrieben worden. Sie waren allerdings zum Bedauern der Gesellschaft nur auf Wasser gestoßen.

Das ARAMCO-Personal auf der Bohrstelle hatte den Brief des British Political Resident zur Kenntnis genommen und darauf hingewiesen, dass sie Ingenieure seien und keine Befugnis für eine Entscheidung besäßen; es müsse eine Antwort aus der Zentrale der ARAMCO abgewartet werden.

Die Antwort der ARAMCO traf schon drei Tage später ein – aus Dhahran, dem Hauptquartier der arabisch-amerikanischen Gesellschaft. Dhahran befindet sich an der Ostküste des wahhabitischen Königreichs. Der Inhalt war überraschend nachgiebig: Zwar sei die Korrespondenz Al-Buraimi betreffend an die Regierung des saudi-arabischen Königreichs zu richten, trotzdem erklärte sich ARAMCO bereit, das Gebiet der Oase Al-Buraimi zu räumen. Allerdings unter Vorbehalt: Mit der Räumung sei nichts ausgesagt über die Besitzrechte oder einen Verzicht Saudi-Arabiens.

Damit schien die Angelegenheit erledigt zu sein. Ein direkter Kontakt zwischen der britischen und der saudi-arabischen Regierung fand nicht statt.

Es war allerdings ein Irrtum zu glauben, König Abdel Aziz ibn Saud gäbe sich zufrieden. Im Herbst 1949 tauchte das saudi-arabische Explorationsteam wieder in der Gegend der Oase auf. Der Chef der Mannschaft trug einen Brief bei sich, in dessen Text weit gehende territoriale Ansprüche erhoben wurden. Ganz offensichtlich hatte die Aktion für Saudi-Arabien den Sinn, die Verhandlungsposition zu verbessern. Nach Protesten des British Political Resident zog sich das ARAMCO-Personal allerdings wieder zurück.

In dieser Zeit wurde eine Veränderung wirksam, die militärisch von Bedeutung war: Auf einer die Grenzen der Sheikhtümer übergreifenden Basis wird eine »Eingreiftruppe« geschaffen, die lokale Konflikte mit Autorität beilegen soll. Die englische Bezeichnung der Truppe heißt »Trucial Oman Scouts«. Nach gründlicher Vorbereitung erteilt die britische Regierung im Jahr 1950 die endgültige Genehmigung zur Aufstellung dieser Eingreiftruppe. Wie wichtig sie den Verantwortlichen in London erscheint, ist daraus abzulesen, dass sie die Finanzierung übernehmen, dass sie die Ausrüstung und die Offiziere stellen. Die Mannschaft wird in den Sheikhtümern rekrutiert. Der Standort des Hauptquartiers der »Trucial Oman Scouts« ist Sharjah.

Erwähnt werden muss, dass sich überregionale organisatorische Veränderungen mit psychologischen Auswirkungen vollzogen hatten. Das British Indian Empire hatte im Jahr 1947 zu existieren aufgehört. Damit hatte sich der Stellenwert der Trucial States im Rahmen der britischen Politik verringert. Der Schiffsweg von London über den Persischen Golf nach Indien und umgekehrt war nicht mehr als Lebensader für den Zusammenhalt eines Weltreichs wichtig. Die Royal Navy brauchte nicht länger die Route zu schützen. Die Sheikhtümer, die sich nach und nach die Bezeichnung »Emirate« zulegten, verloren innerhalb weniger Monate die absolute Protektion Englands. Die Emirate wurden dazu veranlasst, selbst verteidigungsbereit zu werden – zwar noch mit britischer Hilfe.

Die Existenz der Trucial Oman Scouts ist von Anfang an ein Ärgernis für den saudi-arabischen König. Dass Einheiten der neuen Truppe im umstrittenen Gebiet von Al-Buraimi stationiert werden, hält Abdel Aziz ibn Saud für einen Friedensbruch durch die Engländer. Doch sein Protest bewirkt nichts. Die Trucial Oman Scouts werden Realität als Symbol der wachsenden Autorität der Sheikhs.

Dass es gelungen ist, mit der Gründung der Eingreiftruppe eine gemeinsame Aktion der Sheikhtümer zustande zu bringen, ist als Zeichen zu werten für die künftige Entwicklung an der Trucial Coast. Die Verwendung des geografischen Begriffs »Oman« im Namen der Truppe dient allein dazu, für Engländer die geografische Einordnung zu erleichtern – sie wissen eher, wo Oman auf dem Globus zu finden ist, als die Trucial Coast.

Um die Diskussion zwischen den streitenden Parteien zu erleichtern, legt Abu Dhabi im Januar 1952 einen Vorschlag zur »endgültigen Grenzziehung« auf den Verhandlungstisch. Wäre er akzeptiert worden, hätte Abu Dhabi an Gelände gewonnen. Doch der Vorschlag wurde gar nicht diskutiert, denn am 6. Februar 1952 starb der britische König Georg VI. Er hatte 1948 auf den Titel eines Königs von Indien verzichtet. Aus Respekt vor dem Tod dieses Königs wurden die Al-Buraimi-Verhandlungen vertagt.

Die Petroleum Development Trucial Coast Company (PDTC) nützte die »Zeit der Trauer«, um im umstrittenen Gebiet Bohrungen auszuführen. Sie stießen nicht auf Ölstrukturen im Gestein. Die ARAMCO, die saudi-arabisch-wahhabitische und amerikanische Interessen vertrat, protestierte gegen diese Aktivität. Sie veranlasste den Herrscher von Saudi-Arabien eine militärische Aktion vorzubereiten, um zu demonstrieren, wer wirklich Herr in Al-Buraimi ist.

Der Konflikt um die Oase erhält
internationale Dimension

Am 1. September 1952, das islamische Opferfest wird begangen, fährt eine Kolonne von Kleinlastwagen auf der Wüstenroute nach Al-Buraimi. Auf den Ladeflächen sitzen 40 saudi-arabische Soldaten. Sie sind bewaffnet.

Das erste Fahrzeug steuert der saudi-arabische Beamte Turki ibn Abdallah, ein Mitglied der königlichen Familie. Er war einen Tag zuvor von König Abdel Aziz ibn Saud zum Gouverneur von Al-Buraimi ernannt worden. Er war mit Bargeld und Geschenken ausgestattet worden, um die Sheikhs der Beduinenstämme zu Treueschwüren für den Saudi-Herrscher zu bewegen. Verlangt wurde von den Männern der Stämme die Erklärung, sie seien von nun an Untertanen des Hauses As Saud.

Der wahhabitische Statthalter hatte bereits Erfolge erzielt. Die Ältesten der Großfamilien von Al-Buraimi erklärten sich damit einverstanden, Steuern künftig nach Riyadh zu bezahlen. Erhoben wurden Abgaben, »zakah« genannt, auf den Besitz von Kamelen und Schafen.

Sobald der Sultan von Oman erfuhr, dass die »Wahhabiten« ihr Lager in Al-Buraimi aufgeschlagen hatten, mobilisierte er Bewaffnete der Wüstenstämme, die sich ihm zur Verfügung stellten. Diese Mobilisierung veranlasste wiederum König Abdel Aziz ibn Saud, sein Truppenkontingent in Al-Buraimi zu verstärken: Er schickte weitere Soldaten und gepanzerte Fahrzeuge in die Oase. Die Trucial Oman Scouts rückten daraufhin in improvisierte Verteidigungsstellungen im Westen der Oase ein. Der Ausbruch der Feindseligkeiten stand unmittelbar bevor. Kampfflugzeuge der Royal Air Force, stationiert in Sharjah, flogen Patrouille über dem umstrittenen Gebiet.

Die US-Regierung erkannte die Gefahr. Sie wollte vermeiden, dass ihr britischer Verbündeter Krieg führte gegen Saudi-Arabien. Die USA hätten sich gezwungen gesehen, die Interessen ihrer Ölgesellschaft ARAMCO zu schützen. Amerikaner wären an der Seite saudi-arabischer Soldaten in den Konflikt hineingezogen worden.

Die Konsequenz wäre letztlich eine militärische Auseinandersetzung zwischen Großbritannien und den USA im Wüstensand der Arabischen Halbinsel gewesen.

Dass Washington die Gefahr erkannt hatte, bedeutete noch nicht die Lösung des Al-Buraimi-Konflikts. Sie lag nicht einfach auf der Hand. Der Streit wurde brisanter, als sich König Abdel Aziz ibn Saud mit seinem Protest gegen die RAF-Flüge direkt an den britischen Premierminister Eden wandte, mit der schroffen Aufforderung, derartige Provokationen einzustellen. Drei Tage später reagierte das Foreign Office mit einer Zurückweisung des Protests. Doch zur gleichen Zeit erfolgte das britische Angebot eines Rückzugs der Trucial Oman Scouts in eine Stellung ostwärts von Al-Buraimi – unter der Voraussetzung, dass sich die saudischen Truppen in Richtung Westen absetzten.

Da keine Hoffnung bestand, dass der britische Vorschlag die Zustimmung Saudi-Arabiens finden würde, schaltete sich der US-Botschafter in Jeddah auf Anweisung der Regierung in Washington in die verfahrene Affäre ein. Er bemühte sich um ein »standstill agreement«. Jede Konfliktseite sollte auf der Position verharren, die sie derzeit eingenommen hatte. Truppenbewegungen durften nicht stattfinden. Am 26. Oktober 1952 stimmten alle Beteiligten dem Stillhalteabkommen zu. Der US-Botschafter glaubte, damit eine Beruhigung der Lage herbeigeführt zu haben. Die Übereinkunft sah vor, dass Gespräche stattfinden müssten, die dann endgültig die Besitzverhältnisse klären würden. Großbritannien glaubte jedoch nicht mehr an eine Verhandlungschance. Der Vorschlag des US-Botschafters verschwand in einer Schublade des Foreign Office. Die Regierung in London fand sich damit ab, dass der Konflikt nur militärisch gelöst werden könne.

Bei diesem Stand der Spannung entwickelte Saudi-Arabien eine neue Idee: In Al-Buraimi sollte eine Volksabstimmung stattfinden; die Beduinenstämme würden in diesem Fall selbst entscheiden, zu welcher staatlichen Ordnung sie gehören wollten. Zur Vorbereitung dieser Volksabstimmung hatten saudi-arabische Propagandisten gute Vorarbeit geleistet: Sie hatten den Bewohnern der Oase eingeschärft, dass sie allein auf der Seite des wahhabitischen Königreichs eine sichere und friedliche Zukunft erwarten dürften. Die Propagandisten verfügten über Geld, um ihren Argumenten Nachdruck zu verleihen. Für den British Political Resident waren diese Aktivitäten Anlass, die Gültigkeit des »standstill agreements« aufzukündigen.

Diese Maßnahme seines Beamten am Golf hält nun der britische Premierminister Winston Churchill für übertrieben. In einer persönlichen Botschaft an König Abdel Aziz ibn Saud erinnert Churchill an frühere Zeiten der guten Zusammenarbeit, als das Haus Saud Vorkämpfer war für die Unabhängigkeit der Araber. Der Premierminister macht den konkreten Vorschlag, dass der Fall Al-Buraimi am besten durch ein neutrales Schiedsgerichtsverfahren zu regeln sei. Der Saudi-König stimmt zu.

Vom Schiedsgericht wurde erwartet, dass es Stammestraditionen und Lebensgewohnheiten der Familien von Al-Buraimi berücksichtige; auch müsse die Gewohnheit der regionalen Rechtsprechung beachtet werden.

Zwischenfälle erzeugten inzwischen immer wieder neue Spannungen, die den Weg zur Verständigung blockierten. Ein Stamm – er hieß Bani Ka'ab – hatte sich auf die Seite Saudi-Arabiens geschlagen. Er biederte sich den Wahhabiten dadurch an, dass Stammeskrieger immer wieder den Nachschubweg der Trucial Oman Scouts zwischen Sharjah und Al-Buraimi durch Anschläge unterbrachen. Die englischen Offiziere der Eingreiftruppe waren gezwungen, massiv gegen Bani Ka'ab vorzugehen; der Stamm erlitt hohe Verluste.

Weit entfernt von Al-Buraimi, in Nizza, trat schließlich das Schiedsgericht zusammen – es geschah am 22. Januar 1955. Drei Schiedsrichter waren zuvor bestimmt worden, die durch nichts mit Zentralarabien verbunden waren: Richter Mahmud Hassan von Pakistan, Richter Ernest de Dihaige von Cuba und Dr. Charles de Disscher, ein ehemaliger Richter des Internationalen Gerichtshofs in Den Haag. Der Vertreter Saudi-Arabiens war Sheikh Yussuf Yassin – auch von ihm wurde ein neutraler Standpunkt erwartet.

Vorwürfe wurden vorgebracht und überprüft. Gewichtig war der Vorwurf, Saudi-Arabien habe den Bruder des Rulers Sheikh Shakhbut – den späteren Herrscher Sheikh Zayed bin Sultan Al Nahyan – mit dem Betrag von 85 Millionen Dollar zu bestechen versucht; Sheikh Zayed sollte dafür gewonnen werden, den saudi-arabischen Standpunkt zu unterstützen. Der Bestechungsversuch musste scheitern, denn Sheikh Zayed fühlte sich mit der Oase Al-Buraimi besonders eng verbunden – und er war als prominentes Mitglied der Sippe Al Nahyan nicht geeignet, Sympathisant des wahhabitischen Clans As Saud zu sein. Sheikh Zayed legte die Machenschaften des saudi-arabischen Vertreters beim Schiedsgericht offen dar. Da Sheikh Yussuf Yassin zu Beginn de Verfahrens versprochen hatte, sich unparteiisch zu verhalten, war er nun als wortbrüchig blamiert. Der britische Schriftführer gab zu Protokoll: »Ich hatte von Anfang an ein schlechtes Gefühl was die Position des Sheikhs Yussuf Yassin in diesem Schiedsgerichtsverfahren betrifft. Doch erst gestern habe ich festgestellt, dass er in Wahrheit innerhalb der saudi-arabischen Regierung derjenige ist, der für die Angelegenheit Al-Buraimi zuständig ist. Er ist Vertreter der Regierung, er kann kein unabhängiger Schiedsrichter sein.« Der britische Schriftführer erklärte unter diesen Umständen seinen Rücktritt. »Ich bin nicht mehr in der Lage, dem Schiedsgericht, das keines ist, zu dienen.«

Zu diesem Zeitpunkt hatte sich bereits eine wichtige personelle Veränderung auf höchster Ebene vollzogen: Im November 1953 war in hohem Alter König Abdel Aziz ibn Saud verstorben. Damit war der wichtigste Streiter für die saudi-arabischen Alleinbesitzrechte an Al-Buraimi aus der Auseinandersetzung ausgeschieden.

Die britische Regierung glaubte nun auch nicht mehr an ein für sie tragbares Resultat des Schiedsgerichts. Vor den Ehrenwerten Mitgliedern des Unterhauses in London erklärte der Premierminister, Großbritannien werde das Problem der Oase nun nach eigenem Gutdünken lösen.

Den Worten folgte die Tat: Ende Oktober 1955 überfielen die Trucial Oman Scouts die saudi-arabischen Positionen in Al-Buraimi; das schlichte Gebäude des wahhabitischen Gouverneurs wurde geplündert. Erstaunlich niedrig blieb bei dieser Militäraktion die Zahl der Opfer: Zwei saudi-arabische Soldaten wurden verwundet. 25 Saudis gerieten in Gefangenschaft der Trucial Oman Scouts – sie durften in ihre Heimat zurückkehren – allerdings auf dem Umweg über die britische Kronkolonie Aden.

Mit dem Überfall auf Al-Buraimi, der keinerlei Ergebnisse erbrachte, endete der Streit um die Oase. Die Ursache der Beruhigung: Die Geologen beider Seiten stellten übereinstimmend fest, dass unter dem Sand von Al-Buraimi kein Öl zu finden ist – aber Wasser. Über dessen gerechte Verteilung wurde fortan verhandelt. Die britischen und amerikanischen Ölgesellschaften erkannten, dass sie in ihren Einflussbereichen auf der Arabischen Halbinsel über eine befriedigende Zahl von ertragreichen Ölgebieten verfügten – Streit um Fördergebiete, deren Ausbeute zweifelhaft war, lohnte sich nicht. Auch die Nachbarstaaten Abu Dhabi, Oman und Saudi-Arabien sahen keinen Grund, einen Konflikt fortzusetzen, der um Wasser und nicht um Öl geführt werde. Begünstigt wurde eine behutsame Annäherung der bisher verfeindeten Stämme durch eine Person, die bewies, dass sie über den Stammeshorizont hinausblicken konnte: Sheikh Zayed ibn Sultan Al Nahyan.

Obgleich sich nach und nach Vernunft durchsetzte, dauerte die Suche nach einem Verständigungsabkommen bis 1975. Erst dann einigten sich Abu Dhabi, Saudi-Arabien und Oman auf eine Teilung der Oase. Wesentliche Teile erhielten Oman und Abu Dhabi. Saudi-Arabien zog sich in die Wüste zurück.

Sheikh Zayed der Große: die Lehrjahre in Al-Buraimi und Al-Ain

Der Vater, Sheikh Sultan ibn Zayed war während der Zeit von 1922 bis 1926 verantwortlich für das Sheikhtum Abu Dhabi gewesen. Sheikh Sultan hatte vier Söhne: Sheikh Shakhbut (er war während des Konflikts um Al-Buraimi der Ruler von Abu Dhabi), Sheikh Hazza, Sheikh Khaled und Sheikh Zayed. Der Jüngste, Sheikh Zayed, hatte den Namen nach seinem Großvater erhalten. Innerhalb der Ordnung der Stammeshierarchie haben Geburtsjahre im westlichen Sinne keine Bedeutung. Vermerkt wird, dass Zayed bin Sultan Al Nahyan noch keine zehn Jahre alt war, als sein Vater Sheikh Sultan Oberhaupt von Abu Dhabi wurde. Der Junge lebte in der Festung des Vaters in Abu Dhabi. Bescheiden war der Ansatz des Unterrichts, den Zayed über sich ergehen lassen musste: Ein Geistlicher lehrte die wichtigsten Grundsätze des Islam; Zayed lernte einige Koranverse auswendig. Vom Vater bekam er Rechnen beigebracht. Schreiben und Lesen lernte er im täglichen Umgang mit

Männern, die zu den Beratern des Vaters zählten. Lesen und Schreiben waren ein Leben lang das Problem von Sheikh Zayed. Schon von klein auf war Zayed ein geübter Reiter auf Pferden und Kamelen. In der Wüste mit Falken zu jagen, war sein Vergnügen.

Eine ruhige Jugend genoss der Sohn des Rulers nicht. Die regierende Familie Al Nahyan erlebte Turbulenzen, interne Streitigkeiten, Angst vor Brudermord. Der Vater Sultan ibn Zayed wurde 1925 durch einen Schuss in den Rücken getötet. Der Mörder, es war Sultans Bruder Saqr ibn Zayed, starb durch Mord schon ein Jahr später. Dem jungen Zayed bin Sultan Al Nahyan konnten die Morde an den Verwandten nicht verborgen geblieben sein. Die Wende in der Stimmung der Familie führte Sheikha Salamah herbei, die im Jahre 1925 die erbberechtigten männlichen Familienmitglieder veranlasste, für alle Zeiten auf Erbfolgeregelung durch Mord zu verzichten. Sheikh Shakhbut versprach, Abu Dhabi in eine Zeit der Stabilität zu führen. Seine Regierungszeit begann jedoch damit, dass das Gemeinwesen Abu Dhabi bankrott war – niemand wollte mehr Perlen vom Persisch/Arabischen Golf kaufen, dies bedeutete, dass auch die regierende Familie kein Geld mehr besaß.

Dem jungen Sheikh Zayed blieb die Auswirkung der Krise nicht verborgen, denn Shakhbut, der Bruder, war ein präziser Rechner. Seine Kalkulation: In Abu Dhabi existierten 410 Perlentaucherboote; auf jedem Boot arbeiteten zehn Männer. Damit waren über 4000 Männer abhängig davon, dass Perlen gefunden und verkauft werden. Die Gesamtbevölkerung von Abu Dhabi – Frauen und Kinder eingeschlossen – betrug in jener Zeit rund 11 000 Menschen.

Der Ruler Shakhbut verbarg dem Bruder die Erkenntnis nicht, dass der drastische Rückgang des Einkommens der Bewohner von Abu Dhabi die Käufer aus den Oasen und Siedlungsgebieten der Trucial States vom Markt Abu Dhabi fern hielt. Fremdes Kapital anzulocken war völlig ausgeschlossen; niemand durfte eine Rendite erwarten.

Die einzige Hoffnung bot die umstrittene Oase Al-Buraimi. Dort standen 60 000 Dattelpalmen. Sheikh Shakhbut kalkulierte ihren Wert, und er sah einen Hoffnungsschimmer: Das Gemeinwesen Abu Dhabi war nicht völlig verarmt. Die Oase Al-Buraimi war eine ausbaufähige Kapitalanlage, die versprach, in Zukunft Rendite zu garantieren.

Doch da gab es ein Problem: Die Bewässerungssysteme der Oase waren durch Unruhen, Unsicherheit und Geldmangel in Unordnung geraten. Zwar war Wasser in ausreichender Menge vorhanden, doch es musste dorthin geführt werden, wo es für die landwirtschaftliche Nutzung gebraucht wurde. In Al-Buraimi war ein Organisator erforderlich, der den Beduinen die Methode zeigen konnte, wie sie die Fruchtbarkeit der Oase mit Hilfe des Wassers steigern konnten. Sheikh Zayed besaß das Wissen, die Statur, den Wortschatz, um auf die Beduinen Eindruck zu machen. Im Jahr 1946 kam er nach Al-Ain, eine Lehmhäusersiedlung, die damals zu Al-Buraimi gehörte. Al-Ain wurde für lange Zeit sein Quartier – nur unterbrochen während saudi-arabischer Aggressionsphasen.

Der Engländer Eduard Henderson, der sich in Abu Dhabi aufhielt, um nach Möglichkeiten der Ölexploration zu forschen, traf in Al-Ain auf den jungen Sheikh. In seiner Autobiographie schreibt er: »Sheikh Zayed hat einen intelligenten Blick. Er begreift sehr rasch eine Situation. Er handelt entschlossen. Er ist noch sehr jung und kann bisher nicht viel an praktischer Erfahrung gewonnen haben. Aber er ist ganz sicher die bedeutendste Persönlichkeit der Region, und er hat einen sehr guten Kontakt zu den Beduinen geschaffen.«

Sheikh Zayed begriff rasch, wie die Ertragslage der Oase zu verbessern war: Er musste die Wasserzufuhr von den Quellen in den Bergen zu Palmenhainen und Feldern sichern. Er übernahm das traditionelle Falaj-System, das aus einem Netz unterirdischer Kanäle mit mäßigem Gefälle bestand. Sie existierten schon seit Jahrhunderten – nach persischen Vorbildern waren sie einst angelegt worden –, doch da sie niemand gepflegt hatte, waren sie zerfallen. Der Sheikh brachte die Beduinen dazu, sich mit dem Prinzip des Kanalsystems zu befassen und ihre Erkenntnis in die Praxis umzusetzen. Der Erfolg, messbar in Ernteerträgen, stellte sich in kurzer Zeit ein.

Der damalige British Political Resident bemerkte: »Was Sheikh Zayed in Al-Buraimi fertig gebracht hat, ist erstaunlich. Alles, was er macht, kommt den Menschen zugute.« Britische Wasserexperten staunten: »Als Zayed in Al-Buraimi anfing, waren die Falaj-Kanäle versandet, verstopft. Jetzt funktionieren fast alle wieder.«

Die Engländer, die mit ihm organisatorische Fragen zu besprechen hatten, entwickelten Hochachtung vor seiner Persönlichkeit. Anthony Shepherd, damals Offizier der Trucial Oman Scouts, vermerkt in seinen Erinnerungen: »Ich besuchte ihn jede Woche einmal in seiner Festung in Al-Buraimi. Er schilderte mir die aktuelle politische Situation der Region mit sehr klaren Worten. Ich kam zu ihm immer mit großem Respekt. Mein Respekt war jeweils noch größer, wenn ich ihn verließ. Wenn unsere Meinung einmal nicht übereinstimmte, lag dies an meiner Unwissenheit.«

Sheikh Shakhbut und die Engländer – Missverständnisse auf beiden Seiten

Verstand es Sheikh Zayed den Engländern, die ihn dienstlich aufzusuchen hatten, mit schlichten Worten sein Problem zu erklären, so verhielt sich Sheikh Shakhbut wortkarg, abweisend, feindlich. Einen Grund dafür kannte niemand. Die britische Verwaltung, die für die Trucial Coast zuständig war, fühlte sich durch das Verhalten des Rulers häufig vor den Kopf gestoßen.

Es konnte geschehen, dass Sheikh Shakhbut territoriale Forderungen stellte, die von den britischen Beamten als absurd bezeichnet wurden. Als Qatar im Jahre 1958 auf einer vorgelagerten Insel der Shell Oil Company die Genehmigung zur Ölexploration gab, da protestierte Sheikh Shakhbut gegen diese Konzessionsvergabe mit dem Argument, die Insel gehöre ihm. Als sich der British Political Resident um die Rechtslage kümmern wollte, da weigerte sich der Ruler, den Engländer zu empfangen; er legte auch keine Dokumente vor, die seinem Rechtsstandpunkt eine Basis gegeben hätten. Dem Political Resident blieb nichts anderes übrig, als zu Gunsten des Emirats Qatar und für die Shell Oil Company zu entscheiden. Das Resultat: Sheikh Shakhbut beschimpfte die Engländer.

Die britischen Beamten zweifelten am Verstand des Rulers. Sie glaubten, er behandle sie mit Absicht böswillig. Als sie während der 50er Jahre ihm den vernünftigen Vorschlag unterbreiteten, in Abu Dhabi ein Postamt einzurichten und für einen regelmäßigen Postdienst innerhalb und außerhalb der Stadt zu sorgen, da weigerte sich der Ruler, an ein solches Projekt auch nur zu denken. Auf den Einwand, Großbritannien werde doch die Kosten für Einrichtung und Betrieb des Postamts übernehmen, gab er die Antwort: »Meine

Leute haben nie ein Postamt gebraucht. Sie brauchen auch jetzt keines!« Auch das Angebot, der sicher nicht unbeträchtliche Profit des Postdiensts werde ihm überwiesen, lehnte Sheikh Shakhbut ab.

Zur völligen Verblüffung der britischen Beamten trug bei, dass er von einem Augenblick zum anderen der Schaffung des Postamtes doch zustimmte – aber die Enttäuschung kam am nächsten Tag: Er widerrief die Zustimmung.

Ähnliche Erfahrungen machten heimische und ausländische Geschäftsleute, die in Abu Dhabi Firmen oder Niederlassungen gründen wollten. Selten wurden Genehmigung erteilt; oft wurden sie wieder entzogen. Begründungen wurden nicht geäußert. Die Engländer registrierten Willkür, bestenfalls Konzeptionslosigkeit. Sie stellten fest, dass der Ruler zwar hohe Zahlungen der Ölkonzerne akzeptierte, dass er sich jedoch weigerte, die extrem hohen Dollarbeträge sinnvoll zu verwerten.

Wer mit dem Ruler vertraut war, der kannte den Grund für dieses Verhalten: Er misstraute den Engländern. Er glaubte, sie würden auf den günstigen Zeitpunkt warten, um ihn aus dem Lande zu jagen. Für diesen Tag wollte er finanziell gerüstet sein. Wenn ihm Gefahr drohte, wollte er – von wo auch immer – fremde militärische Hilfe holen. Dass er diese Hilfe nicht umsonst erhalten konnte, das wusste er. Deshalb hielt er die Zahlungen der Ölgesellschaften griffbereit in Reichweite. Erzählt wurde, er bewahre die Dollarnoten in Schuhkartons unter einem Sofa auf. Er wollte sie bei Gelegenheit ausgeben, um sich als Ruler verteidigen zu können.

Dass er einem Hirngespinst verfallen war, das konnte und durfte ihm niemand erklären. Am meisten litten die Vertreter der Ölgesellschaften. Sie wurden gezwungen, immer höhere Beträge an den Ruler in bar zu bezahlen – obgleich sie wussten, dass das Geld vom Ruler gar nicht gebraucht wurde. Sheikh Shakhbut drohte der Ölgesellschaft bei jeder Weigerung mit der Auflösung der Konzession.

Der British Political Resident verursachte mit seinen durchaus vernünftigen Vorschlägen immer neue Zornausbrüche des Sheikhs. Der britische Beamte registrierte die wachsenden Einnahmen, die Shakhbut persönlich kassierte. Die sechs anderen Emiraten der Trucial Coast – Dubai, Sharjah, Ajman, Umm Al-Qaiwain, Ras Al-Khaimah und Fujairah – existierten ohne stabiles Staatseinkommen. Der British Political Resident machte den Vorschlag, Abu Dhabi könne doch den finanziell schwachen Sheikhtümern durch Zahlungen beistehen. Sheikh Shakhbut konnte sich daraufhin nicht mehr beherrschen. Er schrie den britischen Beamten an, er könne nicht verantwortlich gemacht werden für die Armut der anderen. Mitleid habe er schon deshalb nicht, weil die anderen ganz offensichtlich die Absicht hätten, Abu Dhabi zu erobern, um seine Einnahmen zu kassieren.

Der British Political Resident wurde an jenem Tag sehr unhöflich verabschiedet. Erstaunlich aber ist, dass Sheikh Shakhbut später dem britischen Beamten mitteilen ließ, er sei bereit, 4 Prozent der Einnahmen von Abu Dhabi den sechs anderen Sheikhtümern zur Absicherung ihrer Finanzen zur Verfügung zu stellen.

Die Sprunghaftigkeit des Sheikhs wurde nicht nur von den Engländern als unwürdig empfunden. Shakhbuts Regierungsmethode lähmte das Gemeinwesen Abu Dhabi. Die Familie Al Nahyan geriet unter Druck, eine andere Persönlichkeit als Ruler einzusetzen. Die Suche fiel nicht leicht. Die Machtübergabe musste friedlich vor sich gehen. Der Eid galt noch immer, den Sheikha Salamah den Männern der Sippe abgerungen hatte: Erbfolge durch Mord war ausgeschlossen. Jeder wusste, wer diesen Eid bricht, dem bleibt das Paradies verschlossen.

Niemand wollte den Rückfall riskieren in die Zeiten, als die Erbfolge durch Mord geregelt wurde. Dem jungen Sheikh Zayed war die Familienstatistik durchaus bekannt, dass von elf Rulern aus der Sippe Al Nahyan fünf durch einen gewaltsamen Tod ihrer Sheikhwürde beraubt sowie drei mit Gewalt aus dem »Government House« vertrieben worden waren. Die Beamten, die Kontrolle ausübten an der Trucial Coast, wollten den Eindruck vermeiden, sie würden sich in Familienbelange einmischen. Der British Political Resident hütete sich sogar, Ratschläge für die Regelung der Zukunft zu geben.

Eines Tages kam Shakhbut auf die Idee, dass er einen Anteil des geförderten Öls in Realität ausgeliefert bekommen wollte; für den Verkauf würde er dann selbst sorgen. Allen Ernstes wollte Sheikh Shakhbut als Ölhändler aktiv werden. Der verantwortliche Brite wies darauf hin, dass der Ruler keine »storage facilities« besitze – keine Tanks zur Lagerung des Öls. Er verfüge dazuhin über keinerlei Erfahrung im internationalen Ölgeschäft. Der Ruler beachtete die

Argumente der Briten überhaupt nicht. Er bestand darauf, dass ihm 20 Prozent der Ölfördermenge gehöre; er wollte dieses Öl mit eigenen Augen sehen. Shakhbut beschimpfte die Briten, sie wären nur darauf aus, ihn zu betrügen. Als niemand eine Lösung fand, wie dem Sheikh sein Ölanteil praktisch ausgehändigt werden könnte, gab sich Shakhbut schließlich zufrieden.

Allerdings waren die Beamten des British Political Resident durchaus in der Lage, den Ruler zu ärgern. Shakhbut machte kein Geheimnis daraus, dass er sich aus der engen kommerziellen Bindung an England lösen und sich Geschäftspartner aus anderen Ländern suchen wolle. Er ließ bei Ölfirmen in Frankreich, Deutschland und Italien insgeheim Einladungen zur Ölexploration in Abu Dhabi verbreiten. Er wunderte sich, dass ihn niemand besuchte. Der Grund dafür lag darin, dass der British Political Resident von seiner Regierung mit der Aufsicht über sämtliche internationalen Beziehungen des Rulers betraut war. Die mit Großbritannien abgeschlossen Verträge gaben den Briten das Recht, Visa zu erteilen und Visa zu verweigern. Die Visaanträge waren beim Political Resident einzureichen. In diesem konkreten Fall erteilte der British Political Resident all denen, die auf Einladung des Rulers die Trucial Coast Staaten besuchen wollten, keine Genehmigung zur Einreise.

Die britische Politik erreichte ein Ziel, das allerdings nie deutlich ausgesprochen wurde: Die Trucial States waren isoliert. Sie hatten nur beschränkten Kontakt zur Welt. Sheikh Shakhbut bekam nie Gelegenheit, sich mit Franzosen, Deutschen oder Italienern zu unterhalten. Der Ruler spürte, dass er immer abhängiger von Großbritannien wurde. Die Folge war, dass sein Misstrauen gegen den British Political Resident wuchs. Es war bald so, dass er hartnäckig, dickköpfig die Zusammenarbeit mit seinen englischen Partnern verweigerte.

Der Ruler von Dubai, Sheikh Rashid bin Saed Al Maktoum, aber machte positive Erfahrungen mit dem Vertreter der britischen Krone am Golf. Der Ruler von Dubai hatte Grund, dem British Political Resident dankbar zu sein.

Der Brand des Dampfers »Dara« bleibt lange in Erinnerung

Sheikh Rashid war noch keine drei Jahre im Amt als Herrscher von Dubai, da geschah, was er Zeit seines Lebens als größten Schicksalsschlag empfinden sollte.

Es war der 7. April 1961 als der Dampfer »Dara« in der Einfahrt des Creeks von Dubai erschien. Der Dampfer gehörte der British Steam Navigation Company und war in London registriert. Im Register war sie mit einer Wasserverdrängung von 5000 »Registertonnen« verzeichnet. Die »Dara« war eingesetzt zum Transport von Passagieren und Fracht auf der Route Basra–Kuwait–Dubai–Bombay. Sie traf alle zwei Wochen im Creek ein. Die »Dara« galt als eines der stattlichen Schiffe am Golf.

An jenem 7. April 1961 wurden die Passagiere aufgefordert, an Bord zu gehen. Es waren hauptsächlich Männer, die unterwegs waren in ihre indische Heimat, um dort ihre Familien zu besuchen. Es waren so genannte »Expatriates«, kurz »expats« genannt. Mit diesem Begriff wurden »Gastarbeiter« umschrieben.

Der Dampfer »Dara« bot im Jahr 1961 die einzige »bezahlbare« Verbindung für die Menschen der Golfregion im Bereich zwischen Kuwait und Bombay. Der Flughafen Sharjah, noch wenig frequentiert, offerierte Flüge nach London und Fernost – zu einem teueren Preis. Flüge nach Bombay waren unerschwinglich für einen »expat«.

Als am Nachmittag des 7. April 1961 die »expats« begonnen hatten, an Bord der »Dara« zu gehen, peitschten starke Winde gegen die Einfahrt des Creeks von Dubai. Gemessen wurde Windstärke 7. Der britische Kapitän ließ das »Boarding« der Passagiere unterbrechen; es war bei diesem Sturm zu gefährlich.

Dann geschah Seltsames: Obgleich der Boarding-Vorgang noch keineswegs abgeschlossen war, gab der Kapitän Befehl zur Ausfahrt aus dem Creek von Dubai. 60 Männer, die nach Bombay reisen wollten, blieben in Dubai zurück. An Bord befanden sich 689 Passagiere.

Tief liegende Wolken erschwerten vom Creek aus den Blick auf den Golf. Trotzdem war die »Dara« noch lange sichtbar; sie kam nur langsam voran; der starke Wind hemmte ihre Fahrt. Um Mitternacht bemerkten Männer von Sharjah, die an der Küste wohnten, Lichter draußen auf der stürmischen See. Die Lichter bewegten sich langsam.

Die Morgendämmerung war kaum angebrochen, da färbten sich die Wolken am Himmel im Norden von Umm Al-Qaiwain feuerrot. Später wurde festgestellt, dass um 4.43 Uhr eine Explosion an Bord des Dampfers erfolgt war; ihre Wucht hatte die Passagierkabinen zerrissen. Flammen umhüllten den Dampfer. Der Kapitän wies alle Passagiere und die Besatzung – zu ihr gehörten 32 Männer – an, das brennende Schiff zu verlassen. In Umm Al-Qaiwain, Sharjah und Dubai wurden Notsignale empfangen. Dhaus waren sofort auf der aufgewühlten See unterwegs.

Da sahen eine Stunde später Männer, die von Umm Al-Qaiwain auf den verhangen Himmel über dem Meer blickten, dass sich erneut eine Detonation ereignete. Kurze Zeit später erlosch die Rotfärbung des Himmels. Die »Dara« war untergegangen.

Als die Dhaus aus Umm Al-Qaiwain und Sharjah die Unglücksstelle erreichten, sahen die Retter, dass die Rettungsboote des untergegangenen Dampfers kieloben trieben. Die meisten waren nicht betriebsfähig gewesen; einige waren gekentert. Tote umgaben auf dem aufgepeitschten Wasser die Boote, die niemand gerettet hatten.

Der British Political Resident in Dubai war einer der Ersten, der vom Unglück erfahren hatte. Er war es, der Sheikh Rashid in seinem Haus im Stadtteil Al-Shindagha weckte. Der Brite bot Hilfe an. Er hatte schon Kontakt zum Dampfer »Empire Guillemot«, der sich in nicht zu großer Entfernung auf dem Golf befand. Die »Empire Guillemot« nahm Kurs auf die Unglücksstelle; zehn Stunden später brachte sie 340 Überlebende in den Creek von Dubai. Viele hatten Verletzungen erlitten; zehn waren schwer verletzt.

Der British Political Resident nahm die Organisation der Versorgung der Verwundeten in die Hand. Zum Personal der Royal Air Force Base in Sharjah gehörten zwei Ärzte, die sofort nach Dubai beordert wurden; ihnen wurde ein Hotel – das zwar fertig gestellt, aber noch nicht eröffnet worden war – zur Verfügung gestellt. Im improvisierten Klinikbetrieb arbeiteten zivile Mitarbeiter und Soldaten der Royal Air Force Base. Behandelt wurden Fälle von schweren Verbrennungen, Kopfwunden, Verletzungen durch die Wucht der Explosion. Die Zahl der Behandelten hat niemand festgestellt.

Die Toten wurden gezählt: Insgesamt 212 Passagiere sind während der Katastrophe oder danach gestorben. Von der Besatzung lebten 24 Männer nicht mehr.

Aufruf zur Gemeinsamkeit!
Der Ruler von Dubai nutzt eine Chance

Das exzellente Zusammenwirken mit dem British Political Resident hat Sheikh Rashid bin Saed Al Maktoum dazu bewogen, sich ausdrücklich zu bedanken. Der Vertreter der britischen Krone nutzte die Gelegenheit, dem Ruler zu empfehlen, sich um die innere Stabilität seines Gemeinwesens zu kümmern – die Gelegenheit sei günstig, denn eine Katastrophe, wie sie sich soeben mit dem Dampfer »Dara« und dem Tod so vieler »expats« ereignet habe, mache die Menschen empfänglich für Appelle an die Gemeinsamkeit.

Das Wrack der »Dara« liegt heute in 20 Metern Tiefe, neun Kilometer nördlich von Sharjah. Daraus hat sich ein beliebtes Ziel für Amateurtaucher entwickelt. Das Wrack ist zu einem Korallenriff geworden: bewachsen von Korallenstöcken in rötlicher Färbung. Sie ist durch die Aufnahme von Eisenpartikeln entstanden. Das Dara-Riff wird bevölkert von bunten Fischarten.

Zu jener Zeit als das »Dara-Unglück« geschah, waren die Ruler irritiert, weil in allen Staaten der Trucial Coast Streitigkeiten zwischen Bevölkerungsgruppen unterschiedlicher Herkunft aufflammten. Seit sich Indien und Pakistan 1947 im Verlauf des Prozesses zur Unabhängigkeit getrennt hatten, pflanzte sich der Konflikt zwischen Indern und Pakistani in den Golfemiraten fort. Aus hitzigen Diskussionen entwickelten sich Schlägereien, vereinzelt sogar Straßenschlachten. Die Probleme, die zu Hause in Indien und Pakistan Streit auslösten, veranlasste die »expatriates« in Dubai vehement gegeneinander vorzugehen.

Auf Anraten des British Political Resident lud Sheikh Rashid Vertreter der beiden Volksgruppen in sein »Guest House« an der Küste in Jumeirah ein. Der Einladung folgten diejenigen, die am lautesten indische und pakistanische Parolen verkündeten, aber auch besonnene Geschäftsleute beider Nationalitäten.

Die »expats« bekamen von Sheikh Rashid diese Worte zu hören: »Dubai ist zu klein, um in Konflikte verwickelt zu werden, die weit außerhalb des Golfs stattfinden. Was sich in der Ferne abspielt, das soll in der Ferne bleiben. Vergesst euere Nationalitäten! Dubai ist die Heimat für Pakistanis und Inder. Ich bitte sehr darum, dass Sie einsehen, dass Sie in Dubai unsere geschätzten Gäste sind. Ich warne Sie jedoch ausdrücklich, dass wir es nicht erlauben werden, dass auf unseren Straßen Ihre Streitigkeiten ausgetragen werden. Vergessen Sie Ihre Konflikte wenigstens hier bei uns!«

Der Appell hatte Erfolg. Die »expats« vergaßen ihre von zu Hause mitgebrachten Konflikte tatsächlich. Sie erinnerten sich daran, dass sie nach Dubai gekommen waren, um Geld zu verdienen – und nicht um Politik zu machen. Die Worte des Sheikh Rashid strahlten auch auf die »expats« der Nachbaremirate aus.

Aber ein Unterschied blieb: Sheikh Rashid hielt Kontakt zu den Untertanen im Emirat. Sheikh Shakhbut von Abu Dhabi war nicht an derartigem Kontakt interessiert. Die Sphären des Rulers und aller Bewohner blieben streng getrennt. Ein Ereignis, das 13 Monate nach dem Brand der »Dara« stattfand, beweist den Unterschied.

Der erste beladene Öltanker verlässt Abu Dhabi.
Die Untertanen erfahren nichts davon

»Am 5. Juli 1962 fährt der britische Tanker ›British Signal‹ mit Erdöl aus Abu Dhabi von der Verladestation ›Das Island‹ ab.« Dies berichtet noch am betreffenden Tag der British Political Resident Oberst Hugh Boustead an seine Behörde nach London. Für ihn war die Abfahrt des vollbeladenen Tankers ein bemerkenswertes Ereignis: Das Sheikhtum Abu Dhabi gehörte fortan zu den ölexportierenden Ländern.

Sheikh Shakhbut verhinderte, dass in seinem Herrschaftsbereich

Aufhebens davon gemacht wurde. Nirgends wurde gejubelt; es fanden keine Feiern statt. Nur die 470 Arbeiter und Ingenieure auf der Bohrinsel bei Das Island und bei den Verladeanlagen tranken Champagner bei der Abfahrt der »British Signal«. Doch »Das Island« liegt zehn Kilometer vor der Küste von Abu Dhabi. Was dort geschieht, wird auf dem Festland nicht bemerkt.

»Das Island«, einst eine unbedeutende Insel, hat sich während der zurückliegenden Monate verändert. Die Insel besteht aus einer sandigen Fläche, die 1600 Meter lang und 800 Meter breit ist. Das Island wurde zur Basis für Anlagen zur Ölförderung und zur Ölverladung. Das Zentrum der Öloperation »Das Island» ist eine Bohrinsel aus Stahlgestänge, das 4000 Tonnen wiegt. Diese Bohrinsel ist auf einer Kieler Werft nach den Plänen eines amerikanischen Spezialisten gebaut worden. Als schwimmende Insel ist das technische Wunderwerk über eine Strecke von 10 000 Kilometern rund um Afrika herum bis zum Persisch/Arabischen Golf geschleppt worden. Die Fahrt war mit Schwierigkeiten verbunden gewesen: Die Gewalt eines Sturms in der Biskaya zerriss die Verbindungstrossen zwischen den Schleppschiffen und der Bohrinsel. Das schwimmende Stahlgestänge trieb zwei Tage lang auf dem offenen Meer; die Gefahr bestand, dass es an der Spanischen Küste zerschellte. Im Sommer 1958 erreichte die schwimmende Bohrinsel ihren vorläufigen Standort bei Das Island. Sie hatte inzwischen einen Namen erhalten: »The Enterprise«.

Geologen entschieden, dass »The Enterprise« von »Das Island« um 25 Kilometer in Richtung Osten weggerückt werden soll, in ein Gebiet, das auf Seekarten mit Umm Shaif bezeichnet wird. Gleich die erste Bohrung war tatsächlich in einer Tiefe von 6000 Metern fündig: Die schwarze Flüssigkeit drang durch die Rohre nach oben. Schon während der nächsten Wochen wurden Well 2 und Well 3 niedergebracht. Beide Bohrungen bestätigten, dass ausgedehnte ölführende Schichten vorhanden sind.

Auf »Das Island« entstanden storagetanks und Verladeeinrichtungen. Von »The Enterprise« verlief bald eine Pipeline, durch die im ersten Produktionsjahr annähernd sieben Millionen Tonnen Öl gepumpt wurden.

Für die Vermarktung des Öls von Abu Dhabi war inzwischen die Abu Dhabi Marine Areas LTD (ADMA) zuständig. Sie hatte keine

Probleme, Abnehmer für das Öl von »Das Island« zu finden. Der nächste Anlaufort für Öltanker lag im Persischen Golf um 700 Kilometer weiter nördlich, im Iran. Die Einsparung von 700 Kilometern Wegstrecke schlug sich in der Kalkulation der Konzerne nieder.

Das Ereignis der Abfahrt des ersten vollbeladenen Tankers hätte eine Feier der Bewohner der gesamten Trucial Coast verdient; doch das Ereignis wurde verschwiegen. Ursache war die Angst des Rulers, in den Menschen könnten zu große Erwartungen geweckt werden. Die Frauen und Männer lebten noch im Dämmerzustand der Unterentwicklung. Seit hunderten von Jahren hatte sich nichts verändert – und Sheikh Shakhbut wollte, dass sich auch weiterhin nichts veränderte. Keine Wünsche zu wecken, das war die Absicht des Rulers, deshalb blieb in Abu Dhabi verborgen, was rund um »Das Island« geschah.

Doch die entsprechende Information drang nach draußen. Die meisten europäischen Zeitungen, darauf bedacht, Nachrichten aus der »Ölwelt« abzudrucken, wiesen darauf hin, dass es seit Juli 1962 ein ölexportierendes Land in Arabien mehr gab. Selbst Radio Moskau meldete den Erfolg »des arabischen Volkes von Abu Dhabi in der Überwindung von Rückständigkeit und Armut«.

»Die Stimme Arabiens« – der Rundfunk überwindet Informationsmauern

Was der Ruler hatte verhindern wollen, funktionierte im Jahr 1962 schließlich: Abu Dhabi hatte ein Postamt. Briefe ins Ausland konnten verschickt werden; Briefe aus dem Ausland wurden empfangen. Die Isolation von Abu Dhabi lockerte sich.

Wichtiger noch: In den Häusern der Hafenstädte an der Trucial Coast waren immer mehr von Batterien gespeiste einfache Rundfunkgeräte in Betrieb. Mitgebracht wurden sie von Händlern, die Waren aus dem Iran anboten; dort waren derartige Apparate billig zu erwerben. »Battery operated« mussten sie deshalb sein, weil es noch immer keinen »Strom« gab auf der arabischen Seite des Golfs.

Einfache Radioapparate überwanden die Informationsmauer, die

Sheikh Shakhbut um das Geschehen auf Das Island errichtet hatte. »Radio Cairo, die Stimme der Arabischen Welt« verbreitete im gleichen Wortlaut wie Radio Moskau die Nachricht, Abu Dhabi gehöre zu den ölexportierenden Ländern, es sei erwacht aus dem Schlaf der Bedeutungslosigkeit; vom Volk von Abu Dhabi werde erwartet, dass es voranschreite auf der Straße des Fortschritts.

Die Verantwortlichen der »Stimme Arabiens« begriffen rasch, dass sie dankbare Zuhörer gewonnen hatten in einer abgelegenen Ecke der Arabischen Halbinsel. Sie entwickelten eigene Sendeformen der Nachrichten für die Trucial Coast. Behutsam wurden die Hörer informiert, dass es Elektrizität gab in der Welt und Verkehrsmittel, die Waren und Menschen über weite Strecken transportieren konnten. Dass das Telefon die Möglichkeit bot der Verständigung der Menschen über Meere und Wüsten hinweg.

Die Menschen der Trucial Coast erfuhren aus dem Radio, dass es Politiker gab, die nicht mit »Royal Highness« angeredet werden mussten, dass es Parteien gab, die auf die Meinung der Bevölkerung hörten, dass es Parlamente gab, in denen die Stimme des Volkes beachtet wurde. Die Menschen der Trucial Coast wurden vertraut gemacht mit der Existenz von Regierungen, deren Mitglieder nicht mehr Rechte besaßen, als andere Bewohner eines Landes. Anderswo – das war die Erfahrung, die Radio Cairo vermittelte – war vieles ganz anders als an der Trucial Coast. Das Paradies befand sich offenbar in anderen Weltgegenden – nur nicht in den Emiraten.

Radio Cairo gab sich Mühe, die Menschen am Persisch/Arabischen Golf anzusprechen – und sie reagierten dankbar darauf. In Dumpfheit versunken, war es ihnen selbstverständlich gewesen, dass sie gar nicht zur Kenntnis genommen worden waren. Jetzt war da jemand, der direkt zu ihnen sprach.

Da war jemand, der sich an das gesamte arabische Volk wandte: Das war Gamal Abdel Nasser, der Revolutionsführer und Staatschef der Ägypter. Er verstand es, das Ohr der Jugend zu öffnen. Er baute auch das Selbstwertgefühl der Araber seiner Altersstufe auf – er gehörte zum Jahrgang 1913. Gamal Abdel Nasser redete in brillanten Phrasen von der glanzvollen Geschichte Arabiens zur Zeit der großen Kalifen. Er klagte über die Jahre der Unterdrückung durch die Kolonialmächte – und er meinte vor allem England. Nasser prophezeite, dass es dem gesamten und einigen Volk Arabiens gelingen werde, zum Glanz Arabiens und zu Arabiens Ruhm zurückzukehren.

Radio Cairo wies den Weg zu Glanz und Ruhm: Arabien besaß ein Instrument, um sich Respekt in der Welt zu verschaffen – das Öl. Niemand besaß Öl in derartiger Menge; Öl, das besonders von den USA und von Großbritannien gebraucht wurde. Deshalb hielt sich Arabien für berechtigt, politische Forderungen an die USA und an Großbritannien zu stellen. Gamal Abdel Nasser konnte sicher sein, für derartige Worte auch an der Trucial Coast Zustimmung zu finden.

Bald trat aber auch ein, was Sheikh Shakhbut befürchtet hatte: Die Menschen wurden unruhig. Die Radiopropaganda aus Cairo löste die Frage aus, wie konnte es geschehen, dass Armut und Rückständigkeit besonders streng am Golf geherrscht hatten und noch immer herrschen? Die Schuld wird nicht bei den herrschenden Familien gesucht, sondern bei den Engländern. Die Parole hieß: »Die Engländer haben Wohlstand von uns fern gehalten. Sie verdienen sicher auch jetzt am Öl und wir nicht.«

Auf der Bohrinsel »The Enterprise« begann der Streik, der im Sommer 1963 alle einheimischen Ölarbeiter des Sheikhtums erfasste. Von Radio Cairo müssen sie es erfahren haben, dass Ölarbeiter überall sonst auf Ölfeldern gut verdienende Werktätige sind. Die Arbeiter auf »The Enterprise« betrachteten ihre eigene Entlohnung und stellten fest, dass sie schlecht bezahlt wurden. Sie legten die Arbeit nieder und stellten Forderungen. Abu Dhabi Marine Areas (ADMA) wollte keine längerandauernde Behinderung der Ölförderung riskieren; die Gesellschaft nahm sofort Verhandlungen auf. Das Resultat: Die Löhne der Arbeiter auf Das Island wurden angehoben; die Qualität der Unterkünfte wurde verbessert. Die Geschäftsleitung von ADMA behandelte die »Local workers« künftig mit höherer Wertschätzung.

Die Redakteure von Radio Cairo erfuhren von diesem Erfolg der »arbeitenden Klasse«. Sie propagierten ihn in den Nachrichtensendungen, die in Richtung Persisch / Arabischer Golf ausgestrahlt wurden. Die Tendenz war nun eindeutig »antiroyalistisch«. Sheikh Shakhbut wurde zur Zielscheibe der »Stimme der Arabischen Welt«. Doch da befand sich noch ein Herrscher im Visier der ägyptischen Propaganda: Said ibn Taimur, der in Maskat residierende Sultan von Oman.

The Popular Front for the Liberation of Oman and the Arabian Gulf

Das erste Ziel der »Befreiungsfront für den Arabischen Golf« war das Sultanat Oman. Das Sprungbrett für die »Befreiungsfront« befand sich in der Demokratischen Volksrepublik Südjemen. Von dort aus wurde ein Vormarsch in Richtung Golf geplant.

Am 9. Juni 1965 überfallen 30 Mann, mit altertümlichen Karabinern und zwei Hotchkiss-Maschinengewehren bewaffnet einen Armeeposten nördlich der südomanischen Stadt Salalah. Der Platz ist bewusst gewählt: In Salalah residiert zu jener Zeit Said ibn Taimur, der Sultan von Oman. Die Befreiungsfront hat sich realistisch denkend, zunächst das Ziel gesetzt, die Provinz Dhofar zu erobern, die sich ostwärts an die südjemenitische Provinz Hadramaut anschließt. Die omanische Provinzhauptstadt Salalah liegt 1200 Kilometer ostwärts von Aden und 900 Kilometer südwestlich von Maskat. Das Gelände von Dhofar ist für Guerillakrieg geeignet. Das mit Bäumen und Sträuchern bedeckte Land bietet den Gruppen der Befreiungsfront gute Möglichkeiten unterzutauchen, sich zu tarnen, sich zu verstecken. Die Guerillakrieger nutzen in Südarabien Erfahrungen, die in Vietnam erworben worden waren. »The Popular Front for the Liberation of Oman and the Arabian Gulf« will sich einreihen in die revolutionären Bewegungen, die in Asien, in Palästina, in Algerien die Welt verändern wollen. Dass die Revolutionäre erfolgreich sein können, haben sie bewiesen in Algerien und neuerdings auch im Südjemen. Der Verlauf des Kampfes in der südomanischen Provinz Dhofar gibt den dortigen Revolutionären Mut.

Den Truppen des Sultan macht die üppige Vegetation Schwierigkeiten bei der Kontrolle der Grenze zwischen Hadramaut und Oman. Die Pfade ziehen sich unter einem Laubdach an Berghängen hin. In größerer Höhe finden sich Höhlen und Grotten. Sie bieten Schutz gegen die von Briten trainierte omanische Luftwaffe.

Die Befreiungsfront nutzte die Vorteile. Ihr Vordringen war zunächst durch nichts aufzuhalten. Die Menschen in Dhofar trauten dem Sultan Said ibn Taimur nicht mehr.

Sultan Said ibn Taimur hatte alle Voraussetzungen für einen modernen Herrscher besessen, der seinen Untertanen die Basis für ein vernünftiges Leben schaffen kann. Er hatte in Oxford studiert, hat sich mit den Gesetzen der Volkswirtschaft befasst, hatte begriffen, in welchem gesellschaftlichen Rahmen sich die Existenz der Individuen und der Gemeinschaft abspielt. Der Sultan sprach Englisch, Französisch, Deutsch – und natürlich seine Muttersprache Arabisch. Sultan Said ibn Taimur liebte die Musik von Beethoven und Chopin. Seine Lieblingsspeise waren Kaviar und Räucherlachs. Um islamische Speisevorschriften kümmerte er sich wenig. Said ibn Taimur war weit gereist in der Welt. Eine Reihe von Kindern in den USA und im Fernen Osten waren der Beweis solcher Reisen.

Diese Weltoffenheit und Aufgeschlossenheit reservierte er freilich für sich selbst. Der Sultan riegelte das Sultanat Oman und seine Hauptstadt Maskat ab. Kein Fremder durfte ohne persönliche Erlaubnis des Herrschers einreisen. Ein Omani bekam nur selten die Genehmigung zum Verlassen des Landes. Studienaufenthalte im Ausland gestattete Said ibn Taimur nur vereinzelt. Die Transportmittel Kraftfahrzeug und Fahrrad blieben aus dem Sultanat verbannt. Wer auf dem Eselskarren von der Hauptstadt in die Provinzstadt Nizwa gelangen wollte, der brauchte einen Passierschein mit der Unterschrift des Herrschers.

Nachts wurden die Tore der Hauptstadt geschlossen. Ab Einbruch der Dunkelheit durfte niemand hinein und niemand hinaus. Wer sich auf den Straßen von Maskat bewegte, der musste eine Sturmlaterne bei sich tragen, die nicht rasch ausgeblasen werden konnte. Der Sultan war überzeugt, durch diese Vorsichtsmaßnahmen könne er sich vor revolutionären Umtrieben und nächtlichen Treffen von Verschwörern schützen. Niemand sollte unbemerkt in verschwörerischer Absicht über die Straße huschen dürfen.

In der Verwaltung seines Staates waren nur Inder, Pakistani und Belutschi beschäftigt; diese »Gastarbeiter höherer Klasse«, so glaubte Sultan ibn Taimur, haben kein Interesse, einen Umsturzversuch zu wagen. Vor allem aber verließ sich der Sultan auf die Engländer, die seit 1891 Souveränitätsrechte im Oman besaßen. Großbritannien war die Schutzmacht. Das seit 1891 gültige »Abkommen über Freundschaft und Handel« war 1939 und 1951 verlängert worden. Es sah militärische Hilfe der Briten für den Sultan im Falle der äußeren und inneren Gefahr vor. Britische Offiziere und Sergeanten waren in das Sultanat abkommandiert, um die kleine Armee des Oman schlagkräftig zu machen. Seit Beginn der 50er Jahre hatte die Royal Air Force zwei Staffeln leichter Kampfflugzeuge bei Maskat stationiert.

Großbritannien erfüllte das »Abkommen über Freundschaft und Handel« in hohem Maße. Sultan Said ibn Taimur vertraute auf die Engländer – er wird eine Enttäuschung erleben.

Der Sultan verteidigt Oman gegen die Kommunisten. ARAMCO aber vertritt in Oman aggressiv US-Interessen

Die »Popular Front for the Liberation of the Arabian Gulf« wird von Moskau und Peking unterstützt. Hinter saudi-arabischen Ambitionen stehen die Vereinigten Staaten von Amerika. Großbritannien will beide Weltmächte von den Trucial States fern halten.

Die USA aber haben im Sultanat einen Verbündeten, den der Herrscher in Maskat nicht unterschätzen darf: Er ist Ghalib ibn Ali, der Imam in Nizwa. Diese Stadt liegt 150 Kilometer südlich von Maskat. Nizwa ist in unserer Zeit von regionaler wirtschaftlicher Bedeutung durch seinen Markt, der die gesamte Region mit Waren versorgt – und vor allem mit Tieren; mit Ziegen, Rindern und Kamelen. Nicht vergessen bis in die Gegenwart ist die Überlieferung, dass der Prophet Mohammed bereits im Jahr 630 n. Chr. Boten aus Medina hierher geschickt hat, um die Bewohner von Nizwa über Allah und über den Islam zu unterrichten. Die Sippen ließen sich damals überzeugen – und seither ist Nizwa die Heimat überzeugter Moslems. Die Gläubigkeit von Nizwa strahlt weit aus, über das Gebirge Jebel Akhdar hinweg in die Emirate. Wer in Nizwa herrschte, der trug den Titel »Imam« und bezeichnete sich damit als ein Mann von religiöser Würde. Festzuhalten ist der Unterschied: Wer in Maskat regierte war »Sultan«. Zur Verdeutlichung der wechselnden Machtsituationen: Es war der Sultan ibn Saif al Jurabi von Maskat gewesen, der im Jahr 1650 die portugiesische Kolonialmacht von der omanischen Küste vertrieben hat. Es war hingegen der

Imam von Nizwa, Ahmed ibn Said, der ein Jahrhundert später die persische Expansion in Oman beendet hat. Der Sohn dieses Siegers über die Perser – sein Name war Ahmed Sultan ibn Said – gilt als Erbauer des Forts in Nizwa, das gewaltige Ausmaße besitzt. Sein Titel war Imam.

Als die Zeit der portugiesischen und persischen Fremdherrschaft vorüber war, hörten die Chronisten auf, zu notieren, wer jeweils der wirkliche Herrscher in Oman war: Sultane und Imame wechselten sich ab. Zeitweise gab es die Koexistenz zwischen dem weltliche Herrscher in Maskat, der sich Sultan nannte, und dem islamischen Oberhaupt in Nizwa, der als Imam verehrt wurde. Es geschah häufig, dass der Sultan Mörder nach Nizwa schickte, um den Konkurrenten zu töten. Der Imam fand oft Handlanger in Maskat, die dem Sultan auflauerten.

Seit 1954 war Ghalib ibn Ali Imam in Nizwa. Dass ihm das Amt übertragen wurde, verdankte er der königlichen Familie As Saud in Saudi-Arabien. Ghalib ibn Ali hatte den Mächtigen in Riyadh versprochen, er werde dafür sorgen, dass Oman dem wahhabitischen Königreich eingegliedert werde. Dass dies geschehe, war seit Jahrhunderten der Wunsch des Hauses As Saud.

Der Konflikt, der seit 1954 in wachsendem Maße zwischen dem Imam in Nizwa und dem Sultan in Maskat ausgetragen wurde, war kein lokaler Streit zwischen südarabischen Feudalherren. Hinter dem Imam stand der Konzern ARAMCO und hinter dem Sultan die British Petroleum Company (BP). Diese Gesellschaften hatten jeweils eine starke Basis in ihren nationalen Regierungen. Am Wohlergehen der ARAMCO waren die Verantwortlichen in Washington interessiert; dafür dass niemand der British Petroleum Company schadete, sorgten der Premierminister in Downingstreet 10 und seine Berater.

Solange auf omanischem Gebiet kein Öl gefunden worden war, hielten sich die Spannungen zwischen Imam und Sultan und damit zwischen ARAMCO und BP auf niedrigem Niveau.

Der Sultan hatte lange gezögert, bis er der British Petroleum Company die Genehmigung erteilt hatte, die Suche nach Erdöl im Boden von Oman aufzunehmen. Der Grund seines Zögerns: Ihn plagte die Sorge, sein Land werde fremden Einflüssen ausgesetzt, die Unfrieden stiften könnten. Nun aber hatte BP tatsächlich Öl gefunden, in Fahud, 200 Kilometer südwestlich von Nizwa. Zu bemerken ist, dass Fahud 150 Kilometer entfernt vom Schnittpunkt der Grenze von Abu Dhabi und Saudi-Arabien liegt. Der Trennstrich zwischen den Einflussgebieten von ARAMCO und British Petroleum Company verläuft mitten durch das Ölgebiet von Fahud.

Imam Ghalib ibn Ali zögerte nicht lange: Im Namen von ARAMCO erhob er Anspruch auf die Ölvorkommen von Fahud. Sein Hauptargument: Er sei verantwortlich für alle Belange des Landesinnern von Oman. Fahud befinde sich ohne Zweifel im Landesinnern, also außerhalb des Machtbereichs des Sultan.

Von Sultan Said ibn Taimur alarmiert, sorgen sich die britischen Verantwortlichen am Golf um die Rechte der British Petroleum Company in Oman. Der Sultan in Maskat will erreichen, dass der Imam aus Nizwa vertrieben und damit entmachtet wird. London erklärt sich einverstanden, dass britische Truppen diese Aufgabe übernehmen.

Zwar gelingt der Sturm auf die Festung Nizwa, doch saudi-arabische Truppen, vom Imam herbeigeholt, leisten Widerstand in den Oasen; die Saudis erobern die Festung zurück. Jetzt beginnt eine Art Stellungskrieg. Die Saudi-Verbände werden von den USA unterstützt. Washington schickt dem Imam Militärberater und Waffen. Auf der Seite des Sultans von Maskat kämpfen allein britische Soldaten; Maskat selbst verfügt über keine einsatzfähige Truppe.

Entschieden wird die Auseinandersetzung schließlich durch den Einsatz der Staffeln der Royal Air Force. Die Flugzeuge beschießen die Festung von Nizwa mit Raketen. Die Lehmmauern sind dieser Attacke nicht gewachsen. Der Imam, der sich von den USA im Stich gelassen fühlt, flieht aus Nizwa. Er findet Zuflucht in Saudi-Arabien.

Das Ende des »Mittelalters« in Maskat

Nach der Vertreibung des Imam aus Nizwa will sich Sultan Said ibn Taimur auf die Bekämpfung der kommunistischen Invasion aus Hadramaut konzentrieren. Maskat meidet er nun ganz; er lebt in der Festung Salalah nahe der Grenze zu Jemen, hinter hohen, dicken Mauern.

In der Festung Salalah verwahrt der Sultan einen Gefangenen: Seinen eigenen Sohn Qabus ibn Said. Der Sohn war im Jahr 1942 geboren worden. Zur Zeit des Kampfes um Nizwa hatte sich Qabus in England aufgehalten, an der Militärakademie Sandhurst. Der britische Generalkonsul in Maskat hatte dem Sultan empfohlen, den Sohn außer Landes zu lassen und ihm die Teilnahme an britischen Offizierskursen zu erlauben. Nach der Absolvierung dieser Kurse hatte Qabus Dienst geleistet bei der britischen Rheinarmee in Hildesheim.

Nach der Rückkehr des Sohns hatte der Vater den Eindruck, der junge Mann habe sich stark dem westlichen Denken angenähert. Die freie Entfaltung seiner Persönlichkeit war ihm wichtig geworden. Der väterlichen Autorität sollte er sich in Salalah wieder anpassen, während eines Zwangsaufenthalts in der Festung.

Salalah war falsch gewählt als Aufenthaltsort für den unruhigen Geist Qabus. Er spürte, dass vieles nicht in Ordnung war im Sultanat. Dass Krieg herrschte, begriff er rasch: Zu hören waren – auch hinter dicken Mauern – die nächtlichen Explosionen der Granatwerfer-Überfälle auf Stützpunkte der Sultanatssoldaten, von deren schlechtem Zustand ihm insgeheim berichtet wurde. Es blieb ihm nicht verborgen, dass die Invasoren aus dem Hadramaut bereits weite Gebiete von Dhofar beherrschten, und dass selbst die Staffeln der Royal Air Force, die den Imam in Nizwa zur Aufgabe gezwungen hatten, gegen die von Moskau und Peking geförderte »Liberation Front« nichts ausrichten konnten. Die Rebellen waren sicher in ihren Gebirgsverstecken.

Tischgenossen von Qabus bei den Mahlzeiten in der Festung Salalah waren Söhne der Stammessheikhs aus dem Grenzgebiet zu Saudi-Arabien. Sie waren Geiseln; gefangen gehalten vom Sultan als Garanten des Wohlverhaltens der Väter. Sollten die Sheikhs gegen den Sultan rebellieren, wurden die Söhne getötet. Die Unzufriedenheit der Geiseln in der Festung spiegelte die Stimmung außerhalb der dicken Mauern. In Salalah und in Maskat war die Hoffnung zu spüren, dass die Herrschaft im Sultanat bald in andere Hände übergehen möchte. Dem britischen Generalkonsul gegenüber verbargen manche einflussreiche Kaufleute in Maskat ihre Sorge nicht, das Sultanat könne überrannt werden von den Marxisten aus dem Süden. Dass das Sultanat die Kraft zur Verteidigung besitze, bezweifelten viele. Sie fürchteten den Erfolg der Liberation Front; er würde bedeuten, dass die Golfstaaten vom Kommunismus überflutet werden könnten. Dann würde Moskau nicht nur in Aden herrschen – das war jetzt schon der Fall –, sondern auch in Salalah, Maskat, Dubai und Abu Dhabi. Dieser Gedanke musste dem britischen Generalkonsul in Maskat Schrecken einjagen.

Mit Einverständnis seiner Regierung in London suchte der britische Generalkonsul Verbindung zu Qabus in der Festung Salalah. Der Argwohn des Vaters verhinderte zunächst direkte Gespräche. Als D. G. Crawford schließlich doch Gelegenheit bekam, dem Sohn seine Sorgen um die Zukunft vorzutragen, da fand er ein offenes Ohr. Qabus war bereit, die Verantwortung im Sultanat zu übernehmen, wenn ihm die britische Regierung Rückendeckung bot – und Hilfe bei der Beseitigung des Vaters.

Generalkonsul Crawford bekam aus London Anfang Juli 1970 die Anweisung, mit Sultan Said ibn Taimur noch einmal ein Gespräch zu führen mit dem Ziel, den Herrscher zu bewegen, doch eine modernere Art der Staatsführung zu entwickeln, schließlich sei das Sultanat kein armes Land mehr. Vor allem sollten wenigstens Teilbeträge aus den Öleinnahmen dazu verwendet werden, den Lebensstandard der Bevölkerung zu heben. Der Generalkonsul empfahl den Aufbau von »medical stations« in Maskat und Salalah. Der Sultan weigerte sich, auch nur daran zu denken: »In Oman legen wir das Schicksal unserer Kranken lieber in die Hand Allahs! Er beschützt alle, die seines Schutzes bedürftig sind.«

Schulen wollte Said ibn Taimur deshalb nicht bauen lassen, weil er diese Meinung für richtig hielt: »Wer lesen kann, der neigt zur Rebellion.« Das Gespräch mit dem britischen Generalkonsul brach der Sultan mit dieser Bemerkung ab: »Ich ändere nichts an Allahs Ordnung für unser Land!« Die britische Regierung hatte, als sie den betreffenden Bericht des Generalkonsuls erhalten hatte, nichts mehr gegen eine Reform durch Gewalt einzuwenden.

In der Nacht zum 24. Juli 1970 dringt Qabus mit einigen seiner Freunde in das Schlafzimmer des Vaters in der Festung Salalah ein. Qabus schießt auf den Sultan; er verwundet ihn aber nur an der Schulter. Dies entsprach der Absicht: Der Vater sollte nicht getötet, sondern nur »ausgeschaltet« werden. Der 28-jährige Sohn Qabus ist der neue Herrscher von Oman. Er trifft Änderungen, die augenfällig sind: Er verbietet noch am 24. Juli 1970, dass mit Anbruch der Dämmerung die Stadttore von Maskat und Salalah verriegelt werden. Die Pflicht bei Nacht auf der Straße eine Sturmlaterne tragen zu müssen, ist aufgehoben.

Sultan Qabus empfängt am nächsten Tag die Sheikhs der Stämme. Sein Regierungssitz in Maskat ist ein weiß gekalktes zweistöckiges Gebäude, schmucklos. Jeder der Sheiks kniet vor dem jungen Herrscher nieder und flüstert Formeln der Ergebenheit.

Nach dem Empfang antwortet Qabus mit weicher, leiser Stimme auf die Frage des Autors dieses Buches: »Diese Rebellion hat keine Berechtigung mehr, denn die Ursache, die Umstände, gegen die man hätte rebellieren können, existieren nicht mehr. Ich habe dieses Land verändert. Meine Rebellion war erfolgreich!«

Qabus ibn Saids Beurteilung war richtig. Die »Popular Front for the Liberation of the Arabian Gulf« löste sich schon bald auf. Kommunistische Parolen zündeten nicht mehr im Sultanat Oman. Die Kampfgruppen zogen sich aus Dhofar zurück. Über die jemenitische Grenze drang keine kommunistische Propaganda mehr gegen Sultane, Sheikhs und Emire. Die Trucial Coast war Mitte des Jahres 1970 der Gefahr durch marxistische Kräfte entronnen.

Doch ein Jahr später bahnte sich eine neue Bedrohung an: Mohammed Reza Pahlawi, der Schah von Iran, beanspruchte Inseln im Golf, die der Souveränität der Sheiks von Sharjah und Ras Al-Khaimah zugeordnet waren. Ein Konflikt flammte auf, an dem schon lange gezündelt worden war.

Überraschung aus Persien

An einem Tag des Jahres 1927 waren Schiffe vor der Küste der Insel Henjam aufgetaucht. An den Landeplätzen angekommen, entstiegen den Schiffen Bewaffnete, die als Perser erkennbar waren. Sie benahmen sich sofort als die Herren der Insel. Die Bewohner wurden vom Uferstreifen verjagt und in die Häuser getrieben. Eine Hütte aus Palmwedeln entstand; in der bezog ein Mann Quartier, der sich im Namen des Schahs von Iran, Reza Khan, zum Kommandeur der Insel erklärte. Seine Palmwedelhütte, so gab der Kommandeur bekannt, sei von nun an die Zollstation der Insel. Wer Waren ein- oder ausführen wolle, der habe dies bei der Zollstation anzuzeigen. Dort werde der Zoll nach persischem Tarif berechnet.

Die kleine Insel Henjam hatte seit undenklichen Zeiten zu Dubai gehört. Sie war einst von Bani Yas besiedelt worden. Ein naher Verwandter des Rulers von Dubai, Sheikh Ahmed, war dort für Ordnung und Recht zuständig. Er protestierte beim Delegierten des Schahs Reza Khan, doch der Vertreter persischer Macht hörte ihn gar nicht an. Der Kommandeur gab Anweisung, Sheikh Ahmed habe die Insel zu verlassen; doch der weigerte sich. Sein Widerstand gegen die persischen Besatzungstruppen blieb ohne Effekt. Dass die Bewohner der Insel zornig auf die Perser waren, veränderte auch nichts. Es gab Auseinandersetzungen, bei denen Untertanen des Rulers von Dubai verletzt wurden.

Im Mai 1928 verschärfte sich der Konflikt. Der persische Verwalter der Insel erhielt aus Teheran die Anweisung, den Verwandten des Rulers von Dubai, Sheikh Ahmed, von Henjam zu vertreiben. Dies geschah. Die Polizeiaktion wirbelte Emotionen unter den Inselbewohnern auf. Doch die Gewalt siegte.

Sheikh Ahmed wohnte fortan in Dubai. Ihm wurde dort viel Sympathie entgegengebracht. Von ihm wurde erwartet, dass er Bewaffnete mobilisiere, um Henjam den Persern wieder abzunehmen. Doch Sheikh Ahmed verfügte über keine Soldaten, um eine Invasion der Insel wagen zu können.

Schah Reza Khan war ermutigt durch diesen Erfolg. Er ließ eine weitere Insel im Golf besetzen: die Insel »The Lesser Tunb«. Sie liegt etwa 80 Kilometer von der Trucial Coast entfernt, zwischen Lingeh und Ras Al-Khaimah – etwas näher am iranischen als am arabischen Festland. Die Insel gehörte allerdings seit langem dem Sheikhtum Sharjah. Persien richtete auch auf Lesser Tunb eine persische Kommandantur und ein improvisiertes Zollamt ein.

Die Besetzung wäre zunächst weitgehend unbemerkt verlaufen, wenn nicht in jenen Tagen auf dem Golf eine Dhau unterwegs gewesen wäre – von Sharjah in Richtung »Lesser Tunb«. Die Dhau wurde von einem persischen Schnellboot abgefangen. Die Passagiere bestanden hauptsächlich aus Frauen und Kindern. Sie durften nicht das Land von »Lesser Tunb« betreten. Sie wurden zur Küstenstadt Lingeh in Persien gebracht.

Empörung brach aus in den Hafenstädten der Trucial Coast, als bekannt wurde, dass den weiblichen Geiseln mit Gewalt jeglicher Schmuck entrissen worden war. In Sharjah, Abu Dhabi, Ras Al-Khaimah rotteten sich Männer zusammen, um persischen Passanten aufzulauern; Hütten, in denen Perser wohnten, wurden angezündet. Der Vertreter Großbritanniens – eigentlich zuständig für die Sicherheit in den Gemeinwesen der Trucial Coast – erklärte, er sei nicht in der Lage, den Aufruhr einzudämmen. Die Volkswut griff schließlich auf Dubai über. Auch hier wurde persisches Eigentum beschädigt.

Der British Resident stellte fest, dass hinter dem Aufruhr die Verwandten der Frauen und Kinder steckten, die in Lingeh an der persischen Küste schmählich festgehalten wurden. Er hielt es für richtig, das schnelle Kriegsschiff HMS »Lupin« nach Dubai zu beordern. Die Besatzung sollte an Land aufmarschieren, um die Aufrührer zu erschrecken. Diese britische Machtdemonstration schuf tatsächlich Ruhe in Dubai.

Die persische Besetzung der Inseln dauerte an. Die Ruler der Trucial Coast nahmen etwas mühsam Kontakt zueinander auf. Berittene Boten trugen Briefe in die Residenzen der Regierenden; Telefone existierten noch nicht. Von Ruler zu Ruler wurde die Nachricht weitergegeben, dass man eine gemeinsame Aktion gegen die persischen Truppen auf den besetzten Inseln planen müsse. Eine derartige Aktion hätte allerdings Krieg gegen Persien bedeutet. Davor warnte der Vertreter Großbritanniens an der Trucial Coast ganz energisch, denn in einen derartigen Krieg würde England auf Grund seiner Vertragslage verwickelt werden.

Die Geiselnahme der Frauen und Kinder wurde inzwischen von der Regierung des Schahs Reza Khan damit begründet, dass auf der beschlagnahmten Dhau Schmuggelware festgestellt worden sei – zum Beispiel Zucker. Dieses Argument nahm niemand als glaubwürdig hin.

Die Admiralität in London schickte jetzt Cables mit der Order an die Royal Navy, ein Kanonenboot möge die Situation auf den Inseln Henjam und Lesser Tunb in Ordnung bringen. Die Order wurde Stunden später zurückgezogen, denn niemand in London wollte eine militärische Auseinandersetzung mit der damals schlagkräftigen persischen Marine riskieren. Die Order brachte immerhin Verhandlungen in Gang zwischen persischen Behörden und den Sheikhs der Trucial Coast. Diese Verhandlungen führten dazu, dass die Frauen und Kinder aus Lingeh in die Heimat zurückkehren durften.

Um der Angelegenheit ein Ende zu bereiten, bot die kaiserlich-persische Regierung den freigelassenen Geiseln eine Entschädigung an – der Betrag war allerdings gering.

Die Regelung empfanden die Ruler von Abu Dhabi und Dubai als Beleidigung. Sie waren überzeugt, von Großbritannien im Stich gelassen worden zu sein. England hatte versprochen, dass sich Persien nicht ungestraft aus der von Teheran angezettelten Affäre ziehen könne. Das Versprechen geriet in Vergessenheit: Iran blieb ungeschoren.

Nach einigen Monaten konnte sich die persische Besatzungstruppe unbehelligt von den Inseln Henjam und Lesser Tunb zurückziehen. Schah Reza Khan hatte die Verantwortlichen von Großbritannien getestet und für schwach befunden. Mehr hatte er nicht erreichen wollen. Die Ansprüche auf Gebiete, die zur Trucial Coast gehören, wurden auf später zurückgestellt.

Reza Khan wurde von den Engländern 1941 abgesetzt. Sein Sohn Mohammed Reza Pahlawi war in Territorialfragen expansiver orientiert als der Vater, doch er beachtete die väterliche Erfahrung, dass gegenüber Großbritannien Vorsicht geboten war. 30 Jahre nach dem »Experiment Henjam und Lesser Tunb« zeigt Persien – jetzt offiziell Iran genannt – auffälliges Interesse an der Trucial Coast: Sheikh Rashid, der Ruler von Dubai, bekommt aus Teheran hohe und günstige Kreditangebote. Erstaunliche Beträge werden ihm zur Verfügung gestellt, die er für den Ausbau von Dubai verwenden könnte. Das Geld kam zur rechten Zeit, denn der Ruler hatte die Absicht, seiner Stadt ein neues modernes Gesicht zu geben. Die ersten höheren Gebäude sollten entstehen.

Die anderen Herrscher blickten allerdings mit Misstrauen auf die Kontakte zwischen Teheran und Dubai. Sie hatten den Verdacht, Sheikh Rashid werde sich von Mohammed Reza Pahlawi, dem Schah von Iran, kaufen lassen. Dieser hatte seit April 1952 immer wieder Anspruch auf die Insel Bahrain erhoben unter Hinweis darauf, dass sie jahrhundertelang persisches Territorium gewesen sei. Im Mai 1970 verzichtet Schah Mohammed Reza Pahlawi darauf, Bahrain in Besitz nehmen zu wollen.

Es hatte den Anschein, als habe der Schah aufgehört, eine expansive Politik betreiben zu wollen, doch er hatte nur seine Strategie geändert. Mohammed Reza Pahlawi war sich bewusst geworden, dass ein Einbruch in den Herrschaftsbereich der Engländer immer noch gefährliche Folgen haben könnte. Mit Argwohn beobachtete Teheran, dass im Sheikhtum Sharjah insgeheim eine britische Luftwaffenbasis entstand. Der Zweck war die Kontrolle des Luftraums im südlichen Persisch / Arabischen Golf.

England sichert sich früh das Recht, Sharjah anzufliegen

Im Mai 1932 schlug der British Political Resident dem Sheikh von Sharjah vor, der britischen Regierung möge die Benutzung des Territoriums von Sharjah zum Unterhalt eines Flughafens gestattet werden. Der Sheikh nahm den Vorschlag an. Folgender Vertragstext wurde vereinbart:

»Mir, Sheikh Sultan bin Saqr, unterbreitete Oberstleutnant Sir Hugh Briscoc, der Political Resident am Persischen Golf, den Wunsch, dem High British Government zu gestatten, in Sharjah eine Air Station zu errichten für die Flugzeuge der Imperial Airways Company, die unterwegs sind im Gebiet der arabischen Küste. Ich gestatte der Imperial Airways Company die Benützung eines Geländestreifens. Imperial Airways Company hat die Erlaubnis, diesen Geländestreifen zu markieren. Dort mögen die Flugzeuge der Imperial Airways Company landen.

Ich, Sheikh Sultan bin Saqr werde eine Unterkunft bauen lassen für die Unterbringung der Passagiere und der Angestellten der Imperial Airways Company. Diese Gesellschaft wird das Recht bekommen, zollfrei Petroleum, Ersatzteile und Verpflegung zu importieren. Die Gesellschaft ist verpflichtet, Passagiere und Personal in der von mir errichteten Unterkunft unterzubringen. Weder Passagiere noch Personal haben das Recht, Sharjah zu betreten, es sei denn, sie weisen eine ausdrückliche Genehmigung mit meiner Unterschrift vor. Um der Gefahr vorzubeugen, dass Räuber, die von außerhalb meines Territoriums den Landeplatz und die Unterkunft überfallen, stelle ich ein Wachpersonal von 32 Mann zur Verfügung.«

Der Vertrag legte fest, dass Imperial Airways Company für jede Landung den Betrag von 5 Rupees zu bezahlen hat. Die Landung von Maschinen der Royal Air Force ist kostenfrei. Die Gesellschaft erhält nicht das Recht, mit seiner Hoheit, dem Sheikh, selbst zu verhandeln oder mit ihm zu reden. Für solche Gespräche ist der British Political Resident zuständig. Dieser Vertrag wurde mit dem 1. Juli 1932 gültig.

Der Landing Strip Sharjah war unbefestigt: Ein glatter Streifen im Sand. Auf der hellen Sandfläche ist die mit dunklen Steinen ausgelegte Schrift »Sharjah« zu erkennen. Der Flugplatz wird zunächst von zweimotorigen Maschinen angeflogen.

Im Jahr 1934 ändert sich das Bild: Eine Fotografie zeigt eine Maschine vom Typ Handley Page 42 auf dem Sharjah-Airfield – ein eindrucksvoller Doppeldecker mit vier Motoren, die jeweils vier Propellerblätter antreiben. Im Rumpf sind die Passagierkabinen untergebracht, ausgestattet mit größeren Fenstern, als sie Passagierflugzeuge unserer Zeit aufweisen. In Großbuchstaben ist an der Seite des Flugzeugs der Name der Gesellschaft zu lesen: Imperial Airways London.

Das Eindrucksvollste auf der Fotografie aber sind die Wachen, die um die Maschine kauern: Sie sind mit Gewehren bewaffnet, in weiße Hemden gekleidet und tragen arabischen Kopfputz. Stolz sind die Männer auf ihre »Badges« mit der Aufschrift »Aerodrome Guards Sharjah«.

Die Handley Page 42 wurde ab dem Jahr 1934 im Linienverkehr zwischen London und Bombay eingesetzt. Für die Treibstoffversorgung garantiert die British Petroleum Company. Sie verfügt noch über keine Ölquellen im Gebiet der Trucial Coast; sie schafft den Treibstoff aus Iran herbei. Die Tankschiffe ankerten im Sharjah-Creek. Erinnerungen an die Frühzeit des Airfields Sharjah sind im Aviation Museum zu sehen; es befindet sich auf dem Gelände des Flugplatzes von damals.

Die Passagiermaschinen der 30er und 40er Jahre wurden abgelöst durch Flugzeuge, die größere Entfernungen überwinden konnten.

Der Airstrip Sharjah wurde im Linienverkehr nicht mehr für Zwischenstopps benötigt. Es entstand jedoch keine Unterbrechung für den Betrieb des Flugfelds Sharjah; die Royal Air Force übernahm die Anlage. Kampfflugzeuge waren im Einsatz gegen Ziele an der omanisch-jemenitischen Grenze; sie unterstützten die Trucial Oman Scouts in der Auseinandersetzung um Buraimi.

Legendär in Sharjah ist bis heute der Staffelkapitän Tom Sheppard, der im Jahr 1964 Station Commander des Sharjah-Airfields wurde. Er erinnert sich:»Ich war in Libyen stationiert, als ich nach Sharjah versetzt wurde. Ich fuhr die ganze Strecke bis zur Trucial Coast in meinem eigenen Landrover. Ich durchquerte Saudi-Arabien. Als ich in Abu Dhabi ankam, meldete ich mich zunächst beim Hauptquartier der Trucial Oman Scouts. Dort wurde ich eingewiesen. Die Sharjah-Station war mit 240 Männern besetzt. Die Zahl vergrößerte sich 1966 und 1967.«

Staffelkapitän Tom Sheppard erinnert sich, dass er eigentlich nur ein Jahr lang als Station Commander in Sharjah bleiben sollte, doch er erfüllte seine Aufgabe bis zum Ende. Im Dezember 1971 löste Großbritannien alle Verträge mit den Sheikhs der Trucial States auf. Davon war auch Sharjah-Airfield betroffen.

Doch der Flughafen Sharjah überstand auch diesen Bruch im Verlauf seiner Geschichte. Es waren die Fluggesellschaften, die Fracht zu transportieren hatten, die dem Emir von Sharjah den Vorschlag unterbreiteten, den Flughafen als Stützpunkt für Frachtmaschinen zu verwenden. Der Emir griff den Gedanken auf. Sharjah wurde zum »ideal transit point« zwischen Ost und West: Die Flughafenbehörde preist Sharjah als »Verbindung zwischen Europa, Asien, Russland und Afrika« an. »Jede Nacht befinden sich 30 Frachtmaschinen im Transit auf dem Flughafen Sharjah. Innerhalb von zwei Stunden werden die Maschinen entladen und beladen. We are an important transshipment point.«

Damit ist die Bedeutung von Sharjah seit dem Beginn der 70er Jahre gekennzeichnet. Das Emirat verfügt nicht über Einnahmen aus dem Ölgeschäft. Doch es hat sich mit Intelligenz Respekt verschafft – es hat jedoch auch Neid erregt. Zum Beispiel in Teheran.

Der Schah von Persien als oberster Polizist am Golf

Die Einnahmen aus dem Ölgeschäft setzten den iranischen Herrscher in die Lage, moderne Waffen in den USA zu kaufen. Iran rüstete auf. Der Schah proklamierte ganz offen das Ziel, Iran müsse eine Macht werden, die weltweit respektiert werde. In der Region des Persischen Golfs sei künftig nur mit einer ordnenden Kraft zu rechnen, und sie werde durch das Kaiserreich Iran repräsentiert. Mohammed Reza Pahlawi verstand es, sich den USA als Statthalter der amerikanischen Weltordnung darzustellen. Für den Mittleren Osten war er bereit, die Garantie für die Eindämmung der sowjetischen Gefahr zu übernehmen.

Mit dieser Haltung passte der Schah in das Konzept, das Präsident Nixon und Henry Kissinger entwickelt hatten; es wurde ganz offiziell die Nixon-Doktrin genannte. Sie sah vor, dass für jede Weltregion, in der die USA für »Ordnung« sorgen wollten, eine Macht zuständig sein solle für die Bewahrung dieser Ordnung. Diese Aufgabe war mit Hilfe amerikanischer Unterstützung zu erfüllen, jedoch ohne direktes Eingreifen der Vereinigten Staaten. Für den Mittleren Osten war der Schah der Mann des Vertrauens von Nixon und Kissinger. Er sollte den Einfluss Washingtons am Persischen Golf absichern. Zu diesem Zweck erhielt Mohammed Reza Pahlawi die Zusage der Überstellung von Militärberatern und der Lieferung der modernsten Kampfflugzeuge. Dazuhin übernahmen US-Spezialisten die Luftüberwachung im nordiranischen Raum. Der Schah konnte überzeugt sein, dass Iran im Verbund mit den USA ein unschlagbares Potenzial zur Bereinigung sämtlicher Unruheherde zwischen Schatt el-Arab und der Straße von Hormuz besitze.

Mohammed Reza Pahlawi sah zu Beginn der 70er Jahre die Situation am Golf so: »Die Sowjetunion ist weiterhin darauf bedacht, sich den Zugang zu den ›warmen Wassern‹ zu sichern. Es war der Zar Peter der Große, der in seinem ›Testament‹ schon vor mehr als 250 Jahren alle russischen Herrscher dazu verpflichtet hatte, der russischen Flotte den Zugang zum Persischen Golf zu öffnen. Das

Testament Peters des Großen ist immer noch gültig.« Der Schah beurteilte die Situation so: »Das Testament des Zaren ist heute aktueller denn je. Die Sowjetunion will sich die Verfügung über die Ölvorräte des arabisch/iranischen Raums sichern. Derzeit hat Irak die Funktion des Gehilfen der Kremlherren übernommen. Baghdad gibt sich alle Mühe, in Iran Unruhe zu stiften. Ich bin der Meinung, das Problem kann gemeistert werden. Der Iran ist eine starke Festung im Kampf gegen die Expansionslust der Sowjetunion. Mit Unterstützung der USA werde diese Festung für lange Zeit eine Bastion der Freiheit in der Welt sein.«

Um diese Zusammenarbeit zwischen ihm und Nixon zu festigen, schlug der Schah die Einrichtung einer direkten und ständigen Funkverbindung zwischen seinem persönlichen Security Office im Teheraner Marmorpalast und der Behörde des National Security Council in Washington vor. Der Schah war vor allem an einer unmittelbaren Verbindung zu Henry Kissinger interessiert.

Mit ihm, dem Sicherheitsberater des amerikanischen Präsidenten, sprach Mohammed Reza Pahlawi die Aktionen ab, die er zur »Sicherung der Freiheit« in der islamischen Welt vorbereitete. Da war zunächst eine umfangreiche Militärhilfe für den omanischen Herrscher Sultan Qabus vorgesehen. Durch sie sollte weiteres Aufflammen der Aktivität der »Popular Front for the Liberation of the Arabian Gulf« verhindert werden. Der marxistischen »PFLOAG« sollte für immer jede Chance genommen werden, der Trucial Coast den Marxismus zu bescheren.

Die Folgen des britischen Rückzugs aus dem Persisch/Arabischen Golf

Dass er dringender denn je als Ordnungsfaktor gebraucht wurde, war dem Schah bewusst geworden, als im Jahr 1968 der britische Premierminister Harold Wilson – er gehörte der Labour Party an – die Absicht verkündete, Großbritannien werde sich aus der »Kronkolonie« Aden und aus dem Südjemen zurückziehen. Zum Schrecken der Ruler am Persisch/Arabischen Golf wurde das »Rückzugsgebiet« bald darauf erweitert: Harold Wilson wollte auch alle anderen Stützpunkte Englands »East of Suez« räumen – und davon war die britische Truppenpräsenz in Kuwait, Bahrain und in den Staaten der Trucial Coast betroffen. Großbritannien wollte nicht länger Schutzschirm für die Herrschaft der Ruler sein.

Der Entschluss zum Abzug war längst fällig, denn die britische Truppenpräsenz am Golf erfüllte seit 20 Jahren, seit der Trennung des Mutterlandes von Indien, keinen nationalen Zweck mehr. England brauchte den Seeweg nach Indien nicht mehr zu sichern.

Solange Großbritanniens Wirtschaft in der Zeit nach dem Zweiten Weltkrieg einigermaßen floriert hatte, wollten sich die Regierungen in London den Luxus der Truppenpräsenz »East of Suez« leisten – auch nachdem Indien seine Unabhängigkeit errungen hatte. Jetzt aber war die wirtschaftliche Lage Englands schlecht geworden. Das Pfund hatte abgewertet werden müssen. Der Staatskasse fehlte Geld für unnötig gewordene Militärausgaben. Die Labour Party sah keine andere Lösung für die Entspannung der Finanzlage, als den Verzicht auf politische und militärische Präsenz an der Trucial Coast. Eine Ausnahme sollte das Sultanat Oman bilden. Sultan Qabus brauchte die Briten zur Absicherung der Grenze gegen Südjemen. Dort bestand beim Abzug der englischen Soldaten aus Aden die Gefahr einer Belebung der Aktivität marxistischer Gruppen, die ihre Basis im Hadramaut besaßen. Die Ziele der »PFLOAG« waren dort nicht völlig in Vergessenheit geraten.

In den Trucial States machte sich am 18. Juni 1970 Hoffnung breit, die Absichten der britischen Politik für die Region »East of Suez« könne sich doch noch ändern. Die Labour Party hatte die Unterhauswahlen verloren; sie war durch die Konservativen unter Edward Heath abgelöst worden. Heath hatte als Oppositionspolitiker immer betont, England müsse die Region am Golf auch weiterhin schützen, dann werde es den britischen Ölgesellschaften auch in Zukunft gelingen, Gewinne zu erwirtschaften. Der britische Truppenabzug aber schwäche die Position der britischen Ölkonzerne – und damit die britische Wirtschaft insgesamt. Edward Heath hatte versprochen, dieser gravierende Fehler werde bei einem Sieg der Konservativen vermieden.

Sheikh Zayed bin Sultan Al Nahyan glaubte schon, er könne auch weiterhin mit britischem Schutz rechnen. Die Äußerungen von Harold Wilson hatten ihn und alle anderen Sheikhs erschreckt – das

Gefühl in einer gefährlichen Welt allein gelassen zu werden, hatte sich an der Trucial Coast breit gemacht.

Die Hoffnung, es bleibe alles beim Alten, verflog allerdings rasch. Edward Heath vergaß, was er als Oppositionspolitiker propagiert hatte. Unter dem Druck der Wirtschaftspolitiker seiner Partei korrigierte er seinen Kurs: Er behielt den Beschluss zur Räumung der Gebiete »East of Suez« bei. Als Termin wurde nun der 1. November 1971 festgelegt.

Während der folgenden Monate wuchs die Spannung, was wohl im November geschehen werde. Sie wurde angeheizt durch die Äußerung des iranischen kaiserlichen Außenministers Ardeshir Zahedi, der die expansiven Ziele des Schahs offenlegte: »Wir hoffen sehr, dass die britische Regierung uns die Inseln Abu Musa und Greater und Lesser Tunb ohne Schwierigkeiten übergibt!«

Der Schah Mohammed Reza Pahlawi meinte nur wenige Tage später in drohendem Ton: »Die Souveränität über die drei Inseln im Persischen Golf ist unsere Angelegenheit. Wir werden uns, wenn nötig, mit Gewalt durchsetzen.«

Offenbar wusste die britische Regierung Bescheid über das, was der Schah vorhatte. Als Sondergesandter Englands hielt sich Sir William Luce in den Trucial States auf. Er informierte die Ruler von Sharjah und Ras Al-Khaimah, dass der Schah »deadly serious« war in seiner Absicht, die drei Inseln seinem Reich einzuverleiben. Der Sondergesandte sprach kein Wort davon, dass seine Regierung gegen eine Landung iranischer Truppen protestieren würde. Sheikh Khalid von Sharjah hatte sogar den Eindruck, Sir William Luce wolle ihm mitteilen, dass London dem Vorhaben des Schahs positiv gegenüberstehe. Sheikh Khalid bin Mohammed resignierte trotz dieser Erkenntnis nicht. Er schickte ein Memorandum an sämtliche arabischen Staatschefs; er wies darauf hin, dass die Insel Abu Musa schon immer zu Sharjah gehört habe. Er bat die »arabischen Brüder« um Unterstützung; Khaled bin Mohammed gab zu, dass er sich in schwacher Position befinde: »Ich weiß genau, dass ich um keine militärische Hilfe bitten kann. Die Brüder sind nicht in der Lage, uns Truppen zur Verteidigung von Abu Musa zu schicken. Der Stand ihrer militärischen Rüstung lässt das nicht zu. Was wir jedoch erwarten können ist, dass Druck ausgeübt wird auf Teheran. Die iranische Regierung soll wissen, dass sie im Fall des Angriffs auf die Inseln die arabische Welt gegen sich hat.«

Sheikh Khalid bin Mohammed wartete vergeblich auf Antwort aus Cairo, Damaskus, Baghdad. Von den »arabischen Brüdern« allein gelassen, suchte er mit dem Iran zu einer Verständigung zu gelangen. Er bot im Fall der Insel Abu Musa einen teilweisen Verzicht auf Souveränitätsrechte des Emirats Sharjah an. Iran soll die Hälfte der Oberfläche von Abu Musa für militärische Zwecke nutzen dürfen. Diese Kompromisslösung gab der Sheikh von Sharjah am 29. November 1971 bekannt – zur Verblüffung der anderen Ruler der Trucial States, die eine entschlossene Haltung gegenüber der bevorstehenden iranischen Aggression erwartet hatten.

Die Vereinbarung sah vor, dass die Rechte an möglichen Ölvorkommen auf und um Abu Musa von den Vertragspartnern je zur Hälfte wahrgenommen werden. Für die Nutzung von Teilen der Oberfläche von Abu Musa zu militärischen Zwecken war Iran bereit, jährlich 1,5 Millionen Pfund Sterling an den Sheikh von Sharjah zu bezahlen. Diese Summe soll allerdings nur so lange bereitstehen, bis die eigenen Einnahmen des Sheikhtums Sharjah aus dem Ölgeschäft nicht die Grenze von drei Millionen Pfund Sterling erreicht haben. Darin einkalkuliert werden sollen auch Einnahmen, die durch Öl erzielt werden, das auf dem Festland von Sharjah oder offshore gefördert wird.

Übereinkunft wurde erzielt über die Teilung der Insel Abu Musa, deren Territorium so klein ist, dass es auf Seekarten nur als Punkt zu erkennen ist. Der Norden der Insel sollte von Iran kontrolliert werden; der Süden, einschließlich des Dorfes Abu Musa, unterstand dem Emirat Sharjah.

Der Sheikh von Ras Al-Khaimah weigerte sich energisch, für seinen Besitz Greater Tunb und Lesser Tunb ein ähnliches Abkommen zu akzeptieren. Sheikh Saqr bin Mohammed hatte es mit seiner Ehre nicht für vereinbar gehalten, den Iranern arabischen Boden gegen Entgelt zu überlassen. Seinen Polizisten auf den beiden Inseln hat er ausdrücklich den Befehl erteilt, auf die iranischen Soldaten beim Versuch, Greater und Lesser Tunb zu betreten, zu schießen.

Am 30. November 1971 erreichten Schnellboote der kaiserlich-iranischen Marine die Inseln. Die Polizisten von Ras Al-Khaimah leisteten tatsächlich Widerstand. Die Angreifer und die Verteidiger erlitten Verluste. Der Widerstand brach allerdings rasch zusammen. Noch am 30. November 1971 erhielten die beiden Inseln iranische Bezeichnungen. Sie heißen seither Tunb-e-Bosorg und Tunb-e-Kuchak.

Am selben Tag wartete auf der Insel Abu Musa der stellvertretende Ruler von Sharjah auf die iranischen Vertragspartner, um sie in ihre Rechte einzuführen. Das iranische Militär, dem nur ein Teil von Abu Musa gehören sollte, hielt sich von Anfang an nicht an Abmachungen. Sie wiesen den stellvertretenden Sharjah-Ruler von der Insel. Abu Musa war damit – nach Ansicht des Schahs – iranisches Eigentum.

Einige arabische Staaten reagierten schroff auf die Beschlagnahme der Inseln. Irak brach die diplomatischen Beziehungen zu Iran und Großbritannien ab. Libyen verstaatlichte das Eigentum der British Petroleum Company auf libyschem Boden. So wurde der »britische Verrat« gerächt.

In Sharjah rotteten sich Jugendliche zusammen. Ihr Zorn richtete sich gegen den Stellvertreter des Rulers, der auf der Insel Abu Musa die Eroberer willkommen geheißen hatte. Auf ihn wurden Schüsse abgegeben; er wurde schwer verwundet. Sein Bruder, der Ruler, Sheikh Khalid bin Mohammed Al Qasimi findet keine Worte, um zu erklären, was sich auf Abu Musa wirklich ereignet hat. Der Autor dieses Buches bat damals darum, sich selbst ein Bild von der Situation draußen auf dem Meer machen zu dürfen. Den Wunsch nach einem Schiff schlägt der Ruler nicht direkt ab, doch er blickt lange aus dem Fenster des Audienzsaales; dann sagt er: »Wir erwarten starken Sturm auf dem Golf!« Darauf wechselt Sheikh Khalid bin Mohammed Al Qasimi das Thema. Er schwärmt vom Schwarzwald und von München. Einmal habe er Deutschland besucht; es sei ein wunderschönes Land. Mit dieser schwärmerischen Äußerung ist die Audienz beendet.

Wenige Tage später fahren drei Lastwagen vor dem Regierungsgebäude des Emirs von Sharjah vor. Bewaffnete springen von der Ladefläche. Sie überrumpeln die Wachen und dringen in die Räume des Rulers ein. Die Rebellen wurden angeführt von Sheikh Saqr bin Sultan. Er war bis 1965 Ruler in Sharjah gewesen, dann hatte ihn die Familie abgesetzt, weil er zu gläubig den Parolen von Radio Cairo zugehört hatte, weil er ein Sympathisant des ägyptischen »Rais«

Gamal Abdel Nasser geworden war. In der ägyptischen Hauptstadt hatte Saqr bin Sultan damals zunächst Asyl gefunden. Die Tage vor dem Putsch hatte er in Ras Al-Khaimah zugebracht. Von dort hatte er auf der ausgebauten Asphaltstraße nur eine halbe Stunde bis zum Ort des geplanten Putsches gebraucht. Saqr bin Sultan war nicht allein; ein Dutzend junger Männer befand sich bei ihm.

Im Regierungsgebäude erklärt Saqr bin Sultan den Ruler und seine Berater zu Gefangenen. Über das Telefon nimmt er Kontakt auf zu Sheikh Zayed in Abu Dhabi, der entschlossensten und intelligentesten Persönlichkeit unter den Rulern der Trucial Coast. Saqr bin Sultan teilt mit, er habe die Macht in Sharjah übernommen.

Sheikh Zayed, der die Situation im nördlichen Sheikhtum nicht übersehen kann, hütet sich, dem Putschisten zur Machtergreifung zu gratulieren. Er bittet den British Political Resident den Panzerspähwagen, der in Abu Dhabi zur Verfügung steht, zur Erkundung der Lage nach Sharjah zu schicken. Das gepanzerte Fahrzeug braucht vier Stunden, bis es Sharjah erreicht. Der Kommandeur der kleinen britischen Truppe kann per Telefon mit Saqr bin Sultan reden. Der Putschist verlangt den Abzug der Engländer – ohne Erfolg. Bald darauf hört der britische Offizier aus der Telefonmuschel den Schuss, der Sheikh Khalid bin Mohammed Al Qasimi tötet.

Der Putschist fühlt sich als Sieger – doch er denkt in den Kategorien einer vergangenen Zeit. Jetzt aber greift der British Political Resident zum ersten Mal in die Affäre ein, die mit der iranischen Besetzung der drei Golfinseln begonnen hat. Er lässt das Regierungsgebäude, in dem sich Sheikh Saqr bin Sultan verteidigen will, das nur ein schlichter Lehmbau ist, durch die Kanone des Panzerspähwagens beschießen. Der Vertreter der britischen Krone an der Trucial Coast handelt im Einvernehmen mit Sheikh Zayed bin Sultan Al Nahyan von Abu Dhabi. Dieser entwickelt sich in diesen Stunden zur Führungspersönlichkeit. Sheikh Zayed setzt sich durch. Sheikh Saqr bin Sultan muss sich ergeben, da seinen Männern die Munition ausgegangen ist.

Nach den bisherigen Regeln der »Machtübernahme durch Mord« hatte sich Saqr bin Sultan als rechtmäßiger Sheikh von Sharjah fühlen können. Der Ruler von Abu Dhabi aber ist der Meinung, dass Mord in einer sich ändernden Zeit nicht mehr belohnt werden darf. Zayed vertreibt den Putschisten und sorgt dafür, dass ein Mann, der

nichts mit der Affäre zu tun hat, die Regierung in Sharjah über-
nimmt. Sein Name: Sheikh Sultan bin Mohammed Al Qasimi.
   Der Stamm Al Qasimi, der im Dezember 1819 an der Küste von
Ras Al-Khaimah durch den Angriff der Royal Navy seine gesamte
Dhau-Flotte und damit seine damalige Macht verloren hatte, war
noch immer am Kräftespiel der Trucial States beteiligt.

Die brennende Wunde: die drei arabischen Inseln
in iranischer Hand

Ein Leserbrief in der Tageszeitung »Gulf News« macht am 17. Februar 2005 mit wenigen Worten die Situation deutlich: »Wenn wir
auf die Geschichte der Golfregion blicken, wird deutlich, dass der
Iran, als Besitzer von Nuklearwaffen, eine große Gefahr darstellt.
Iran hält noch immer widerrechtlich drei Inseln in seinem Besitz, die
den Vereinigten Arabischen Emiraten gehören. Wir haben allen
Grund, uns vor dem Iran zu fürchten. Wir können uns vorstellen,
wie Iran, der eine schiitische Bevölkerungsmehrheit hat, mit uns,
den Sunniten, verfahren wird, wenn der Iran tatsächlich eine Nu-
klearmacht darstellt, und seine Überlegenheit gegen uns ausspielt.«
   Die Besorgnis, die den Leserbriefschreiber umtreibt, beschäftigt
auch die Ruler der arabischen Golfstaaten. Sie tauschen die Informationen aus, die sie von Veränderungen auf den Golfinseln erhalten. Berichtet wird von ethnischen Säuberungen: Zur Küste der Trucial States deportiert wurden arabische Familien; dafür treffen auf
Abu Musa iranische Familien ein; 4000 iranische Soldaten beziehen
Quartier auf der Insel, von Artilleriestellungen wird gesprochen.
   Parallel zu iranischen Anstrengungen, die eigene Position auf den
geraubten Inseln zu konsolidieren, bemühte sich Teheran, die Beziehungen zu den Emiraten zu verbessern. Der Schah Mohammed
Reza Pahlawi war abgelöst worden durch schiitisch-islamische Politiker, deren Legitimität darin bestand, dass sie einen schwarzen
Turban trugen, dass sie in direkter Linie vom Propheten Mohammed abstammten. Die Nachfolger des Schahs änderten die Politik
des Vorgängers nicht: Sie halten den Anspruch auf Abu Musa, Greater und Lesser Tunb aufrecht. Doch die Ayatollahs wollten bessere

Beziehungen erreichen zu den Emiren. Im September 1992 trafen iranische Delegierte in Abu Dhabi ein. Ihre Absicht war es, Freundschaft zu demonstrieren. Als Sheikh Zayed, der Ruler von Abu Dhabi, das Problem der drei Inseln anschnitt, standen die Iraner auf und verließen die Residenz des Herrschers.

Zwei Tage später gab das Außenministerium in Teheran bekannt, das Gespräch sei gescheitert. Das amtliche Kommuniqué verschwieg den Grund.

Die Zeitung »Tehran Times« brachte während der 90er Jahre des vergangenen Jahrhunderts einen neuen Aspekt in den Streit ein: Die Zeitung behauptete, die USA seien daran interessiert, Iran mit der Behauptung zu diffamieren, die Islamische Republik halte widerrechtlich fremdes Gebiet besetzt. Die Emire seien offenbar Verbündete der USA in diesem Konflikt. Die Herrschaft der Emire müsse beendet werden.

Doch die Zeit schreitet weiter fort: Die Emire der Trucial Coast beschreiten den richtigen Weg. Am 3. Februar des Jahres 2005 trafen sich in Abu Dhabi König Hamad bin Isa Al Khalifa von Bahrain und Sheikh Khalifah bin Zayed Al Nahyan. Das Thema ihrer Besprechung war das Unrecht, das vor mehr als 30 Jahren den arabischen Golfstaaten durch Iran angetan worden ist. In diesem Zusammenhang sei es noch einmal festgestellt: Im Jahr 1971 hatte Mohammed Reza Pahlawi, der Schah von Iran, die Inseln Abu Musa, Greater Tunb und Lesser Tunb, im Handstreich annektieren lassen – ohne dass ihm jemand in den Arm gefallen wäre.

Der König von Bahrain und der Sheikh von Abu Dhabi hatten sich jetzt getroffen, um an dieses Unrecht zu erinnern. Sheikh Khalifah bin Zayed Al Nahyan ermahnte die internationale Gemeinschaft, sie möge sich dieser Angelegenheit annehmen. Angebracht sei diplomatischer Druck auf den Iran. Der Internationale Gerichtshof sei aufgefordert, den Sheikhtümern Sharjah und Ras Al-Khaimah zu ihrem Recht zu verhelfen. Der König und der Sheikh betonten ausdrücklich, dass sie eine friedliche Lösung des Konflikts mit Iran anstrebten. Die Herrscher konnten mit Selbstbewusstsein auftreten, denn es war ein größerer Block der arabischen Golfstaaten entstanden, der wirtschaftlich und politisch Respekt verlangte.

Wird die Trucial Coast Beute der Nachbarn? Der Egoismus der Emire

Als im Jahr 1968 Großbritannien zu erkennen gab, dass es aus ökonomischen und politischen Gründen gezwungen sei, die Positionen »East of Suez« zu räumen, standen die sieben Sheikhtümer der Trucial Coast vor dem Problem, ihre Zukunft selbst zu gestalten. Zwei Beispiele: Verteidigung und außenpolitische Beziehungen lagen bisher in der Verantwortung der britischen Krone. Selbst die von Tag zu Tag fällige Verwaltungsarbeit in den »Government Houses« in Abu Dhabi, Dubai, Sharjah, Ras Al-Khaimah wurde von Engländern überwacht, betreut und letztlich auch ausgeführt. Jedes der kleinen Gemeinwesen war nun aufgefordert, eigene Regierungsapparate zu entwickeln.

Keines der Emirate besaß eine Intelligenzschicht, in der administratives Personal verfügbar war. Die manchmal so selbstbewussten »Ruler« empfanden sich plötzlich als hilflos.

Der erste Gedanke der Ruler war: »Wir sind von London verraten worden! London hatte immer versichert, es werde die Trucial Coast nie in einer feindlichen Welt allein lassen.« Die Ruler empfanden eine plötzliche Leere. Die Freundschaft mit der britischen Krone hatte sich als Seifenblase erwiesen. Die Frage stellte sich: Auf wen ist noch Verlass in dieser Welt?

Der zweite Gedanke aber war: »Wir müssen uns enger zusammenschließen; nur auf diese Weise können wir in dieser schwierigen Zeit überleben.« Es war Sheikh Zayed, der die Gefahr von Saudi-Arabien oder Iran geschluckt zu werden, am deutlichsten erkannte. Als Realist war er der Meinung, dass es ausgeschlossen sei, alle Sheikhtümer, die sich jetzt durchweg Emirate nannten, zu einer Einheit zu vereinigen. Mit wachem Sinn hatte er verfolgt, wie an anderem Ort der Versuch gemacht wurde, aus kleinen regionalen Einheiten eine »Südjemenitische Arabische Föderation« zu schaffen. Das Experiment war gescheitert. Sheikh Zayed gab allerdings die Schuld am Scheitern den Briten, die um ihre einstige Kronkolonie Aden herum Fürstentümer des Hadramaut gruppieren wollten. Der kluge Emir von Abu Dhabi wollte verhindern, dass erneut britische Nahostfachleute die Umorganisation der Trucial States in die Hand nahmen. Der Meinung des Emirs von Abu Dhabi pflichtete der Ruler von Bahrain, Sheikh Isa bin Salman Al Khalifah bei:»Wir stehen zum ersten Mal vor einer Aufgabe, die wir selbst zu lösen haben, die kein anderer für uns lösen kann.«

Emir Zayed ergriff die Initiative: Er bat den Emir von Dubai zu einem vertraulichen Treffen in einer unauffälligen Siedlung an der Grenze zwischen den beiden Emiraten. Das Datum war der 18. Februar 1968. Emir Rashid von Dubai war überrascht, als er den Zweck des geheimnisvollen Treffens erfuhr: Emir Zayed schlug vor, Abu Dhabi und Dubai zu fusionieren. Die beiden Herrscher könnten, so argumentierte Zayed, gemeinsam die Politik der Emirate festlegen. Innenpolitik, Außenpolitik, Gesundheitswesen und Sicherheitsfragen müssten im Einvernehmen festgelegt werden. Sheikh Rashid war über diesen Vorstoß des Rulers von Abu Dhabi keineswegs begeistert. Er konterte mit einem kleinlichen Argument: Es müssten zuerst offshore-Grenzprobleme zwischen den beiden Nachbarn geregelt werden. Sheikh Zayed war sofort gesprächsbereit: Dubai werde einen nicht unbedeutenden Meeresstreifen zugesprochen erhalten. Zu seiner Verblüffung war Sheikh Rashid von einem Augenblick zum anderen Besitzer eines Seegebiets, dessen Meeresboden von Geologen als »ölführend« bezeichnet worden war.

Trotz dieses Zugeständnisses gingen die beiden Herrscher nicht im Bewusstsein auseinander, einen Fortschritt in Richtung der Zukunftssicherung der Trucial Coast erreicht zu haben. Dass Sharjah, Ras Al-Khaimah, Umm Al-Qaiwain und Fujairah am Gespräch nicht beteiligt waren, belastete ihr Gefühl der Kollegialität gegenüber den anderen, die sich ja in derselben Lage wie sie befanden – alle waren sie gemeinsam vom geplanten Abzug Großbritanniens betroffen.

Die Erinnerung daran wurde wach, dass es ja bereits einen Ansatz zur Föderation gab – seit dem Jahr 1952. Damals hatte der British Political Resident die Anregung gegeben, die Emirate zu einem losen Staatenbund zusammenzuschließen. Tatsächlich entstand 1953 der Trucial States Council; ihm gehörten die sieben Sheikhtümer an. Dieses Gremium wurde im Februar1968 wieder belebt. Beim Treffen der sieben Ruler stellte Sheikh Rashid von Dubai den Antrag, sein Schwiegersohn Sheikh Ahmed bin Ali Al Thani müsse auch aufgenommen werden – er regierte Qatar.

Der nächste ernsthafte Vorschlag zur Vereinigung der Kleinstaaten kam dann auch vom Ruler von Qatar. Er war der Meinung, die fünf »Zwergstaaten« Sharjah, Ajman, Umm Al-Qaiwain, Fujairah und Ras Al-Khaimah sollten ihre Eigenständigkeit aufgeben, und einen Staat bilden, der den Namen »United Arab Coastal Emirates« tragen würde. Die Emire, die auf Besitz und ererbte Würde verzichten sollten, wurden wütend. Die Mitglieder des Hauses Qasimi beriefen sich darauf, dass ihre Sippe seit Jahrhunderten in den »nördlichen Emiraten« führend sei. Sie weigerten sich zunächst, an weiteren Treffen zum Thema »Föderation« teilzunehmen.

Sheikh Zayed beruhigte die aufgebrachten Gemüter. Er verwies darauf, dass der Sinn jeder Vereinbarung zwischen den Rulers die Vorbereitung zur Abwehr einer »Gefahr von außen« sein müsse. Jede Diskussion, die diesen Punkt nicht berücksichtige, sei sinnlos. Sheikh Zayed erinnerte daran, dass alle Verantwortlichen der Trucial Coast States von der Sorge getrieben seien, vom großen Nachbarn Iran in Schwierigkeiten gebracht zu werden – ohne Aussicht auf Hilfe von außen. Großbritannien werde sich auf jeden Fall für die Emirate nicht mehr verantwortlich fühlen. Wenn es jetzt nicht gelinge – so mahnt Sheikh Zayed – Einigkeit zu beweisen, wird sich Iran ermutigt fühlen, territoriale Forderungen an die Westküste des Golfs zu stellen. Es genüge nicht zu verkünden, dass sich alle Ruler »brüderlich verbunden« fühlten; mit Worten sei die Zukunft nicht zu sichern. Ein starkes Band müsse geschaffen werden. Dies könne nur durch die Gründung eines Bundesstaates geschehen.

Im Februar 1968 waren die Emire weit davon entfernt, Einigkeit zu demonstrieren. Was erreicht wurde, war nur die Vertuschung der Streitpunkte, die meist gegenseitige Gebietsansprüche betrafen. Uneinigkeit bestand auch darin, wie eine Zentralverwaltung eines Bundesstaates beschaffen sein könnte. Vor allem die Ruler der nördlichen Emirate wollten sich auf keinen Fall in die Art, wie sie ihren Staat lenken, hineinreden lassen. Jeder wollte autonom herrschen. Aus diesem Grunde war nicht daran zu denken, dass zu diesem Zeitpunkt eine Verfassung formuliert werden könnte, die für die Ruler verbindlich sein würde.

Störfaktor Iran – und Saudi-Arabien

Bereits am 1. April 1969 sind aus Teheran deutliche Worte zu hören: »Eine Föderation der Trucial-Coast-Staaten würde eine völlig neue Situation am Persischen Golf entstehen lassen. Das Kräfteverhältnis wäre gestört. Die iranische Regierung wird nie ein derartiges Ungleichgewicht dulden. Es birgt in sich eine Ungerechtigkeit gegenüber dem Kaiserreich Iran.«

Verhindert werden soll, dass ein Bundesstaat entsteht, der die Sympathie der Vereinigten Staaten von Amerika gewinnt. Den Anspruch, der Freund der USA am Golf zu sein, wollte der Schah, der sich damals, 1969, auf der Höhe seiner Macht fühlte, gerne für sich allein beanspruchen. Mohammed Reza Pahlawi benötigte keine Partnerschaft auf der anderen Seite des Gewässers. Je mehr dort Zerstrittenheit herrschte, desto besser war seine Situation.

Dass Großbritannien entschlossen war, die Golfregion zu verlassen, konnte dem Schah nur recht sein. Das Mitspracherecht der Briten in der Politik der Staaten »ostwärts vom Suezkanal« hatte der persische Monarch als überflüssig empfunden. Jetzt wünschte er sich, dass die Political Residents der Briten verschwanden, ohne vorher eine neue Ordnung am Golf zu schaffen. Der Schah drückte diesen Sachverhalt so aus: »Die britische Regierung darf nicht verschwinden unter Zurücklassung eines Erbes, das Iran Schaden zufügt. Großbritannien ist dabei, Territorien zu verschenken, die historisch gesehen immer zum Iran gehört haben und die Iran mit Gewalt geraubt worden sind.« Der Schah wies wieder darauf hin, dass die Inseln Abu Musa, Tunb-e-Bosorg und Tunb-e-Kuchak jahrhundertelang zu Iran gehört hätten.

Auch wenn der Schah in diesem Fall nicht direkt auf Bahrain hinweist, so ist doch zu spüren, dass ihm der Verzicht auf dieses »Kronjuwel« schwer fällt. Er hatte einst feierlich verkündet, Bahrain sei die »14. Provinz im iranischen Imperium« – und zwar für alle Zeiten. Dieses Versprechen ist im Iran nicht in Vergessenheit geraten. Es belastet im Jahr 1969 die Handlungsfreiheit des iranischen Herrschers.

Die iranische Erklärung vom 1. April 1969 ist so zu deuten, dass ein Beitritt Bahrains zur Föderation der Golfstaaten erneut den Anspruch des Iran auf die Insel auslösen würde.

Ein zweiter Staat der Golfregion befindet sich zu Beginn der Diskussion, ob eine Föderation der arabischen Golfstaaten sinnvoll ist, im Visier des Mächtigen von Iran: das Emirat Qatar. Es handelt sich um eine Halbinsel, die 180 Kilometer lang ist. Sie zählte um das Jahr 1970 250 000 Einwohner; ein Zehntel sind iranischer Abstammung mit starker verwandtschaftlicher Beziehung zu Iran. Diese Bevölkerungsgruppe wurde damals dazu benützt, Propaganda gegen die Föderation der arabischen Emirate zu treiben. Teheran konnte in diesem Fall allerdings nur geringe Erfolge verbuchen. Besorgnis bei den Emiren weckte die persische Qatar-Propaganda nicht.

Auffällig ist, dass Qatar gerade zu diesem Zeitpunkt viel Eifer darauf verwendete, den Emiren Vorschläge zur Weiterentwicklung des Föderationsgedankens zu unterbreiten. Der Emir von Qatar war vor allem darauf bedacht, möglichst oft die beratenden Versammlungen der Ruler in seine Hauptstadt Doha einzuladen. Die Ruler insgesamt registrierten den »Qatar-Übereifer« mit Argwohn. Die Protokolle lassen erkennen, dass sich Abu Dhabi, Dubai, Sharjah und Ras Al-Khaimah von Qatar distanzierten. Die Zugehörigkeit des Herrschers von Qatar zur Föderation war immer weniger erwünscht.

Diese Haltung hatte sich jedoch nicht in Folge möglicher Sympathie des Rulers aus der Sippe Al Thani mit dem Iran entwickelt, sondern auf dessen Hinneigung zu Saudi-Arabien, die historisch zu erklären ist. Die eingesessenen Familien, die auf der Halbinsel Qatar leben, gehören zu Nomandenstämmen, denen einst die gesamte östliche Provinz des heutigen Saudi-Arabien als Weidegebiet zur Verfügung stand. Die Sheikhs dieser Nomadenstämme hatten sich dem wahhabitisch orientierten Haus As Saud untergeordnet. Die Sippe Al Thani hatte schließlich im Verlauf von Jahrzehnten ein eigenes Weidegebiet für die Herden auf der Halbinsel Qatar gefunden. Ihre Sheikhs wussten genau, dass ihre Existenz auf diesem Zipfel des arabischen Festlands im Golf vom Wohlwollen der regierenden Familie in Saudi-Arabien abhing.

Immer wieder versuchte das Haus As Saud durch Hinweis darauf, dass die Halbinsel Qatar nichts anderes sei, als ein geologischer

Wurmfortsatz der Arabischen Halbinsel, das unabhängige Sheikhtum seinem Territorium einzuverleiben. Derartige Versuche konnten immer wieder durch beharrliches Festklammern der Sheikhs des Hauses Al Thani an ihrem Besitz abgewehrt werden.

Nie geschah es, dass Saudi-Arabien während der Gespräche der Trucial-Coast-Emire in irgendeiner Form beschuldigt wurde, sich in Belange der Golfstaaten einzumischen. Jeder der Emire war sich bewusst, dass das Haus As Saud nicht gereizt werden durfte. Seine Macht war gefürchtet. Mögliche wahhabitische Aktionen hätten existenzbedrohend für die Küstenstaaten sein können. Die Gefahr aus Saudi-Arabien war ein permanent beunruhigender Faktor, den die Sheikhs einzukalkulieren hatten.

Bietet die Föderation wirklich Schutz vor Saudi-Arabien?

Die Gefahr aus Saudi-Arabien bewegte auch den Herrscher des Sultanats Oman. In der Vergangenheit war diese Gefahr meist dank der Hilfe Großbritanniens gebannt worden. Künftig befanden sich zwar noch britische Soldaten im Sultanat – gegen saudi-arabische Eindringlinge standen sie jedoch nicht zur Verfügung.

Sultan Said bin Taimur, der Herrscher von Oman seit den 30er Jahren, war immer darauf bedacht gewesen, Abstand zu halten zu den Trucial-Coast-Staaten. Said bin Taimur war überzeugt, Oman habe allein schon durch seine Geschichte einen höheren Stellenwert als die Nachbarn, die einst als Piraten abqualifiziert worden waren. Am 24. Juli 1970 veränderte sich die Situation: Sultan Said bin Taimur wurde durch seinen Sohn Qabus bin Said unter Anwendung von Gewalt ins Exil geschickt – mit Zustimmung und logistischer Unterstützung durch die Engländer vor Ort und in London. Für Oman war eine neue Zeit angebrochen.

Wieder war es Sheikh Zayed, der die Initiative ergriff: Unmittelbar nach dem Putscherfolg meldete sich der Ruler von Abu Dhabi unter Verwendung der Nachrichtentechnik britischer Armeeeinheiten in Maskat mit dem Wunsch, der neue Sultan möge einem baldigen Treffen zustimmen. Dieses fand dann bereits am 9. August 1970 in der omanischen Hauptstadt statt. Sultan Qabus, kaum 30 Jahre alt, stand vor der schweren Aufgabe, Oman die Zukunft zu sichern. Bewusst war ihm die saudi-arabische Absicht, das wahhabitische Reich durch Eingliederung des Sultanats Oman bis zur Landspitze Musandam abzurunden. Damit würde Saudi-Arabien mit Iran zusammen, Beherrscher der Straße von Hormuz werden.

Die Frage war, ob die Zugehörigkeit des Sultanats zu einer Föderation der Golfemirate Schutz vor saudi-arabischen Expansionsplänen garantieren könnte? Wichtig geworden war dem jungen Sultan die Aufgabe, den Zusammenhalt der Stämme zwischen der Küste des Arabischen Meeres und der Gebirge im Binnenland zu festigen. Wenn sich der Sultan nicht darum kümmerte, strebten die Stämme auseinander. Qabus bin Said wollte sich zunächst den Anliegen der Stammessheikhs zuwenden. So begeistert der junge Herrscher auch von der Idee war, seinen Staat in eine größere arabische Einheit einzubringen – es war die Zeit der panarabischen Einheitsversuche – so musste er Rücksicht nehmen auf die Selbstwertgefühle seiner Sheikhs. Mit den Herrschern der Trucial Coast unter »einem Dach« existieren zu müssen, war ihnen eine üble Zukunftsaussicht.

So geschah es, dass Sheikh Zayed enttäuscht das Sultanat Oman noch am 9. August 1970 verließ. Der Sultan hatte ihm keinerlei Versprechungen für eine Beteiligung seines Staates an der Föderation gemacht. Der neue Premierminister des Sultanats, Tariq bin Taimur, gab wenige Tage später diese Erklärung ab:»Oman wird der Föderation der Trucial-Coast-Emirate nicht beitreten. Nicht auszuschließen ist allerdings, dass sich Oman mit einigen einzelnen dieser Emirate in der Zukunft assoziieren wird.«

Diese Ankündigung wirkte ernüchternd auf Sheikh Zayed. Er musste aus diesen Worten folgern, dass Oman sich lohnende Teile aus der Gesamtheit der Emirate herausbrechen will, um damit eine Union nach omanischer Vorstellung einzugehen.

In Abu Dhabi und Dubai erstarb die Hoffnung auf eine Verwirklichung der Pläne zum Zusammenschluss der sieben Sheikhtümer. Nach Monaten der Diskussion war nichts erreicht. Die Schwierigkeiten hatten jeden Schwung zum Erlahmen gebracht.

Außergewöhnlich am Persisch / Arabischen Golf: In Bahrain bestimmt die Bevölkerung mit

Während die regierende Familie Al Khalifa der Meinung war, Bahrain könne seine Selbstständigkeit am ehesten im Verband mit den anderen Kleinstaaten der Region bewahren, macht sich bemerkbar, dass Teile der Inselbewohner anderer Ansicht waren. Es gab Persönlichkeiten, deren Meinung wichtig war, die klar aussprachen, was sie dachten: »Der Bildungsstandard der Menschen in Abu Dhabi, Dubai, Sharjah, Ras Al-Khaimah liegt weit unter dem der Bewohner von Bahrain. Dieser Unterschied wird die Ursache sein, dass die Föderation scheitert. Wir sprechen eine andere Sprache als die Stämme der Trucial Coast, zu der wir nie gehört haben!«

Ganz eindeutig bestand eine starke Strömung der Bahrain-Bevölkerung gegen eine Vereinigung mit der Trucial Coast. Der Hinweis auf den Bildungsunterschied war berechtigt. Bahrain hatte als eines der ersten Golfländer über Einnahmen aus dem Ölgeschäft verfügt. Die regierende Familie hatte die Gelder schon vor dem Zweiten Weltkrieg zur Verbesserung des Bildungsangebots verwendet. Schulen waren frühzeitig entstanden. In Abu Dhabi aber war das erste Schulhaus im Jahr 1959 gebaut worden. Während in Bahrain damals rund 1000 Schüler unterrichtet wurden, waren es in Abu Dhabi knapp 50. Der Unterricht in Bahrain orientierte sich seit den 30er Jahren an britischem Standard. Im Jahr 1959 gab es in Abu Dhabi einen Lehrer; er hieß Mullah Darwish. Er sorgte dafür, dass die Schüler den Koran auswendig lernten. In Bahrain verfügten die Schulen über sanitäre Anlagen; in Abu Dhabi stand das Meer als WC zur Verfügung. Lehrbücher gab es an der Schule in Abu Dhabi erst ab dem Jahr 1965. Bis dahin war der Unterricht ohne Plan und ohne Unterrichtsmaterial abgehalten worden.

Bei genauer Betrachtung musste der Herrscher von Bahrain seinen intelligenten Untertanen Recht geben. Sie durften nicht mit den wenig gebildeten Bewohnern der Trucial Coast in eine Föderation gepresst werden. Am 14. August 1971 erklärte der Ruler, Sheikh Isa, Bahrain werde fortan seinen eigenen Weg beschreiten. Am 1. September teilte auch Qatar mit, es sei nicht an einer Föderation mit den bisherigen Trucial States interessiert. Die sieben Sheikhtümer Abu Dhabi, Dubai, Ajman, Sharjah, Ras Al-Khaimah, Umm Al-Qaiwain und Fujairah waren auf sich selbst gestellt.

In letzter Minute:
Das Machtvakuum wurde vermieden

Die Zeit drängte: Am 1. Dezember 1971 erlosch der Schutz, den Großbritannien bisher gewährt hatte. Die Vereinigten Arabischen Emirate mussten rasch inneren Halt und Abwehrkraft nach außen gewinnen. Termingerecht wurde der neue Staat proklamiert. Geburtsstätte der VAE (Vereinigte Arabische Emirate) ist ein bescheidener flacher Bau an der Küste des Golfs in Dubai. Er ist am Tor gekennzeichnet durch die zwei englischen Worten »Union House«.

Die Machtverhältnisse waren rasch geordnet im neuen arabischen Staat. Zum Präsidenten wurde der Emir von Abu Dhabi, Sheikh Zayed bin Sultan Al Nahyan bestimmt; Sheikh Rashid bin Said Al Maktoum, der Emir von Dubai, wurde Vizepräsident. Beide legten ihre Amtsdauer auf zunächst fünf Jahre fest. Sheikh Maktoum bin Rashid, der Sohn des Vizepräsidenten, bildete als Ministerpräsident die Spitze der Exekutive. Am 6. Dezember 1971 nahm die Arabische Liga, als Dachorganisation aller arabischen Staaten, die UAE, die United Arab Emirates, als Mitglied auf. Drei Tage später bekamen die Vereinigten Arabischen Emirate Sitz und Stimme im Kreis der Vereinten Nationen.

Irak erzeugt Turbulenzen am Golf

Die Unruhe hatte sich früh angekündigt: Zehn Jahre vor der Gründung der United Arab Emirates gab Irak zu erkennen, dass seine Führung Anspruch erhebt auf das Emirat Kuwait; Staatschef in Baghdad zu dieser Zeit war General Abdel Kerim Kassem. Er begründete seinen Anspruch auf Kuwait historisch: »Der Zipfel Land am Auslauf des Schatt el-Arab hat immer zu Mesopotamien gehört; er ist von Basra verwaltet worden. Kuwait ist von den Engländern aus seinem natürlichen Rahmen herausgebrochen worden. Die Engländer benötigten einen Stützpunkt am Nordende des Golfs zur Beherrschung der Region. Die Kolonialzeit ist zu Ende. Die Fehler der Kolonialmacht England müssen korrigiert werden. Der Irak ist an die Stelle Mesopotamiens getreten. Kuwait wird wieder in die Heimat zurückgeholt!«

Kuwait hatte damals, im Jahr 1961, gerade die Freiheit von kolonialer Beherrschung gewonnen. Großbritannien hatte eben dem Emirat die Freiheit zugesprochen, da handelt Abdel Kerim Kassem. Diese Mitteilung schickte er an den Emir von Kuwait: »Durch republikanisches Dekret ernenne ich dich zum Kaimakam, zum Gebietsgouverneur. Der Kaimakam ist dem Gouverneur von Basra unterstellt. Wenn du die Ernennung zum Kaimakam nicht annimmst, erkläre ich dich zum Rebellen, der den Tod durch Erschießen verdient hat!«

Damals, im Jahr 1961, hatte Großbritannien dem Emirat Kuwait Schutz geboten. Edward Heath war Englands stellvertretender Außenminister. Er erklärte: »Großbritannien akzeptiert unter keinen Umständen den irakischen Expansionsdrang!« England schickte Truppen. Der Einmarsch irakischer Panzerverbände konnte gerade noch durch eine rasch improvisierte Landung britischer Marineinfanteristen verhindert werden.

Das Ereignis von 1961 war fortan für alle Kleinstaaten am Golf ein Musterbeispiel dafür, wie rasch Bedrohungen durch Nachbarstaaten auftreten können.

Als Kuwait erneut von Irak bedroht wurde, waren die Vereinigten Arabischen Emirate aus sicherer Entfernung Zeuge – aber die Emire fühlten sich dennoch gefährdet. Die Krise rückte näher.

»Nachts um drei Uhr fielen die Iraker über uns her!« Den Augenzeugenbericht vom Geschehen im März 1973 gab ein verwundeter kuwaitischer Leutnant. »Sie kamen aus allen Richtungen. Wir haben mit diesem Überfall überhaupt nicht gerechnet. Wir schliefen. Es knallte, und keiner von uns wusste, was los war!« Die Iraker besetzten in dieser Nacht den kuwaitischen Grenzposten Samita und beschossen die Kaserne der kuwaitischen Armee in Umm Kasr. Das Ziel des irakischen Angriffs ist die kuwaitische Golfinsel Bubiyan.

Sie ist 42 Kilometer lang und 20 Kilometer breit und liegt direkt am Ausfluss vom Schatt el-Arab in den Persisch/Arabischen Golf. Die irakische Armee wollte Bubiyan besetzen; ohne den Besitz dieser Insel kann Irak nicht als Golfstaat gelten, denn sein Anteil an der Golfküste ist auf wenige Kilometer zu beiden Seiten des Schatt el-Arab beschränkt.

Der irakische Überfall vom März 1973 ist keine nebensächliche militärische Aktion irgendwo in Arabien. Es ist kein Streit unter arabischen Brüdern um einen Grenzpfahl im Niemandsland der Wüste. Die Tageszeitung »Daily News« in Kuwait deckt deutlich den politischen Hintergrund auf: Eine Karikatur zeigt den russischen Bären – gefräßig, beutelüstern, hinterhältig auf dem Weg zum Persisch/Arabischen Golf. Der Bär stapft im Pulverdampf und folgt den Einschlägen der irakischen Granaten. Der Bär sieht den Erfolg vor sich: Er wird sich am Golf niederlassen. Das Ölgebiet gehört künftig zu seinem Revier.

Die ehrgeizigen Ziele des Saddam Hussein werden deutlich. Die Emirate geraten in die Gefahrenzone

Sowjetbotschafter Wenjamin Andrejewitsch Lichatschow hat den Verantwortlichen in Baghdad den Weg gewiesen: Die Sowjetunion verlangt von Irak die Öffnung des Zugangs zu den »warmen Wassern« des Golfs. Der irakische Staatspräsident Ahmed Hasan Al Bakr ist im Jahr 1973 schon nicht mehr der wichtigste Mann in Baghdad; er ist überflügelt worden von Saddam Hussein. Dieser steht an der Spitze der irakischen Baath-Partei, deren bedeutsamster Programmpunkt die Schaffung der »Arabischen Einheit« ist. Präzise gesagt: Die Baath-Partei will die Emirate schlucken. Saddam Hussein hat die Chance erkannt: Großbritannien stellt keine Schutzmacht für die Golfregion mehr dar. »East of Suez« ist Englands Navy kaum mehr präsent. Saddam Hussein glaubt nicht, dass sich die Vereinigten Arabischen Emirate gegen eine entschlossene irakische Expansionspolitik wehren können. Die Kleinmonarchien, wie Kuwait, die sich den Vereinigten Arabischen Emiraten nicht angeschlossen haben, werden in Baghdad als leichteste Beute angesehen.

Saddam Hussein rechnet für seine Expansionspolitik mit der Hilfe der Sowjetunion; ein Freundschaftspakt soll den gemeinsamen Weg in eine »sozialistische Zukunft« der Golfregion sichern. Der Propagandaapparat der Baath-Partei wird darauf ausgerichtet, die Sheikhs und Emire zu attackieren, in Misskredit zu bringen. Die antiroyale Tendenz des Regimes in Baghdad wird stärker betont als je zuvor. Die Parteipropagandisten weisen darauf hin, dass sich der Irak im Jahr 1958 durch eine Revolution vom »Monarchen und seiner Clique« befreit hat. Am 14. Juli 1958 ist König Feisal und seine gesamte Familie von »Antiroyalisten« erschossen worden. Den Emiren von Abu Dhabi und Dubai wünschte Saddam Hussein ein ähnliches Schicksal.

Aus dem Geschenk, das der sowjetische Ministerpräsident Alexej Kossygin aus Moskau nach Baghdad mitbringt, liest Saddam Hussein ab, dass die Moskauer Führung entschlossen ist, alle Feinde des Sozialismus niederzuwerfen. Das Geschenk hat hohen Symbolwert. Es ist ein riesiges Ölgemälde mit dem Titel »Der Rote Platz in Moskau« des Malers Wolodin. Saddam Hussein soll ins Bewusstsein gebracht werden, dass am Moskauer Roten Platz die Entscheidungen fallen, die auch ihn betreffen. Bemerkenswert ist allerdings, dass Saddam Hussein das Bild damals nicht in seinem Arbeitzimmer aufgehängt hat. Es wurde in einer Rumpelkammer abgestellt. Öffentlich wollte der Iraker die Abhängigkeit von Moskau nicht demonstrieren.

Saddam Hussein gehörte zu denen, die frühzeitig spürten, dass der sowjetische Einfluss auf die globale Politik zu bröckeln begann. Im Jahr 1984 hatte er vor dem Führungsgremium der Baath-Partei verkündet, dass es in zehn Jahren keine Sowjetunion mehr geben werde. Die Welt werde aus zwei Blöcken bestehen: aus den USA und einer arabisch-islamischen Union. Zu dieser Zeit befand sich Irak in einer erbitterten Auseinandersetzung mit der Iranisch-Islamischen Republik des Ayatollah Ruhollah Khomeini. Dieser hatte sich das Ziel gesetzt, seine Auffassung vom Islam zu »exportieren«, sie auf die Menschen am westlichen Ufer des Persischen Golfes zu übertragen. Khomeini wollte die Monarchien der Emirate abschaffen. In dieser Absicht traf sich der Ayatollah mit den Plänen des

Baath-Sozialisten Saddam Hussein. Doch deren Gemeinsamkeit hatte allerdings keine Basis für Zusammenarbeit besessen: Jede der beiden Persönlichkeiten wollte am Golf die dominierende sein. Saddam Hussein war dann schließlich für einige Jahre Sieger – Khomeini überlebte die Niederlage des Iran nur um wenige Monate.

Die Eroberung Kuwaits sollte Generalprobe sein für die Annektierung der Emirate

Nach dem Sieg über den Iran sprach der Mächtige im Präsidentenpalast von Baghdad häufig mit den Mitgliedern seines Stabs über die »Undankbarkeit der Emire«. Schließlich hätte er sie vor Khomeini gerettet. Der Irak hätte das Blut seiner jungen Männer geopfert, um die Ausbreitung des Iran zu verhindern. Der Irak hätte seine Staatsfinanzen im »Kampf für Arabien« gegen Iran ruiniert. Jetzt aber sei keiner der Emire bereit, sich an den Kriegsausgaben des Irak zu beteiligen. Ganz im Gegenteil: Die Monarchen hätten beschlossen, ihn, den Retter Arabiens, zu vernichten.

So abwegig war dieser Gedanke nicht. Tatsächlich hätten es die Emire gern gesehen, wenn Saddam Hussein, den sie nun als Gefahr empfanden, zu existieren aufgehört hätte. Die Propaganda der irakischen Baath-Sozialisten begann sich tatsächlich auszuwirken in den Vereinigten Arabischen Emiraten. In Dubai fanden sich hunderte von jungen Männern zusammen, um für Saddam Hussein zu demonstrieren. Bei ihren Protestmärschen gegen Sheikh Rashid trugen sie Plakate vor sich her, auf denen der Kopf des Saddam Hussein zu sehen war. Die Demonstranten forderten den Anschluss der Emirate an Irak. Damit seien Zeichen zu setzen für den Willen aller Araber »Umma al-Arabia« zu schaffen, das »Mutterland aller Araber«. Keimzellen der sozialistischen Baath-Partei bildeten sich im Emirat Dubai

Sheikh Rashid machte sich allerdings keine Sorge, dass in den Emiraten Kräfte ernsthaft damit beschäftigt sind, einen Umsturz vorzubereiten. Die meisten der Einwohner von Dubai, Abu Dhabi und Sharjah waren »expats«, Gastarbeiter aus fremden Ländern. Sie waren gekommen, um Geld zu verdienen – und nicht um Politik zu betreiben. Sie hatten schon 1961 gelernt, den Ruler zu respektieren. Es waren die Gastarbeiter, die in diesem Fall für Stabilität sorgten. Der Anteil der »expats« belief sich auf 70 Prozent der Bevölkerung.

Die Demonstranten, die zur Stammbevölkerung der Emirate zählten, ließen sich bald überzeugen, dass sich ihre Ruler klüger verhielten als der Mächtige an Euphrat und Tigris. Die Baath-Propaganda aus Baghdad verlor an Attraktion. Was zu Hause geschah, stellte alle Ereignisse an anderen Orten in den Schatten. Gewaltig war zu dieser Zeit die wirtschaftliche Entwicklung der Emirate Abu Dhabi, Dubai und Sharjah. Für junge Männer bot sich die Chance Geld zu verdienen, teilzuhaben am Erfolg.

Wer mitmachen wollte, der konnte sich am Abend im Park des Guest House der regierenden Familie bei den eben entstehenden Villen von Jumeirah treffen. War ein junger Mann aufgeschlossen und intelligent, bekam er meist sofort eine Aufgabe zugewiesen. Drei Sachgebiete waren dem Ruler wichtig: Gesundheitswesen, Schulen, Infrastruktur. Einer seiner Berater erinnert sich: »Uns war zu Ohren gekommen, dass irgendwo in Dubai ein Krankenhaus fehlte. Sheikh Rashid schickte mich hin, um den Sachverhalt zu untersuchen. Im Viertel al-Garh und in der Nähe des International Airport wurde tatsächlich ein Hospital gebraucht. Die Baupläne lagen zwei Wochen später auf dem Tisch. Sechs Wochen später war das Hospital bezugsfertig.

Auf eines legte der Ruler Wert: Die Aufstellung politischer Programme verbot er; Parteien waren und sind nicht erlaubt. Sein Grundsatz: Jede Form der politischen Betätigung lenkt vom persönlichen wirtschaftlichen Erfolg ab. Die Ruler von Abu Dhabi, Dubai, Sharjah waren bemüht, in dem sich anbahnenden Konflikt um Kuwait Neutralität zu bewahren. Sheikh Rashid bin Saed Al Maktoum gab Anweisung, sowohl die Nachrichtensendung von Radio Baghdad als auch die Nachrichtensendungen von Radio Teheran ausführlich zu zitieren. Keine Seite sollte Grund zur Klage haben, sie werde bei der Meinungsbildung der Bevölkerung der Emirate nicht berücksichtigt.

Der Golf ist vorübergehend kein Paradies friedlicher Entwicklung

Das Verhängnis war nicht aufzuhalten. Im Sommer 1990 bemerkten die Ingenieure der Irakischen Nationalen Ölgesellschaft, dass die Förderleistung auf dem North Rumeila Oilfield nachließ; die Ursache dieses Leistungsabfalls war zunächst nicht zu erkennen. Es dauerte lange, bis festgestellt wurde, dass die kuwaitische Ölgesellschaft von ihrem Territorium aus unter der kuwaitisch-irakischen Grenze hindurch eine schräge Bohrung angesetzt hatte, die das Ölfeld North Rumeila auf irakischem Gebiet erreichte. Durch das Loch der schrägen Bohrung war eine Pipeline geführt worden, die Öl von North Rumeila in kuwaitische Lagertanks leitete. Öl wurde abgepumpt, das der irakischen Ölgesellschaft gehörte. Saddam Hussein beklagte sich zu Recht, sein Land sei betrogen und bestohlen worden. Auf seine Entschädigungsforderungen ging der Emir von Kuwait allerdings mit keinem Wort ein. Saddam Hussein entschloss sich, das in Kuwait regierende Haus As Sabah für seinen Hochmut zu bestrafen.

Die Strafaktion begann am Donnerstag, dem 2. August 1990. Kurz nach Mitternacht gab der US-Botschafter in Kuwait dem Emir den Rat, Kuwait City zu verlassen, um sich in Saudi-Arabien in Sicherheit zu bringen. Es sei klug, so meinte der Diplomat, das Emirat unauffällig zu räumen. Dieser Rat war angebracht; es war kein Geheimnis, dass der irakische Diktator die Absicht hatte, den Herrscher und alle Mitglieder des regierenden Hauses As Sabah zu verhaften und nach Baghdad bringen zu lassen. Sie sollten bestraft werden »für ihre verbrecherische Ölpolitik«. Als Prozessort war bereits Baghdad vorgesehen.

Der Emir war entwischt. Er hatte sich noch von den Befehlshabern seiner Truppe mit den Worten verabschiedet: »Verteidigen Sie unser Land bis zum letzten Blutstropfen!« In dieser Stunde, es war drei Uhr in der Frühe, bat der Sprecher der Kuwait Broadcasting Company die Welt um Hilfe. Der Appell verstummte um 3 Uhr 20.

Saddam Hussein triumphierte. Über Radio Baghdad proklamierte er die Einheit von Kuwait und Irak: »Die Trennung des irakischen

Volkes in Iraker und Kuwaiter war ein abscheulicher Akt des Kolonialismus. Nun ist das Volk vereint. Irak wird zum Paradies der Araber. Den Menschen aller Staaten am Golf steht es frei, an diesem Paradies teilzuhaben.«

In dieser überaus kritischen Zeit erreichte Sheikh Rashid bin Saed Al Maktoum, der Ruler von Dubai, das Alter von 78 Jahren. Er gab offen zu, dass sein Körper häufig versagte. Auch sein Geist war den politischen Turbulenzen oft nicht gewachsen. Erzählt wird, der Ruler von Dubai habe Stunden damit zugebracht, vom Fenster des Za'abeel-Palastes aus auf die Stadt zu blicken. Er sah das Dubai World Trade Center, das Hilton Hotel und die viel befahrene Autobahn Dubai–Abu Dhabi. Die Regierungsgeschäfte musste er weitgehend seinem Sohn Sheikh Maktoum bin Rashid Al Maktoum und dessen Brüdern Sheikh Hamdan, Sheikh Mohammed und Sheikh Ahmed überlassen. Sheikh Rashid starb am Abend des 7. Oktober 1990.

Sheikh Zayed bin Sultan Al Nahyan, der Ruler von Abu Dhabi, fand diese Worte des Abschieds: »Nie wird die Erinnerung an Sheikh Rashid verblassen. Die Vereinigten Arabischen Emirate und wir alle verdanken ihm viel!«

»The Merchant Prince« – der Prinz als Kaufmann

Eine britische Zeitung prägte dieses Schlagwort vom »Merchant Prince« zur Kennzeichnung der Persönlichkeit des 1990 verstorbenen Rulers von Dubai, Sheikh Rashid bin Saed Al Maktoum. Sie fasste sein Leben so zusammen: »Als er 1958 das Erbe als Ruler von Dubai antrat, war die Hauptstadt des Emirats weit davon entfernt, ein Handelszentrum ersten Ranges zu sein. Er verwandelte den Hafenplatz am Creek in eine City, in der Geschäfte gemacht und Geld angelegt werden konnte. Sheikh Rashid hat eine Handelsstadt geschaffen, die jede Konkurrenz im Mittleren Osten weit hinter sich lässt in Bezug auf Lebensqualität und Geschäftsklima. Dubai braucht den Vergleich mit Hongkong und Singapur nicht zu scheuen.«

Der »Daily Telegraph« hob als bemerkenswert hervor, dass Sheikh Rashid sein »Westentaschen-Golfemirat« in einen Wohlstand geführt hat, der auf der Welt einmalig ist, und zwar nicht auf der Basis von Öl, sondern auf der Basis einer immensen Geschäftstüchtigkeit. Er lebte und arbeitete in einem einfachen zweistöckigen Gebäude am Creek von Dubai – und das in einer Zeit, da andere Ruler die Gelder aus dem Ölgeschäft sinnlos verschwendeten.

In den Vereinigten Arabischen Emiraten wurde bemerkt, dass am Tag nach dem Tod des Sheikhs Rashid die Vollversammlung der Vereinten Nationen ihre Sitzung zum Thema »Palästina« unterbrach, um eine Schweigeminute für den Ruler von Dubai einzulegen.

Sheikh Zayed bin Sultan Al Nahyan, der Ruler von Abu Dhabi, war nun die starke Persönlichkeit, die gebraucht wurde, um die Vereinigten Arabischen Emirate so umsichtig zu leiten, dass Saddam Hussein keine Chance bekam, die Golfregion so zu ordnen, wie er es im Sinne gehabt hatte.

Die Ruler hatten Vorsorge getroffen.
Der »Klub der Reichen«

Unter dem Druck der Gefahren, die den Vereinigten Arabischen Emiraten seit der Gründung ihres Unionsstaates im Jahre 1971 drohten, versuchten die Emire in der Mitte der 70er Jahre zu ihrer Sicherheit einen Bund der Staaten mit royaler Ausrichtung zu begründen. Konkrete Verhandlungen wurden im Herbst 1979 in Maskat geführt. Im Frühjahr 1981, in einer frühen Phase des Krieges zwischen Irak und Iran, waren sich die Herrscher von Saudi-Arabien, Kuwait, Bahrain, Oman, Qatar und der Vereinigten Arabischen Emirate einig: Sie beschlossen die Schaffung des »Cooperation Council for the Arab States of the Gulf«. Als Kurzform für die Bezeichnung dieses Bündnisses hat sich der Begriff »Gulf Cooperation Council« (GCC) bewährt.

Absichtlich wird in den Gründungsdokumenten mit keinem Wort vermerkt, dass sich die Vertragsunterzeichner gegenseitig im

Falle einer aggressiven Handlung von außen unterstützen sollen. Insgeheim aber wurde vereinbart, dass der Zweck des »Gulf Cooperation Council« auch die Zusammenarbeit auf militärischem Gebiet sein soll.

Im Oktober 1982 legten die Verteidigungsminister der Unterzeichnerstaaten die Grundzüge einer gemeinsamen Sicherheitspolitik fest. Geplant wurde die Einheitlichkeit der Waffensysteme der sechs Emiratsarmeen. Vor allem sollten die Luftstreitkräfte in die Lage versetzt werden, in engem Zusammenwirken Angriffe in der Luft und zur See abwehren zu können. Die Stabschefs der einzelnen Emiratstruppen wurden beauftragt, für Notfälle eine gemeinsame Strategie auszuarbeiten. Die Basis der gemeinsamen Abwehr fremder Aggression sollte die »Peninsula Shield Force« bilden. Für diese Eingreiftruppe sollte jedes Bündnisland Verbände abstellen. Zum Standort des Generalkommando der »Peninsula Shield Force« wurde die saudi-arabische Luftwaffenbasis Dhahran bestimmt.

Die Aufstellung der »Peninsula Shield Force« blieb ein unerfüllter Wunschtraum der Herrscher. Im Oktober 1987 hatte der Ministerrat des »Gulf Cooperation Council« zwar beschlossen, jeder Angriff auf einen der Bündnisstaaten werde als Aggression auf die Gesamtheit der Bundesstaaten bewertet und werde mit dem Einsatz der »Peninsula Shield Force« beantwortet. Dieser Beschluss geriet rasch in Vergessenheit

Dubai wird wieder mit einer Katastrophe konfrontiert

Der Konflikt zwischen Iran und Irak – er dauerte vom 22. September 1980 bis zum 20. August 1988 – beschränkte sich zunächst um die Region des Schatt el-Arab; er wirkte sich auf die Vereinigten Arabischen Emirate nicht aus. Vom Jahr 1986 aber, als keine der Krieg führenden Seiten im Landkrieg Erfolge erzielte, entwickelte sich der »Tankerkrieg«. Saddam Hussein glaubte zu dieser Zeit, er könne Iran durch Unterbrechung der Tankerrouten in die Knie zwingen: Wenn Iran kein Öl mehr verkaufen könne, sei das Khomeini-Regime wirtschaftlich und damit auch militärisch erledigt.

Der Iran reagierte rasch: Es schlug auf demselben Kriegsschauplatz, dem Persischen Golf, zu. Die Iraner bedrohten Tanker, die mit kuwaitischem Öl beladen waren. Das Ölgeschäft des Emirats Kuwait sollte deshalb gestört werden, weil die herrschende Emirsfamilie die Waffenkäufe des Irak finanziell absicherte. Schrumpften ihre Einnahmen, war damit zu rechnen, dass sie keine hohen Beträge mehr in die Staatskasse von Saddam Hussein bezahlten.

Über das Resultat des Tankerkriegs geben die Annalen von Lloyds of London genau Auskunft. Das wichtigste Versicherungsunternehmen der Welt registrierte jeden Schaden, der einem Schiff im Persischen Golf zugefügt wurde. Nach Angaben von Lloyds of London waren im Jahr 1986, in dem der »Tankerkrieg« begann, genau 80 Schiffe getroffen worden. Im Jahr 1987 stieg die Zahl auf 178. Allein im Dezember 1987 erhielten 344 Tanker Treffer, die Schaden anrichteten. Die Fahrt auf den Tankerrouten des Persischen Golfs war gefährlich geworden.

Zu dieser Zeit erlaubte der Emir von Abu Dhabi, Sheikh Zayed bin Sultan Al Nahyan, dem Autor dieses Buches einen Hubschrauberflug zur Ölverladeanlage Das Island: »Auf Gefahren wurde ich aufmerksam gemacht.« Flugkapitän Peter Davis, ein Engländer, meinte: »Wenn wir notlanden müssen, haben wir Antihaifischpulver bei uns. Das hält dann die Haie von uns fern!«

Tatsächlich saß ich im Hubschrauber auf einem Sack, der prall gefüllt war mit Antihaifischpulver. Unter uns im Wasser sahen wir Haie, Robben; auf dem Meeresgrund lagen Reste notgelandeter Flugzeuge. Zu erkennen war, dass zahlreiche Öltanker um Das Island unterwegs waren. Genau dies wollte Sheikh Zayed beweisen: Das Öl der Vereinigten Arabischen Emirate ist gefragt auf dem Weltmarkt.

Zu jener Zeit war das Unglück des Dampfers »Dara« noch unvergessen, der vor der Küste der Trucial States ausgebrannt war. Damals, am 7. April 1961, waren 212 Passagiere und 24 Mann der Besatzung ums Leben gekommen. Den Emir von Dubai hatte jenes Unglück betroffen gemacht. Was dann am 3. Juli 1988 geschah, betrachtete Sheikh Rashid bin Saed Al Maktoum als seinen zweiten schweren Schicksalsschlag: Er hat 290 Menschen das Leben gekostet.

Der Flughafen des Emirats Dubai und der Flughafen Bandar Abbas auf dem iranischen Festland, liegen knapp 200 Kilometer voneinander entfernt. Die Flugzeit von dem einen Ort zum anderen dauert keine halbe Stunde. Die Strecke wird hauptsächlich von Iran Air beflogen; sie transportiert »expats«, Iraner, die in Dubai arbeiten.

Am Abend des 3. Juli 1988 hob der Flug Iran Air 655, ein Airbus A 300, vom Flughafen Bandar Abbas ab. Der Flug Iran Air 655 unterschied sich in nichts von anderen Flugbewegungen über dem Persischen Golf, der zwar Kriegsgebiet war, dessen Anwohner sich aber dennoch ein hohes Maß an Normalität bewahrt hatten.

Außergewöhnlich war der Flug Iran Air 655 nur für die Wachoffiziere des amerikanischen Lenkwaffenkreuzers »Vincennes«, der eben dabei war, die Flugroute des Airbus' auf dem Wasser zu unterqueren. Den Wachoffizieren erschien die Flugbewegung verdächtig.

Nervosität herrschte auf dem Lenkwaffenkreuzer. Zwei Mal schon war er an jenem Tag von iranischen Kleinschnellbooten angegriffen worden. Solche Boote waren vier Meter lang und aus superleichtem Glasfibermaterial gefertigt. Angetrieben durch starke Motoren, entwickelten sie eine hohe Geschwindigkeit. Diese Kleinschnellboote waren mit Luftabwehrraketen vom Typ »Stinger« bestückt, die sich auch zum Einsatz gegen Schiffsziele eigneten. Die Aufgabe der iranischen Kleinschnellboote bestand darin, kuwaitische Tanker zu zerstören und fremde Tanker davon abzuhalten, den Persischen Golf zu befahren. Die jungen iranischen Kämpfer hatten auch Befehl, US-Kriegsschiffe zu attackieren, die zum Schutz der Tanker eingesetzt waren. Zwei Angriffen der Iraner war der Lenkwaffenkreuzer »Vincennes« an jenem 3. Juli 1988 bereits entgangen.

Die Aufmerksamkeit des Wachpersonals auf der »Vincennes«, das Radarsignale auf der Wasseroberfläche zu beobachten hatte, war auf Vorgänge auf dem Meer ausgerichtet, aber auch auf Flugbewegungen in der Luft. Die Radarspezialisten waren angewiesen, darauf zu achten, ob iranische Kampfmaschinen von der Basis Bandar Abbas aus starten würden. Dort waren Kampfflugzeuge vom Typ Grumman F-14 stationiert, die allerdings von den iranischen Piloten monatelang nicht geflogen worden waren, weil Ersatzteile gefehlt hatten. Jetzt empfingen die Antennen der »Vincennes« Funksprüche, die darauf hinwiesen, dass sich die iranischen Piloten wieder auf den Start der Maschinen vorbereiteten.

Am Abend des 3. Juli 1988 war auf dem Bildschirm des Radargeräts der »Vincennes« zu erkennen, dass in Bandar Abbas ein Flugzeug aufstieg. Die Radarbesatzung informierte Kapitän Will C. Rogers, der das Kommando der »Vincennes« führte. Der Kapitän versetzte das Schiff in Alarmzustand.

Nicht empfangen von den Geräten der »Vincennes« wurde der Funkverkehr des gestarteten Flugzeugs mit dem Tower von Bandar Abbas. Daraus wäre zu erkennen gewesen, dass Flug Iran Air 655 unterwegs war von Bandar Abbas nach Dubai.

Der Airbus schwenkte auf die Luftstraße ein, die Bandar Abbas mit Dubai verbindet. Dieser Kurs führte auch direkt auf den Kreuzer »Vincennes« zu, der sich unterhalb der Luftstraße befand.

Kapitän Will C. Rogers überzeugte sich selbst, dass die elektronischen Geräte seiner Kommandozentrale die Warnung anzeigten, eine unbekannte Kampfmaschine befinde sich in direktem Anflug auf die »Vincennes«.

In dieser kritischen Situation wollte sich Will C. Rogers absichern. Er lässt sich mit dem Stab des Oberkommandierenden der US-Streitkräfte am Persischen Golf verbinden. Von dort erhielt er den Rat, die Besatzung des unbekannten Flugzeugs nach Flugziel und Flugzweck zu befragen. Aber dann, so wurde dem Kommandanten der »Vincennes« mitgeteilt, wenn er keine Antwort bekomme, liege die Entscheidung ganz bei ihm.

Als das fremde Flugobjekt noch 30 Kilometer vom Lenkwaffenkreuzer entfernt war, musste der Kommandant die Entscheidung treffen, ob geschossen werden sollte oder nicht. Kapitän Rogers gab Befehl, zwei Abwehrraketen auf das nichtidentifizierte Flugzeug abzufeuern.

Einige Sekunden später glühte am Abendhimmel ein Feuerball auf. Beide Raketen hatten den Airbus getroffen. Flugzeugtrümmer und Leichen fielen aus einer Höhe von 3600 Metern vor den Küsten von Umm Al-Qaiwain, Sharjah und Dubai in den Golf. 290 »expats«, Gastarbeiter auf dem Weg nach Dubai, hatten ihr Leben verloren.

Ungeklärt blieb, wie es hatte geschehen können, dass die elektronischen Geräte des hochmodernen Kriegsschiffs »Vincennes« nicht bemerkt hatten, dass das Flugobjekt keine Kampfmaschine vom Typ Grumman F-14 war, sondern ein Airbus A 300. Der Airbus war drei Mal so lang wie die F-14; auch die Spannweite seiner Tragflächen beträgt das Dreifache.

Sheikh Rashid bin Saed Al Maktoum trauerte um die toten Gastarbeiter. Er half den Familien großzügig. Doch die politische Entwicklung ließ ihm wenig Zeit für Gefühle. Die Kräfte der Vereinigten Arabischen Emirate mussten aktiviert werden, um Stabilität zu gewinnen, um den Konflikt zu überstehen, den Saddam Hussein zu entzünden begann. Der »Gulf Cooperation Council« war aufgefordert, seine Wirksamkeit zu beweisen.

Als das Emirat Kuwait dann im August 1990 von der irakischen Armee überfallen wurde, da verurteilte der Ministerrat des Gulf Cooperation Council die irakische Aggression – doch dabei blieb es, obwohl Kuwait Unterzeichner des Paktes des GCC war und ist. Bemerkenswert bleibt, dass der Einsatz der »Peninsula Shield Force« von vornherein erst für den Fall beabsichtigt war, dass Saudi-Arabien angegriffen wurde.

Von Anfang an bestimmte der saudi-arabische Delegationsvorsitzende, wer und mit welchem Gewicht seine Meinung im Verteidigungsgremium äußern durfte.

Ursprünglich war vorgesehen gewesen, dass auch Irak dem Gulf Cooperation Council angehören sollte. Saddam Hussein hätte sich gerne beteiligt. Doch auf Betreiben Saudi-Arabiens war Irak nicht zum Gründungstreffen eingeladen worden. Das Haus As Saud misstraute dem »revolutionären Irak«.

Der Stolz des Irakers war getroffen: Von einem Monarchen »ausgestoßen« zu werden, das konnte er nicht ertragen. Sein Zorn auf die Emire wuchs. Von ihm stammt die verächtliche Bezeichnung »Klub der Reichen« für den Gulf Cooperation Council. Diese Bezeichnung stimmt genau.

Es traf sich, dass König Hussein von Jordanien die zunächst gar nicht ernst gemeinte Idee hatte, ein »Bündnis der Notleidenden« zu schweißen. Er stellte sich vor, dass die Hauptleidtragenden der Nahostkonflikte eigentlich zusammenarbeiten müssten. Sein eigenes Königreich Jordanien sah König Hussein als Opfer der andauernden Auseinandersetzung mit Israel; Ägypten hatte unter einer durch Armut bedingten Bevölkerungsexplosion zu leiden;

Irak hatte die Last des Konflikts mit Iran zu tragen. Die drei Staaten, deren Menschen unter Beschränkungen litten, sollten ihre positiven Seiten zum gemeinsamen Nutzen einsetzen. König Hussein kalkulierte, dass Jordanien über technologisch ausgebildete Fachleute verfügte, die wollte er in die »Gemeinschaft der Notleidenden« einbringen. Die Iraker konnten wahrscheinlich – wenn die militärischen Anstrengungen vorüber waren – wieder Gewinn aus dem Ölgeschäft ziehen, und mit diesem Geld Projekte finanzieren. Ägypten konnte Arbeitskräfte in großer Zahl im gemeinsamen Interesse zum Einsatz bringen. Als König Hussein sah, dass seine Idee so übel nicht war, gab er diesem Bündnis den Namen »Arab Coordination Council« (ACC). Doch dem attraktiven Namen folgte keine Aktivität. Das Bündnisprojekt ACC starb bald.

Schuld daran war die Eigenwilligkeit des Irakers. Ohne sich mit dem ägyptischen Präsidenten und dem König von Jordanien abzustimmen, verkündete Saddam Hussein, der Jemen müsse unbedingt Partner im »Arab Coordination Council« werden. Der Iraker verlangte von Jordanien und Ägypten, dass sein Wunsch ohne lange Diskussion erfüllt werde.

König Hussein war empört. Sein ursprüngliches Konzept des ACC war verdorben. Jemen war zwar ohne Zweifel ein armes Land, doch es war schon durch seine geografische Lage ein »Einzelgänger«; Jordanien, Irak und Ägypten waren sich räumlich einigermaßen nahe. Vor allem hatte es in der Geschichte Arabiens Phasen enger Zusammenarbeit zwischen ihnen gegeben. Nichts aber verband die drei Staaten mit dem Jemen. Er befindet sich in der Südwestecke der Arabischen Halbinsel. Die geografische Lage bedingte die eigene und eigenwillige Historie des Jemen.

Als Saddam Hussein im Februar 1990 den Jemen in den Verband des ACC einbringen wollte, befand sich das Land im radikalen Umbau. Vergangen war die Zeit, als sich die PFLOAG das Ziel gesetzt hatte, den Persisch/Arabischen Golf zu »befreien«, die Sheikhfamilien aus den »Trucial-Coast-Staaten« zu vertreiben. Das Experiment, die Gesellschaft des Südjemen nach marxistischen Grundsätzen zu gestalten, war gescheitert. Der republikanisch gesinnte Nordjemen hatte sich durchgesetzt. Die beiden Landeshälften waren dabei, sich zu vereinigen. Diese »Wiedervereinigung des Jemen« entwickelte sich zum Erfolg. Die Politik des Jemen orientierte sich fortan auf den Westen zu – vergessen war, dass in Aden bis vor kurzem Marxisten zu bestimmen hatten.

Die Empörung des Königs Hussein von Jordanien über den Plan, den Jemen in den Arab Coordination Council einzubeziehen, erwies sich als Überreaktion. Die Ereignisse in der Golfregion überrollten die Planung für den ACC: Irak befand sich in einem Krieg, den Saddam Hussein nicht gewinnen konnte – doch er wurde an der Macht gehalten.

Die unbegründete Angstparole: »Der Golf wird für hundert Jahre verseucht sein!«

Niemand in den Vereinigten Arabischen Emiraten ließ sich schrecken. Die Angstparole wurde als Propagandaeffekt der von der US-Regierung beeinflussten Medien erkannt. Bestaunt wurde jedoch, wie leicht Täuschung möglich war. Gezeigt wurde von den Medien, wie ein einziger Vogel kläglich in einer Ölpfütze saß. Er wurde jeden Tag gezeigt und war bald weltberühmt. Das Bild sollte beweisen, dass der Persische Golf von Saddam Hussein in eine Ölkloake verwandelt worden sei.

Der Autor dieses Buches wurde damals von der ARD als Beobachter in die Golfregion entsandt mit dem Auftrag, den Wahrheitsgehalt der Schreckensparolen aufzuspüren. Festzustellen war, dass weder die Ruler noch die Bevölkerung daran glaubten: Saddam Hussein habe die kuwaitischen Ölförderanlagen derart zerstört, dass sie für lange Zeit nicht mehr funktionsfähig, und dass die Gewässer des Golfs lange Zeit verseucht sein würden.

Nach einem Jahr schon redete niemand mehr von der Verseuchung des Golfs. Kuwait gehörte längst wieder zu den Öllieferanten. Einige der Förderstellen hatten tatsächlich gebrannt. Die Feuer waren mit amerikanischer Hilfe gelöscht worden. Normalität kehrte ein in den Staaten am Rande des Persisch/Arabischen Golfs – auch im Irak. Saddam Hussein war dort immer noch an der Macht.

Eine wesentliche Veränderung aber hatte sich vollzogen: Die Sowjetunion hörte auf, die Rolle einer Supermacht zu spielen. Mit Michael Gorbatschow hatte in Moskau ein Politiker Verantwortung übernommen, der sich nicht mehr auf traditionelle Expansions-ideen berief. Zur Zeit des Generalsekretärs Breschnjew hatte noch die Erinnerung an das »Testament« des Zaren Peter des Großen fort-gelebt, das alle russischen Herrscher darauf verpflichtete, ihrem Reich den Zugang zu den »warmen Gewässern« des Persischen Golfs zu öffnen. Für Russland war das Abenteuer Afghanistan ab-geschlossen. Am Golf war zu spüren: Die russische Gefahr war vorüber.

Eigentlich war der Zeitpunkt für die Ruler am Golf gekommen, die militärische Rüstung einzuschränken, da präsentierte Sheikh Zayed bin Sultan Al Nahyan, der Präsident der Vereinigten Arabi-schen Emirate, eine schlagkräftige Truppe.

Am 2. Dezember 1991 feierten die Emirate den 20. Jahrestag ihres Zusammenschlusses zur VAE. Zwar wollte – 14 Monate nach dem Tod des Sheikhs Rashid, des Rulers von Dubai – keine rechte Feier-stimmung aufkommen, doch Sheikh Zayed wollte eine Militärpa-rade veranstalten. Es fand schließlich die größte Waffenschau statt, die je am Golf präsentiert worden ist. Sheikh Zayed nahm die Para-de ab. Vor ihm und den Würdenträgern der VAE defilierten Einhei-ten aller Waffengattungen: Panzer, Artillerie, Infanterie, Luftwaffe – und draußen auf dem Meer Marineverbände. Die Überraschung war groß. Die Vereinigten Arabischen Emirate hatten sich ein er-staunliches Waffenarsenal angeschafft, das Gerät war von hoher Qualität. Beobachter stellten sich die Frage nach dem Zweck dieser Aufrüstung.

Die Parade dauerte mehr als zwei Stunden, dann sprach Sheikh Zayed. Seine Worte drückten Selbstbewusstsein aus: »Unsere Föde-ration hat während der 20 Jahre ihrer Existenz bewiesen, dass sie dazu fähig ist, für die Bevölkerung aller Emirate zu sorgen. Von der Führung wird verlangt, dass sie aufmerksam verfolgt, was in der Region und was überregional geschieht. Ich bin stolz darauf, dass ich sagen kann: Unsere Streitkräfte sind stark geworden. Sie garan-tieren nicht nur unsere eigene Sicherheit, sie sind auch bereit, Ver-antwortung für die Sicherung des Friedens sonst wo in der Region zu übernehmen.«

Zwei Jahre später, am 18. Januar 1993, traten die Streitkräfte der Vereinigten Arabischen Emirate den Beweis für den Wahrheitsge-halt der Worte des Präsidenten der Föderation an. 600 Offiziere und

Soldaten der Emiratsarmee trafen in Somalia ein, um sich in eine multinationale Truppe zur Beendigung des Bürgerkriegs einzugliedern.

Am 21. Mai 1991 hatte der somalische Ministerpräsident Omar Arta in Abu Dhabi um Hilfe gebeten. In einer langen Begegnung war der Staatsgast bemüht gewesen, dem Ruler die Probleme Somalias darzulegen: »Das afrikanische Land steht am Rand des Abgrunds. Wenn ihm nicht geholfen wird, sterben eine Million Menschen an Hunger.«

Somalia war deshalb in Schwierigkeiten geraten, weil die Stammesherren egoistische Ziele verfolgten. Der Zusammenhalt des somalischen Staates war ihnen gleichgültig. Sie stritten nicht um Bodenschätze, sondern um Einflussgebiete. Aus Streit entwickelte sich der Krieg der Stämme untereinander. Dieser Bürgerkrieg wurde mit modernen Waffen brutal geführt. Die Stammessheikhs wurden zu Kriegsherren.

Somalia, am »Horn von Afrika« gelegen, ist nur durch den Golf von Aden und den Golf von Oman von der Arabischen Halbinsel getrennt. Die »Demokratische Republik Somalia« gehört zur Nachbarschaft der Vereinigten Arabischen Emirate. Das war der Grund, warum Sheikh Zayed die Verpflichtung spürte, Somalia bei der Niederkämpfung der besonders kriegslüsternen »tribal Chiefs« zu helfen. Zayed gab dem militärischen Unternehmen den Namen »Return of Hope«. Die Emiratssoldaten hatten die Aufgabe, streitende Bevölkerungsgruppen zu trennen und Hungernde zu versorgen. Zu schießen und zu töten brauchten die Emiratssoldaten nicht. Dafür sorgte schon ihr kluger Oberbefehlshaber, Generalleutnant Mohammed ibn Zayed Al Nahyan – er ist der Sohn des Rulers; eine ernsthafte militärische Ausbildung hat der Generalleutnant nie genossen. Seine Aufgabe in Somalia hat er im Wesentlichen darin gesehen, seine Einheit in den Rahmen der von den Vereinten Nationen zu verantwortenden Aktion »Return of Hope« einzupassen.

Die Fotos, die in Somalia aufgenommen worden sind, und die den Einsatz dokumentieren, zeigen die Soldaten des Generalleutnants bei der Verteilung von Lebensmitteln: Die Hungernden stehen Schlange vor einem beladenen Lastwagen. Dankbare Gesichter sind zu sehen.

Im Sommer 1994 kehrten die Soldaten der Vereinigten Arabischen

Emirate in die Heimat zurück. Sie wurden von Sheikh Zayed mit diesen Worten empfangen: »Ich selbst, die Regierung und die gesamte Bevölkerung der Vereinigten Arabischen Emirate, wir sind außerordentlich stolz auf euch. Ihr habt der ganzen Welt bewiesen, dass unser Land die Fähigkeit besitzt, an einer derartigen humanitären Aktion aktiv teilzunehmen, und zwar unter den schwierigsten Umständen, die man sich vorstellen kann.«

Die Vereinigten Arabischen Emirate und die »Arab Cause«

Zum ersten Mal war die Föderation der Emirate im Jahr 1973 gefordert gewesen. Am 6. Oktober jenes Jahres hatten Ägypten und Syrien Israel militärisch angegriffen. An zwei Fronten wurde damals gekämpft: Am Suezkanal und auf den Golan-Höhen. Wichtiger aber war eine Front, die bis dahin niemand ernst genommen hatte: die Ölfront.

Am 21. Juli 1972 hatte Hassanein Heikal, der Berater der Mächtigen in Cairo, in der Tageszeitung »Al Ahram« geschrieben: »Die Araber besitzen eine Waffe, deren Wirkung auf Israel verheerend sein würde. Ich meine ›die Waffe Öl‹.«

Wenige Tage später erklärte Präsident Anwar As Sadat selbst, was damit gemeint war: »Der Gedanke ist für mich unerträglich, dass die USA, als verbündete Macht des Staates Israel, ihre Wirtschaft durch das billige Öl der Araber funktionsfähig halten. Wenn die Araber die Waffe Öl einsetzen, wenn die Araber den Ölhahn gegenüber den USA zudrehen, dann funktioniert die amerikanische Wirtschaft nicht mehr, dann kann Israel nicht mehr am Leben gehalten werden. Warum verwenden wir die Waffe nicht?«

Sadats Frage war ernst gemeint und verlangte eine Antwort von den ölproduzierenden Staaten Arabiens – auch vom Emirat Abu Dhabi, das zu jener Zeit den Weltmarkt und damit auch die USA im Jahr mit 25 Millionen Tonnen Öl belieferte. Im Vergleich dazu: Saudi-Arabien brachte 135 Millionen Tonnen auf den Weltmarkt und Kuwait 120 Millionen Tonnen.

Die Vereinigten Arabischen Emirate waren ein Zwerg unter den

Ölproduzenten. Mitglied der Organisation Erdöl exportierender Länder (OPEC) war zunächst allein Abu Dhabi (seit 1967); die Gesamtheit der Föderation wurde dann 1974 aufgenommen. Kuwait, das zu den Gründerstaaten der OPEC zählte (1960), bestimmte damals die politische Richtung der OPEC. Saudi-Arabien hielt sich erstaunlicherweise zurück. König Faisal war keineswegs der Meinung, das arabische Öl sollte als Waffe eingesetzt werden gegen die USA und gegen Israel.

Kuwait aber beschloss am 6. Januar 1973 die Förderleistung seiner Ölfelder zu reduzieren. Auf diese Weise sollte die Wirtschaft der USA auf ihre Abhängigkeit vom arabischen Öl aufmerksam gemacht werden.

Die Vereinigten Arabischen Emirate, deren Stimme in der OPEC kaum gehört wurde, schlossen sich König Faisal von Saudi-Arabien an, der den Standpunkt vertrat: »Wenn wir den Amerikanern die Ölzufuhr sperren, treffen wir ihre Wirtschaft keineswegs. Die Amerikaner brauchen unser Öl überhaupt nicht. Sie verfügen über eigenes Öl und über Öl aus Südamerika. Wenn wir kein Öl mehr liefern, schaden wir unserer eigenen Wirtschaft. ›Öl als Waffe‹ kommt für uns überhaupt nicht in Frage!«

Sheikh Zayed, der stets auf Distanz zu Saudi-Arabien bedacht war, machte sich dieses Mal König Faisals Ansicht zu Eigen. Von bedeutendem Einfluss auf den Ruler war dessen damaliger »Außenminister« Ahmed Khalifah Suwaidi.

Als der Oktoberkrieg des Jahres 1973 schon durch ein »unentschieden« beendet worden war – weder die arabische Seite noch Israel hatten eine entscheidende Schlacht gewonnen –, trafen sich am 17. Oktober die arabischen Ölminister in Kuwait. Der zuständige Minister in der Regierung der Vereinigten Arabischen Emirate war Mani Said Al Oteiba, der nicht zu den engeren Beratern des Emirs Zayed gehörte. Al Oteiba und alle anderen Ölminister der Organisation Erdöl exportierender Staaten wurden von einem Vorschlag des irakischen Vertreters überrascht, der die Verstaatlichung aller Ölförderanlagen in der arabischen Welt forderte. Nach telefonischer Rücksprache mit Sheikh Zayed lehnte Al Oteiba den Text einer Resolution zur Verstaatlichung ab. Gestützt wurde Oteiba durch den saudi-arabischen Ölminister Ahmed Zaki Al Jamani. Dieser Text fand schließlich Zustimmung: »Das arabische Öl steht nicht jedem

Land frei zur Verfügung. Jedes Land muss sich das arabische Öl durch Freundschaftsbeweise verdienen. Nur wer unser Freund ist, kann mit Ölbelieferung rechnen.«

Sheikh Zayed bin Sultan Al Nahyan war bereit, diesen Text zu akzeptieren – doch Konsequenzen wollte er daraus nicht ziehen. Die britisch orientierte Ölgesellschaft, die für die VAE zuständig war, wurde gar offiziell nicht vom Inhalt der OPEC-Resolution informiert.

Der militärische Teil des Konflikts, der im Sommer 1973 begonnen hatte, endete durch Waffenstillstand am 23. Oktober 1974. Damit war auch der »Ölkrieg« abgeschlossen. Er war kein Erfolg gewesen. Ein wirkliches Embargo gegen die USA und andere Freunde Israels hatte es nie gegeben. Doch allein die Androhung, dass es ein Embargo geben könnte, hatte zu einer Explosion des Ölpreises geführt. Er bleib auf der erreichten Höhe.

Vor London und New York: mobile Phone in Abu Dhabi

Zu denen, die immer damit rechnen konnten, finanziell unterstützt zu werden, gehörte König Hussein von Jordanien. Sein Land war zwar am Krieg von 1973 gegen Israel kaum beteiligt gewesen, doch es hatte die Hauptlast getragen in der jahrzehntelangen Auseinandersetzung zwischen den Palästinensern und dem Staat Israel. Sheikh Zayed und Sheikh Rashid waren sich darin einig, dass Hussein entschädigt werden musste – aber auch die Palestinian Liberation Organisation.

Kontakt zum Palästinenserpräsidenten Yassir Arafat hielt in erster Linie Sheikh Rashid bin Saed Al Maktoum. Das Haus Al Maktoum unterstützte vor allem soziale Einrichtungen der Palestinian Liberation Organization. Arafat bestand auf der Ablehnung der Existenz des Staates Israel; er setzte lange auf eine militärische Lösung des Konflikts mit dem jüdischen Staat. Der Emir von Dubai aber glaubte an die Möglichkeit eines friedlichen Kompromisses. Arafat drängte darauf, dass die Vereinigten Arabischen Emirate finanziell dazu beitragen, dass die arabischen »Frontstaaten« in die Lage versetzt werden, aufzurüsten. Arafat schmeichelte Sheikh

Rashid und Sheikh Zayed, dass es ihnen beiden gelungen sei, eine stabile Armee aufzubauen, die sich schon im Somaliakonflikt bewährt habe. Die Emirate seien darin ein Vorbild für die gesamte arabische Welt.

Es war Sheikh Zayed, der vom Friedenswillen der Menschen der VAE sprach. »Wir sind bestrebt, Konflikte zu lösen, ohne dass ein Schuss fällt.« Er zeigte sich nicht bereit, arabischen Staaten Geld für die Finanzierung der Aufrüstung anzubieten. Dass die VAE Bitten um Rüstungsfinanzierung ablehnten, stieß auf Unverständnis in Damaskus und Baghdad.

Dass Sheikh Zayed im September 1978 eine entscheidende Kursänderung vollzog, war erstaunlich. Als sich Ägypten und Israel entschlossen, den Kriegszustand zu beenden – Begin und Sadat hatten sich geeinigt –, da verurteilten Sheikh Zayed und Sheikh Rashid – er ist damals im Jahr 1978 noch überaus aktiv gewesen – diesen Schritt des Ägypters in Richtung Frieden. Sie wollten die Verhandlungen in Camp David in Misskredit bringen. Es zeigte sich, dass die beiden Ruler auf Drängen von König Faisal von Saudi-Arabien gegen Camp David Position bezogen hatten. Die Anti-Sadat-Politik sollte im November 1978 festgelegt werden. Die dazu notwendige Konferenz fand auf Einladung von Irak in Baghdad statt. Oman weigerte sich, daran teilzunehmen. Die VAE setzten sich mit Irak und Saudi-Arabien zusammen – eine seltsame Koalition.

Die Vertreter der Emirate bereuten rasch die Teilnahme. Die irakische Delegation setzte durch, dass die ölproduzierenden Staaten am Persischen Golf jährlich 3,5 Millionen Dollar an die »Frontstaaten« in der Auseinandersetzung mit Israel auszubezahlen haben. Der Empfänger des Geldes sollte vor allen Dingen der Irak sein. Die VAE-Delegation fühlte sich überrumpelt. Sie protestierte – ohne Erfolg allerdings – gegen die Geltungsdauer des Abkommens. Sie sollte zehn Jahre betragen.

Es war Saddam Hussein, der sich für kurze Zeit als Sieger der Winkelzüge der Konferenz von Baghdad im November 1978 fühlen konnte. Doch er täuschte sich, denn er hatte die wichtigen Emire der Vereinten Arabischen Emirate als Unterstützer verloren. Sheikh Zayed und Sheikh Rashid, tief enttäuscht, trennten sich von jeder Form des arabischen Nationalismus. Sie konzentrierten sich auf ihre Heimat.

Die Verwandlung von Abu Dhabi und Dubai begann. Mohammed Al Fahim ist wohl der aufmerksamste Beobachter der Entwicklung von Abu Dhabi nach den enttäuschenden Erfahrungen der Ruler im Jahr 1978 in Baghdad. Mohammed Al Fahim war damals 30 Jahre alt. Er ist in der Oase Al-Buraimi/Al-Ain aufgewachsen. Al Fahim sagt: »Es war dort alles völlig verarmt. Nicht allein, dass wir keine Schule hatten; es gab auch niemand, der etwas von Medizin verstand. So geschah es, dass meine Mutter bei der Geburt meines Bruders starb. Die Familie verbrachte den Winter in Abu Dhabi, den Sommer in Al-Ain. Die Strecke hin und her bewältigten wir auf dem Kamelrücken. Wir brauchten dafür zwei Tage; heute benötigt das Auto zwei Stunden. Al Fahim kam durch seinen Vater, der als Geschäftsmann für die Herrscherfamilie arbeitete, mit Sheikh Zayed in Verbindung. Im Jahre 1994 wurde Mohammed Al Fahim Vorsitzender der »Chamber of Commerce and Industry«. Er erinnert sich: »Die Verwandlung von Abu Dhabi vollzog sich in Blitzgeschwindigkeit. Wir haben Jahrzehnte langsamer Entwicklung einfach hinter uns gelassen. Wir sind vom 18. in das 20. Jahrhundert gesprungen – in einem Satz. So sind wir von ›no tech‹ to high tech‹ gelangt. Andere Länder hatten eine Generation gebraucht, um Kommunikationstechnik einzuführen, um Verkehrswege zu schaffen. Uns gelang dies in wenigen Monaten.«

Mohammed Al Fahim erzählt gerne von der Anfangszeit der Entwicklung von Abu Dhabi: »Elektrizität haben wir im Jahr 1967 bekommen. Die Dieselgeneratoren zur Stromerzeugung haben wir in England erworben, bei Hawker and Siddeley. Ihre Leistung reichte jedoch nicht lange aus. Sie wurden ersetzt durch Gasturbinengeneratoren. Sie erzeugten Strom für Abu Dhabi und die Oase Al-Ain – tausende von Kilowatt. Mit dieser Energie konnten viele Projekte auf einmal angepackt werden. Wir begannen, noch ehe es einen Generalplan für Abu Dhabi gab. Regierungsgebäude, Wohnviertel, Straßen entstanden.«

Mohammed Al Fahim denkt zurück an die Zeit, als es nur eine Quelle für Trinkwasser gab: »Sie befand sich im Areal des »Qasr al-Hosn«, der Festung von Abu Dhabi. Die Suche nach weiteren Quellen verlief ohne Ergebnis. Wir mussten uns völlig auf Entsalzungsanlagen verlassen. Sie wurden mit Erdgas betrieben.«

Das Erstaunlichste – so empfindet es Mohammed Al Fahim aus

heutiger Sicht – war der Einsatz der Herrscherfamilie während der 70er Jahre des vergangenen Jahrhunderts: »Söhne, Neffen waren in der Verwaltung des Emirats tätig. Da Personalmangel herrschte, füllte jeder mehrere Jobs aus. Ich weiß nicht mehr, wie es möglich war, aber sie organisierten tatsächlich ganze Ministerien. Da war zum Beispiel Sheikh Hamdan bin Mohammed Al Nahyan, ihm war der Aufbau des Ministeriums für Öffentliche Arbeit anvertraut. Sheikh Tahnun bin Mohammed Al Nahyan entwickelte die Behörde der Stadtverwaltung. Sheikh Sarur bin Mohammed Al Nahyan war verantwortlich für das Justizministerium, das erst zu existieren begann. Sheikh Saif bin Mohammed Al Nahyan leistete die Entwicklung des Gesundheitsministeriums. Nicht vergessen werden darf bei der Aufzählung besonderer Leistungen der Anfangszeit Ahmed Khalifah Al Suweidi, der Sekretär und politische Berater des Rulers.«

Mohammed Al Fahim sagt: »Es war tollkühn, was da auf einmal begonnen wurde. Keiner aus der herrschenden Familie hatte eine Ahnung, was von ihm erwartet wurde.«

Zu Beginn der 70er Jahre gab Sheikh Zayed der Aufbauleistung eine organisatorische Struktur. Der Planning Council wurde eingerichtet, dem auch Männer angehörten, die erfahrene Geschäftsleute waren, zum Beispiel der Vater des Mohammed Al Fahim. Der Planning Council hatte darauf zu achten, dass die unterschiedlichen Bauprojekte zeitlich und logistisch aufeinander abgestimmt waren.

Sehr rasch entwickelte sich ein Netzwerk der Koordination. Al Fahim wundert sich beim Rückblick: »Wir waren nur wenige. Jeder hatte mehrere Funktionen zu erfüllen. Eingespannt war jeder, der auch nur ein Gespür für Administration besaß.« Fahims Fazit: »Es lief gut!«

Hilfreich für den Fortschritt war, dass während der 80er Jahre Männer zurückkehrten, die in den sieben Emiraten beheimatet gewesen waren, und die sich während der Zeit der Armut in Kuwait, Bahrain und Qatar aufgehalten hatten. Sie brachten wertvolle Erfahrungen mit. Die Heimkehrer wurden sofort eingespannt in den Aufbauprozess.

Nicht nur Heimkehrer strömten in die Vereinigten Arabischen Emirate, sondern auch sehr viele Fremde – die »expatriates«, kurz »expats« genannt. Sie kamen im Gefolge von Firmen, von Unternehmen, die dringend bei der Abwicklung der Bauprojekte gebraucht wurden. Das Problem war, dass die »expats« zunächst nicht untergebracht werden konnten. Waren Wohnblocks entstanden, wurden sie auch sofort von den Familien der »expats« bezogen. Die Bauunternehmer waren gezwungen, Zeltstädte zu errichten. Für sie fehlten dann Wasserleitungen und sanitäre Anlagen.

Für die Arbeit der Bauingenieure wurden dringend Telefonleitungen gebraucht. Zu Beginn der 70er Jahre standen für 10 000 Benutzer nur 300 Anschlüsse zur Verfügung. Für dieses Problem musste dringend eine Lösung gefunden werden. Bereits im Jahr 1972 sorgte die Municipality von Abu Dhabi in Zusammenarbeit mit Elektronikfirmen dafür, dass Mobile Phones benutzt werden konnten. Der Gebrauch dieser Geräte war damals noch nicht üblich in der Welt.

Eine Schwierigkeit hatte niemand vorausgesehen. Zwar konnten die »expats« untergebracht werden, doch was sollte mit der Flut von Geschäftsleuten geschehen, die Tag für Tag über Abu Dhabi und Dubai hereinbrach. Seit 1964 gab es schon das »Beach Hotel«; es gehörte der libanesischen Familie Bustani. Das »Beach Hotel« war über Jahre hin nie ausgebucht gewesen; doch jetzt wollten hunderte von Kurzbesucher Unterkunft erhalten. Zuständig für die Zimmervergabe war der griechische Manager Carentinos. Er stand dem Besucherstrom hilflos gegenüber. Er belegte Einbettzimmer mit drei Gästen; dennoch reichte die Kapazität nicht aus. Mohammed Al Fahim suchte nach Ersatzlösungen; er und sein Vater quartierten Geschäftsleute bei Privatfamilien ein. Der Gedanke entstand, rasch weitere Hotels zu bauen.

Sheikh Zayed nahm den Fortschritt nicht leichtfertig ins Visier. Er wusste, dass die Veränderungen in Abu Dhabi, Dubai und Sharjah von der ursprünglichen Bevölkerung große Bereitschaft zum Wandel abverlangte. Bis vor kurzer Zeit hatten die Familien in Hütten aus Palmwedeln gewohnt; sie hatten ihren Wasserbedarf aus der Quelle von Qasr al-Hosn gedeckt. Jetzt sollten sie in nüchternen Appartements leben, mit Elektrizität und fließendem Wasser.

Eine Reaktion auf den rasanten Fortschritt: panische Angst vor bösen Geistern

Für die Sensibilität der Familien gibt es einen unwiderlegbaren Beweis: Auf den Landkarten der Emirate sind 15 Kilometer auf der Küstenstraße entfernt von Ras Al-Khaimah in Richtung Umm Al-Qaiwain die drei Worte eingezeichnet: »Former fishing village«. Die Ortsbezeichnung heißt Jazirat al-Hamra. Abseits von der Autostraße stehen völlig leere Häuser in ganz gut erhaltenem Zustand. Bis vor Monaten war das Mobiliar unberührt; die elektrischen Geräte waren zu sehen. Vieles ist inzwischen geraubt worden – doch immer noch bleibt der Eindruck, die Bewohner hätten erst in wenig zurückliegender Zeit die niederen Lehm- und Backsteinhäuser verlassen. Das Buschwerk zwischen den Mauern ist noch jung.

Tatsache ist, dass der Ort gemieden wird. Die Stille ist bedrückend. Mancher erzählt, er habe dort schreckenerregende Erscheinungen gesehen. Berichtet wird, dass im Jahr 1995 die Bewohner den Ort innerhalb weniger Minuten verlassen haben; sie sind geflohen, ohne einen Gegenstand mitzunehmen. Sie haben im Landesinnern Zuflucht gesucht bei ihren Stämmen – aus Angst vor bösen Geistern. So viel des Vorgangs ist zu rekonstruieren: Die Bewohner haben geglaubt, Anzeichen dafür zu erkennen, dass sich Geister aus dem Meer anschickten, über die Häuser und deren Bewohner herzufallen. Die Geister wollten die Menschen dafür bestrafen, dass sie ihre Stämme verlassen haben, um ein Leben zu führen, wie es die »Ungläubigen« gewohnt sind – mit elektrischem Licht, Klimaanlagen, Kühlschränken.

Der Emir von Ras Al-Khaimah hat keine Untersuchung des seltsamen Ereignisses angeordnet – und so wird immer ungeklärt bleiben, was in Jazirat al-Hamra wirklich geschehen ist. Nicht zu leugnen ist, dass furchtsame Gemüter die verlassene Ortschaft meiden sollten. Bewiesen ist, dass mancher Mutige die tote Ortschaft abrupt verlassen hat.

Die Emire, die den Fortschritt vorantreiben, kämpfen gegen den Geisterglauben an, gegen die Überzeugung, der Lebensstil der Vergangenheit sei von Allah gewollt gewesen. Wer damit breche, der sei der Verdammnis verfallen. Die Propagandaparole der Emire hieß: Es ist nicht der Wille Allahs, dass Palmwedelhütten üblich sind. Sheikh Zayed grübelte darüber nach, wie seine Untertanen in die moderne Zeit geführt werden können. Ihnen Geld in die Hand zu drücken, empfand er als falschen Weg. Der Ruler kam auf die Idee, die Männer, die bisher Fischer waren oder einfache Händler in Partnerschaften mit dem Fortschritt einzubinden. Der Ruler erließ ein Dekret, das vorschrieb, dass sich alle fremden Firmen, die in Abu Dhabi aktiv werden wollten, einen einheimischen Geschäftspartner zu suchen hatten, der nicht gezwungen war, finanziell einzusteigen. Auf diese Weise bekam mancher intelligente junge Mann die Chance, in Kontakt zu kommen mit erfahrenen Geschäftsleuten aus dem Ausland. Bisher bescheidene Horizonte konnten erweitert werden. Wer lernfähig war, der wurde bald selbstständig. Der Kreis der ökonomisch Ehrgeizigen erweiterte sich. In Abu Dhabi, Dubai und Sharjah lebte kaum mehr jemand, der noch an böse Geister glaubte.

Sheikh Zayed entwickelte eine weitere Idee zur Förderung der lokalen Wirtschaftskraft. Er dekretierte, alle Ministerien und Behörden seien verpflichtet, Aufträge nur an Unternehmen zu vergeben, die sich in einheimischer Hand befinden. Durch dieses Dekret zwang der Ruler alle Fremden, die in seinem Emirat Geschäfte machen wollten, sich unter ein »einheimisches Dach« zu begeben. Eine immer größere Zahl der Untertanen des Sheikh Zayed bekam Einfluss auf das Wirtschafsleben an der Golfküste.

Doch nicht alle guten Absichten erbrachten brauchbare Resultate. Mohammed Al Fahim, der erste Vorsitzende der Abu Dhabi Chamber of Commerce and Industry, berichtet freimütig, dass es manchen Männern schwer fiel, den Wandel vom Beduinen oder Fischer zu vollziehen. Er meint: »Oft verstanden Menschen den Wert des Geldes nicht. Geld hatte nie zu ihrem Lebensbereich gehört. Der Besitz von materiellen Gütern war den Beduinenfamilien fremd gewesen. Sie hatten die Gewohnheit, Geld rasch auszugeben, weil sie nicht daran glaubten, dass es auch am folgenden Tag von Wert sein könnte.

Als Sheikh Zayed Präsident der Vereinigten Arabischen Emirate war, begründete er den »United Arab Emirates Marriage Fund«. Aus dem Kapital dieses Fonds wurde an jedes einheimische Paar, das heiratete, die Summe von 70 000 Dirham ausbezahlt – dieser Betrag entspricht derzeit ungefähr 15 000 Euro. Das Problem war, dass es den Paaren oft Schwierigkeiten bereitete, das Geld sinnvoll zu verwenden.

Morde erschüttern die Vereinigten Arabischen Emirate

Es war im Jahr 1977, im sechsten Jahr der Existenz der VAE, dass der syrische Außenminister Faruk As Sharah Dubai und Abu Dhabi besuchte. Es war seine Absicht gewesen, die Beziehungen zwischen Damaskus und den Emiraten zu verbessern; sie hatten gelitten, seit das syrische Regime nach dem Krieg von 1967 antiroyale Parolen in sein Programm aufgenommen hatte. Die Verhandlungen waren jetzt erfolgreich verlaufen; der VAE-Außenminister Saif Al Ghubash zeigte seine Zufriedenheit. Auf dem Gelände des Abu Dhabi Airport fielen plötzlich Schüsse. Gezielt worden war auf den Besucher aus Syrien, getroffen aber wurde der VAE-Außenminister, Saif Al Ghubash. Er hatte zu einer angesehenen Sippe aus Ras Al-Khaimah gehört. Saif Al Ghubash war wesentlich daran beteiligt gewesen, dass dieses nördliche Emirat am 10. Februar 1972 – also mit einer geringen Verspätung – der Föderation beigetreten war. Es war durchaus möglich, dass der tödliche Schuss doch dem Mann aus Ras Al-Khaimah, und nicht dem Syrer gegolten hat.

Fünf Jahre später wurde der VAE-Botschafter bei der Französischen Republik, Khalifah Al Mubarak, in Paris erschossen. Der Grund für diesen Anschlag blieb ein Rätsel. Keiner der Mörder wurde gefasst.

Um dieselbe Zeit, in der in Paris die tödlichen Schüsse abgegeben wurden, fand ein Mordanschlag auf den Vertreter der Vereinigten Arabischen Emirate in Kuwait statt. Diesmal trafen die Schüsse niemand. Der Schütze konnte unerkannt entkommen. Er blieb für immer unentdeckt.

Die Anschläge hatten die Emirate völlig unvorbereitet getroffen. Seit dem Abzug der Engländer hatte es keine funktionierende Justizbehörde gegeben und keine Kriminalpolizei. Das Rechtssystem war auf Beduinentradition aufgebaut. Dies bedeutete, dass juristische Verfahren auf Stammesebene behandelt und erledigt wurden – nach traditionellen Grundsätzen. Jetzt aber sollten Mordfälle und Mordversuche, die wahrscheinlich überhaupt nichts mit Stammesfehden zu tun hatten, juristisch behandelt werden. Mancher der einflussreichen Männer hielt es für einen Glücksfall, dass die Mordaffären nicht gerichtlich verurteilt werden konnten. So blieb mancher Vorfall ein Geheimnis.

Die Überraschung: Andere Völker kennen die Stammesgesetze nicht

Unter Beduinen war die Sitte unbekannt, Verträge schriftlich zu fixieren. Es galten das Ehrenwort und der Handschlag. Die Fremden, die in die VAE kamen, um Geschäft und Profit zu machen, spürten rasch, dass die einheimischen Geschäftspartner unerfahren in abendländischem Geschäftsgebaren waren. Der Vorsitzende der Abu Dhabi Chamber of Commerce and Industry zieht dieses Fazit: »In den ersten Jahren der Selbstständigkeit der VAE verloren viele von uns eine Menge Geld. Unter den bestehenden Umständen war es kein Wunder, dass wir das Opfer wurden für Leute, die zu uns kamen und die unsere Unerfahrenheit ausnützten. Damit hatten wir nicht gerechnet.«

Mohammed Al Fahim zählt konkrete Fälle auf: Es gab »expats«, die das Konto ihres Arbeitgebers geplündert haben und die dann einfach verschwunden sind. Sie ließen Schulden zurück, ungedeckte Schecks und andere Verpflichtungen. Sie hielten sich dann weit entfernt von den VAE auf und waren für uns nicht mehr greifbar. Es gab »expats«, die von einem einheimischen Geschäftmann eingeladen worden waren, und die ein Jahr lang bei diesem Sponsor arbeiteten. Dann aber wechselten sie zu einem Konkurrenten des ursprünglichen Sponsors. Ihm verkauften sie, was sie gelernt und erfahren hatten. Von diesen Praktiken der »expats« seien auch Mitglieder der Emirsfamilien nicht verschont geblieben.

Der Vorsitzende der Abu Dhabi Chamber of Commerce and Industry zählt selbst zu den Opfern gerissener »expats«. Er hatte mit einem dieser Ausländer ein Projekt verabredet zum Bau einer Reihe von Wohnhäusern. Gutmütig versäumte es der eigentlich erfahrene Geschäftsmann aus Abu Dhabi, sich eine Bankgarantie ausstellen zu lassen auf die Vorauszahlung, die er dem Fremden gab, damit dieser Baumaschinen ins Emirat einführen konnte. Eines Tages aber war der ausländische Geschäftspartner für immer nach Europa gereist – mit ihm verschwand die Vorauszahlung. Der Vorsitzende der Abu-Dhabi-Handelskammer erinnert sich an einen skurrilen Vorfall der Übertölpelung. Ein lokaler Kaufmann war dazu überredet worden, die Einfuhr von 300 Tonnen Oliven zu finanzieren. Der lokale Geschäftsmann übersah, dass der gesamte Verbrauch der Vereinigten Arabischen Emirate an Oliven im Jahr nicht einmal zehn Tonnen erreichte.

Das Fazit des Mohammed Al Fahim: »Ähnliches passierte uns allen. Die Geschäftsverluste betrugen viele hunderttausend Dirham. Als Mitglied des Aufsichtsrats der Handelskammer erlebte ich eine finanzielle Katastrophe nach der anderen unmittelbar. Wir mussten erkennen, dass Leute, die uns glaubhaft versicherten, sie seien in die Emirate gekommen, um uns zu wirtschaftlichem Fortschritt zu verhelfen, in Wahrheit uns berauben wollten. Wir lernten nur mühsam, dass wir niemand vertrauen durften. Allah sei Dank, dass wir lernten! Argwohn gegenüber Fremden war angebracht.«

Die Vereinigten Arabischen Emirate profitieren von den Golfkriegen

Geschäftsleute in Abu Dhabi und Dubai machen kein Geheimnis daraus, dass alle militärischen Konflikte in der Golfregion seit den 80er Jahren den wirtschaftlichen Aufschwung der Emirate beschleunigt haben. Der Krieg zwischen Iran und Irak legte die Häfen in Kuwait, in Qatar lahm. Er behinderte den Frachtverkehr zum iranischen Hafen Bushir. Beide Krieg führenden Parteien waren auf die Häfen Abu Dhabi, Dubai, Sharjah und Ras Al-Khaimah angewiesen. Kein Frachter drang in das irakisch-iranische Kriegsgebiet vor; die Gefahr war groß, dass die Schiff versenkt wurden.

Die Häfen der VAE aber lagen weit entfernt von den Kampfzonen; sie konnten ungefährdet angelaufen werden. So geschah es, dass in den Häfen der Emirate irakische und iranische Frachter nebeneinander entladen wurden. An Land stapelten sich Kisten mit Lebensmitteln, aber auch Behälter für Munition und Waffen. Darüber wurde allerdings nirgends an der Küste der Golfstaaten gesprochen; die Emire legten Wert darauf, neutral zu bleiben im Konflikt der großen Staaten.

Waren und Waffen wurden auf kleinere Schiffe umgeladen, die ohne belästigt zu werden, den Golf in Richtung Iran und Basra am Schatt el-Arab überqueren konnten. Als besonders geeignet für die Entladung der großen Frachtschiffe aus Übersee erwiesen sich die Anlagen von Jebel Ali auf dem Gebiet von Dubai. Aus dieser Anlegestelle entwickelte sich bald der riesige Freihafen Jebel Ali.

Die Kriegssituation hatte einen weiteren Schub der wirtschaftlichen Entwicklung für die Emirate mit sich gebracht: Ölgesellschaften und Industriekonzerne, die sich in Iran engagiert hatten, wollten sich aus der Zone der Luftangriffe und Artilleriebeschüsse zurückziehen – doch dieser Rückzug sollte räumlich begrenzt bleiben; der Kontakt zur bisherigen Wirkungsstätte sollte erhalten bleiben. Die besorgten Firmen eröffneten Büros in Dubai. Von dort aus hielten sie Kontakt zu den iranischen Mitarbeitern, die an Ort und Stelle geblieben waren. Der Krieg im Norden des Golfs steigerte die wirtschaftliche Aktivität der Emirate im Süden.

Die Häfen von Abu Dhabi, Dubai und Sharjah waren bald überlastet. Je länger die Konflikte um Irak und Iran andauerten, desto mehr wurde die Umschlagkapazität beansprucht.

Das Emirat Fujairah knüpft an historische Zeiten an

Es waren die Berater von Sheikh Zayed bin Sultan Al Nahyan, die einen Ausweg aus dem Engpass fanden: Zu den Vereinigten Arabischen Emiraten gehört der Kleinstaat Fujairah, an der Küste des Golfs von Oman gelegen, also außerhalb der Straße von Hormuz; Fujairah rechnet sich zum Bereich des Indischen Ozeans. Ein Frachter, der den Hafen von Fujairah anläuft, braucht überhaupt nicht in die Gefahrenzone des Persisch/Arabischen Golfs einzufahren.

Das Problem war nur, dass Fujairah um das Jahr 1980 überhaupt keinen Hafen besaß, der zur Entladung von Hochseefrachtern geeignet war. Der Ruler, Sheikh Hamad bin Mohammed Al Sharqi, sah die Chance für sein Emirat. Er gab der koreanischen Firma Hyundai den Auftrag einen modernen Hafen zu erstellen. Abu Dhabi übernahm die Finanzierung. Die Bauzeit dauerte drei Jahre. Die Inbetriebnahme des Hafens Fujairah erfolgte im Jahr 1983. Fujairah ist das kleinste der sieben Emirate der VAE, doch es war früher als alle anderen Regionen der Golfküste von Bedeutung gewesen – vor allem in der Geschichte des Islam.

Der Prophet Mohammed hatte kaum Allahs Religion offenbart, da verbreitete sich das Wissen um den Glauben an diesen einen und allmächtigen Gott über die Arabische Halbinsel bis zur Küste des Ozeans. Es muss um das Jahr 630 n. Chr. gewesen sein, dass Mohammeds General Mohammed Amir ibn Al As mit seiner Reitertruppe die Gegend erreichte, die heute Fujairah heißt. Sie wurde damals von einem persischen Gouverneur verwaltet, der bei den Bewohnern der Küstenebene äußerst unbeliebt war. Die Sippen wollten den Perser gerne loswerden, doch sie besaßen nicht die Kraft dazu. Der General des Propheten und seine Reiter kamen gerade zur rechten Zeit. Amir ibn Al As trug Briefe bei sich, in denen der Prophet Mohammed die Menschen der Küste am Ozean aufforderte, sich zu Allah zu bekennen. Sie waren auch bereit dieser Aufforderung zu folgen – wenn General Amir ibn Al As den persischen Gouverneur vertrieb. Dies geschah – und die Siedlung, die heute Fujairah heißt, wurde islamisch.

Ein Zeugnis der Frühzeit des Islam ist nur zwei Kilometer von Fujairah entfernt beim Dorf Bidiya direkt neben der Straße zu sehen: Eine kleine Moschee mit vier Kuppeln, getragen von einem zentralen Pfeiler. Die »Moschee von Bidiya muss im 16. Jahrhundert n. Chr. errichtet worden sein. Eine große Steintafel weist auf die Bedeutung der Moschee von Bidiya hin. Der Text der Inschrift: »His Highness Sheikh Hamad bin Mohammed Al Sharqi, Supreme Council Member, Ruler of Fujairah, has the favour to inaugurate al-Bidiya historic Mosque on the 10th of Muharram, 1424 – 13th of March 2003 A. D.

Es war derselbe Ruler, der zu Beginn der 80er Jahre erkannt hatte, dass der Hafen Fujairah gebraucht wurde. Genauso wichtig wie der

Hafen aber war die Landverbindung zur Küste des Persisch / Arabischen Golfs. Die Waren, die in Fujairah ausgeladen wurden, mussten auf der Straße weitertransportiert werden. Doch es gab zunächst keine brauchbare Straße. Das Gelände bildete ein Hindernis. Am deutlichsten sind die Schwierigkeiten aus der Satellitenaufnahme zu ersehen: Die Berge sind wild zerklüftet; Flusstäler zerschneiden die Bergstrukturen. Das Emirat Fujairah umfasst nur 1300 Quadratkilometer; der größte Teil dieser Fläche ist extrem gebirgig. Der Hajar-Höhenzug steigt stellenweise auf über tausend Meter Höhe an. Baufirmen, die spezialisiert waren im Gebirgsstraßenbau mussten engagiert werden. Arbeiter und Ingenieure wurden ins Land geholt. Mit finanzieller Hilfe von Abu Dhabi konnte das Problem der Streckenführung der Straße zwischen Fujairah und Sharjah überwunden werden. Gebirgspfade haben sich in eine sechsspurige Autobahn verwandelt. Auf ihr transportieren Lastwagen Güter, die dann ab Abu Dhabi an der Küstenstraße entlang nach Bahrain, Qatar und Kuwait gebracht werden.

Kaum waren Hafen und Gebirgsautobahn funktionsfähig, da entdeckten Reedereien, dass die Nutzung von beidem Vorteile bot: Konnten die Frachter in Fujairah entladen werden, brauchten sie nicht die Route durch die Straße von Hormuz zu benützen. Der längere Weg wurde so vermieden – und die Fahrt durch eine Gefahrenzone.

Der Weitertransport der Frachterladung per Lastwagen brachte es mit sich, dass die Güter in Containern befördert wurden. »Unverpackte und ungesicherte Objekte« auf der Autobahn zu transportieren, hatte sich als unwirtschaftlich erwiesen. Im Fall des Hafens Fujairah fiel deshalb frühzeitig die Entscheidung zu Gunsten eines »Container port«. Es war der Ruler Sheikh Hamad bin Mohammed Al Sharqi, der die Anregung zu diesem entscheidenden Schritt gab. Planung und Ausführung der Modernisierung dauerten ein Jahrzehnt. Im Jahr 2000 konnte der »Container port« mit voller Leistung in Betrieb genommen werden. Während der Ausbauzeit ist eine »Specialist work force« geschult worden, die es versteht, alle Container-Bewegungen im Hafen über ein sensibles Computersystem zu steuern. Die Frachter werden noch auf hoher See durch elektronische Rechner in Empfang genommen und fristgerecht an die Anlegestelle geleitet. Computer steuern auch den Entladevorgang, die Zusammenstellung der Container für den Weitertransport auf Lastwagen. Dass sämtliche Arbeitsvorgänge durch Computer vernetzt und kontrolliert werden können, macht den »Container port« Fujairah zur modernsten derartigen Anlage im Mittleren und Fernen Osten.

Besonders stolz ist die Hafenverwaltung darauf, dass ihr Equipment und ihr Personal in der Lage ist, jede Art von Reparatur an Frachtern und Containern auszuführen – und dazu zählt auch die Wartung von komplizierten Kühlanlagen, deren Ausfall gewaltigen Schaden an empfindlichem Transportgut verursachen würde.

Dass die Fujairah-Crew Fähigkeiten für besondere Aufgaben entwickelt hat, führte bald zu einer Erweiterung der Bereiche. Wer auf der Straße von Heritage Village her den Hügel herunterfährt in Richtung Plaza Hotel an der Küste, der bemerkt eine eigentümliche Erscheinung: Draußen auf dem Meer liegt eine lange Kette von Tankschiffen und Frachtern – hintereinander Bug an Heck. Am Plaza Hotel angekommen, sieht man die etwa 50 Schiffe nicht mehr. Die Erdkrümmung schafft eine Wölbung des Meeres zwischen dem Betrachter und den Schiffen. Bei der Sicht vom Hügel aus ist dieser Effekt nicht zu bemerken.

Die Betreuung der Schiffe draußen auf dem Meer vor dem Hafen Fujairah gehört zu den Aufgaben des Hafenpersonals. Die Kapitäne der Tanker und Frachter warten auf Anweisung zur Einfahrt in die Straße von Hormuz; häufig hat die Reederei noch nicht entschieden, welcher Hafen in der Region angesteuert werden soll. Die Hafenbehörde von Fujairah hat registriert, dass manchmal hunderte von Schiffen über Wochen hin eine Warteschlange gebildet hatten. Für die Kapitäne ist die Gelegenheit günstig, die Zeit für Reparaturen auszunützen. Für derartige Fälle stehen in Fujairah die Spezialisten bereit, die engagiert werden können. Als häufigster Problemfall tritt auf, dass die Schmiermittelreserve eines Tankers zu Ende geht. Dann läuft ein Spezialfahrzeug aus, von dessen Vorratskammer Schmieröl in den Tanker gepumpt werden kann. Diese Service-Sparte trägt die Bezeichnung »Express Delivery of lubricating oils«.

Die Hafenbehörde betont ausdrücklich, dass ihr oberstes Gebot die Sicherung der Küste vor Umweltschäden sei. Professionalität wird garantiert.

Mehr als in anderen Regionen der Vereinigten Arabischen Emirate legt Fujairah Wert auf Bewahrung der traditionellen Tierwelt. Für diese Spezialität ist der Ruler, Sheikh Hamad bin Mohammed Al Sharqi verantwortlich. Er will das Naturerbe bewahren, das ihm der Vater hinterlassen hat.

Fujairah: ein Paradies entfernt von Konflikten

So klein das Emirat Fujairah ist, das Land unterscheidet sich von dem der anderen sechs Emirate. Der Hajar-Höhenzug verläuft parallel zur Küste des Golfs von Oman. Er hält Wolken auf und bewirkt so, dass es in der Küstenebene häufig regnet; Regen wechselt mit Trockenperioden ab. Schon bald nach Regenfällen sprießen Gras und Blumen aus dem Boden. Das gelb-braune Land wird innerhalb eines Tages bunt. Den wilden Tieren bieten sich Weideplätze.

Ein elegantes Tier ist der Arabische Leopard. Er existiert, doch er wird selten gesichtet. Tiefschwarz ist die Musterung seines Fells. Berichtet wird, dass der Arabische Leopard noch während der 50er Jahre auf den Hajar-Höhen häufig anzutreffen war. Doch die Dorfbewohner hätten viele getötet. Die Begründung: Die Leoparden fressen Ziegen und Hühner und schaden damit den Bauern.

Der Ruler von Fujairah hat im Jahr 1993 den Arabian Leopard Trust gegründet mit dem Ziel, die Existenz der Wildkatzen in diesem Teil Arabiens zu schützen. Der Arabian Leopard Trust hat sich die Aufgabe gesetzt, die Bewohner der Bergdörfer sensibel zu machen für die Seltenheit dieser Tiere, um sie so daran zu hindern, willkürlich auf den Arabischen Leoparden zu schießen.

Dass derartige Bemühungen Erfolg haben, lässt sich beweisen: Der Schutz der Arabischen Gazelle hat sich bereits ausgewirkt. Die Gazellen sind wieder häufig anzutreffen auf den Hajar-Höhen. In die Nähe der Täler wagen sie sich allerdings kaum.

Die Bemühungen um den Schutz der unterschiedlichsten Tiere haben an der Küste von Fujairah ganz überraschende Resultate: Drei seltene Arten von Muscheln wurden an Riffen vor dem Strand des Emirats entdeckt. Der Ruler hat sich selbst um dieses Phänomen gekümmert. Er gab den Muscheln den Namen von dreien seiner Küstendörfer: Murbah, Safad, Qirath.

Das Emirat Fujairah empfiehlt sich auch als »Paradies für Ornithologen«. In der Küstenebene und am Hajar-Höhenzug leben über 300 Vogelarten. Viele sind sehr leicht zu beobachten. »Bird Watching« wird als Attraktion angeboten. Viele Touristen nutzen das Angebot.

Dass Fujairah weit entfernt liegt vom Zentrum des Konflikts um Iran und Irak hat sich für das Emirat positiv ausgewirkt. Sein größter Vorteil: Es befindet sich nicht am Persischen Golf, sondern am Rande des Indischen Ozeans. Der Tourismusstrom konnte während der kritischen Jahre nach Fujairah gelenkt werden.

Der Vorsitzende der Abu Dhabi Handelskammer zog das erstaunliche Fazit: »Während der Kriegszeit nahm der Tourismus in die Vereinigten Arabischen Emirate zu. Diese Entwicklung hat uns ermutigt, unsere Hotelkapazität auszuweiten. Während der Zeit des Krieges am Golf planten wir die gewaltigen Hotelkomplexe, die in allen Städten der VAE so eindrucksvoll hochgezogen worden sind. Der Tourismus wurde zur willkommenen Industrie, um unsere Wirtschaftskraft zu stärken. Seien wir ehrlich: Der Konflikt um den Irak und der Tourismus haben uns Wachstum verschafft – und beide Phänomene hängen eng miteinander zusammen. Die Ölindustrie hatte in den 80er Jahren ihren Höhepunkt erreicht. Sie musste ergänzt werden durch andere Aktivitäten.«

Zahlen schaffen Klarheit: Ein Blick auf die Weltrangliste der Ölproduzenten

Die Vereinigten Arabischen Emirate verfügen über ein Öldepot von 98 Milliarden Barrel. Das sind 10 Prozent der Vorräte der gesamten Erde. Nach Saudi-Arabien und Irak stehen die VAE an dritter Stelle der Ölproduzenten. US-Ölspezialisten haben errechnet, dass bei derzeitiger Förderleistung die Ölvorräte auch im Jahr 2100 noch nicht erschöpft sind. Der Reichtum ist für hundert Jahre gesichert.

Sheikh Khalifah bin Zayed Al Nahyan, seit dem 2. November

2004 Präsident der VAE, weist mit Recht darauf hin, dass von den 98 Milliarden Barrel Öl 92 Milliarden allein im Boden von Abu Dhabi zu finden sind.

»Wenn wir das Volk nicht an der Regierung beteiligen, wird uns das Volk vertreiben«

Bis zum Frühsommer des Jahres 1995 war ein derartiger Satz nirgends im Bereich des Persisch / Arabischen Golfs zu hören gewesen. Doch dann sprach ihn ein Sheikh aus, der im Jahr 1995 gerade 23 Jahre alt und ein Mitglied der regierenden Familie von Qatar war, auf das bisher niemand gehört hatte. Sein Name: Sheikh Hamad bin Khalifah ath Thani. Der Vater, Sheikh Khalifah bin Hamad ath Thani, der Emir von Qatar, hatte ihn zwar zum Verteidigungsminister ernannt und zum Oberbefehlshaber der winzigen Emiratsarmee, doch der Vater hatte dieser Position wenig Bedeutung zugemessen. Der Sohn war auf bedeutungslose Ehrenposten abgeschoben worden.

Nun zeigte der junge Mann aber, dass er nicht damit einverstanden war, dass sich der Vater, der Emir, vom Volk absonderte, dass er in seinem Palast in der Hauptstadt Doha einsame Regierungsbeschlüsse fasste. Als der Vater den Vorwurf hörte: »Wenn wir das Volk nicht an der Regierung beteiligen, wird uns das Volk vertreiben«, lachte er nur. Und er lachte so sehr, dass der Sohn gedemütigt den Audienzsaal verließ.

Sheikh Khalifah bin Hamad ath Thani glaubte durch Geistesgegenwart den Vorfall erledigt zu haben – er flog zwei Tage später zur Erholung in die Schweiz.

Als nun der Emir außer Landes war, handelte der Sohn rasch. Er zog seine Uniform als Generalmajor der Qatar-Armee an und ließ alle strategisch wichtigen Positionen der Hauptstadt Doha besetzen. Dann wies er seinen Verwandten, Sheikh Hamad bin Jaber ath Thani an, den bisherigen Emir nicht ins Emirat zurückfliegen zu lassen; dessen Maschine sollte in Doha nicht landen dürfen. Diese Anweisung wurde befolgt, denn der Verwandte war Präsident von Qatar Air.

Widerstand gegen die Machtübernahme erhob sich nirgends im Emirat. Die 500 000 Einwohner waren durchweg damit zufrieden, dass an der Macht ein Generationswechsel stattfand. Die Untertanen vertrauten Sheikh Hamad bin Khalifah ath Thani, dass mit ihm eine freiere Art zu regieren in den Emirspalast einzog.

Der junge Mann trat den Beweis an: Er verkündete die Aufhebung der Pressezensur. Die Tageszeitungen »Al Arab« und »Rayah« entwickelten sich innerhalb weniger Wochen zu den freiesten Presseorganen der Arabischen Halbinsel. Pressefreiheit gab es und gibt es sonst nirgends am Golf. Die Zeitungen sind zwar prächtig aufgemacht, doch der Inhalt muss Grenzen beachten: Kein Ruler hat Kritik zu befürchten. Plötzlich aber ist die Sippe ath Thani im Visier kritischer Journalisten. Emir Sheikh Hamad bin Khalifah ath Thani ermutigte die zwei Chefredakteure von »Al Arab« und »Rayah« die Freiheit auszunützen.

Die Emire der Staaten des Gulf Cooperation Council (GCC) waren insgesamt bestürzt über diese Entwicklung. Gewaltige Schritte in Richtung Demokratisierung hatten sie alle nicht im Sinn – auch nicht die Emire der VAE. Vor allem aber nicht der König von Saudi-Arabien. König Fahd sah für seine Herrschaft Gefahr durch die Verbreitung der Idee von der Pressefreiheit. Er war entschlossen, diesen »missratenen Sohn des Emirs von Qatar« zu vernichten. Er nahm Kontakt auf zum verbannten Sheikh Khalifah bin Hamad ath Thani und beschwor ihn, er müsse verhindern, dass ein Staat des Gulf Cooperation Council mit neuartigen Regierungsformen experimentiere, die für das arabische Volk in keiner Weise geeignet seien. König Fahd stellte dem vertriebenen Emir eine beachtliche Geldsumme zur Verfügung.

Finanziell abgesichert suchte der Vater zunächst Unterstützung in Cairo und Damaskus. Er erhielt verbale Hilfe: Husni Mubarak und Hafez Al Assad waren bereit zu verkünden, dass der Sohn kein Recht besitze, Qatar zu regieren; er habe sich die Macht widerrechtlich angeeignet. Mehr als diese halbherzige Erklärung erreichte Sheikh Khalifah bin Hamad ath Thani allerdings nicht. Sein Versuch, einen Putsch in Qatar zu organisieren, scheiterte. Die Offiziere der kleinen Qatar-Armee blieben ihrem Oberbefehlshaber treu. Der Umsturz zu Gunsten des Vaters fand nicht statt.

Die erste Erklärung des jungen Herrschers nach der Festigung der Macht enthielt diese programmatischen Sätze: »Wir Verantwortlichen müssen uns alle gründlich ändern. Einen modernen Staat zu schaffen, bedeutet nicht nur, dass wir Straßen asphaltieren, Hochhäuser bauen, Wasserleitungen legen. Der moderne Staat kann nur Bestand haben, wenn wir selbst Traditionen und Positionen aufgeben.«

Dass der Emir von Qatar einen »modernen Staat« schaffen will, beunruhigt andere Mitgliedsstaaten im Gulf Cooperation Council (GCC) in steigendem Maße. Die Herrschenden in Saudi-Arabien fragen sich, ob Sheikh Hamad bin Khalifah ath Thani sein Emirat tatsächlich auf den Weg zur Demokratie führen will. Das regierende Haus As Saud würde alles daransetzen, diesen Weg zu blockieren. Streitpunkte, die dafür genutzt werden können, sind vorhanden. So ist zum Beispiel die geografische Grenze zwischen dem Königreich und dem Emirat nicht eindeutig festgelegt. Zu Beginn der 90er Jahre des vergangenen Jahrhunderts hatte die saudi-arabische Armee überraschend den Grenzposten al-Khofus besetzt – mit der Begründung, diese Siedlung gehöre zum Königreich. Einheiten der Qatar-Armee hatten einen Gegenangriff gestartet, doch ohne Erfolg. Der Streit um al-Khofus ist auch im neuen Jahrtausend nicht bereinigt. Er enthält genügend Zündstoff, um Krieg zwischen den Staaten des Gulf Cooperation Council zu entflammen.

Die Politik des Emirats Qatar als Unsicherheitsfaktor am Golf

Fürwitzig ragt die schmale Halbinsel Qatar in den Persisch / Arabischen Golf hinein. An ihrer Verbindungsstelle zum Festland befinden sich zwei Grenzen, sie sind beide nur wenige Kilometer kurz: Saudi-Arabien und die Vereinigten Arabischen Emirate grenzen an Qatar. Die saudi-arabische Hauptstadt Riyadh ist 400 Kilometer und die VAE-Hauptstadt Abu Dhabi ist 500 Kilometer entfernt. Qatar bildet ungefähr den Schnittpunkt zwischen den beiden Zentren politischer Entscheidungen.

Kalkulierbar ist, was in Riyadh und was in Abu Dhabi entschieden wird. Die Politik des Emirs Sheikh Hamad bin Khalifah ath

Thani aber ist widersprüchlich – vor allem darauf bedacht, dem kleinen Land Einfluss zu verschaffen.

Dies ist gelungen, durch Ansiedlung des arabischen Nachrichtensenders »al-Jazira«, der seine Programme über Satellit in alle wichtigen Regionen der Welt abstrahlt. »al-Jazira« hat sich zum Sprachrohr des Netzwerks »al-Qaida« entwickelt. Wenn Osama bin Laden will, kann er seine Meinung über den Sender in Qatar zum Ausdruck bringen. Europäische und amerikanische Broadcaster sind dankbare Abnehmer der bin-Laden-Videos. Wer das Programm von »al-Jazira« verfolgt, der spürt, dass in den Redaktionen proislamisch gedacht wird. Das Wort »Jazira« ist mit »Insel« zu übersetzen.

Der Nachrichtensender ist kritisch zu Politik und Aktivitäten der USA eingestellt. Die Redaktion scheut nicht davor zurück, in dokumentarischen Bildern die Brutalität der amerikanischen Kriegführung und der Behandlung Gefangener darzustellen.

Der Emir gibt dem Sender jede Freiheit – zugleich aber erlaubt er den USA von seiner Halbinsel aus aktiv Krieg zu führen. Auf Qatar steht die größte Luftwaffenbasis der USA überhaupt. Im Bau befindet sich eine Flottenbasis von ähnlichem Ausmaß.

Es geschieht jetzt schon, dass sich der Außenminister des Emirats in seinem Büro nicht verständlich machen kann, weil der Krach der landenden US-Transportmaschinen alles übertönt. Die Luftwaffenbasis liegt in der Nähe des Außenministeriums in Doha.

Die Absurdität der Qatar-Politik wurde im Februar des Jahres 2003 offensichtlich. Auf dem Gelände der US-Luftwaffenbasis war zu erkennen, dass die Vorbereitungen angelaufen waren für den Militärschlag gegen Irak. Zu diesem Zeitpunkt war Qatar der Gastgeber für die islamische Konferenz, die sich das Ziel gesetzt hatte, eben jenen Militärschlag zu verhindern. Versammelt waren Politiker sämtlicher islamischer Staaten, die insgesamt Position gegen die USA bezogen – mit Duldung des Emirs Sheikh Hamad bin Khalifah ath Thani. Der Außenminister verlas dabei ein Kommuniqué, in dem zum Ausdruck kam, Irak habe »ein Recht auf Sicherheit und territoriale Integrität«. Der Außenminister versprach den Delegierten der islamischen Staaten, dass er alles unternehmen werde, um den Krieg der USA gegen den Irak zu verhindern.

Es war allerdings derselbe Außenminister, der dem US-Verteidigungsminister den Ausbau und die völlig freie Benützung der Militärinstallationen im Emirat zugesagt hat.

Martin Indyk, der zur Zeit der Präsidentschaft von Bill Clinton Undersecretary of State war, meint:»Wir konnten uns immer auf Sheikh Hamad bin Khalifah ath Thani verlassen. Er war es, der mit einer Milliarde Dollar den Ausbau der Luftwaffenbasis finanziert hat. Den Qataris ist es auch immer gelungen, andere arabische Staaten dafür zu gewinnen, den amerikanischen Standpunkt zu unterstützen. Wir haben dafür gesorgt, dass Qatar seine riesigen Gasvorkommen profitabel nutzen konnte.«

Die US-Administration verstand es, die Gesellschaften Exxon/Mobil und Royal Dutch/Shell für die Exploration und die Ausbeutung der Gaslager zu mobilisieren. Das Resultat war, dass Sheikh Hamad bin Khalifah ath Thani über größere Geldmengen als je zuvor verfügen konnte. Doha wurde mit Hilfe dieser Dollarbeträge modernisiert. Der Ruler war in der Lage, das Wachstum von Abu Dhabi und Dubai zu kopieren.

Es ist die Frau des Rulers, die sich gefährlich weit vorwagt. Ihr Name: Sheikha Mozah bint Nasser Al Misnad. Sie hat das Institut »The Qatar Foundation« gegründet. Diese Foundation soll Gelegenheit bieten zur freien Diskussion heikler Themen. Diskutiert wurde über die Frage, ob arabische Regierungen wirklich zur Durchführung von Reformen bereit sind. Die Sheikha vertritt selbst den Standpunkt, die Bereitschaft zu Reformen sei gering in Arabien. Auch in Abu Dhabi wurden die Worte und vor allem die Handlungsweise der Sheikha Mozah bint Nasser Al Misnad von manchen ungern vernommen.

Die Äußerungen wären der Frau des Emirs noch verziehen worden, jedoch dass sie zu einer Debattierveranstaltung den Rabbi Michael Melchior eingeladen hat, erregte Unmut. Der Rabbi ist Mitglied des israelischen Parlaments. Er nahm in Doha teil an einem Gespräch über Friedensaussichten im Nahen Osten. Der in Doha stationierte TV-Nachrichtensender »al-Jazira« kommentierte die Anwesenheit des Rabbis so:»Die herrschende Familie ath Thani ist durchsetzt mit Freunden der Israelis!« Folgende Formulierung wurde im Kommentar verwendet:»Proisraelische Machenschaften in Qatar«. Zum Zeitpunkt des Rabbi-Besuchs setzte »al-Jazira« den radikalen Prediger Sheikh Jussuf Al Qaradawi regelmäßig im Pro-

gramm ein. Er hielt flammende Reden gegen »die Feinde des Islam«
– und dazu rechnete er die USA. Jussuf Al Qaradawi hatte sich lange
in New York und Washington aufgehalten. Wegen seiner antiame-
rikanischen Haltung war er aus den USA ausgewiesen worden.
Doch er gehörte, erstaunlicherweise, zu den wenigen islamischen
Geistlichen, die sich gegen die Terroranschläge vom 11. September
2001 ausgesprochen haben. Mit dieser Meinung zog Al Qaradawi
im Emirat Qatar viel Ärger auf sich. Doch der Emir, Sheikh Hamad
bin Khalifah ath Thani, und vor allem die Sheikha, standen auf seiner Seite.

Plötzlich ist die Drohung akut:
»Das Leben wird nicht mehr so sein wie zuvor«

Am 21. März 2005 detonierte in Doha eine Autobombe. Das Ziel des
Anschlags waren Briten, die von Qatar aus den Einsatz britischer
Soldaten im Irak koordinierten. Ein Brite wurde getötet, zwölf wei-
tere verwundet.

Niemand bekannte sich zu diesem Anschlag. Die Sicherheitsbehörden von Qatar, die mit dem amerikanischen Geheimdienst zu-
sammenarbeiteten, nehmen noch am Tag des Anschlags einen Ver-
dächtigen fest. Es handelt sich um den Ägypter Ahmed Abdallah
Ali, dem allerdings keine Verbindung zu einer Terrorgruppe nachgewiesen werden konnte.

Martin Indyk, der frühere Undersecretary of State der USA meint:
»Rätselhaft ist, warum es die Briten getroffen hat und nicht einen
aus der Emirfamilie. Das regierende Haus ath Thani hat sich wahrhaftig viele Feinde geschaffen.«

Der Selbstmordattentäter hatte den Sprengstoff, der im Auto verborgen war, vor dem Theater zur Detonation gebracht, in dem eine
britisch-amerikanische Amateurgruppe, die »Doha Players«, ein
Lustspiel produzierte. Bühne und Zuschauerraum waren völlig zerstört. Erstaunlich bei der großen Wucht der Explosion ist die geringe Zahl der Opfer.

Dass sich Derartiges in Doha ereignen konnte, schockierte den
Emir sowie die Briten und Amerikaner in Doha. Jetzt lebte die Erin-

nerung daran auf, dass der TV-Sender »al-Jazira« Tage zuvor Informationen von »al-Qaida« erhalten hatte, die Warnungen an Golfstaaten enthielten. Sämtliche Emirate waren darauf hingewiesen worden, dass die islamischen Regierungen die Pflicht hätten, sämtliche »Kreuzritter« (crusaders) aus ihren Staaten zu weisen. Adressiert waren die Warnungen an Qatar, Bahrain, Kuwait und an die Vereinigten Arabischen Emirate. Nach der Explosion in Doha wurden die Warnungen ernst genommen. Die Tageszeitung »Gulf News« zitierte einen westlichen Diplomaten, der meinte: »Das Leben in den Emiraten wird nicht mehr so sein wie zuvor. Gefährdet ist jeder, dessen Land die Amerikaner im Irak unterstützt.«

Die US-Botschaft in Kuwait sah sich veranlasst, die Bürger ihres Landes, die sich in Kuwait aufhalten, zu warnen: »Maintain low profile and avoid places, where westerners are known to congregate.«

Allgemeine Warnungen vor Terroranschlägen für die Golfregion gab es im Frühjahr 2005 einige. Der Ministerpräsident des Emirats Kuwait fürchtete, dass sich der Terror weit ausbreiten könnte zwischen seinem Staat und der Straße von Hormuz: »Die Gefahr wird uns lange verfolgen. Alle Golfstaaten werden darunter zu leiden haben. Unsere Gegner in diesem Fall sind heimtückisch. Wir werden uns auf schlimme Szenarien vorbereiten müssen.« Kuwait hat zum Jahresbeginn 2005 Erfahrungen gemacht mit radikalen Gruppen, die zum Umsturz im Emirat aufriefen. In den Straßen von Kuwait City hatten Gefechte stattgefunden.

Die Sicherheitsbehörden hatten entdeckt, dass radikale Kräfte über die »Website« zu Terroraktionen aufriefen. Der kuwaitische Geheimdienst meldete wenige Tage nach dieser bestürzenden Entdeckung: »Radical websites blocked«. Es seien drei Websites gewesen. »They are now inaccessible.«

Trotz Erkrankung des Rulers von Abu Dhabi: Die Vereinigten Arabischen Emirate blieben stabil

Es war die Zeit, da in Qatar der Junge gegen den bisherigen Ruler mit Erfolg putschte. In Doha vollzog sich damals ein Generationswechsel. Hätte die jüngere Generation in den VAE putschen wollen im Jahr 1995, sie hätte Erfolg haben können – vielleicht.

Im Sommer 1995 sagte Sheikh Zayed bin Sultan Al Nahyan: »Wir haben die Schwierigkeiten überwunden. Wir wachsen mit jedem Tag stärker zusammen: Fortschritt und Wohlstand breiten sich aus. Das Band, das alle Menschen der VAE zusammenschnürt, ist fest.«

Der Präsident der Föderation war 78 Jahre alt, als er über Nacht von Schmerzen geplagt wurde. Sie hatten ihr Zentrum im Nacken; von dort aus strahlten sie in den Hinterkopf. Sein Arzt stellte fest, dass Knorpel der Wirbelsäule abgenützt waren; Wirbel rieben aneinander; Nerven hatten sich entzündet. Vom heimischen Arzt verordnete Therapien zeigten keine Resultate. Sheikh Zayed litt sehr unter den Schmerzen. Er verlor – so sagte er selbst – die Freude daran, sich für die VAE einzusetzen. Im März 1996 sah der verantwortliche Arzt keinen anderen Ausweg mehr, als dem Ruler sofort absolute Ruhe zu verordnen.

Wer zur Sippe Al Nahyan gehörte, der begann sich Sorgen zu machen um die Zukunft. Die Erinnerung war noch lebendig an die Zeit, als mancher der Sheikhs auf die Chance wartete, den Regierenden »liquidieren« zu können, um selbst Ruler zu werden. Es war nicht auszuschließen, dass, wie in früheren Generationen, einer der jüngeren Sheikhs darauf hoffte, der Platz an der Spitze werde für ihn geräumt. Der Kern der Familie beschloss, jeden Hinweis auf eine Erkrankung des Präsidenten der VAE so lange als möglich zu meiden. Die Öffentlichkeit erhielt keine Informationen über den Gesundheitszustand des VAE-Präsidenten.

Sheikh Zayed strengte sich an, der Familienstrategie zu folgen. Drei Tage lang ertrug er die Strapazen während des Staatsbesuchs von Sultan Qabus. Der Herrscher aus dem Oman hatte verwundert die überraschende Einladung zum Staatsbesuch in Abu Dhabi angenommen.

Während der Gespräche mit dem Gast entstand im Kopf von Sheikh Zayed der Gedanke, der Wunsch zum Machtwechsel an der Spitze der VAE werde wahrscheinlich gar nicht in der Sippe Al Nahyan laut werden, sondern vielleicht in der Familie Al Qasimi in Sharjah, oder in der Familie Al Sharqi in Fujairah? Verfolgte etwa Dr. Sheikh Sultan bin Mohammed Al Qasimi persönlich ehrgeizige Ziele?

Die Verfassung der Föderation schloss die Auswechslung des Präsidenten keineswegs aus. Da gab es einen Artikel, der sogar dazu ermutigte: Abu Dhabi, der Sitz der Sippe Al Nahyan, war nur zur »provisorischen Hauptstadt« bestimmt worden. Als Sheikh Zayed die mögliche Auswirkung dieses Verfassungsartikels begriffen hatte, berief er zum 20. Mai 1996 eine Sitzung sämtlicher Ruler nach Abu Dhabi ein. Auf Wunsch von Sheikh Zayed wurde der Begriff »provisorische Hauptstadt« aus dem Verfassungstext gestrichen. Abu Dhabi wurde zur »permanenten Hauptstadt« bestimmt. Die Möglichkeit war damit geringer geworden, dass Sharjah oder Fujairah jemals zum Machtzentrum in den Vereinigten Arabischen Emiraten werden könnten.

Nach dem die Zukunft der Führungsposition der Familie Al Nahyan auf diese Weise halbwegs abgesichert war, konnte die Abreise zur Operation in die USA stattfinden. Von der Notwendigkeit eines medizinischen Eingriffs wurde in den VAE allerdings nicht gesprochen. Mitgeteilt wurde, Sheikh Zayed befinde sich zu einer privaten Tour in den Vereinigten Staaten – und zu einem normalen routinemäßigen »Check-up« seines Gesundheitszustandes.

Dass am 29. September 1996 der Ruler im Nacken operiert wurde, blieb zunächst ein Geheimnis. Erst als Sicherheit bestand, dass keine Komplikationen mehr auftreten würden, gestattete der »Haushalt des Rulers« in Abu Dhabi die behutsame Information der Öffentlichkeit in den Emiraten.

Die Nachricht, der Emir sei krank gewesen, verbreitete sich weltweit. Sheikh Zayed erhielt im Krankenhaus Telefonanrufe von Staatsmännern, die schon immer Kontakt zu ihm gehalten hatten. Dazu zählte Hafez Al Assad, der syrische Staatspräsident. Nach drei

Wochen verblasste langsam die Erinnerung an den Präsidenten der VAE in den Hauptstädten der Welt. Nach sechs Wochen stieg die Unruhe in Abu Dhabi, Dubai und Sharjah. Die Kaufleute und Unternehmer, die sich geschäftlich mit der Sippe Al Nahyan verbundenen fühlten, begannen darüber nachzudenken, ob sie sich auf eine andere Persönlichkeit an der Spitze des Staates einzustellen hätten. Gerüchte verbreiteten sich rasch. Viele der »subjects« glaubten nicht mehr, dass alles mit rechten Dingen zugehe in den Vereinigten Arabischen Emiraten.

Endlich, sieben Wochen nach der Operation, kam die erlösende Nachricht: Sheikh Zayed bin Sultan Al Nahyan kehrt in die Heimat zurück. Er lebt und ist gesund. Als die Maschine des Präsidenten der VAE in Abu Dhabi landet, wird er von Tausenden erwartet. Bemerkt wird, dass die Operation noch nachwirkt: Der Sheikh trägt eine Halskrause und er bewegt sich langsam, unbeholfen, unsicher. Die Begeisterung litt unter dieser Beobachtung nicht. Tausende jubelten, wollten den Emir sehen. Die Wagenkolonne, die ihn zum Palast al-Bahr an der Sea Palace Road bringt, braucht für die Strecke von zehn Kilometern vom International Airport her nahezu zwei Stunden.

Sheikh Zayed, ein Emir der Superlative

Von nun an fand manches, was im Umkreis um den Ruler geschah, Aufnahme im »Guinness Book of Records«. Dazu gehörte der »Loyalty Drive« vom 19. November 1996: 30 000 Menschen strömten nach Dubai. Männer und Frauen, die in der VAE zu Hause waren, aber auch »expats« aus Indien, Pakistan, Iran. In 10 000 Kraftfahrzeugen waren sie gekommen, aus Sharjah, Fujairah, Ras Al-Khaimah, Khor Fakkan. Aus dem »Loyalty Drive« entwickelte sich die Idee, am 20. November 1996 das größte »floral bouquet« aller Zeiten vor dem Palast des Emirs in Abu Dhabi zu entfalten. 300 000 Blüten bildeten den gigantischen Strauß, der ebenfalls im »Guinness Buch der Rekorde« registriert wurde.

Jeden Tag kamen prominente Persönlichkeiten oder deren Repräsentanten in den Palast. Die Liste der Besucher ist beachtlich: Präsident Bill Clinton, UN-Generalsekretär Kofi Annan, Sultan

Qabus von Oman, der französische Präsident Jacques Chirac, die früheren US-Präsidenten George Bush Senior und Jimmy Carter, und der einstige südafrikanische Präsident Nelson Mandela.

Dass in der Föderation die »größte Fahne der Welt« aufgezogen wurde, ist nicht weiter erstaunlich; dass die Emiratsflagge mit den Farben rot, grün, weiß und schwarz »live« von Jugendlichen in riesigem Format durch eine Zusammenstellung von Blumen angedeutet wurde, auch nicht. Die Bedeutung der Farben: rot = das Blut; schwarz = das Erdöl; weiß = der Friede; grün = der Islam.

Der libanesische Staatsminister Dr. Ali Hassan Khalid übertreibt, wenn er sagt: »Sheikh Zayed ist der wahre Befreier des Libanon!« Im August des Jahres 2004 wurde dieses Lob ausgesprochen. Außer dem Staatsminister fühlte sich jedoch kaum jemand im Libanon befreit. Die syrische Armee befand sich immer noch im Land; der Geheimdienst aus Damaskus kontrollierte die libanesische Politik und die libanesische Wirtschaft. Der Libanon war noch eine Provinz Syriens.

Nicht zu bezweifeln ist, dass der Libanon dem Präsidenten der VAE viel zu verdanken hat. »Sheikh Zayed hat die Menschen des Libanon von Furcht und Verzweiflung befreit!« Mit diesen Worten setzt der Staatsminister in Beirut sein Lob fort. Was der Präsident der VAE geleistet hat, lässt sich genau definieren: Als sich im Mai des Jahres 2000 die israelischen Truppen nach 22 Jahren aus Teilen des Libanon zurückgezogen haben, ließen sie Minenfelder zurück, verstreut auf ein Gebiet von unbestimmbar vielen Quadratkilometern. Die Gefahr lauerte, dass jemand auf eine der ungekennzeichneten Minen tritt. In der Tat geschah es im Grenzgebiet zwischen Israel und Libanon, dass Menschen durch die Explosion von Minen zerfetzt wurden. Der Libanon war auf internationale Hilfe angewiesen.

Die Vereinten Nationen boten sich an. Die örtlichen UN-Beamten in Beirut hatten ein Unternehmen an der Hand, das in der Lage war, Sprengmittel in großer Menge zu beseitigen; sie verfügten nur nicht über die finanziellen Mittel, um das Unternehmen zu bezahlen. Kaum hatte der Präsident der VAE von der Not gehört, in der sich der Libanon befand, wurde er aktiv: Sheikh Zayed bin Sultan Al Nahyan war bereit, die Finanzierung der Minenräumung zu übernehmen. Bis August des Jahres 2004 dauerte die Aktion, während

der 56 475 Minen im Boden des Libanon aufgespürt und anschlie-
ßend entschärft wurden.

Der persönliche Beauftragte des UN-Generalsekretärs für den Libanon, Steffen de Mistura, zog diese Bilanz: »Wir sind sehr froh darüber, dass sich die Vereinigten Arabischen Emirate zu dieser Hilfe-
leistung verpflichtet haben. Was auf diese Weise in wenigen
Monaten erledigt werden konnte, hätte ohne das Geld der VAE Jahrzehnte gebraucht. Dass wir Sheikh Zayed als Spender gefunden
haben, hat den Libanesen gewaltig geholfen. Die modernste Technik der Sprengmittelbeseitigung hatte eingesetzt werden können.«

Die Dankbarkeit der Männer an der Spitze der Vereinten Nationen war ebenso groß nach dem Einsatz der VAE-Föderationsarmee
im Krisengebiet des Kosovo. Kofi Annan fühlte sich veranlasst, an
Sheikh Zayed diese Worte zu richten: »Ich besuchte das Flüchtlingslager, das die VAE-Truppen im Kosovo errichtet und in Betrieb
gehalten haben. Ich habe den Eindruck, dass sich Ihre Truppen mit
hoher Professionalität und Kompetenz für die humane Sache eingesetzt haben.« Zuständig für diesen Einsatz war der Sohn des
Ruler, Generalleutnant Sheikh Mohammed bin Zayed Al Nahyan,
der zu dieser Zeit Stabschef der VAE-Streitkräfte gewesen war.

Der Präsident der Vereinigten Arabischen Emirate war inzwischen
80 Jahre alt geworden. Die Delegationen, die ihn besuchten priesen
seine Voraussicht, seine Weisheit, seine Durchsetzungskraft – und
auch seine Überredungskunst: Sieben Emirate in einer Föderation
zusammenzubinden, hatte Kraft gekostet.

Dass er Präsident ist der Gesamtheit der VAE, ist ihm zur wichtigen Aufgabe geworden, doch als eine Heimat hat Sheikh Zayed
immer Abu Dhabi betrachtet. Weniger das Emirat Abu Dhabi, das
er selbst in Jahrzehnten modern geformt hat, sondern das Gemeinwesen, in das er hineingeboren worden war: das Abu Dhabi, das
zum größten Teil aus Wüste besteht. Lee Dinsmore, ein US-Diplo-
mat, der im Jahr 1968 Abu Dhabi im Auftrag seiner Regierung besuchte, notierte sich diese Beobachtung: »Er ist von Natur aus ein
schlichter Wüstensheikh. Genauer gesagt, ist er ein offener gradli-
niger Araber der Wüste. Das Leben in der Wüste hat ihn geprägt.«

Diese Prägung wirkte sich aus. In den 50er Jahren des vergangenen Jahrhunderts war Abu Dhabi eine Ansammlung von ärmlichen

Palmwedelhütten. Abseits von diesen Hütten, aber dennoch ihr Mittelpunkt, befand sich das al-Hisn-Fort, das »Alte Fort«. Es war eigentlich gebaut worden, um die einzige Süßwasserquelle der ganzen Gegend vor Beduinen zu beschützen, die sich gegen jede Form der Ansiedlung wehren wollten. Das Fort al-Hisn war der Sitz der Verwaltung; hier wurde Recht gesprochen. Herr des Forts war der Sheikh von Abu Dhabi. Sein Fort war das erste permanente Gebäude auf der länglichen dreieckigen Insel Abu Dhabi. Rings um den viereckigen Bau aus Lehmziegeln weideten Kamele. Zwar brachte ein Frachtschiff im Jahr 1947 das erste Fahrzeug mit Benzinmotor in Abu Dhabi an Land, doch es war nutzlos; es war im Sand nicht funktionsfähig. Dass selbst das Fort lange Zeit keine befestigte Zufahrt hatte, zeigt eine Luftaufnahme aus dem Jahr 1954. Damals war ein zweiter fester Bau entstanden – in respektvollem Abstand vom Fort Hisn: Die Residenz des British Political Resident; auch zu ihm führte kein befestigter Weg. Der Resident verfügte über kein motorisiertes Fahrzeug.

Der Küstenstreifen, das zeigt die Luftaufnahme von 1954, war dünn besiedelt mit kleinen Hütten. In Vergessenheit gerät so langsam doch, dass die in Abu Dhabi regierende Familie Al Nahyan in der Wüste zu Hause gewesen war. In der Mitte des vergangenen Jahrhunderts lebten ihre »subjects«, ihre Untertanen, vom Meer. Ihre Hütten drängten sich an das Meer heran; sie waren auf das Meer hin orientiert. Eine Luftaufnahme aus dem Jahr 1960 zeigt, dass der Siedlungsstreifen am Strand immer noch dünn war. Es gab jetzt eine halbwegs befestigte Straße. Sie führte direkt auf das Fort al-Hisn zu. Zu den Wohnhütten war keine Straße angelegt.

Bis zum Jahr 1966, dem Jahr der Übernahme der Herrschaft durch Sheikh Zayed bin Sultan Al Nahyan veränderte sich das Bild nicht. Einige aufgemauerte Häuser existierten neben den Palmwedelhütten. Alle Bauten besaßen nur ein Erdgeschoss. Fischerboote lagen am Strand, nach der Arbeit des Tages aufs Trockene gezogen.

Die Insel, auf der die Hütten standen, war durch flaches Gewässer vom Festland getrennt. Dort, wo das Meerwasser durchquert werden konnte, stand ein alter Wachturm auf einem winzigen Felsfundament. Wer nach Abu Dhabi gelangen wollte, der musste den Weg durchs Wasser zu Fuß zurücklegen. Auf Fotos jener Zeit sind Mutige zu erkennen, die den Versuch wagen, durch das flache Wasser zu fahren. Als am Ende der 50er Jahre die Sicherheit bestand, dass Abu Dhabi in absehbarer Zeit zu den ölexportierenden Ländern gehören würde, wurde der Autopfad durch das Wasser befestigt. Als Sheikh Zayed bin Sultan Al Nahyan im Jahr 1966 Ruler geworden war und über die Einnahmen des Emirats aus dem Ölgeschäft verfügen konnte, gab er den Bau einer Brücke in Auftrag. Es entstand die Maqta Bridge. Sie ist 500 Meter lang und besitzt zwei Fahrbahnen.

Neben den Fahrbahnen im Wasser steht der alte Wachturm. Dreieinhalb Jahrzehnte nach der Brückeneinweihung befindet er sich immer noch am alten Platz. Ein Wahrzeichen der Zeit vor der Ölexploration. Die Maqta Bridge ist im Jahr 1969 durch Sheikh Zayed eingeweiht worden. Bis zum Jahr 2000 hat sie den gesamten Verkehr bewältigt. Erst dann wurde eine zweite Brücke daneben gesetzt.

1965 entstanden die ersten festen Häuser; als Baumaterial wurden Blöcke aus Korallensteinen verwendet; sie waren wetterfest. Die Luftaufnahme aus dem Jahr 1970 lässt erkennen, dass sich trotz der Verkehrserleichterung durch die Maqta Bridge noch immer kein Auto auf der Insel befand. Das bequemste Fortbewegungsmittel waren Kamel und Esel. Die Bewohner lebten auch weiterhin vom Meer. Am Strand sind die Fischerboote zu erkennen, die jeweils am Abend an Land hochgezogen wurden.

Mit dem Jahr 1970 setzt die Veränderung von Abu Dhabi ein. Sie ist wieder durch eine Flugaufnahme dokumentiert: Vor der Küste zum offenen Meer wird Sand aufgeschüttet. Land entsteht, auf dem die Corniche Platz findet. Drei geteerte Straßenzüge verbinden in gerader Linie eine Reihe betonierter oder gemauerter Häuser. Groß sind die Sandflächen zwischen den Gebäuden. Gezählt werden können ungefähr zwölf Häuser, die mehr als fünf Stockwerke aufweisen. Pflanzen sind keine zu erkennen. Auf Begrünung wurde noch kein Wert gelegt. Die etwa 100 Kraftfahrzeuge verlieren sich auf den Parkplätzen vor den Häusern. Auffällig ist die große Zahl der Straßenlampen, die auf sehr hohen Masten angebracht sind. Für Helligkeit ist gesorgt an der Corniche. Abu Dhabi begann aus der Dunkelheit aufzuwachen.

Es waren die Vertreter der Großmacht USA in Arabien, die spürten, dass sich Abu Dhabi veränderte. Zwar residierte der British Political Resident in unmittelbarer Nähe des Rulers, doch ihm entging, dass mit Sheikh Zayed tatsächlich eine neue Zeit begonnen hatte. Am Wechsel von Sheikh Shakhbut zu Sheikh Zayed war der Vertreter Großbritanniens nicht unbeteiligt gewesen, jetzt aber erlangten die USA im Einfluss auf die Entwicklung des Emirats einen Vorsprung. Begünstigt wurde die Kursänderung ungewollt durch die Haltung der Londoner Regierung: Sie wollte dem Ruler von Abu Dhabi noch immer verbieten, dass sich ein Vertreter der USA im Emirat Abu Dhabi etablierte. Alle Beziehungen zum Ausland sollten nur über London möglich sein. Der britische Widerstand gegen jeden amerikanischen Einfluss löste eine Abwehrhaltung gegen den British Political Resident aus. Das Resultat: Sheikh Zayed ließ sich von Amerikanern beraten, wie der Kern einer Regierung aufzubauen sei. Von ihnen wurde auch der Entwurf eines Fünf-Jahres-Plans für die wirtschaftliche Entwicklung erarbeitet, der eine detaillierte Budgetaufstellung enthielt.

Errechnet worden war eine Staatseinnahme aus dem Ölgeschäft in Höhe von 30 Millionen Dirham. Die wichtigsten Etatposten betrafen, gemäß der Größenordnung aufgestellt: Schulen, Landwirtschaft, Krankenhäuser, Ausbildung auf dem industriellen Sektor. Dem Ruler war bewusst, dass er zwar Bildung und Ausbildung der Menschen, die aus Abu Dhabi stammten, durch Bereitstellung finanzieller Mittel fördern konnte, dass die Wirtschaft des Emirats jedoch für lange Zeit auf Zuwanderung aus dem Ausland angewiesen war. Sheikh Zayed bedrängte den British Political Resident, der bis zur Gründung der VAE noch immer für die Visavergabe zuständig war, die Einreisebestimmungen zu lockern. Gastarbeiter aus Indien, Pakistan, Belutschistan ließen sich gerne anwerben. Ein gutes Einkommen war ihnen sicher, sie konnten damit ihre Familien zu Hause ernähren.

Den Fremden bot der Ruler Arbeit und ein festes Einkommen. Die angestammte Bevölkerung wurde durch großzügige materielle Zuwendungen an den Staat gebunden. Jede Familie, die traditionell zu Abu Dhabi gehörte, erhielt Land zugewiesen. In der Gegend des Gemeinwesens, in der Wohngebiete vorgesehen waren, durfte die Familie auf Boden, der ihr geschenkt wurde, ein festes Haus bauen. Ein zweites Stück Land wurde der Familie dort zugeteilt, wo die Hauptgeschäftsstraßen entstehen sollten. Auf diesem Stück Land durften Firmen angesiedelt werden. In Partnerschaft mit ausländischen Finanzgesellschaften konnten Bankgebäude entstehen; oder Niederlassungen großer bekannter Unternehmen. Ein drittes Stück Land erhielt, wer einen Industriebetrieb selbst oder in Kooperation gründen wollte. Dieses Stück Land befand sich außerhalb der Wohn- und Geschäftsviertel des Gemeinwesens Abu Dhabi.

Sheikh Zayed war überzeugt, dass sich die Großzügigkeit lohnen würde. Von jedem, der sich zu Abu Dhabi rechnen durfte, wurde erwartet, dass er alles, was ihm vom Ruler zugeteilt wurde, zum Nutzen der Gesamtheit verwenden werde. Sheikh Zayed war auch überzeugt, dass sich im Emirat Abu Dhabi und in den Vereinigten Arabischen Emiraten der Familienzusammenhalt bewähren und zur wirtschaftlichen Stabilität beitragen werde.

Abu Dhabi wird durch Gärten zum Paradies

Wer die Luftaufnahmen von Abu Dhabi im Zeitraum nach 1980 betrachtet – sie sind im Emirates Center for Strategic Studies and Research in Abu Dhabi einzusehen –, der bemerkt eine beachtliche Veränderung: Die Grünflächen nehmen zu. Während die Stadtstrukturen langsam deutlich werden – Straßenzüge der Geschäftsviertel sind zu erkennen; das Straßennetz tritt hervor – wird auch die Absicht der Stadtplaner klar, die Ränder von Straßen zu begrünen, Rasenflächen zu schaffen, große Blumenbeete anzulegen, Palmen anzupflanzen. Den Anstoß dazu gab Sheikh Zayed selbst im Jahr 1971. Seine Absicht war zunächst, dem Sandboden Fruchtbarkeit abzuringen, den gewonnenen Boden vor Versandung zu bewahren, und zu verhindern, dass die Wüste wieder in das Gemeinwesen eindringt.

Sheikh Zayed ordnete an, dass innerhalb weniger Monate vier Millionen Bäume angepflanzt wurden – vor allem Akazien, Eukalyptusbäume und Palmen. Die Verwaltung von Abu Dhabi übernahm die immensen Kosten der Bewässerung. Im Staatshaushalt wurden pro Palme oder Baum eintausend Dollar im Jahr eingesetzt – Kosten für Aufbereitung des Wassers, für Wassertransport in Kesselwagen, für Personalkosten. Schwierigkeiten bei der Begrünung machte vor allem der hohe Salzgehalt des Sandes. Eine revolutionäre Lösung dieses Problems findet der studierte Emir von Sharjah: Er lässt Sand, der kein Salz enthält, aus der Ferne herbeischaffen.

Es war Königin Elisabeth II., Monarchin von Großbritannien und Haupt des Commonwealth, die im 8. Jahr der VAE die Bemühungen des Sheikh Zayed lobte:»Ihre Träume, die Wüste in ein grünes Land, in ein Paradies, zu verwandeln, sind bereits jetzt in Erfüllung gegangen.« Zu diesem Zeitpunkt war es gelungen, auch die Sheikhs der sechs anderen Emirate für die Idee der Begrünung zu begeistern. Die Schaffung des Paradieses sollte von allen Emiraten, ohne Unterschied, angestrebt werden. Hilfreich dabei war der Grundsatz, den der Ruler von Abu Dhabi zu Beginn des Zusammenschlusses der Emirate verkündet hatte:»Die Öleinkünfte von Abu Dhabi stehen von nun an allen Emiraten zur Verfügung.« Für Begrünungsmaßnahmen erhielt jeder Ruler Geld. Sheikh Zayed beanspruchte dafür nicht nur die eigene Kasse; er ermutigte auch den Emir von Kuwait durch Großzügigkeit die Schaffung des Paradieses am Golf zu ermöglichen.

Die Stimmung in den sieben Sheikhtümern wurde insgesamt positiver. Überwunden war die Eintönigkeit der Wüstenfarben. Ras Al-Khaimah, Ajman, Umm Al-Qaiwain präsentieren sich in bunten, optimistischen Farben. Heere von Arbeitern sind damit beschäftigt, die Pflanzen – trotz des vom Frühjahr bis Herbst naturfeindlichen heißen Klimas – am Leben zu erhalten.

Die Veränderung war augenfällig: Für die kleineren Emirate Sharjah, Ajman, Umm Al-Qaiwain, Ras Al-Khaimah, Fujairah war die Zeit der Armut und Rückständigkeit zu Ende.

Dem Emirat Sharjah, für einen Kamelreiter nur eine Stunde von Dubai entfernt, war die Erfüllung des Wunsches, das Land zu begrünen, besonders schwierig. Eine Luftaufnahme aus der Zeit vor 1971, vor der Zeit der Zugehörigkeit Sharjahs zur Föderation, zeigt die dünne Besiedlung von Sharjah und die Beschaffenheit des Bodens. Das Land bestand aus in jeder Beziehung minderwertigem Grund, »Sabkha« genannt. Er wird immer wieder vom salzigen Wasser des Meeres überflutet; zurück bleiben Salzablagerungen, unter denen sich »Salzsümpfe« befinden und Tümpel von Brackwasser. Sabkha-Gegenden sind äußerst gefährlich und heimtückisch für alle, die sich darauf bewegen: für Menschen, Tiere, Fahrzeuge. Die britischen Pioniere des Flugverkehrs, die ersten Piloten, hatten manchmal geglaubt, Sabkha-Flächen seien Landeplätze mit stabilem Untergrund. Sie ließen sich vom Anblick der Ebene täuschen. Bei Bodenberührung brachen die Fahrwerke ein. Es geschah, dass die Flugzeuge zunächst nicht zu bergen waren.

Die Brackwasserzone »Sabkha« trennt noch zu Beginn des dritten Jahrtausends die beiden Gemeinwesen Sharjah und Dubai. Im Stadtgebiet von Sharjah ist der Untergrund stabilisiert, doch der Boden ist salzhaltig geblieben. Dieser Umstand ist auf den Luftaufnahmen der zwei letzten Jahrzehnte des vergangenen Jahrhunderts daran abzulesen, dass kaum ein Bewuchs zu erkennen ist. Der gelbe salzhaltige Boden wehrt sich gegen das Grün.

Ein besonderes Problem stellt die Anpflanzung von Palmen dar. Sie wollten auf dem in Sharjah üblichen gelben Sand nicht gedeihen – auch er enthielt zu viel Salz. Wie diese Schwierigkeit umgangen wird, zeigt sich auf einem weiten Platz zwischen Corniche und Meer im Stadtgebiet von Sharjah. Hier sind Berge von rotem Sand aufgehäuft; daneben lagern hunderte von Palmen unterschiedlicher Altersstufen. Sie warten darauf, eingepflanzt zu werden beim Hotel Sharjah Radisson, auf den großzügig angelegten Plätzen, an wichtigen Straßenkreuzungen, und vor den weit auseinander gezogenen Gebäuden der Universität. Palmenwälder trennen auch hier die Gebäude für Männer und Frauen.

Vor dem Einpflanzen der Palmen wird der Boden ausgewechselt, der gelbe Sand wird durch roten Sand ersetzt. Er ist eisenhaltig, aber nahezu salzfrei. Auf Lastwagen wird er aus Ras Al-Khaimah herbeigeholt.

In unmittelbarer Nähe des Lagerplatzes von rotem Sand und der Palmen, befindet sich in Sharjah der mehr als einen Kilometer lange Quai, an dem tagtäglich hunderte von Dhaus dicht gedrängt festgemacht warten. Der Anblick gehört zu den Attraktionen der VAE. Die hölzernen Schiffe, im traditionellen Stil gebaut, lassen in ihrer Vielzahl erkennen, was früher in allen Häfen der Emirate geschah – und was in Sharjah bis heute fortlebt: Der Handel mit Iran und Indien, lag und liegt in der Hand privater Kaufleute. Interessant ist der Blick auf die Waren, die am Quai zum Verladen bereitliegen: alte Autos, Ersatzteile, riesige Mengen neuer und gebrauchter Autoreifen, Kühlschränke, Fässer voll Motoröl. Dieser Zweig des Handels der Kaufleute von Sharjah lässt sich nicht kontrollieren.

Angenommen wird, dass auch Drogen per Dhau über den Golf transportiert werden.

Der Plan des Sheikhs Zayed bin Sultan Al Nahyan, schließlich nicht nur Abu Dhabi, sondern die gesamten Gemeinwesen der Vereinigten Arabischen Emirate in »Paradiese der Gärten« zu verwandeln, gelang nach Überwindung von Schwierigkeiten in der auf salzigem Boden errichteten Hafenstadt Sharjah. Ehrgeizig und selbstbewusst ist Seine Hoheit Dr. Sheikh bin Mohammed Al Qasimi. Ungern lässt er sich von Abu Dhabi und dem Präsidenten der VAE auf Dauer finanzieren. Der studierte Emir sah ein, dass seine Stadt erst dann attraktiv genannt werden konnte, wenn das Auge der Bewohner und der Fremden von Palmen in großer Zahl und von Grünflächen fasziniert wird. Das Geld, das zur Anlage von Grüngebieten notwendig war, sollte Sharjah letztlich selbst verdienen. Der erste Schritt zur Selbstständigkeit geschah, als die Verantwortlichen des Hafens die Möglichkeit entdeckten, Ölbohr- und Förderanlagen, die beschädigt worden waren, oder modernisiert werden mussten, an die Küste von Sharjah zu schleppen. Dort standen bald Fachleute bereit, um die Wartung und Erneuerung zu übernehmen. Dieser Geschäftszweig florierte innerhalb weniger Monate. Eine »Marktlücke« war entdeckt worden.

Wer einen Blick auf den Hafen von Sharjah wirft, der wird irregeführt durch den Anblick der Förderturmgerüste und Bohrinseln; er glaubt, sich in einem ölexportierenden Land zu befinden. Er täuscht sich.

Die Hoffnung, im Meeresboden vor der Küste von Sharjah Öl zu finden, bestand lange. Direkt bei der Insel Abu Musa – sie gehört zum Emirat Sharjah, wurde aber 1971 vom Iran widerrechtlich besetzt – waren die ersten Bohrungen niedergebracht worden. Das Resultat enttäuschte: Selbst in großer Tiefe stieß der Bohrer auf keine Öleinlagerungen.

Unmittelbar nach der iranischen Besetzung von Abu Musa wurde nur wenige Kilometer auf dem Meer von Abu Musa entfernt, ein neuer, teurer Versuch gewagt. Die Bohrung stieß 1974 tatsächlich auf ein Ölvorkommen; doch als ergiebig erwies es sich nicht. Zunächst konnten 20 000 Barrel pro Tag gefördert werden. Monate später wurden 35 000 Barrel pro Tag erreicht. Doch Dr. Sheikh Sultan bin Mohammed Al Qasimi befriedigte dieses Ergebnis nicht. Der

Ruler gab den Auftrag, auf dem Festland die Ölsuche fortzusetzen. Diesen Auftrag übernahm die Amoco Sharjah Oil Company – in Zusammenarbeit mit BP – im Jahre 1979. Den Anfang der Ölsuche dokumentiert eine Luftaufnahme. Zu sehen sind zwei Zelte und zwei Fahrzeuge in einer endlosen ebenen Wüste, die in den Horizont übergeht. Vereinzelt wachsen Gestrüppbüsche. Der Wind erzeugt niedere Dünen.

Eines der Fahrzeuge lässt schwere Stahlplatten aus zwei Metern Höhe zu Boden fallen. Der Autor dieses Buches war Zeuge dieser Explorationsversuche. Wenn die Stahlplatte zu Boden fällt, ist eine Welle der Erschütterung der Erde ringsum zu spüren. Im zweiten Fahrzeug werden die seismischen Folgen der Erschütterung aufgezeichnet. Die Auswertung der Ergebnisse, die im Gebiet zwischen der Küste und dem Fuß der Hajar-Berge gesammelt wurden, ergaben schließlich ein Bild von der Beschaffenheit des Erdbodens bis zu einer Tiefe von tausend Metern. Alle Anzeichen wiesen darauf hin, dass sich Öl im Boden befand. Die erste Bohrung wurde in einer Region angesetzt, die Saja'a heißt. Die Enttäuschung war groß, denn sie stieß nicht auf Öl. Doch die Stimmung der Ölsucher wandelte sich rasch: Gefördert wurde schließlich Gas – und zwar in großer Menge.

Die Amoco Sharjah Oil Company fand bald einen Abnehmer für das Gas, das verflüssigt und in Fässern befördert wird. Das »Kondensat« wird, wie das Öl, in der Maßeinheit »Barrel« berechnet. Die Amoco Sharjah Oil Company ist in der Lage, täglich 60 000 Barrel des Gaskondensats zu liefern. Mit dieser energiegeladenen Flüssigkeit betreibt die Aluminiumschmelze Dubai ihre Anlage. Verarbeitet wird »Low grade Aluminium«, das per Schiff aus Australien im Freihafen Jebel Ali angeliefert wird. Beide Emirate, Sharjah und Dubai, profitieren von dieser Partnerschaft. Die Aluminiumschmelze Jebel Ali bildet eine eindrucksvolle Anlage im ausgedehnten Industriegebiet von Dubai/Jebel Ali.

Dr. Sheikh Sultan bin Mohammed Al Qasimi sieht sich bestätigt, als in Dubai Ende März 2005 die Tagung der Aluminiumspezialisten »Alumax« stattfindet. Sheikh Hamdan bin Rashid Al Maktoum, der Deputy Ruler of Dubai, der die Tagung eröffnet, sagt: »Dubai ist führend in der Aluminiumindustrie der Welt. In Dubai arbeitet einer der größten Schmelzöfen.« Jeder der Zuhörer weiß, dass dieser Schmelzofen deshalb profitabel ist, weil er mit dem preiswerten Gaskondensat aus Sharjah betrieben wird. Der Gulf Cooperation Council, die Dachorganisation der Golfemirate, hat für die Aluminiumschmelze das Ziel gesetzt, auf dem Aluminiummarkt der Welt die beherrschende Stellung einzunehmen. Die Dubai Aluminium Company (Dubal) strengt sich an, dieses Ziel zu erreichen. Ihr stehen diese Vorteile zur Verfügung: Ein permanenter Energiezufluss und Wasser in großer Menge. Dieses Wasser wird durch Entsalzung aus Meerwasser gewonnen – mit Hilfe des Energieträgers Gaskondensat aus Sharjah. Die Geschäftsleitung der Dubal glaubt im Frühjahr 2005, dass die Nachfrage auf dem Aluminiumsektor während der nächsten Jahre steigen wird. Dr. Sheikh Sultan bin Mohammed Al Qasimi kann sicher sein, dass die Dubai Aluminium Company ständiger Kunde für das Flüssiggas aus Sharjah bleiben wird.

Der Ruler kann mit Geld, das in Sharjah verdient wird, in seiner Stadt Blumenbeete, Grasflächen, Gärten und Parks anlegen. Wer Sharjah im ersten Jahrzehnt des dritten Jahrtausends erlebt, der spottet nicht lange über das Motto, das in großen Buchstaben an der Emiratsgrenze von Dubai her zu lesen ist: »Lachen Sie, gleich sind Sie in Sharjah!« Optimismus war nicht immer berechtigt.

Sharjah lehnt sich an Saudi-Arabien an

Die Erinnerung ist noch nicht verblasst an die Zeit, als das Emirat Sharjah Umschlagplatz war für Holzkohle. Der heutige Markt Souq al-Arsah war bis vor vier Jahrzehnten der »Holzkohlemarkt«. Angeboten wurde die Holzkohle durch Beduinenhändler. Sie transportierten ihre Ware auf dem Rücken von Kamelen über weite Strecken von den Randgebieten der Wüste her – meist aus Regionen, die von Wahhabiten kontrolliert wurden. Der Kontakt mit wahhabitischen Glaubensansichten besteht seit Generationen.

Die Anbieter von Holzkohle nahmen Reis und Olivenöl in ihre Heimat mit. Keine Seite verdiente Bargeld.

Die letzte Spur des Holzkohlehandels ist in unserer Zeit an der Anlegestelle der Dhaus zu finden, die sich von Sharjah aus auf den Weg nach Indien machen. Dort warten noch Abnehmer auf Holzkohle von der Küste des Persisch/Arabischen Golfs. Die Einnahmen, die über die Jahre hin zu erzielen waren, genügten bald einfachsten Ansprüchen der Familien in Sharjah nicht mehr. Erzählt wird, in dieser Zeit habe sich der Ruler um Unterstützung an die Herrscherfamilie As Saud in Zentralarabien gewandt. Finanzhilfe sei tatsächlich gewährt worden – aber unter einer Bedingung: Dass im Emirat Sharjah der Alkoholgenuss absolut verboten wird.

Vieles deutet darauf hin, dass diese Version der Geschichte, warum niemand in Sharjah Bier oder Whisky trinken darf, der Wahrheit entspricht. Der saudisch-wahhabitische Einfluss ist in Sharjah deutlich zu spüren. Saudische Herrschernamen sind in den Bezeichnungen von Örtlichkeiten mehrfach anzutreffen. Da heißt der Haupthafen Mina Khaled; an der Corniche findet sich der Khaled See; in der Nähe liegt die King Faisal Road. In zentraler Lage ist die König-Faisal-Moschee zu sehen. Die Reverenz vor dem wahhabitischen Haus As Saud ist beachtlich.

Eine andere Erzählung berichtet allerdings, ein Bruder des Dr. Sheikh Sultan bin Mohammed Al Qasimi sei dem Whisky derart verfallen gewesen, dass er daran zu Grunde gegangen sei. Dieses Schicksal wollte der Ruler seinen Untertanen ersparen, und deshalb habe er alle alkoholischen Getränke aus seinem Emirat verbannt.

Ob der Ruler von Sharjah den Wahhabiten Saudi-Arabiens entgegenkommen wollte oder ob ihn persönliche Gründe geleitet haben, fest steht, dass seit 1984 alkoholische Getränke weder in Läden verkauft, noch in Hotels ausgeschenkt werden dürfen. Selbst der Ausschank von alkoholfreiem Bier ist verboten.

Eine Anmerkung: Im winzigen Emirat Ajman, das vom Gebiet des Emirats Sharjah komplett eingeschlossen ist, können Bier und Whisky frei erworben werden. Gefährlich ist jedoch der Transport der alkoholischen Getränke durch das Gebiet von Sharjah. Wer von der Sharjah-Police ertappt wird, muss mit hoher Geldstrafe rechnen. Die Polizei untersteht dem Ruler.

Dass Sharjahs wunderschöne Hotels seit 1984 von den Touristen wegen der ihnen aufgezwungenen Enthaltsamkeit gemieden werden, veranlasst Dr. Sheikh Sultan bin Mohammed Al Qasimi nicht, seine Haltung zu überdenken. Der Tourismus ist keine Einnahmequelle von Bedeutung für das Emirat Sharjah – auch wenn im Frühjahr 2005 die Werbung gegenüber europäischen Reisebüros verstärkt wird. Geboten werden niedrige Pauschalpreise, insbesondere für die Zeit der heißen Sommermonate. Die Wachstumsrate von Dubai aber ist unerreicht in der Welt: Die Zahlen der Industrie- und Handelskammer von Dubai sind imponierend. Das Bruttoinlandsprodukt weist für 2004 ein Wachstum von 16,7 Prozent aus. Wachstum speziell in der Industrie: 16,6 Prozent. Wachstum im Tourismus: 16,4 Prozent.

»Fly Emirates«

»Flieg mit den Emiraten« – diese Aufforderung steht in Großbuchstaben auf den Trikots der Starfußballer des britischen Vereins Chelsea London. Die Fluglinie »Emirates« hat sich nach langer Überlegung bereitgefunden, ihren Namen zur Nutzung durch diese Fußballmannschaft freizugeben – und sie hat sich als finanziell großzügig erwiesen. Der Schriftzug »Fly Emirates«, deutlich lesbar, zierte die Trikots der teuersten Fußballspieler der Welt während der Champions-League-Spiele 2005 beim Triumpf über den FC Bayern München und bei der Niederlage gegen den FC Liverpool (3. Mai 2005) – durch ein umstrittenes gegnerisches Tor.

Die Aufforderung »Fly Emirates« auf britischem Boden beweist Ironie der Verantwortlichen. Früher hatte der Werbespruch gelautet: Fly BOAC! Großbritannien war einst stolz darauf gewesen, dass eine britische Luftlinie den abgelegenen Persisch / Arabischen Golf mit der Welt verbunden hat. Es war Sheikh Saed bin Maktoum gewesen (Ruler von Dubai 1912–1958), der am 3. Mai 1943 diesen Vertrag abgeschlossen hat: »Ich gestatte der British Overseas Airway Corporation BOAC für fünf Jahre die Benutzung der civil seaplane base in Dubai.« Von diesem Tage an besaß BOAC in Dubai eine feste Basis für Flüge nach London, Bombay, Singapur und Sydney. Der Flugpreis nach London betrug, umgerechnet, rund 1000 Euro. Bedingt durch die beschränkte Reichweite der Maschinen dauerte die Flugzeit insgesamt lange. Mit allen Zwischenstopps betrug die Reisezeit von Dubai nach Australien 10 Tage.

Bis zum Jahr 1985 beherrschte Großbritannien den zivilen Luftverkehr über den Emiraten. Im Herbst 1985 wurden in Dubai die

Emirates Airlines gegründet. Die Anfängerluftlinie mietete sich Maschinen aus Pakistan. Das Streckennetz umfasste zunächst Flüge zu Zielen in Pakistan und Indien. Bald jedoch wurden London und Frankfurt in den Flugplan einbezogen.»Emirates« hatte sich das Ziel gesetzt, Leistung zu erbringen und dafür internationale Preise zu gewinnen. Dieses Ziel wurde erreicht.

Sheikh Zayed bin Sultan Al Nahyan verabschiedet sich. Die Zeit für Veränderungen bahnt sich an

Der Körper des über 80-jährigen Rulers funktionierte nicht mehr wie gewohnt. In der zweiten Hälfte des Jahres 2000 war eine Nierentransplantation notwendig. Sie wurde in den USA durchgeführt; der Sheikh überstand die Folgen in kurzer Zeit.

Tief im Gemüt getroffen hat den Ruler das Ereignis des 11. September 2001. Es hat auf der Arabischen Halbinsel seine Wurzel: Es ist dem wahhabitischen Geist entsprungen. Sheikh Zayed hatte seine Erfahrungen mit den Wahhabiten jahrzehntelang gemacht: Er kannte ihren Fanatismus, ihre Entschlossenheit im Kampf gegen religiös Andersdenkende. Dass Wahhabiten zum Massenmord fähig sind, hatte er sich allerdings nicht vorstellen können. In einem Telefongespräch mit dem US-Präsidenten George Bush versprach der Präsident der Vereinigten Arabischen Emirate, er werde den Kampf gegen den Terrorismus unterstützen,»denn seine Ziele und Methoden stehen im Widerspruch zum Islam. Und zu allen göttlich-geoffenbarten Religionen.«

Die Erinnerung an den 11. September 2001 geriet in Abu Dhabi jedoch in den Hintergrund: Die VAE konzentrierten sich auf die eigene Substanz und auf die Sicherung ihrer Zukunft.

Am 2. Dezember 2001 wurde gefeiert in den VAE. Der Grund: Die Föderation bestand an diesem Tag 30 Jahre. Sheikh Zayed zieht dieses Fazit:»Was wir erreicht haben, übersteigt bei weitem unsere Vorstellung von damals. Was wir erreicht haben, war allein möglich durch die Gnade Allahs und mit Unterstützung Allahs. Wir haben allerdings auch einen starken Willen und Entschlossenheit gebraucht. Durch Geduld und durch harte Arbeit sind wir so weit vorangekommen. Der Islam und die Lehren, die der Prophet Mohammed uns hinterlassen hat, waren unsere Richtschnur.«

Dies war für Monate die letzte öffentliche Erklärung, die aus dem Palast von Abu Dhabi zu hören war, denn während der langen Zeit von fast drei Jahren schwieg der Ruler. Niemand außerhalb der regierenden Familie und der sie umgebenden Schicht erfuhr von den Bemühungen, das bestehende Regime auf Dauer abzusichern. Die Vorarbeit dazu war früher schon geleistet worden. Im Jahr 1996, vor der Halswirbeloperation des Rulers, war Abu Dhabi für alle Zeiten zur Hauptstadt der Vereinigten Arabischen Emirate bestimmt worden.

Die erste Stufe zur Machtabsicherung der Sippe Al Nahyan war damals erfolgt. Im Herbst 2004 – als im engsten Kreis ernsthaft mit dem Tode des Präsidenten der VAE gerechnet wurde – war nicht auszuschließen, dass die regierende Familie von Dubai, die Sippe Maktoum, das Präsidentenamt beanspruchte. Sie hätte das Recht dazu. Seit Gründung der Föderation im Jahr 1971 war ein derartiger Machtwechsel abgesprochen: Der Sohn des verstorbenen Sheikhs Rashid – Sheikh Mohammed ibn Rashid Al Maktoum – sollte der erste Mann im Gesamtstaat werden. Ihm traute jeder zu, dass er ein kluger Präsident sein würde.

Doch in aller Stille schuf Sheikh Zayed die Voraussetzungen, dass sein eigener Sohn, Sheikh Khalifa bin Zayed Al Nahyan, die Verantwortung über die VAE übernahm.

Unmittelbar vor seinem Tode traf Sheikh Zayed personelle Entscheidungen von großer Tragweite. Er ernannte einen seiner Söhne zum Minister für die Angelegenheiten des Präsidenten. Sein Name: Mansur bin Zayed Al Nahyan. Seine Aufgabe für die Zukunft besteht darin, das Büro des Präsidenten zu leiten, den Staatschef abzuschirmen, den Besucherstrom zu kontrollieren. Dieser Sohn war damit auf jeden Fall in der Machtzentrale der VAE präsent. Wer auch immer Präsident werden würde, ein Mann der Sippe Al Nahyan würde ihn steuern und kontrollieren.

Der Sterbende rückte einen zweiten Sohn in den Mittelpunkt künftiger Entscheidungen: Sheikh Saif bin Zayed Al Nahyan wurde Innenminister; er hatte für die Zukunft in allen Fragen der inneren Sicherheit die Verantwortung zu tragen. Damit war gesichert, dass die Sippe Al Nahyan auf jeden Fall den Kurs des Föderationsstaates bestimmte. Das Ressort »Information« befand sich zuvor schon in der Hand eines Sheikh-Sohnes.

Eine dritte Entscheidung des Sterbenden war eine Verbeugung vor den Frauen der Vereinigten Arabischen Emirate insgesamt: Er ernannte eine Frau zur Ministerin für Planung und Wirtschaft. Ihr Name: Sheikha Lubna Al Qasimi. Sie gehörte zur Familie, die in Sharjah und in Ras Al-Khaimah regiert. Mit dieser Ernennung waren die beiden Emirate für die vom abtretenden Präsidenten fixierte Ordnung gewonnen. Die Sippe Qasimi war beschwichtigt.

Sheikha Lubna Al Qasimi hat ab 1981 in Kalifornien Computertechnik studiert – und das Studium abgeschlossen. Sie sagt:»Ich, als Frau, bin ein richtiger Techny, ein Technologe.« Ihre Kenntnisse hat sie in der Hafenverwaltung von Dubai praktisch erproben können.

Sheikha Lubna Al Qasimi kann sich Prinzessin nennen. Sie trägt im Amt traditionelle Kleidung: den Umhang, der den Körper verhüllt und das Kopftuch, das kein Haar sichtbar werden lässt. Sheikha Lubna will sich nicht unterscheiden von anderen Frauen, die in den Emiraten zu Hause sind. Die Ernennung der Sheikha Lubna Al Qasimi und die Neubildung des Kabinetts der VAE wurden zunächst nicht publiziert. Den Palast am Meer in Abu Dhabi umgab Stillschweigen. Das Leben dort war erstarrt. Kein Auto fuhr vor, und keines verließ das Gelände. Als seltsam empfunden wurde, dass es über Tage hin für die Öffentlichkeit kein Lebenszeichen des Rulers gab. Gerüchte entstanden, Sheikh Zayed sei schon tot; spekuliert wurde nun offen, die herrschende Familie ordne hinter einem Schleier des Schweigens die Machtstrukturen in ihrem Sinne.

Überraschend wurde am 2. November 2004 die Nachricht verbreitet, »der Führer der Nation« sei gestorben. Er wurde, nach arabischer Sitte, ohne Prunk und ohne Aufhebens im Umkreis der eben erst entstandenen gewaltigen »Sheikh-Zayed-Moschee« bestattet, die außerhalb der Stadt Abu Dhabi rechts der Straße nach Dubai liegt.

Wenige Stunden nach der Beerdigung trat gemäß Artikel 51 der VAE-Verfassung der Supreme Council der Föderation zusammen. Er bestimmte ohne Diskussion, aber in ehrfürchtigem Gedenken an den Toten, Sheikh Khalifa bin Zayed Al Nahyan zum neuen Präsidenten der Vereinigten Arabischen Emirate.

Festzustellen war an jenem 3. November 2004, dass die Bewohner der sieben Emirate überrascht waren von diesem machtpolitischen Schachzug, der dem bisherigen Herrscher gelungen ist. Zu Kritik daran fühlte sich allerdings niemand berufen.

Sheikh Zayeds Nachfolger: von Lob überhäuft

Sir Archie Lamb, der als früherer British Political Resident Sheikh Khalifa in dessen jungen Jahren hatte beobachten können, gibt dieses Urteil ab: »Er war sehr selbstbewusst. Er wurde respektiert, weil er eine Menge wusste und sehr erfahren wirkte. Ich halte ihn für sehr talentiert.«

Khalifa bin Zayed Al Nahyan gehört zum Jahrgang 1948, als ältester Sohn von Sheikh Zayed. Sein Geburtsort ist die Oase Al-Ain, dort war sein Vater damals Gouverneur. Einer der Mitarbeiter des Vaters erinnert sich: »Wenn sich sein Vater mit den Ältesten der Stämme beriet, dann saß Khalifa stundenlang daneben. Er hörte zu und beobachtete. Ich glaube, er hatte schon als Kind verstanden, was Politik und Diplomatie bedeuten.«

Sheikh Khalifa bin Zayed Al Nahyan war 18 Jahre alt, als sein Vater an Stelle von Sheikh Shakhbut Ruler von Abu Dhabi wurde. Sheikh Zayed zog in den Regierungssitz Qasr al-Hosn ein; die Lehmfestung Al-Ain musste er verlassen. Dort aber wurde dringend jemand gebraucht, der in der Lage war, als Gouverneur die Arbeit des Vaters fortzusetzen. Als geeignet wurde Sheikh Khalifa angesehen. Er wurde am 18. September 1966 zum Vertreter des Rulers in der Ostprovinz des Emirats Abu Dhabi eingesetzt. Präzise gesagt, es war der Wille des Vaters, der frühzeitig dem Sohn den Weg bereitete. Von nun an wurde Sheikh Khalifa von allen, die zum Haushalt des Rulers gehörten, als überlegene Persönlichkeit gepriesen.

Die nächste Stufe auf dem Weg zur Staatsspitze in der VAE erreichte Sheikh Khalifa am 1. Februar 1969: Durch Dekret des Vaters wurde er zum Kronprinzen des Emirats Abu Dhabi ernannt. Nur einen Tag später überraschte Sheikh Zayed seine Untertanen mit einer weiteren Beförderung des Sohnes. Sheikh Khalifa wurde Oberbefehlshaber der »Abu Dhabi Defence Force« – diese Truppe existierte allerdings noch gar nicht. Sie wurde in aller Eile gegründet.

Die britische Regierung, die zu diesem Zeitpunkt die Verantwortung für die Trucial Coast noch nicht abgegeben hatte, half finanziell und personell aus: London bezahlte die Anschaffung militärischer Ausrüstung wie leichte Panzerwagen und Maschinenwaffen. Aus Großbritannien wurden Offiziere und Unteroffiziere nach Abu Dhabi geschickt, sie sollten angeworbene Freiwillige aus den Beduinenstämmen der Gegend von Al-Ain zu Soldaten ausbilden.

Der Autor dieses Buches war vom Abu Dhabi Defence Force Department eingeladen worden, Zeuge des Aufbaus der Defence Force zu sein. Die britischen Unteroffiziere hatten die schwierige Aufgabe übernommen, aus freiheitsliebenden Beduinen Kämpfer zu formen, die blind gehorchen. Der Drill, dem die stolzen Angehörigen der traditionellen Stämme unterworfen wurden, war gnadenlos hart. Unerträglich für die Männer, die ohne Zwang gelebt hatten, war, dass sie bei Übertretung oder Nichtbeachtung britischer Befehle auch noch von britischen Offizieren schroff zu Arreststrafen verurteilt wurden. Die Zeiten des britischen kolonialen Hochmuts waren wiedergekehrt.

Die Beduinen, vor allem in Kampfsituationen an bewegliche Aktion gewöhnt, wurden dazu erzogen, auch in kritischer Lage in Stellungen auszuhalten. Der Befehl dazu lautete: »Remember the drill! Don't panick! Keep the position!«

Am soldatischen Leben beteiligte sich Sheikh Khalifa nicht; um die Ausbildung seiner Männer kümmerte er sich nicht. Er liebte es, den Sitzungen und Meetings seines Vaters beizuwohnen – gekleidet in phantasievolle Uniformen. Gelegenheit, sich militärtheoretisch weiterzubilden, suchte der Oberbefehlshaber nicht. Im Gegensatz zu anderen Kronprinzen Arabiens besuchte Khalifa nicht die britische Militärakademie Sandhurst.

Ernst nahm Sheikh Khalifa seine politische Funktion als Kronprinz. Der Vater verlangte, dass der Sohn im Jahr 1970 teilnahm an den Beratungen zur Vorbereitung der Föderationsgründung. Berichtet wird, die Emire insgesamt hätten Achtung vor Khalifa empfunden. Seine zurückhaltende, ja sanfte Art hätte oft Streitigkeiten gar nicht erst aufkommen lassen.

Am 2. Dezember 1971 wurde der Vater, Sheikh Zayed, Präsident der eben gegründeten Föderation der Emirate der südlichen Golf-region. Der Präsident war jetzt stark engagiert in gesamtarabischen Konflikten. Der Streit zwischen den Palästinensern und dem Königreich Jordanien bedrückte ihn besonders stark. Dass König Hussein und Yassir Arafat keine gemeinsame Position gegenüber Israel finden konnten, empfand Sheikh Zayed als Tragödie. Seine Bemühungen, die feindlichen Brüder zu versöhnen, schlugen fehl – obgleich er große Beträge sowohl der Kasse des Königs als auch der des Palästinenserführers zur Verfügung stellte. Die Gegensätze waren nur zeitweise zu überbrücken.

Bei der Beurteilung eines innerarabischen Ereignisses bestimmte der Sohn die Richtung – er wurde sofort vom Vater unterstützt. Am Morgen des 3. Juni 1982 wurde Sheikh Khalifa, der Chef des Militärdepartments von Abu Dhabi, davon informiert, dass während der Nacht in den Palästinenserlagern von Sabra und Chatila beim Flughafen von Beirut ein Massaker stattgefunden hat. Getötet worden sind hunderte von palästinensischen Frauen, Männern und Kindern. Die Täter waren die christlich-maronitischen Milizionäre des Bashir Gemayel. Er war der ehrgeizige Sohn eines ehrgeizigen Vaters; beide wollten den Libanon in einen christlichen Staat verwandeln. Dabei sollte verhindert werden, dass die islamische Mehrheit der Bevölkerung den Libanon in das arabisch-nationalistische Lager der arabischen Staaten – geführt von Syrien – steuerte. Die Palästinenser, Flüchtlinge der Jahre 1948 und 1967 aus Israel, unterstützten die panarabische Richtung.

Bashir Gemayel aber sah das Heil für die christlichen Maroniten, die sich als Minderheit in der Region seit Generationen an den Abhängen des Libanongebirges festgeklammert hatte, in der Kooperation mit Israel. Bashir Gemayel und Ariel Sharon waren Verbündete im Kampf gegen die syrisch-palästinensische Allianz. Ihr gemeinsames Ziel war die Eroberung der palästinensischen Flüchtlingslager, die im Halbkreis die Stadt Beirut im Norden, Osten und Süden umgaben. Der Gürtel sollte zunächst im Süden aufgebrochen werden. Bashir Gemayel und Ariel Sharon nahmen sich vor, die beiden Palästinenserlager Sabra und Chatila durch christlich-maronitische Milizionäre und durch Spezialeinheiten der israelischen Armee erobern zu lassen. Der Angriff auf Sabra und Chatila begann am Abend des 2. Juni 1982.

Ariel Sharon hatte der Attacke den international propagandistisch wirkungsvollen Namen »Frieden für Galiläa« gegeben. Der Weltöffentlichkeit wurde mitgeteilt, Israels Ziel sei allein die Beseitigung der Gefahr der Beschießung galiläischer Dörfer im Norden Israels durch Raketen der Palästinensischen Befreiungsorganisation. Das Resultat der Aktion »Frieden für Galiläa« war die Eroberung des kompletten Südlibanon und der israelische Vorstoß auf Beirut.

Es war Sheikh Khalifa, der junge Kronprinz von Abu Dhabi, der als erster der arabischen Politiker auf das Massaker von Sabra und Chatila reagierte. Er erkannte die israelisch-christliche Verschwörung, die es anzuprangern galt. Sheikh Khalifa zeigte seinem Vater, dem Emir von Abu Dhabi, am 4. Juni 1982 die Presseberichte aus Washington, Paris und London. Die Fotos der Gräueltaten der Israelis waren eindeutig: Ganz offensichtlich waren die Israelis Mörder am palästinensischen Volk. Sheikh Khalifa organisierte rasch die Zusammenkunft sämtlicher Emire der Vereinigten Arabischen Emirate in Abu Dhabi. Der Emir von Ras Al-Khaimah, Sheikh Saqr bin Mohammed Al Qasimi, damals schon der dienstälteste Staatschef der Welt, erinnert sich an jenen 4. Juni 1982: »Als Sheikh Zayed die ersten Zeitungsberichte über die Schrecken von Sabra und Chatila sah, war er schockiert und erschüttert. Ich hatte ihn nie in einem derartigen Zustand der nervlichen Erschütterung gesehen.«

Für den Kronprinzen und den Emir war das Ereignis von Sabra und Chatila ein Schlüsselerlebnis. Hatten beide zuvor in gewissem Maße Verständnis für israelische Politik der Selbsterhaltung und der Verteidigung empfunden, so hatten sie ab jetzt keine Sympathie für Israel mehr. Berichtet wird, Sheikh Zayed habe immer wieder diesen Satz wiederholt: »Wer kann derartige Taten begehen?« Der Sohn habe gesagt: »Hat die internationale Gemeinschaft nicht die Kraft und die Möglichkeit, solche Gräuel zu verhindern?«

Sheikh Khalifa, als Befehlshaber der Luftwaffe der Vereinigten Arabischen Emirate ordnete an, dass Transportmaschinen Hilfsgüter – Medikamente, Decken, Lebensmittel – in den Libanon zu fliegen haben. Die Maschinen landeten auf syrisch kontrollierten Luftbasen. Seit jenen Tagen trägt der Kronprinz mit Recht die blaue Uniform des Supreme Commander der VAE–Luftwaffe.

Dieser Hintergrund ist wichtig zum Verständnis, wie es geschehen konnte, dass am 3. November des Jahres 2004 sich kein Widerstand erhob gegen Khalifas Wahl zum Präsidenten der VAE. Das betreffende Dokument hat diesen Wortlaut:

Der Supreme Council of the United Arab Emirates trat im Bateen Palace in Abu Dhabi zusammen. Den Vorsitz führte Seine Hoheit Sheikh Maktoum bin Rashid Al Maktoum, Vizepräsident und Ministerpräsident der VAE und Ruler von Dubai. Anwesend waren die Hoheiten, die dem Supreme Council angehören. Sie sind die Ruler der Emirate. Seine Hoheit Sheikh Khalifa bin Zayed Al Nahyan, der Ruler von Abu Dhabi. Seine Hoheit, Dr. Sheikh Sultan bin Mohammed Al Qasimi, der Ruler von Sharjah. Seine Hoheit Sheikh Saqr bin Mohammed Al Qasimi, der Ruler von Ras Al-Khaimah. Seine Hoheit Sheikh Hamad bin Mohammed Al Sharqi, der Ruler von Fujairah. Seine Hoheit Sheikh Humaid bin Rashid Al Nuaimi, der Ruler von Ajman. Seine Hoheit Sheikh Rashid bin Ahmed Al Mualla, der Ruler von Umm Al-Qwaiwain.

Der Supreme Council hat einstimmig Seine Hoheit Sheikh Khalifa bin Zayed Al Nahyan zum Präsidenten der Föderation United Arab Emirates bestimmt. In Übereinstimmung mit Artikel 51 der Verfassung der VAE wird Sheikh Khalifa Nachfolger seiner verstorbenen Hoheit Sheikh Zayed bin Sultan Al Nahyan. Der Supreme Council bringt seine Hoffnung zum Ausdruck, dass das Volk der Vereinigten Arabischen Emirate auch weiterhin Hüter der Föderation sein wird und Bewahrer dessen, was auf allen Ebenen erreicht worden ist.

Seine Hoheit Sheikh Khalifa bin Zayed Al Nahyan bringt sein Gefühl der Dankbarkeit zum Ausdruck für das Vertrauen, das in ihn gesetzt worden ist von Seiten seiner Berater und der Emire. Sheikh Khalifa betont ausdrücklich, dass er entschlossen ist, die Arbeit im Rahmen der Richtlinien fortzusetzen, die durch den Begründer der Föderation VAE festgelegt worden sind. Dazu gehören vor allem Zusammenarbeit und Koordination mit den »Members of the Supreme Council«. Das Ziel ist, dem Fortschritt der Föderation Beachtung zu schenken. Stabilität und Wohlstand zu steigern ist die Aufgabe. Alles dient dem Wohlergehen des gesamten Volkes.

Der Supreme Council verpflichtet sich, dem Pfad zu folgen, den Seine Hoheit Sheikh Zayed bin Sultan Al Nahyan vorbestimmt hat. Der Supreme Council wünscht dem Präsidenten Erfolg. Der Supreme Council hofft, dass Seine Hoheit Sheikh Khalifa bin Zayed Al Nahyan sich der Gnade Allahs, des Allmächtigen, erfreuen möge.

Zwei Generationen lang Ruler: Sheikh Saqr bin Mohammed Al Qasimi

Von Gestalt ist er der kleinste unter den Emiren: Der Herrscher von Ras Al-Khaimah. Er trägt einen Kinn- und Backenbart. Die Augenbrauen sind buschig. Die Augen stehen nahe beieinander; sie blicken scharf und listig.

Im Jahr 1920 ist Sheikh Saqr bin Mohammed Al Qasimi geboren worden, als Kind einer hoch angesehenen Dynastie. Die Sippe Qasimi ist kein an Personen umfangreicher Stamm; sie ist ein Clan von Persönlichkeiten, die zu herrschen gewohnt waren und sind. Mittelpunkt ihrer Herrschaft sind die Küstensiedlungen Sharjah und Ras Al-Khaimah. Die meisten Stämme, die auf der Landspitze Musandam beheimatet sind, haben in der Geschichte die Qasimi respektiert: Um das Jahr 1760 wagte es nördlich der Linie Sharjah – Kalba niemand, sich den Qasimi zu widersetzen.

Den Lebensunterhalt verdienten die Männer der Stämme bis zum Zweiten Weltkrieg durch Tauchen nach perlenträchtigen Muscheln: Sie hatten es aber auch verstanden, Krieg zu führen. Zeitweise hatten sie Profit aus der Beute gezogen, die sie im Kampf gegen Eindringlinge, gegen Kolonialmächte und deren Verbündete gemacht hatten. Die für ihre Freiheit kämpfenden Qasimi waren damals durch britische Propaganda in den Verruf geraten, »Piraten« zu sein – und Bewohner der »Piratenküste«.

Der Vorteil der Sippe Qasimi war, dass sie eine Gruppe von Männern umfasste, die in der Lage war, regionale Macht in den Musandam-Gebieten auszuüben – in Vertretung des Rulers. Der Patriarch dieser Regionalherrscher war Sheikh Sultan bin Saqr (1803–1869). Die Währung, die er einführte, war bald überall an der Golfküste populär: Der »Mariatheresientaler« – eine gewichtige Nachprägung der traditionellen kaiserlich-österreichischen Währung. Das Exemplar des »Mariatheresientalers«, das der Autor besitzt, trägt die Jahreszahl 1780. Mit »Mariatheresientaler« wurden im 19. Jahrhundert unserer Zeitrechnung in Ras Al-Khaimah die Perlentaucher bezahlt. Jeder Taucher erhielt sieben derartige Silbermünzen.

Selbst zur Regierungszeit des starken Patriarchen Sheikh Sultan bin Saqr waren die Herrschaftsbereiche Sharjah und Ras Al-Khaimah nicht immer vereint. Zwar waren die Emire immer Verwandte, doch häufig waren die Qasimi untereinander zerstritten und führten sogar Kriege gegeneinander; mancher Qasimi kam dabei ums Leben. Der Patriarch hatte während der Jahre nach 1860 allerdings nicht mehr die Kraft, die zerstrittenen Qasimi auf Distanz zueinander zu halten. Sheikh Sultan bin Saqr war am Ende seiner Regierungszeit 85 Jahre alt.

Dem Sohn des Patriarchen gelang es nur zwei Jahre lang, von 1866 bis 1868, Sharjah und Ras Al-Khaimah in einem Emirat zu vereinen. Es war die Absicht dieses Sohnes, das Qasimi-Reich groß und unangreifbar zu machen; zu ihm sollte alles Land gehören, das zu Musandam zugerechnet werden konnte. Wer diesen Ehrgeizigen im Jahr 1868 tötete, wurde niemals geklärt. Das Resultat des Mordes war die erneute Trennung von Sharjah und Ras Al-Khaimah. Sharjah erwies sich in den nachfolgenden Jahren als militärisch stärker. Keiner der Sheikhs von Sharjah versuchte jedoch eine gewaltsame Wiedervereinigung herbeizuführen.

Einmal jedoch hatte der Ruler von Sharjah genug von den ewigen Streitigkeiten um die Macht in Ras Al-Khaimah. Er setzte eine Volksabstimmung in Ras Al-Khaimah durch. Schätzungsweise 1000 Männer sollten ihre Meinung zum Ausdruck bringen, wen sie als Herrscher haben wollten. Dies geschah im Jahr 1908. Die Volksabstimmung ergab allerdings kein eindeutiges Resultat. Die Wirren in Ras Al-Khaimah dauerten an. Ein derartiger Demokratisierungsversuch ist seither nie mehr wiederholt worden.

Erstaunlich ist, dass Großbritannien, dessen Political Resident Aufsicht führte am Golf, nicht ordnend eingriff. Keinen der nur kurzzeitig Mächtigen erkannte der British Political Resident als Ruler an. Er sorgte aber auch nicht für einen starken Ersatz. Dem Vertreter Großbritanniens war es nicht unlieb, dass sich die Emire mit sich selbst beschäftigten. Der Political Resident bevorzugte schwache Partner an der Spitze der Emirate.

Im Jahr 1919 starb einer dieser glücklosen Sheikhs. Dieser Emir hinterließ einen Sohn, der sich von Anfang an als Herrscherpersönlichkeit erwies: Das war Sheikh Saqr bin Khaled Al Qasimi. Der Political Resident änderte seine Politik: Er verlagerte seine Interessen. Der Resident begriff, dass dieser junge Mann die Kraft besaß, Ordnung im Emirat zu schaffen. Er setzte bei seiner Regierung in London durch, dass dieser Sheikh 1921 als Ruler am Golf anerkannt wurde. Zum ersten Mal erhielt Ras Al-Khaimah den Status eines »Emirats der Trucial Coast«.

Damit verbunden war ein bescheidenes Einkommen, das der Emir vom British Political Resident erhielt. Der Betrag sollte auch für die Finanzierung der Verwaltung des Emirats verwendet werden. Doch der Vertreter Großbritanniens am Golf musste feststellen »the Ruler neglected the welfare of his subjects«. Der Political Resident machte sich jetzt auf die Suche nach einem geeigneten Ruler. Es konnte jedoch nur ein Mitglied der Familie Qasimi sein – doch sie galten zur Verblüffung des Resident allesamt als korrupt; die Qasimi waren in jener Zeit intensiver als sonst durchweg am eigenen Einkommen interessiert.

Der wohl schlimmste Fall des Wirtschaftens in die eigene Tasche bot der Bruder des Rulers, der ohne Wissen des Herrschers ein Abkommen unterzeichnete, das Ras Al-Khaimah an die Firma Petroleum Concessions Limited band, eine unbedeutende britische Ölgesellschaft, die Versprechungen machte, die jedoch in Wirklichkeit wenig zu bieten hatte. Dass der Bruder des Rulers von Petroleum Concessions Limited ständig Geld erhielt, bleib lange verborgen. Erst als PCL selbst den Vertragszustand beendete und die Angelegenheit veröffentlichte, waren Ruler und die »subjects« wütend. Der British Political Resident griff ein: Der Emir wurde abgesetzt – um den inneren Frieden und die Substanz des Emirats Ras Al-Khaimah zu wahren. Sein Neffe, Sheikh Saqr bin Mohammed Al Qasimi, erhielt das Amt – mit Zustimmung Großbritanniens. Dies geschah im Jahr 1948. Die Amtszeit des »Rekordhalters der Emire« begann. Keinem anderen war eine derart lange Regierungsperiode vergönnt.

Sheikh Saqr bin Mohammed Al Qasimi hatte eine Stadt zu verwalten, die sich um einen Creek und eine weitflächige Lagune entwickelt hatte. Die Lage von Ras Al-Khaimah hat der Brite J. S. Buckingham im Jahr 1829 so beschrieben: »Wir näherten uns Ras Al-

Khaimah von See her. Die Stadt erhob sich vor uns aus dem Wasser.
Das Gebirge dahinter kam nahe an das Meer heran.«

Creek und Lagune sind durch eine lange Halbinsel vom Meer getrennt. Sie bietet Schutz vor Wind und Wellen. Doch dieser natürliche Hafen war so der Meeresströmung ausgesetzt, dass Sand in den
schmalen Meeresfortsatz geschwemmt wurde. Der Creek »versandete« während der ersten Regierungsjahre des Sheikhs Saqr bin Mohammed Al Qasimi.

Die Perlentaucherboote, die damals noch einen bescheidenen
Reichtum an Land bringen konnten, waren durch die Versandung
vom Meer abgeschnitten. Gezählt wurden im Jahr 1955 noch 33 derartige Boote. Zum Vergleich: In Sharjah war die Zahl der Perlentaucherboote damals noch doppelt so hoch.

Behindert durch die Versandung des Creeks von Ras Al-Khaimah
waren auch die Schiffe, die im Handelsverkehr mit Iran und Indien
eingesetzt waren. Sie brachten Reis und Zucker nach Ras Al-Khaimah; exportiert wurden Datteln. Eine Zählung, die der Ruler in
jenen Jahren durchführen ließ, ergab, dass seine Untertanen Besitzer von 15 600 Dattelpalmen waren. Dieser Bestand war das Wert-
vollste, was in Ras Al-Khaimah zu finden war. Die Dattelpalmen
sind bis heute ein wichtiger Faktor des Wirtschaftslebens im Gemeinwesen zwischen Gebirge und Meer.

Sheikh Saqr bin Mohammed Al Qasimi beschreibt die wirtschaft-
liche Situation von Ras Al-Khaimah so: »Wir sind im Norden der
Emirate – weit entfernt vom Öl. Bei uns wurde kein Öl gefunden.
Dieser Umstand brachte jedoch auch einen Vorteil für uns: Der
Reichtum erreichte uns in vorsichtigen Schüben, nicht als Springflut
wie anderswo in den Emiraten. Wir bekamen erst nach und nach
Geld – von unseren reichen Brüdern. ›The oil-rich‹ haben bei uns in-
vestiert, haben Geld in Firmen bei uns gesteckt.« Der Ruler meint:
»Wir waren und sind gezwungen, uns auf unsere Intelligenz zu ver-
lassen. Wir sind vorsichtige Leute. Wir nutzen jede Chance, die sich
uns bietet!«

Während der 50er Jahre des vergangenen Jahrhunderts machte
Kuwait ganz überraschend das Angebot, eine Schule in Ras Al-
Khaimah zu finanzieren. Es waren schließlich zehn Schulen, die Kuwait bezahlt hat. Aus Kuwait kam auch das Geld für den Aufbau
einer »agrarian experimental station«. Der Emir sagt 40 Jahre nach

der Gründung dieser landwirtschaftlichen Versuchsstation: »Dank dieser Einrichtung sind wir in Ras Al-Khaimah auf dem Gebiet der Landwirtschaft führend.«

Bis in die jüngste Zeit hinein war das Emirat isoliert. Die ironische Bemerkung des Emirs ist durchaus ernst gemeint: »Wir waren häufig besser mit dem Schiff zu erreichen, als über eine Straße.« Bis 1969 gab es keinen befestigten Weg. Wer das Emirat mit dem Kraftfahrzeug erreichen wollte, der musste von Umm Al-Qaiwain her auf der Strandpiste fahren. Er musste sehr genau aufpassen, dass er sein Ziel erreichte, ehe die Flut einsetzte. Sie hätte die Autofahrt rasch beendet.

Der 80-jährige Sheikh Saqr bin Mohammed Al Qasimi hat sich im Frühjahr 2005 zurückgezogen von der täglichen praktischen Arbeit. Von seinem einfachen einstöckigen Wohngebäude aus kann er übersehen, was er seit 1948 geleistet hat: Eine verkehrsreiche Straße führt an seinem Haus vorbei; ein Krankenhaus befindet sich in der Nähe und mehrstöckige Geschäftshäuser. Der alte Emir ist umgeben von Trubel, der ihm noch vor Jahren völlig fremd gewesen ist. Sheikh Saqr hat Zeit nachzudenken – über Gefahren, die dem Erreichten drohen. Die Tagesarbeit leistet sein Sohn, Sheikh Saud bin Saqr Al Qasimi.

Die Qasimi machen sich Sorgen.
Die Situation des Irak birgt Gefahren

Es war der über 80-jährige Sheikh Saqr, der die Idee hatte, es sei angebracht, dass sich die Ruler der Golfemirate mit der Situation des Irak befassten. Gerade im Frühsommer des Jahres 2005 war die Lage am Schatt el-Arab verworrener denn je. Die US-Truppen hatten Saddam Hussein vor Monaten vertrieben; die US-Administration hatte dem Irak Demokratie versprochen, ohne zu prüfen, ob an Euphrat und Tigris überhaupt jemand eine demokratische Ordnung wollte; die Selbstverwaltung der Iraker funktionierte nicht, weil sich Schiiten und Sunniten gegenseitig blockierten; die alles bestimmenden US-Generäle vermochten es nicht, den Konflikt zwischen den Religionsgruppen des Irak einzudämmen.

In den Emiraten der südlichen Golfregion wuchs die Sehnsucht nach der Wiederkehr der Herrschaft des einstigen Diktators Saddam Hussein im Nachbarstaat Irak: sein Handeln war kalkulierbar gewesen. Dass er vor Anwendung von Gewalt nicht zurückschreckte, war nichts Ungewöhnliches am Persisch/Arabischen Golf. Das derzeitige Durcheinander der Kräfte im irakischen Machtpoker erschien unentwirrbar zu sein. Der Älteste der Sippe Qasimi hätte sich vernünftigerweise nicht beunruhigen müssen: Der Schatt el-Arab war rund 1000 Kilometer von Ras Al-Khaimah entfernt; die gesamte Länge des Persisch/Arabischen Golfs lag zwischen dem Konfliktgebiet und seinem Emirat. Doch was im Irak geschah, konnte nicht ohne Auswirkung bleiben. Sollte in Baghdad das Experiment »Demokratie« gelingen, war zu erwarten, dass sich Menschen in den Emiraten Gedanken über die Vorteile der demokratischen Regierungsform machten. Der 80-jährige Qasimi beriet sich mit dem studierten Verwandten in Sharjah, mit Dr. Sheikh Sultan bin Mohammed Al Qasimi. Dieser schlug vor, im April 2005 ein Symposium zu veranstalten. Nach Sharjah wurde eingeladen, wer etwas Wesentliches zum Thema »Irak« zu sagen hatte. Als Hauptredner empfahl sich Amr Moussa, der Generalsekretär der Arabischen Liga, des Dachverbands aller arabischen Staaten.

Amr Moussa traf gleich zu Beginn des Symposiums das Problem, das alle bewegte: »Alle, die im Golf Nachbarn des Irak sind, leben in Angst und Sorge.« Der Schirmherr der Veranstaltung, Dr. Sheikh Sultan bin Mohammed Al Qasimi nickte. Er sah würdig aus im weißen Hemd, mit weißem Kopftuch und schwarzer Kordel. Der Ruler nimmt sich Zeit, dem Generalsekretär der Arabischen Liga zuzuhören, der – nach seiner Meinung – die Wahrheit ausspricht: »Alle sind tief beunruhigt. Was im Irak geschieht, betrifft hier alle. Die USA haben Instabilität geschaffen. Wir brauchen gar nicht darüber zu diskutieren, ob sie Besatzungsmacht sind oder nicht. Es geht allein darum, wann die Amerikaner endlich aus der Golfregion verschwinden.«

Amr Moussa berichtete, er sei eben von einer Konferenz in Qatar zurückgekehrt. Obgleich der Irak gar nicht das Thema gewesen sei, habe man über nichts anderes gesprochen, als über den Störfaktor USA. Der amerikanische Eindringling gefährde die Stabilität aller Emirate. Auch in Qatar sei die Forderung nach dem sofortigen

Abzug der US-Truppen aus dem Irak erhoben worden: »Wir müssen sie loswerden, so rasch als nur möglich!«

Niemand widerspricht dem Generalsekretär der Arabischen Liga. Dr. Sheikh Sultan bin Mohammed Al Qasimi gratuliert ihm und dankt für die mutigen Worte. Dass Amr Moussa ausspricht, was viele Menschen in den Emiraten denken, ist 30 Kilometer vom Ort des Symposiums zu spüren – im Hafen Port Rashid in Dubai.

Eine Brücke zwischen Süd und Nord des Golfs: die Fähre Dubai – Umm Al-Qasr

Der Frachtkahn, der zur seetüchtigen Fähre umgebaut worden ist, liegt im Hafen Port Rashid in Dubai. Seit 1998 ist der Kahn jede Woche unterwegs im Fährbetrieb zwischen den Vereinigten Arabischen Emiraten und Umm Al-Qasr; dieser Hafen liegt am Schatt el-Arab im umstrittenen Grenzgebiet zwischen Irak und Kuwait.

Umm Al-Qasr ist während der 80er Jahre des vergangenen Jahrhunderts von Saddam Hussein der Sowjetunion versprochen worden als Basis der Sowjetflotte. Umm Al-Qasr sollte der Führung in Moskau als Sprungbrett dienen für die russische Expansion in Richtung der »warmen Gewässer« Persischer Golf und Indischer Ozean. Es war damals Saddam Husseins Hoffnung, im Gefolge der Sowjetunion seine Vormachtspläne am Golf realisieren zu können.

Geblieben von diesen Visionen ist ein ärmlich ausgebauter Anlegeplatz, der während der amerikanisch-britischen Invasion des Irak von britischen Versorgungsschiffen genutzt worden ist. Derzeit wird Umm Al-Qasr allein von der Fähre aus Dubai angefahren. Sie ersetzt die Möglichkeit von Dubai nach Irak zu fliegen – der Flugverkehr mit Baghdad und Basra wird weiterhin durch die Besatzungsmacht untersagt.

Die Fähre bildet die einzige Verbindung zwischen dem Land an Euphrat und Tigris und der Umwelt, die ohne Strapazen benützt werden kann. Eine Alternative ist die mühsame Tagesreise über die Wüste von der jordanischen Hauptstadt Amman in das Zweistromland. Diese Route wird gefürchtet; oft schon sind zivile Fahrzeuge, die auf der Wüstenstraße unterwegs waren, von der US-Luftwaffe beschossen worden. Seit 1998 ist jedoch kein einziger Zwischenfall, der die Fähre betrifft, bekannt geworden.

Fahrgäste der Fähre sind hauptsächlich »expats«, Gastarbeiter aus dem Irak, die in den Vereinigten Arabischen Emiraten Geld für ihre Familien verdienen. Viele reisen vier Mal im Jahr in die Heimat. Sie bringen nicht nur beachtliche Dollarbeträge mit, sondern auch Waren, die sich in Basra und Baghdad leicht verkaufen lassen. Dazu zählen Satellitenschüsseln, Fernsehgeräte, Motorräder, Kühlschränke, Fahrräder, Ersatzteile für Kraftfahrzeuge. Die Waren stapeln sich an Deck der Fähre. Dazwischen hocken die Besitzer. Deutlich ist spürbar, dass sie sich zu Beginn der Fahrt voneinander absondern. Keiner will mit dem anderen reden. Wenn ausnahmsweise diskutiert wird, dann wird die Stimmung sehr schnell hitzig. Saddam Hussein, dies zeigt sich, hat unter den »expats« Anhänger. Sie bestreiten meist, dass der Diktator ein Mörder war. Wenn aber schon dieser Sachverhalt zugegeben wird, dann entbrennt der Streit um die Zahl der Menschen, die er umgebracht haben soll. In solchen Fällen entsteht plötzlich Einigkeit: »Saddam Hussein ist erledigt. Jetzt sind die Amerikaner unser Problem!«

Nicht jeder der »expats« reist mit gutem Gefühl; viele haben Angst. Sunniten fürchten, von Schiiten getötet zu werden; Schiiten erinnern sich daran, dass ihre Glaubensbrüder jahrelang von Sunniten unterdrückt wurden. Der Konflikt zwischen Sunniten und Schiiten setzt sich auf der Fähre fort. Alle Reisenden wissen, was während der ersten Monate des Jahres 2005 im Irak geschehen ist: Eine Autobombe ist im Januar vor einer schiitischen Moschee während des Freitagsgebets in Baghdad explodiert; elf Schiiten wurden getötet. In einem Dorf südlich der Hauptstadt starben vier Schiiten durch eine Explosion; sie waren Gäste bei einer Hochzeitsfeier gewesen. Wenige Tage später schoss eine schiitische Familie im Baghdader Vorort Doura auf Sunniten; drei Männer sind getötet worden.

Vor der Abfahrt der Fähre in Port Rashid erzählt ein Mann vom Tod eines Verwandten: »Er saß beim Friseur und wollte sich rasieren lassen. Da traf ihn ein Schuss durchs Fenster. Ein Schiit hat geschossen. Die Schiiten wollen, dass Männer Bärte tragen.«

Wer nach Umm Al-Qasr reist, der ist sich bewusst, dass diese

Fahrt mit der Fähre seine letzte Reise sein kann. Alle begeben sich in die Hand Allahs.

Betrieben wird die Fähre von Naif Marine Services in Dubai. Nur einmal wurden die Fahrten unterbrochen: Dies war notwendig geworden, als die US-Luftwaffe von den Basen in Kuwait und Qatar aus Angriffe auf Ziele im Südirak flog. Doch schon nach wenigen Tagen wurde die Betreiberfirma in Port Rashid von Reisewilligen bedrängt, die Fahrten nach Umm Al-Qasr wieder aufzunehmen. Die Absicht besteht, den modifizierten Lastkahn durch ein neues Schiff zu ersetzen, das 140 Meter lang ist und das 1100 Passagiere aufnehmen kann.

Für diesenAusbau der Fährverbindung sind besonders irakische Kaufleute dankbar, die durch den Import von Gütern verdienen, die in Dubai elektronische Geräte preiswert erwerben, um sie in Basra teuer zu verkaufen. Dafür sind derartige Händler 38 Stunden auf See unterwegs. Die Kosten für das Fährticket betragen 100 Dollar.

Dass sich der Reiseverkehr zwischen den Vereinigten Arabischen Emiraten und Irak normalisiert, dass der Flugverkehr wieder etabliert wird, daran glaubt keiner der Geschäftsleute auf der Fähre. Die Reederei ist dabei, die Reisenden durch Kulanz auf Dauer an sich zu binden. Naif Marine Services ist gegenüber ihren Kunden entgegenkommend: Wenn die Fähre spät am Abend Umm Al-Qasr erreicht, braucht niemand das sichere Schiff zu verlassen. Niemand soll den Gefahren der Autofahrt auf nächtlichen irakischen Straßen ausgesetzt werden.

Grundsätzlich machen Naif Marine Services keine Vorschriften, welche Güter transportiert werden, und welche nicht. Die Passagiere werden nur darauf hingewiesen, dass »Massenvernichtungswaffen« nicht an Bord der Fähre gebracht werden dürfen.

Sechs Fähren am Tag sollen Beziehungen zu Iran verbessern

Das Emirat Ras Al-Khaimah befindet sich nahe an der Straße von Hormuz. Die Entfernung zur iranischen Küste beträgt rund 200 Kilometer. Die Beziehungen zu den Bewohnern im Süden Persiens waren häufig sehr eng. Die Stadt Lingeh war im 19. Jahrhundert eine arabische Handelsstadt; unter Druck der iranischen Schiiten hatten die arabischen Sunniten das persische Gebiet verlassen. Ihre Geschäftsverbindungen aber hatten sie aufrechterhalten. Der Absatzmarkt Lingeh war zum Teil intakt geblieben. Bis heute bestehen die Kontakte. Besonders die Sippe der Qasimi pflegt die Beziehungen.

Auf Anregung der Qasimi-Familie entwickelte im Frühsommer des Jahres 2005 Mohammad Al Mehrizi, der Generaldirektor des Ras-Al-Khaimah-Hafendepartments, die Idee, Fähren zur Intensivierung des Handels mit der iranischen Küste einzusetzen. Die gängige Reiseroute per Flugzeug über die Flughäfen Dubai und Bandar Abbas war für Reisende aus Ras Al-Khaimah zu umständlich. Der Generaldirektor plante den Einsatz von drei Fähren. Sie sollten pendeln zwischen Lingeh und Ras Al-Khaimah, der Insel Quishim und Ras Al-Khaimah und Bandar Abbas und Ras Al-Khaimah. Al Mehrizi begründete sein Vorhaben mit dieser Argumentation: »Es wird Zeit, dass wir Nachbarn unsere Beziehungen verbessern. Der Handel muss angekurbelt werden.« Dass Ras Al-Khaimah gar nicht über geeignete Boote verfügt, war kein Hinderungsgrund für die Entwicklung eines derartigen Plans. Eine chinesische Werft wurde beauftragt, drei Fähren zu bauen. Jede sollte 40 Passagiere und zwei Tonnen Ladung aufnehmen können.

Ende März 2005 wurden die Namen der ersten zwei Fähren bekannt gegeben. Interessant ist die Wahl dieser Namen: Sie heißen Julfar I und Julfar II. Die Namen wecken mit Absicht die Erinnerung an eine weit zurückliegende aber glanzvolle Vergangenheit

Die verschwundene Stadt Julfar

Der italienische Reisende Duarte Barbosa, der um das Jahr 1510 gelebt hatte, bemerkte in seinen Reisenotizen: »In Julfar leben Menschen von großem Reichtum. Sie sind Großkaufleute, aber auch bedeutende Navigatoren. In Julfar gibt es hohe, große und reich geschmückte Häuser.«

Julfar wird erwähnt in Schriften der frühen islamischen Geschichte. Der Name taucht auf Landkarten bedeutender europäischer Geografen auf. Doch dann geriet Julfar plötzlich völlig in Vergessenheit. An seine Stelle trat auf den Landkarten »Roccalima« – gemeint ist Ras Al-Khaimah.

Historiker und Geografen unserer Zeit befassten sich mit dem Thema »Julfar«. Gesucht wurde nach Spuren seiner Existenz. Dass es Julfar gab, ist dokumentiert. Im Jahr 637 n. Chr. segelte eine islamische Flotte von Julfar ab, um Südpersien anzugreifen. 60 Jahre später war Julfar für die Perser eine Basis, um in Oman einzufallen. Diese Attacke wiederholte sich im Jahr 750 n. Chr. Und 100 Jahre später erneut. In einer persischen Chronik ist zu lesen: »Mohammed bin Nur nahm Julfar ein und zog in Richtung Towam.« Gemeint mit »Towam« ist die Oase Al-Ain. Wiederum 100 Jahre später hat Julfar alle Niederlagen überwunden. Die Stadt war in der Lage, eine Flotte auszurüsten, um die Belagerung von Basra am Schatt el-Arab aufzubrechen; die Perser erlitten eine Niederlage. Weitere 100 Jahre später hatten die Perser die Übermacht. Sie zogen an Julfar vorbei in Richtung Oman. Immer wieder im Verlauf der Geschichte wollten sich persische Herrscher das vermeintlich reiche Land auf der anderen Seite der Straße von Hormuz aneignen.

Wann immer die Perser künftig in Oman einfallen wollten, nahmen sie den Weg über Julfar – sie vermieden damit die damals gefährliche Passage der Wasserstraße von Hormuz. Zu bemerken ist, dass die Stadt durch diese kriegerischen Ereignisse offenbar kaum Schaden erlitt. Sie verdiente wohl an den durchziehenden Armeen. Handelsbeziehungen bahnten sich an.

Der Portugiese Vasco da Gama, dem es gelungen war, den Navigator Ahmed ibn Majid in seine Dienste zu nehmen, erreichte 1498 den Hafen Julfar. Er notierte: »Julfar ist ein bedeutender Ort. Dort sind Händler mit weit reichenden Beziehungen anzutreffen. In der Nähe befindet sich Racsina (Ras Al-Khaimah).« Als es den Portugiesen nach 1507 n. Chr. gelungen war, Musandam zu besetzen, gehörte Julfar zu den tributpflichtigen Städten. Noch immer aber wurde Julfars Reichtum bezeugt. Die Portugiesen verließen die Stadt wieder; auch die Perser zogen sich zurück. Innerhalb weniger Jahre sank Julfar in Vergessenheit. Der Name tauchte in keiner Chronik mehr auf. Was den raschen Untergang bewirkt hatte, weiß niemand.

Es war Sheikh Saqr bin Mohammed Al Qasimi, der dienstälteste Emir der Emirate, der im Jahr 1980 die Anregung gab, nach den

»Ruinen von Julfar« zu suchen: »Eine Stadt, die in so vielen Dokumenten erwähnt worden ist, konnte nicht einfach verschwinden!« Im Jahr 1981 wurde ein Fünf-Jahres-Plan erstellt zur Suche nach dem Ort, an dem sich Julfar einst befand. Japaner, Briten, Franzosen und Deutsche begannen zusammenzuarbeiten. Innerhalb weniger Monate erwies sich die Suche als erfolgreich. Reste von Häusern und Straßen wurden entdeckt, die zwischen dem 14. und dem 16. Jahrhundert unserer Zeitrechnung entstanden sein müssen. Fundamente einer Moschee und einer Festungsanlage kamen ans Tageslicht, zusammen mit Porzellanscherben der feinsten Art; ihre Färbung ist blau und weiß. Sie sollen aus dem 12. und 13. Jahrhundert n. Chr. stammen und in China hergestellt worden sein.

Die Grabungen gaben keinen Aufschluss darüber, warum Julfar verlassen und vergessen wurde. Spekuliert wird, die Quellen von Julfar seien versiegt und die Siedlung habe aufgegeben werden müssen. Die Basis dieser Spekulation ist, dass an den Überresten von Julfar nicht die geringste Spur von Gewalt und Eroberung zu finden ist. Die Bewohner haben Julfar offenbar freiwillig verlassen.

Unter diesen Umständen liegt der Gedanke nahe, dass Julfar einst ein ähnliches rätselhaftes Schicksal erlitten hat, wie in moderner Zeit Jazirat al-Hamra. Die Familien dieser Stadt südlich von Ras Al-Khaimah – und nur wenige Kilometer entfernt vom einstigen Ort Julfar – sollen von Geistern erschreckt und vertrieben worden sein.

In ihrer Untersuchung »From Trucial States to United Arab Emirates« erwähnt die Autorin Frauke Heard-Bey, die Bewohner jener Region hätten eine starke Neigung zum Aberglauben. Als möglich wird zum Beispiel angesehen, dass Menschen die Kraft besitzen, andere Personen von einem Ort zum anderen »zu befördern« – »many miles away«. Weit verbreitet sei auch der Glaube an »jinn«, an Geister, die Wasserquellen, Bäume und Dattelpalmen »verhexen« können. Derartige Überzeugungen hätte auch der Islam nicht auslöschen können – meint die Autorin Frauke Heard-Bey.

Dass das »Rätsel Julfar« die Menschen von Ras Al-Khaimah heute noch bewegt, ist an der Namensgebung für die zwei Fähren zu erkennen. Sie werden »Julfar I« und »Julfar II« heißen, und so die Erinnerung an eine verschwundene Stadt weitertragen.

Bemerkenswert ist, dass Mohammed Al Mehrizi, der Generaldirektor des Ras-Al-Khaimah-Hafendepartments, die Kontaktintensivierung mit dem Iran in einer Zeit verwirklicht, in der erneut Spannungen mit Iran deutlich werden, deren Ursache die Besetzung der drei arabischen Inseln im Golf durch den längst abgesetzten Schah Mohammed Reza Pahlawi ist.

Aufforderung an Iran: Die Inseln räumen!

Von der Insel Abu Musa dringen Neuigkeiten bis in den Palast des Emirs Khalifa bin Zayed Al Nahyan in Abu Dhabi. Bestätigt sind sie nicht. Sie besagen, auf der Insel seien Bauarbeiten begonnen worden. Offenbar entsteht dort ein Denkmal zur Erinnerung an die »heldenhafte Eroberung« der drei Golfinseln durch die iranische Marine.

Die Meldung, so unpräzise sie auch war, löste am Regierungssitz in Abu Dhabi Bestürzung aus. Die Bauvorhaben auf Abu Musa waren ein Anzeichen dafür, dass in Teheran keine Bereitschaft bestand, in Verhandlungen wegen der Inseln Abu Musa, Greater und Lesser Tunb einzutreten. Darauf aber hatten alle Ruler der Vereinigten Arabischen Emirate gehofft. Jetzt herrschte Ratlosigkeit. Man war sich nur darüber einig, dass ein bloßer Protest von Teheran nicht beachtet werden würde.

Es bot sich ein politischer Schritt an: In der saudi-arabischen Hauptstadt tagte die 94. Vollversammlung des Gulf Cooperation Council (GCC). Am Tagungsort befand sich der Außenminister der VAE, Rashid Abdullah. Er wurde beauftragt, die Delegierten der Vollversammlung über den »Bruch des Völkerrechts« durch den Iran zu informieren.

Am letzten Sitzungstag, am 13. März 2005, befasste sich der Gulf Cooperation Council mit dem Thema der geraubten Inseln. Für den Vertreter Saudi-Arabiens, der den Vorsitz führte, war die Angelegenheit längst abgeschlossen. Doch aus Rücksicht auf den Außenminister der VAE stellte er den Antrag, der GCC möge die Aufforderung an Teheran wiederholen, die iranischen Truppen von den Inseln abzuziehen. Dieser Antrag hatte keinen Erfolg. Die 94. Vollversammlung des Gulf Cooperation Council schloss mit dem Vorschlag, der Internationale Gerichtshof möge ein Urteil sprechen.

Dieses Organ des internationalen Rechts aber war mit dem Vorwurf, Iran habe sich widerrechtlich drei Inseln im Golf angeeignet, noch gar nicht befasst. Der Vertreter Saudi-Arabiens meinte nach Abschluss der GCC-Tagung, die Vereinigten Arabischen Emirate müssten die USA für die Angelegenheit interessieren; die Regierung in Washington befinde sich ohnehin gerade in einer Auseinandersetzung mit Teheran. Vielleicht könne sich Präsident Bush durchsetzen.

Der Konflikt zwischen den Präsidenten Bush und dem Iraner Khatami wird in den Vereinigten Arabischen Emiraten mit großer Aufmerksamkeit verfolgt. Dass sich Israel einmischt, wird in Abu Dhabi und Dubai mit Sorge registriert.

Die Emire fürchten einen Angriff der USA auf Iran

Dass Mohammed Al Mehrizi gerade im Frühjahr 2005 den Kontakt zum Iran verbessern will, wird in der VAE-Hauptstadt Abu Dhabi mit Zustimmung aufgenommen. Sheikh Khalifa bin Zayed Al Nahyan ist angesichts der internationalen Lage nicht an einer Verschärfung des Streits mit Teheran interessiert – im Gegenteil. Als Gegner des Iran ist eine Macht aufgetreten, die am Persisch / Arabischen Golf wegen ihrer Rücksichtslosigkeit und Schlagkraft gefürchtet wird: Israel.

Ein Mitglied des Parlamentsausschusses für Verteidigung und Außenpolitik in Jerusalem, Ephraim Sneh, fixierte die Position Israels in der Auseinandersetzung seines Landes mit Iran so: »Wir haben geheime Pläne für einen Angriff mit Streitkräften in der Luft und auf dem Boden erarbeitet. Wir werden losschlagen, wenn Teheran seine Absicht nicht aufgibt, Atomwaffen zu entwickeln und zu bauen.« Ephraim Sneh schwächte die Drohung allerdings ab: »Wir sind daran interessiert, dass Teheran diplomatischem Druck nachgibt. Verzichtet Präsident Khatami auf die Entwicklung von Atomwaffen, wird Israel nicht angreifen.«

Diese Äußerungen machte der prominente Verteidigungspolitiker im israelischen Armeerundfunk. Die Londoner »Sunday Times«

veröffentlicht zu diesem Zeitpunkt die Meldung, ihre Redaktion habe erfahren, dass die israelischen Streitkräfte an geheimem Ort eine Modellanlage des Nuklearkomplexes »Natanz« im originalgetreuen Maßstab gebaut haben, die zurzeit für Übungszwecke verwendet werde.

Der »Sunday Times« war auch zu entnehmen, Präsident Bush habe versichert, die USA würden sich nicht dagegenstemmen, wenn sich Israel zum Angriff auf »Natanz« entschließen würde.

Mit Befriedigung wurde im Regierungspalast von Abu Dhabi zur Kenntnis genommen, dass der iranische Präsident Mohammed Khatami am 30. März 2005 einer Gruppe internationaler Journalisten den Besuch der Atomanlage »Natanz« erlaubt hat, dort kann Uran angereichert werden. Khatami macht kein Geheimnis daraus.

»Natanz« liegt 250 Kilometer südlich von Teheran. Dorthin ist Khatami mit den Journalisten geflogen. Zu sehen war allerdings wenig: leere Hallen, tiefe Bunker, verschlossene Stahltüren. Zentrifugen zur Anreicherung von Plutonium wurden nicht gezeigt. Präsident Khatami meinte, mehr befinde sich nicht in der Anlage »Natanz«. Er sagte: »Wenn wir die Absicht gehabt hätten, Atomwaffen zu bauen, dann wäre dieses Projekt hier längst fertig gestellt!«

Hinter vorgehaltener Hand erfuhren Besucher an jenem Tag durchaus, dass in einem tiefen Stockwerk Anreicherungsanlagen betrieben werden: »Sie befinden sich 18 Meter unter der Erde. Dies geschieht aus Gründen der Sicherheit vor Atomunfällen, nicht zum Schutz im Kriegsfall.« Davon war schwerlich jemand zu überzeugen. Dass die Verantwortlichen von »Natanz« in Sorge leben vor israelischen Luftangriffen, beweist die Existenz von Anti-Aircraft-Batterien, die rings um die Anlage aufgebaut sind. Besucher zählten auf den Hügeln ringsum zehn Raketenstellungen.

Unmittelbar nachdem Präsident Khatami persönlich auf den friedlichen Zweck der Anlage »Natanz« hingewiesen hat, präsentiert er im iranischen Fernsehen eine neue, grafisch einfallsreich gestaltete Briefmarke. Zu erkennen ist das mit russischer Hilfe erbaute Atomkraftwerk Bushir und das Emblem der iranischen nationalen Atomenergiebehörde. Präsident Khatami hat zur Präsentation der Briefmarke den Chef der Atomenergiebehörde, Gholamresa Aghasadeh mitgebracht. Beide betonen: »Eine Atombombe wird es im Iran nicht geben!«

Berichte über den Versuch des Präsidenten Khatami, die Harmlosigkeit der Anlage »Natanz« zu demonstrieren, haben keine Wirkung in Abu Dhabi. Zur Kenntnis genommen wird die Stellungnahme des US-Präsidenten, der deutlich sagt: »Was Teheran uns auftischt, ist eine Lüge!« Bush glaubt auch dem israelischen Ministerpräsidenten nicht völlig, der sich am 12. April 2005 in Bushs Ranch in Texas aufhielt. Augenzeugen erzählen, Ariel Sharon habe auf dem Esstisch Luftaufnahmen iranischer Nuklearanlagen ausgebreitet; er habe dabei gesagt: »Iran is near a point of no return!« Mitglieder des Präsidentenstabes hatten diesen Eindruck: »Die Luftaufnahmen überzeugten Bush nicht – und sie waren auch nicht neu. »No one thinks this was earth-shattering stuff.« Obgleich Sharon den Präsidenten nicht hatte überzeugen können, verlangte der israelische Ministerpräsident, die USA müssten in jedem Fall den Druck auf Teheran verstärken. Bush ließ sich auf dieses Thema nicht weiter ein.

Der US-Präsident schnitt sein Lieblingsthema an: Der Wandel der Werte im Nahen und Mittleren Osten. Beunruhigung löst in Abu Dhabi die konkrete Äußerung des Präsidenten aus. Er fordert »Teheran should embrace democracy«. Das iranische Volk solle die Freiheit erhalten, zu sagen, was es denke. Dem iranischen Volk müsse die Möglichkeit geboten werden, zwischen politischen Parteien zu wählen. Befürchtet wird von der in den Vereinigten Arabischen Emiraten regierenden Familien, dass George Bush die Absicht hat, Iran durch dieselbe Methode zur Demokratie zu führen wie Irak – durch militärische Maßnahmen. Die Konsequenz könnte letztlich sein, dass Bush die Idee entwickle, auch die Vereinigten Arabischen Emirate müssten zur Demokratie bekehrt werden.

Es sind die Emire aus der Sippe Qasimi, die in Ras Al-Khaimah und Sharjah regieren, die das mögliche Verhalten der USA unter den Gesichtspunkten der künftigen Ölversorgung der Industriestaaten betrachten. In der Umgebung der Qasimi-Emire wird die Situation so gesehen: »Ein Militärschlag gegen einen Staat der Region könnte die Schließung der Straße von Hormuz für den gesamten Öltransport aus der Golfregion bedeuten. Diese Schließung aber hätte Konsequenzen für die Weltwirtschaft – und natürlich auch für die Ökonomie der USA. Daraus lässt sich Hoffnung konstruieren, dass der militärische Konflikt vermieden wird. George Bush, so denken manche in den Emiraten, die es wagen, sich die Zukunft vorzustellen, wird sich hüten, ein derartiges Risiko einzugehen.

Dieser Standpunkt wird auch auf der Konferenz Erdöl exportierender Länder vertreten, die am 14. März 2005 in der iranischen Stadt Isfahan begann. Zum ersten Mal seit dem Sturz des Schahs im Jahre 1979 trafen sich Ölminister der OPEC-Staaten auf iranischem Boden. Die Vereinigten Arabischen Emirate hatten jahrelang Scheu, offizielle Vertreter zu den schiitischen Ayatollahs zu entsenden, die sich konstant weigerten zuzugeben, dass der Schah Mohammed Reza Pahlawi durch den Raub der drei Inseln im Golf einen Völkerrechtsbruch begangen hatte. Bei der OPEC-Konferenz in Isfahan Mitte März 2005 hielten sich die Vereinigten Arabischen Emirate im Hintergrund. Fernbleiben war nicht möglich, die Tagesordnung enthielt zu wichtige Punkte. Zwei Tage vor Konferenzbeginn hat Hani Hussein, der Ölfachmann des Emirats Kuwait, dringend dazu geraten, die Förderraten der Ölproduktion am Golf anzuheben. Sein Argument: »Die Ölpreise sind zu hoch. Wir müssen sie wieder auf einem niedrigeren Niveau stabilisieren. Dies ist nur durch höhere Förderraten zu erreichen.«

Kuwaits Ölminister Sheikh Ahmed Al Fahad As Sabah, der im Namen seines Emirs spricht, bringt zum Ausdruck, dass ein Krieg der USA gegen Iran eine Katastrophe für die Energiewirtschaft der Welt bedeuten würde. Was auch geschieht, so sagt er in aller Deutlichkeit, der Ölpreis wird nie mehr sinken!

Die Industrienationen müssen zur Kenntnis nehmen: »Era of cheap oil is over!«

»Niemals mehr wird der Barrelpreis die Marke von 40 Dollar unterschreiten.« Dies ist die direkte Prognose des kuwaitischen Ölministers. Der Grund dafür: »Die Nachfrage ist riesig. Sie hat den Ölpreis in eine Höhe getrieben, die wir selbst nie für möglich gehalten hätten.« Schuld daran, so sagt Sheikh Ahmed Al Fahad As Sabah, ist der ungeheure Ölverbrauch einiger der großen Konsumenten – Länder wie China, Brasilien, die USA und Indien »saugen den Weltmarkt leer«.

Bestimmend für die Ölpreisentwicklung sind Angebot und Nachfrage. Während der OPEC-Sitzung in Isfahan ist versucht worden, das Angebot der Nachfrage anzupassen, mit geringem Erfolg. Die Steigerung der Förderleistung blieb hinter dem Bedarf zurück. Die größte Zunahme des Verbrauchs hat China aufzuweisen. China wurde in kurzer Zeit zum zweitgrößten Ölverbraucher der Welt – hinter den USA. Chinas Eigenproduktion stagniert bei 3,5 Millionen Barrel pro Tag. Die Differenz zum Bedarf muss importiert werden. Die US-Energy Information Administration rechnete aus, dass sich Chinas Verbrauch in kurzer Zeit verdoppeln wird. In jenem Land sind derzeit 20 Millionen Fahrzeuge mit Verbrennungsmotoren auf den Straßen unterwegs. Bis zum Jahr 2010 kann sich diese Zahl verdreifachen.

Das Steigerungspotenzial wird aus einer Vergleichzahl deutlich: Die Schätzung der Zahl der Kraftfahrzeuge der USA liegt bei 230 Millionen. Die Marke von 300 Millionen ist angepeilt. Die Vereinigten Staaten sind und bleiben die bedeutendsten Verbraucher.

Indien ist ein Land, das sich in einer frühen Entwicklungsphase befindet. Wie sein Ölverbrauch in kommenden Jahren aussieht, kann kaum geschätzt werden; was Indien benötigen wird, muss nach derzeitigem geringem Level eigener Produktionsmöglichkeiten global eingekauft werden. Doch Indien sorgt vor.

Reliance Industries ist eine nicht staatliche indische Gesellschaft, die sich mit Ölexploration und Ölförderung befasst. Reliance Industries war bisher erfolgreich im Jemen tätig; die Gesellschaft will ihren Erfolg im Sultanat Oman wiederholen.

Mitte März 2005, als die OPEC-Tagung in Isfahan stattfand, wurde bekannt, dass Reliance Industries in Maskat einen Vertrag mit der Regierung des Sultans Qabus abgeschlossen hat. Die Company ist künftig berechtigt, offshore vor der Batinah-Küste im Golf von Oman Bohrungen niederzulassen. Das Gebiet, das der Gesellschaft zugewiesen worden ist, beträgt 18 000 Quadratkilometer. Die Erfolgsprognosen sind günstig: Reliance Industries hat den Meeresgrund von einem Spezialistenteam untersuchen lassen: Die Geologen sind der Meinung, dass die Bohrungen in kurzer Zeit auf ölführende Schichten stoßen werden.

Die indische Company hat sich für die Batinah-Küste am Golf von Oman nicht allein deshalb entschieden, weil die Wahrscheinlichkeit, Öl zu finden, groß ist, sondern auch aus energiepolitisch strategischen Gründen: Der Golf von Oman ist Bestandteil des Indischen Ozeans. Dies bedeutet, dass Tanker, die in Richtung Indien fahren, im Krisenfall nicht die Straße von Hormuz passieren müssen. Ihre Route berührt den Persischen Golf überhaupt nicht. Indiens Versorgung aus dem Batinah-offshore-Oilfield wäre auch im Fall eines amerikanischen Angriffs auf Iran gesichert.

Dass sich auch die Vereinigten Arabischen Emirate mit einem Plan befassen, den Ölgesellschaften und Reedereien eine Möglichkeit zu bieten, die Straße von Hormuz zu meiden, wurde nebenbei während der OPEC-Konferenz von Isfahan bekannt. Beabsichtigt ist, den Hafen Fujairah zum Ölhafen auszubauen. Von Fujairah aus ist das offene Meer des Indischen Ozeans und damit Indien leicht und ungestört zu erreichen. Geprüft werden muss noch, ob das Öl von Abu Dhabi aus in einer Pipeline nach Fujairah geleitet werden kann, oder ob das Öl per Tanklastwagen mühsam über das Hajar-Gebirge transportiert werden muss.

Die Erwartung, dass die für das Ölgeschäft katastrophale Situation eines Militärschlags der USA nicht eintreten wird, ist am Ende der OPEC-Konferenz von Isfahan zu spüren. Bekannt geworden sind Äußerungen des Präsidenten George Bush, der Iran eine »Gnadenfrist bis Juni« gewähren will. Das Khatami-Regime wird durch Angebote gelockt, die es Iran leichter machen könnten, auf Pläne zur Atomrüstung zu verzichten. Für den Fall des Nachgebens soll Iran die Möglichkeit geboten werden, der Welthandelsorganisation beizutreten. Gedacht ist auch daran, die seit 1980 in den USA eingefrorenen Auslandsguthaben des Iran freizugeben. Es handelt sich um mehrere Milliarden Dollar. Iran könnte auch durch Aufhebung des Embargos für Ersatzteile zur Reparatur von Kampfflugzeugen belohnt werden. Das Konzept zur Entspannung der Situation hat Stephan Hadley, der Sicherheitsberater des amerikanischen Präsidenten, ausgearbeitet. Hadley hat in Kauf genommen, dass er mit dem israelischen Ministerpräsidenten Ariel Sharon Ärger bekommt, der diesen Standpunkt vertritt: »Man kann Iran nicht trauen. Ich möchte es nicht erleben, dass Israel von einem ›Pearl Harbor‹ überrascht wird.« Im Jahr 1941 hatte die japanische Luftwaffe ohne Vorwarnung große Teile der US-Flotte im Hafen von Pearl Habor angegriffen und vernichtet. Offenbar hatten sich die Verantwortlichen in den USA damals vor den Japanern sicher gefühlt; Ariel Sharon meint: »Israel darf sich nicht durch einen Atomschlag überraschen lassen.« Da der israelische Ministerpräsident diese Befürchtung oft ausspricht, hört kaum noch jemand auf ihn.

Während die Sorge vor einem Militärschlag der USA im Frühsommer 2005 schwindet, macht sich bei den Delegierten der OPEC-Konferenz von Isfahan die Befürchtung breit, dem Ölgeschäft am Golf drohe ein Anschlag durch das Terrornetz al-Qaida. Dem arabischen Fernsehsender »al-Jazira« war ein Tonband zugeleitet worden. Darauf zu hören ist die Stimme von Osama bin Laden, der die Jihad-Kämpfer dazu auffordert, Ölanlagen im Bereich des Persisch/Arabischen Golfs durch Sprengung zu zerstören. Die Ölfördertürme und Pipelines der Vereinigten Arabischen Emirate sind als Ziele genannt. Dass Osama bin Ladens Drohungen in den Vereinigten Arabischen Emiraten ernst genommen werden, zeigt die Veranstaltung der Gulf Defence Conference im Februar 2005 in Abu Dhabi.

»The importance of the Gulf region has been increasing worldwide.«

General Sheikh Mohammed Al Maktoum, der Verteidigungsminister der Vereinigten Arabischen Emirate führt die Klage, die Verteidigungsbereitschaft der VAE sei nicht in jedem Falle ausreichend gesichert. Bei der Eröffnung der Gulf Defence Conference sagt er: »Wir befinden uns in einer überaus delikaten Zeit: Wir sind konfrontiert mit Konflikten, die uns bedrohen. Die Entscheidungen, die wir heute treffen, werden sich in der Zukunft auswirken. Das wichtigste Problem, das sich uns stellt, ist die Gefahr des Terrorismus. Bedroht sind alle Anlagen, die mit dem Öl in Verbindung zu bringen sind.«

Generalmajor Khalid Abdallah Al Buainain, der Kommandeur der Luftwaffe der VAE, ergänzt: »Der Terrorismus ist ein Gespenst. Diese Bedrohung hat kein Gesicht. Der Terrorismus besitzt keine Rechtfertigung. Der Terrorismus ist nicht greifbar. Er kann uns überall treffen, am Boden, in der Luft, zur See. Er verbirgt sich nirgends, und doch überall zur selben Zeit. Wenn der Terrorismus zuschlägt, sind die Folgen für unsere Region schrecklich.

Der Luftwaffenchef gebraucht ein Schlagwort, das am Persisch / Arabischen Golf bisher noch nie gehört worden ist: »Asymmetrischer Krieg«. Er erklärt das Schlagwort nicht. Die Zuhörer – Mitglieder der regierenden Familien der VAE, Offiziere der Emiratsarmeen und Militärattachés befreundeter Staaten – fragen sich, wie der Begriff »Asymmetrischer Krieg« in der Golfregion Anwendung finden kann.

»Asymmetrischer Krieg« bedeutet, dass zu Beginn eines Konflikts eine der Krieg führenden Parteien an Personal und Ausrüstung der anderen Partei unterlegen ist. Ihre Taktik aber ist darauf ausgerichtet, die Überlegenheit des Hochgerüsteten zu zermürben. Die zunächst starke Partei wird nach und nach demoralisiert. Die Schwachen gewinnen an Selbstvertrauen. Die Gegenwehr der bisher Starken nimmt ab. Wieder ist eine Situation der »Asymmetrie« hergestellt. Verlierer sind die Hochgerüsteten.

Wird die Theorie vom »Asymmetrischen Krieg« auf den Irak angewandt, bleibt der hochgerüsteten US-Besatzungsmacht nur geringe Hoffnung. Angewandt auf Iran ist der Sieg der schiitischen Mujaheddin gegen die Kriegsmaschinerie der USA vorauszusehen – auch ohne Anwendung von Massenvernichtungswaffen.

Der Kommandeur der VAE-Luftwaffe gibt zu verstehen, dass die Situation des »Asymmetrischen Krieges« in der Region der Emirate vermieden werden muss. Generalmajor Khalid Abdallah Al Buainain gibt strategische Ratschläge ohne aber den Adressaten deutlich zu nennen. Er meint, der »preventive strike«, der »Erstschlag«, müsse ersetzt werden durch »first response«, durch den »prompten Antwortschlag«.

Der Generalmajor spricht die Vereinigten Staaten von Amerika an, deren Kriegsschiffe zum Zeitpunkt dieser Ausführungen, zu Beginn der Gulf Defence Conference, im internationalen Gewässer, 25 Kilometer vor der Küste von Abu Dhabi, alle Vorgänge auf dem Golf kontrollieren. Der Flottenverband, der die Bezeichnung »Harry S. Truman Strike Group« trägt, besteht aus vier Zerstörern. Die Kommandozentrale befindet sich auf dem Zerstörer »USS Mason«, der die Einfahrten zur Freihandelszone Jebel Ali bewacht – sie gehört zum Emirat Dubai.

Commander Gene Black, der Befehlshabe des Verbands, schildert seine Aufgabe so: »Wir sind hier, um Terroristen davon abzuhalten, irgendwo anzugreifen. Wir sind schon lange genug hier im Golf, und wir wissen, was geschehen kann. Der internationale Terrorismus kann gestoppt werden. Es genügt vielleicht schon, dass Terroristen meine Schiffe sehen und sie stellen ihren Versuch ein, terroristisch tätig zu werden. Natürlich ändern sie dann ihre Taktik und nähern sich ihrem Ziel über Land. Doch dort stehen andere dafür geeignete Streitkräfte bereit, um die Gefahr abzuwehren.«

Commander Gene Black meint weiter: »Der Zerstörer ›Mason‹ liegt nicht immer hier vor dem Freihafen Jebel Ali. Wir sind ständig in Bewegung. Wir legen auch Wert darauf, mit den Seestreitkräften der Vereinigten Arabischen Emirate in Verbindung zu stehen. Wir wollen Partner sein der Vereinigten Arabischen Emirate.«

»Die Bezeichnung ›Harry S. Truman Strike Force‹, die der Flottenverband trägt, hat damit zu tun«, erklärt Gene Black, »dass wir noch einen Befehlshaber über uns haben. Er befindet sich auf dem Flugzeugträger ›USS Harry S. Truman‹, der außerhalb der Straße von Hormuz im Golf von Oman liegt.«

The International Defense Exhibition and Conference

Es ist die siebte derartige Veranstaltung, die Anfang des Jahres 2005 in Abu Dhabi stattfindet. Der Anblick überrascht Auf einem riesigen Gelände in der Wüste außerhalb der Ansammlung von Hochhäusern sind Panzer aufgestellt, Militärlastwagen, Geschütze, Hubschrauber, Raketenwerfer. Abu Dhabi, das Emirat des friedlichen, ungestörten Fortschritts, präsentiert sich als Schaufenster für die modernste militärische Ausrüstung, als Verkaufsmarkt für Kriegsmaterial jeder Art: 900 Hersteller aus 50 Ländern bringen ihre Produkte nach Abu Dhabi. Besichtigt und beurteilt werden die Waffen und Fahrzeuge von 60 000 interessierten Messebesuchern. Auf der Messe »Index« treffen sich hohe Offiziere der Staaten, die Waffeneinkäufe tätigen, Ministerialbeamte, die Verteidigungsbudgets zu verwalten haben, Industrielle, die an Partnerschaften mit anderen Konzernen interessiert sind.

Der Präsident der VAE, Sheikh Khalifa bin Zayed Al Nahyan, sagt bei der Eröffnung der »Index 2005«: »Diese Messe in Abu Dhabi ist das wichtigste Ereignis im globalen Kalender sämtlicher Fachleute, die sich mit dem Fortschritt der Waffentechnik beschäftigen.« Der Präsident der VAE wird begleitet vom jordanischen König Abdullah II. Den beiden wird eine glänzend organisierte Parade von Militärfahrzeugen aller Art geboten. An dieser Vorführung beteiligen sich Waffenproduzenten aus den USA, Großbritannien, Australien, Frankreich, Finnland, Polen, Russland und der Tschechischen Republik. Die Bundesrepublik Deutschland ist nicht vertreten auf der »Index 2005«.

Angeschlossen an das Ausstellungsgelände ist ein ausgedehntes Areal, auf dem die Demonstration von Schießübungen mit scharfer Munition stattfinden kann. Bei Tag und Nacht sind Detonationen zu hören. Die »Maqatra firing range« wird im gebührenden Abstand von Fachleuten beobachtet.

Frankreich stellt die umfangreichste Delegation, die die »Index 2005« besucht. Eindrucksvoll ist die Liste der Namen. Die Delegation wird angeführt von Thierry Borja de Mozata. Er ist der Representative of the French Minister of Defence. Ihm zur Seite steht Generalleutnant Jean-Paul Panie, Direktor im französischen Verteidigungsministerium und der Brigadegeneral Jean-Luc Laboureyes.

Die Delegation aus Paris legt Wert auf die Feststellung, dass sie nicht in erster Linie nach Abu Dhabi gekommen ist, um Waffen zu verkaufen, sondern: »Wir wollen von den Erfahrungen profitieren, die von den Streitkräften der VAE unter den Voraussetzungen eines heißen und feuchten Klimas gewonnen wurden.«

Aus den USA sind 32 Waffenproduzenten nach Abu Dhabi gekommen. Sie stellen in einem eigenen Pavillon aus, der 1180 Quadratmeter umfasst. Die Aussteller aus Amerika präsentieren in erster Linie ihre neuesten Entwicklungen auf dem Helikopter-Sektor. Mit Genugtuung registriert der Präsident der Vereinigten Arabischen Emirate, dass die Firmen aus Amerika großzügig von der US-Botschaft und von der US-Regierung unterstützt werden. Sheikh Khalifa liest daraus ab, dass die Emirate als Partner der USA geschätzt sind, dass sie die Sympathie der US-Regierung besitzen.

Eine Ankündigung, die der Messe »Index 2005« besondere Beachtung verschafft, bewahrt sich der Commander der VAE-Air Forces bis zum Schluss des erfolgreichen Ereignisses auf. Anzumerken ist ihm die Genugtuung, als er verkünden kann: »Unmittelbar

bevor steht die Auslieferung der neuesten amerikanischen Kampfflugzeuge von Typ F-16. Der Vertrag über die Lieferung ist bereits
im März des Jahres 2000 mit Lockheed Company abgeschlossen
worden. Der Preis für die erste Lieferquote beträgt 6,4 Milliarden
Dollar.«

Der Chef der VAE-Luftwaffe sagt stolz: »Mit der F-16-Maschine
steigern wir unsere Verteidigungsbereitschaft gewaltig. Wir werden
schließlich 80 dieser Kampfflugzeuge besitzen.«

Lockheed weist auf die Neuerungen hin, die jetzt der VAE-Luftwaffe zur Verfügung stehen: zusätzliche Treibstofftanks steigern die
operative Reichweite der Maschinen; die Elektronik ermöglicht den
computergesteuerten Kampfeinsatz; das neu entwickelte Bordradar
ermöglicht die Auffindung unterschiedlicher Ziele zur gleichen
Zeit.

Kein Zweifel besteht bei der VAE-Air Force, dass ihre Überlegenheit jedem Gegner gegenüber mit der Anschaffung der F-16-Kampf-
maschinen für lange Jahre gesichert ist.

Bemerkenswert ist die Analyse, die Peter Felstead, der Herausge-
ber der Fachzeitschrift »Jane's Defence Weekly«, den für den militärischen Bereich der Golfemirate Zuständigen am Ende der
Messe »Index 2005« hinterlassen hat: »Die Vereinigten Arabischen
Emirate haben alles erhalten, was sie an Waffen für notwendig gehalten haben. Die Bestellungen, die jetzt ausgeliefert werden, gehen
auf Verträge und Absprachen zurück, die unmittelbar nach dem ersten Golfkrieg, nach dem irakischen Überfall auf Kuwait abgeschlossen worden sind. Die Panzer, die sie damals geordert haben,
befinden sich in ihrem Arsenal – ebenso die gepanzerten Truppen-
transporter. Die F-16-Kampfflugzeuge werden ihnen demnächst
übergeben. Jetzt müssen sie sich im Klaren sein, dass weiterer Waf-
fenkauf zu nichts führt. Die Logistik für den Gebrauch dieser Waffen muss gesteigert werden; das Personal muss trainiert werden.
Die Logistik ist verbesserungsbedürftig.«

Die Ratschläge, die Peter Felstead angesprochen hat, werden befolgt: Der Auftrag zur Erneuerung des Kommunikationssystems
der VAE-Streitkräfte wurde der deutschen Firma Rohde und
Schwarz GmbH zugesprochen. Der finanzielle Umfang des Auftrags beträgt 100 Millionen Euro. Der größte Auftrag, den »Index
2005« zu vergeben hatte, fällt damit einer deutschen Firma zu.

Die Vereinigten Arabischen Emirate: eine Zitadelle des Friedens

Diese Feststellung prägte Sheikh Sultan bin Zayed Al Nahyan, der stellvertretende Ministerpräsident der VAE: »Bei uns herrscht absolute Sicherheit – für die Menschen, die hier geboren worden sind, und für die »expats«, für die Menschen aus der Fremde, die bei uns arbeiten.«

Sheikh Sultan wählte als Anlass für die Feststellung die Überreichung der Diplome an Absolventen der Abu-Dhabi-Polizeiakademie. 173 junge Männer wurden an diesem Tag Polizeioffiziere. 158 waren »subjects« der VAE; fünf stammten aus Qatar, sechs aus Bahrain und drei aus dem Jemen. Die Polizeiakademie ist 1986 gegründet worden, als Einrichtung, die von allen Emiraten am Golf genützt werden kann.

Sheikh Sultan, einer der Söhne von Sheikh Zayed »dem Großen«, sagt: »Unsere Errungenschaften können nur dann fortbestehen, wenn wir Sicherheit bieten können. Sicherheit zu schaffen, ist unsere wichtigste Aufgabe. Sicherheit soll nicht nur denen den Aufenthalt in den VAE ermöglichen, die hier aufgewachsen sind, sondern auch den Angehörigen christlicher Religionen.«

Diese Versicherung zeichnet die Vereinigten Arabischen Emirate vor anderen arabischen Staaten aus, in denen Christen häufig keine Grundlage für eine sichere Existenz ihrer Familie geboten wird. Im wahhabitischen Nachbarstaat Saudi-Arabien ist Religionsfreiheit nicht gewährleistet.

Das hohe Maß an Toleranz in den Vereinigten Arabischen Emiraten bestätigt Bischof Bernard G. Gremoli, der »Apostolische Vikar für Arabien«. Er ist zuständig für die Katholiken im Bereich des Persisch / Arabischen Golfs. Sein Sitz ist Abu Dhabi. Er hat diese Erfahrung gemacht: »In einer Welt, die von Konflikten zerrissen wird, sind die Vereinigten Arabischen Emirate ein Beispiel für Toleranz und Unterstützung durch Staat und Behörden.«

Die absolute Freiheit der Religionsausübung wird deutlich an Weihnachten des Jahres 2004. Im Hof der Kirche St. Mary in Dubai ist ein prächtig-bunt geschmückter Christbaum aufgestellt; farbige Sterne und Lichtergirlanden lenken den Blick auf die künstliche Tanne. Der Stall von Bethlehem ist aufgestellt und hell beleuchtet. Musizierende Engel, dargestellt von Mädchen in weißen, langen, weiten Gewändern stehen vor dem Stall. Zu erkennen ist, dass sie erschienen sind, um anzubeten. Angedeutet ist die Krippe; sie steht erhöht auf einer Plattform. Doch der kleine Jesus liegt nicht darin. Selbst die Andeutung der Gestalt des »Gottessohns« wird vermieden. Der Kapuzinerpater, der das Weihnachtsfest der Kirche St. Mary in Dubai organisiert, will gläubigen Moslems keinen Anlass geben zur Verärgerung. Sie könnten Anstoß nehmen an der Personifizierung eines Phänomens, das der Islam nicht akzeptieren kann. Die Lehre, dass Gott einen Sohn habe, wird als Gotteslästerung empfunden. Der Kapuzinerpater bemüht sich, die Darstellung des Geschehens im Stall von Bethlehem so erscheinen zu lassen, dass beim Betrachter der Eindruck entsteht, ein Prophet sei geboren worden und werde angebetet. Jesus wurde vom Propheten Mohammed als ein Prophet verehrt, der ihm in der Reihe der Verkünder des Allmächtigen vorausgegangen ist. Eine Darstellung dieses Sachverhalts wird in den Vereinigten Arabischen Emiraten von niemand beanstandet.

Zur katholischen Pfarrei St. Mary in Dubai zählen 70 000 Gläubige. Maroniten aus dem Libanon und Syrien gehören dazu und Chaldäer, die auch im Vorderen Orient beheimatet sind. Maroniten und Chaldäer werden der katholischen Kirche zugeordnet.

Am Abend des 24. Dezember versammeln sich hunderte der Gläubigen im Hof von St. Mary; sie singen »Silent Night«. Feierlich und festlich gekleidet sind sie nicht. Es ist warm an diesem Abend. Bunte, leichte Hemden und Kleider prägen das Bild. Die Stimmung ist heiter.

In der katholischen St.-Josephs-Kirche in Dubai wird der Gottesdienst traditionsgemäß in zwölf Sprachen gehalten; derart vielfältig ist die Nationalität der Gläubigen in dieser Stadt der zahlreichen ausländischen Firmen. Die Kirchenleitung nennt zum Beispiel diese Sprachen: deutsch, polnisch, französisch, arabisch, Urdu, englisch, italienisch, singhalesisch, malaysisch.

Die Kirche »Mar Thoma« in Dubai, sie betreut indische christliche Gläubige. Sie besitzt ihr Gotteshaus in der Freihandelszone Jebel

Ali. Dort befindet sich auch die Kirche katholischer und evangelischer Christen. Auch die Mitglieder der anglikanischen Kirche haben ihr Gotteshaus im Komplex der Freihandelszone Jebel Ali. In diesem wirtschaftlichen Zentrum der Vereinigten Arabischen Emirate arbeiten Deutsche, Engländer, Franzosen; sie wohnen auch dort.

Die Jebel-Ali-Freihandelszone

Einst gab es einen kleinen Ort am Ali-Hügel. Er war von Dubai aus leicht nach einer Stunde Ritt auf dem Kamelrücken zu erreichen. Heute führt eine sechsspurige Autobahn zum größten Industriegebiet der Golfregion. Der Ali-Hügel ist kaum mehr zu erkennen. Das Gelände wird beherrscht von Fabrikhallen, Öltanks, Verwaltungsgebäuden, Gerätelagern, Containerstapeln; Kabeltrommeln, Krananlagen und Siedetürmen für die Entsalzung von Meerwasser.

Die Idee, im Emirat Dubai eine Institution zu schaffen, die einen Anziehungspunkt bildet für Industrie und Handel der wirtschaftlich entwickelten Welt, ist zu Beginn des 20. Jahrhunderts entstanden, zur Regierungszeit des Rulers Sheikh Maktoum bin Hasher. Er hat heute noch den Ruf, weit in die Zukunft geblickt und geplant zu haben, in einer Zeit des bescheidenen Anfangs der Entwicklung. Die Bevölkerung von Dubai wurde damals auf 10 000 Personen geschätzt. Viele der Männer waren Händler. Sie sollten ermutigt werden, Handel über den Bereich des Creek hinaus zu treiben – und von britischen Kaufleuten zu lernen.

Eine Chance bot sich dem Sheikh im Jahr 1902: Der Schah von Persien richtete in seinen Häfen »Kaiserliche Zollstationen« ein; sie kassierten Zoll und erhoben Gebühren. Derartige Einrichtungen hatte es in der Region bisher nicht gegeben. Die Zollstationen erschwerten den Handel. Die indischen Kaufleute mieden fortan die persischen Häfen. Sie suchten eine Alternative – und fanden Dubai. Im dortigen Hafen am Creek wurde kein Zoll, wurden keine Gebühren erhoben. Der Grundstock einer Freihandelszone entstand. Die Idee fand Anklang. Die Handelsbeziehungen zwischen Dubai und Bombay wurden im Jahr 1904 vertieft durch die Einrichtung einer ständigen Dampferverbindung. Das moderne Schiff fuhr die Route zwischen diesen Städten zwei Mal im Monat.

Der Erste und der Zweite Weltkrieg unterbrachen den Handel in der Region des Golfs. Waren jeder Art waren knapp. Niemand brauchte eine Freihandelszone in Dubai.

Erst in den 70er Jahren des vergangenen Jahrhunderts wachte der Gedanke wieder auf. Inzwischen hatte sich die Situation am Golf verändert: Großbritannien hatte die Kontrolle über den Persisch/Arabischen Golf aufgegeben; im Meer vor Abu Dhabi war Öl entdeckt worden; die Föderation der Vereinigten Arabischen Emirate war Realität geworden. Die Entwicklung der Zukunft konnte angepackt werden.

Die Vorbereitungen waren 1977 abgeschlossen: Die Freihandelszone entstand im Westen der Dubai City, am Hügel Ali und am gleichnamigen kleinen Hafen.

Das Angebot an die Interessenten war großzügig: Wer die Freihandelszone benützen wollte, der brauchte für 15 Jahre keine Steuern zu zahlen – dieser Zeitraum wurde vertraglich garantiert. Wurde normalerweise im arabischen Raum bei einer Firmengründung durch Ausländer eine stabile Rechtsbasis erst erreicht, wenn sich 51 Prozent des Kapitals in den Händen eines lokalen Geschäftspartners befand, so entfiel eine derartige Beteiligung völlig in Jebel Ali. Als attraktiv erwies sich auch die Garantie, dass ein erwirtschafteter Gewinn vom ausländischen Firmenbetreiber ohne Abzug einer Steuer in die Heimat gebracht werden durfte.

Von vornherein wurden durch Bereitstellung von Wasser und Energie die Voraussetzungen geschaffen für den Betrieb industrieller Anlagen. Die Infrastruktur von Jebel Ali war und ist professionell gestaltet. Da es ringsum nirgends eine Süßwasserquelle gibt, wird in großem Maße Meerwasser entsalzt. Die Energie dazu liefert verflüssigtes Erdgas aus dem Emirat Sharjah.

Trotz der gebotenen Vorteile ließen die Interessenten zunächst auf sich warten. Äußere Ursachen waren schuld daran. Nach 1977 wurde das Nachbarland Iran in Turbulenzen gestürzt, die gefährlich waren für die Stabilität der Golfregion; dann entwickelte sich der Krieg mit dem Irak. Es war nicht die Zeit zum Aufbau von Handelszentren, von Überlegungen für Investitionen, die Profit abwerfen sollen.

Die Verantwortlichen der Freihandelszone begriffen erst sehr langsam, dass es nicht ausreicht, Vorteile anzubieten, ohne sie ausreichend publik zu machen. Die Handelswelt erfuhr erst zu Beginn der 80er Jahre des vergangenen Jahrhunderts, dass Jebel Ali der Platz war, um Geld zu verdienen.

Dann aber wurden rasch Erfolgszahlen bekannt: 900 Gesellschaften aus allen Industrienationen lassen sich in Jebel Ali nieder. Sie investieren 1,6 Milliarden Dollar. Das Gelände der Freihandelszone umfasst 1000 Quadratkilometer; 30 000 Menschen finden in Jebel Ali Arbeit.

Täglich erweitert sich das gigantische Unternehmen. Bisher ist das bebaute Gelände im Süden eingegrenzt durch die Autobahn Dubai – Abu Dhabi. Wer diese Autobahn im Abstand von wenigen Wochen benützt, der stellt fest, dass im Süden, wo bisher Wüste war, riesige Lagerhallen entstehen. Neue Superlative bereiten sich vor.

Jebel Ali Port, bisher schon der größte künstlich angelegte Hafen der Welt, wird ausgebaut. Das Reparaturdock soll Tanker aufnehmen können von einer Größenordnung, an die bisher noch niemand gedacht hat. ULCC werden sie genannt: »Ultra Large Crude Carrier«.

Es war Sheikh Rashid bin Saed Al Maktoum, der die Idee der Freihandelszone mit Eifer und Hartnäckigkeit verfolgte. Die meisten seiner Ratgeber waren skeptisch gewesen. Sie hatten den Kopf geschüttelt: »Einen Hafen zu bauen, 40 Kilometer von Dubai entfernt – eine absurde Vorstellung.« Die Argumentation des Rulers: »Wir müssen vom Creek weg. Wir müssen vor die Stadt, wo sich die Freihandelszone ausbreiten kann. Der Handel befindet sich im Wandel. Mit vielerlei wurde früher gehandelt am Golf. Vor 2000 Jahren war Weihrauchharz wertvoller als Gold. Heute bekommt man für wenige Dollar eine ganze Menge Weihrauchharz. Dann wurden Pfefferkörner überaus wertvoll. Heute sind Pfefferkörner billig. Jetzt hat das Öl einen hohen Marktwert. Wir wissen nicht, ob das Öl bald ersetzt werden kann als Energieträger. Dann verschwindet das Öl schnell vom Markt – so wie unsere Perlen vor einem halben Jahrhundert vom Markt verschwunden sind, ersetzt durch japanische Zuchtperlen. Das »schwarze Gold« wird vom richtigen, vom »goldenen Gold« abgelöst werden. Es wird dann in unserer Freihandelszone gekauft und verkauft. Dafür sind wir gerüstet!«

Dubai kauft pro Jahr 700 Tonnen Gold auf. Sheikh Mohammed lässt das »Paradies für Geschäftsleute« entstehen

Dubai ist der größte Goldaufkäufer der gesamten Welt. Die »Gold-jäger« sind unterwegs, um kleine und große Mengen aufzuspüren und in das Emirat zu holen. Organisiert wird der Aufkauf von den Händlern des Goldsuks am Creek. Sie sind vor allem an 24-karäti-gem Gold interessiert; doch auch weniger reines Gold von 22, 18 und 14 Karat wird aufgekauft und in den Goldläden angeboten. Das Schlagwort heißt »redistribution of gold«.

Zu Beginn der 90er Jahre des vergangenen Jahrhunderts ent-deckten Händler, dass der Umstand der Zollfreiheit in Dubai die Einfuhr und die Ausfuhr von Gold sehr beleben könnte. Im Jahr 1994 hat Dubai den Goldmarkt von Singapur überrundet. Der Gold-suk gilt als das Paradies der Liebhaber von Goldschmuck. Wer nur für kurze Zeit in das Emirat kommt, der wird auf dem Internatio-nalen Flughafen mit Gold bedient – den Weg zum Goldsuk kann sich ein Besucher ersparen. Auf dem Flughafen ist der »Duty Free Gold Shop« zu finden. Sein Umsatz ist beachtlich.

Der Preis wird täglich festgesetzt; er richtet sich nach Notierun-gen auf dem Londoner Goldmarkt; der Goldpreis kann deshalb at-traktiv sein, weil er nicht durch Zoll belastet ist. Der Goldschmuck wird nach Gewicht verkauft. Ein geringer Aufschlag wird für die Arbeit des Goldschmieds berechnet.

Sheikh Mohammed bin Rashid Al Maktoum, der von seinem Vater Rashid Intelligenz und Arbeitskraft geerbt hat, kam im Jahr 1995 auf die weltweit einzigartige Idee das »Dubai Shopping Festi-val« auszurufen. Es wird seither jährlich begangen. Die »Shopping Malls«, die eleganten und aufwändig ausgestatteten Großkaufhäu-ser ziehen Kunden mit ihrem Warenangebot und mit günstigen Preisen an, die durch Zollfreiheit ermöglicht werden. Die Kauflus-tigen sind an Gold interessiert, aber auch an Elektronik jeder Art. Zehntausende lassen sich das »Dubai Shopping Festival« nicht entgehen; sie füllen die Großflugzeuge der Fluglinien und Chartergesellschaften.

Sheikh Mohammed hat dieses Ziel gesetzt: »… it is aimed at generating non-oil revenue« – soll Geld einbringen, das nicht aus dem Ölgeschäft stammt.

Das »Dubai Shopping Festival« ist auf März/April beschränkt. Da es Jahr für Jahr mehr Menschen – vor allem aus Europa – anzieht, stellt ihm Sheikh Mohammed bin Rashid Al Maktoum ein Ereignis zur Seite, das im Sommer, in der durch feuchte Hitze weniger angenehmen Jahreszeit stattfindet, die »Dubai Summer Surprises«, als »off-season-attraction«. Offenbar ist die Kauflust und die Kaufkraft der Familien aus den ölproduzierenden Staaten aber auch aus Europa unerschöpflich. Auch die »Dubai Summer Surprises« entwickelten sich zum Erfolg.

Sheikh Mohammed ist darauf bedacht, die gewaltigen Hochhäuser, die er bauen lässt, mit modernem Leben zu füllen. Am 29. Oktober 1999 verkündet der Sheikh, er werde die »Dubai Internet City« schaffen. Er sagt: »Meine Vision ist eindeutig. Ich verwandle die Wirtschaft des Emirats in ein ökonomisches Zentrum für die gesamte Welt. Für das es nirgends ein Beispiel gibt. Meine Verpflichtung, die ich mir selbst gesetzt habe, ist vierfach ausgerichtet: Ich biete eine Infrastruktur von Weltklasseformat. Ich schaffe in Dubai die ideale Möglichkeit für e-business. Ich lasse ein Gefühl für Kultur entstehen, das dann wiederum ein business-orientiertes Klima begünstigt. Ich will, dass Geschäftsleute einen Vorteil darin sehen, von Dubai aus ihr Business zu organisieren.«

Eine neue Vision vom »Paradies« ist entstanden: das Paradies für Geschäftsleute. Eine »Oase für Ideen« entwickelt sich, eine Umgebung, die Unternehmer dazu anregt, »aus ihren Gedanken ein Erfolgsrezept zu formen«. »Investoren«, so drückt sich Sheikh Mohammed aus, »sollen in Dubai eine Heimat haben. Der Maßstab, der gesetzt wird, soll hoch sein. Mit Hartnäckigkeit werden wir unser Ziel erreichen.«

Die Dubai Internet City, am 29. Oktober 1999 als Vision proklamiert, ist schon im Jahr 2000 noch vor der Fertigstellung zum begehrten Firmensitz geworden.

Im Jahr 2004 lässt Sheikh Mohammed wissen, dass ihn bereits ein neues Projekt beschäftigt, die »Dubai Business Bay«. Was er sich genau darunter vorstellt, bleibt auch während der folgenden Monate ein Geheimnis. Er gibt nur dieses preis: »The project is intended to transform the United Arab Emirates into a leading internationel business and commercial center.« Die Vorstellung des Sheikhs greift also über Dubai hinaus und bezieht die VAE ein. Er meint: »Mein Vater konzentrierte sein Interesse auf den Creek von Dubai. Der Creek von Dubai bleibt auch weiterhin der Mittelpunkt unseres Denkens. Um den Creek von Dubai gruppieren sich die Vereinigten Arabischen Emirate.«

Sheikh Mohammed organisiert sich ein Beratergremium, das ihm helfen soll, seine Ideen umzusetzen. Das Gremium nennt sich »Dubai Executive Council«. Ihm obliegt die Aufsicht über die Ausbildung junger Menschen aus dem Emirat auf technischem, elektronischem Gebiet. Sheikh Mohammed sagt: »Unsere eigenen Leute sind bisher auf technischem Sektor vernachlässigt worden. Dies muss sich ändern!«

Dubai tritt in das Hightech-Zeitalter ein

Der Tag dieses Ereignisses steht genau fest: Es ist der 24. November 1979. Sheikh Rashid bin Saed Al Maktoum weiht DUCAB ein; ein Werk zur Kabelproduktion, das den Vereinigten Arabischen Emiraten gehört. Ingenieure und Arbeiter sind fast durchweg Männer aus den VAE. Ein Schritt ist vollzogen, die »eigenen Leute« in qualifizierte Positionen zu bringen.

Mit Absicht ist der Sektor der Kabelproduktion für diesen Schritt in das Hightech-Zeitalter gewählt worden: Die Versorgung der auseinander liegenden Emirate mit Energie, mit Elektrizität, ist eine wichtige Aufgabe, die sich das Ministerium für Elektrizität und Wasser gestellt hat. Minister Humaid bin Nasser Al Owais ist der Meinung, dass die wirtschaftliche Entwicklung der Emirate Ras Al-Khaimah und Fujairah nur dann möglich ist, wenn ihnen preiswert Elektrizität zur Verfügung gestellt wird. Für den »Transport« dieser Energieform werden Kabel gebraucht, die einer hohen Voltleistung standhalten müssen. Hersteller ist die Gesellschaft DUCAB, deren Produktionshallen sich über ein weites Areal in der Free Trade Zone Jebel Ali erstrecken.

Der besondere Stolz der DUCAB ist die High Voltage Testing Facility; sie ist unerlässlich für die Qualitätsprüfung der produzierten Kabel. Die Fachleute sprechen vom 250KV/5MVA resonance test. Wer die Autobahn zwischen Dubai und Abu Dhabi befährt, der unterquert die mächtigen Kabelleitungen, die vom Energiezentrum Abu Dhabi ausgehen. Die Vereinigten Arabischen Emirate sind nicht auf Kabellieferungen aus dem Ausland angewiesen. DUCAB gehört inzwischen zu den Lieferanten für die übrige Welt.

Doch bei allem Stolz auf die Leistungen der Gegenwart, sind die Emire insgesamt darauf bedacht, die Erinnerung an die Anfänge wach zu halten.

Die Stuttgarter Projektmanager von Drees & Sommer gestalten Dubais Zukunft mit

Die Drees & Sommer AG hat sich im Frühjahr 2003 entschlossen, in Dubai eine Niederlassung zu gründen. Es gelang, Vertrauen zu schaffen zu Mitgliedern der herrschenden Familie Al Maktoum und zu deren Berater. Drees & Sommer erhielt den Zuschlag zur Durchführung des Großprojekts »International City«, das in der Wüste, zehn Kilometer vom Stadtrand Dubai entfernt, entsteht. Drees & Sommer sichert dem Auftraggeber, in diesem Fall den Organen der herrschenden Familie, zu, dass die »International City« zum vereinbarten Zeitpunkt und zum vereinbarten Preis fertig gestellt wird.

Eine neue Stadt entsteht in der Wüste. Eine Vernetzung der Arbeitsvorgänge muss ausgearbeitet und überwacht werden. Kabelleitungen müssen verlegt und Wasserrohre im Sand ihr Fundament erhalten. Die Anlage von Straßen und Gehwegen wird eingepasst in den Rahmen des Baufortschritts der Gebäude. Drees & Sommer sorgt dafür, dass Baumaterialien rechtzeitig an der Baustelle zur Verfügung stehen. Festzulegen ist die Prioritätsliste für unzählige Arbeitsvorgänge. Falsche Zeitplanung löst Verzögerungen aus, die Geld kosten.

Die »International City« soll Lebensraum bieten für Menschen, die in Dubai arbeiten, für Geschäftsleute, für Verwaltungsangestellte, für Ingenieure – und für Hausfrauen und Kinder. Sie alle werden

»magnetisch« angezogen von den Arbeitsmöglichkeiten, die Dubai
zu bieten hat. Alle erwarten, dass sie Wohnungen, Villen, Einkaufs-
zentren, Büros der Stadtverwaltung und Möglichkeiten der Entspannung vorfinden. Auch Kinderspielplätze dürfen nicht fehlen.
»International City« wird eine in sich geschlossene Lebenseinheit
bilden.

Die Kosten des Projekts werden auf 1,6 Milliarden Euro kalku-
liert. Drees & Sommer hat zugesagt, dass Sheikh Mohammed bin
Rashid Al Maktoum bis Mitte des Jahres 2008 über die »International City« verfügen kann.

Sheikh Mohammed sagt: »Zu unserem Kulturerbe gehört die Dattelpalme«

Im Dezember des Jahres 2004 weiht die Regierung der Vereinigten
Arabischen Emirate der Dattelpalme ein eigenes, besonderes Festival. Es findet in der Oase Al-Ain statt. Drei Tage lang befassen sich
Mitglieder der »Date Palm Friends Society« mit unterschiedlichen
Erscheinungsformen dieser Palme. Es wird daran erinnert, dass die
VAE der sechstgrößte Produzent von Datteln in der Welt ist. Datteln
sind ein wichtiger Exportartikel der Emirate; sie sind vor allem aber,
so präzisiert Sheikh Mohammed, »ein Symbol arabischer Kultur
und unseres Erbes«.

Die Forscher, die der »Date Palm Friends Society« angehören,
haben festgestellt, dass die Menschen, die auf der Insel Dalma vor
der Küste von Abu Dhabi lebten, schon im 7. Jahrtausend v. Chr. von
Datteln gelebt haben. Die Jahrhunderte, die Bronzezeitalter genannt
werden, seien am Golf die Epoche der Dattelpalmen gewesen. Erinnert wird beim Dattelpalmenkongress in Al-Ain auch daran, dass
die Städte, in denen heute die Hochhäuser emporwachsen, einst
Siedlungen gewesen sind, in denen Palmen das Erscheinungsbild
dominiert haben – und es wurde ausdrücklich betont, dass die Menschen in einfachen Hütten lebten, die aus Baumwedeln bestanden;
Palmwedeln waren das einzige Baumaterial, das in ausreichender
Menge zur Verfügung stand. Sheikh Nahyan bin Mubarak Al

Nahyan, der Erziehungsminister der Vereinigten Arabischen Emirate, betonte die Bedeutung der Dattelpalme für die Ernährung der Menschen am Golf: »Ihr wichtigstes Lebensmittel war Fisch. Doch ohne die Ergänzung der Nahrung durch Datteln hätten die Familien nicht lange leben können. Die Dattel bot die wichtigen Nährstoffe.«

Die Form der Palme prägt die Phantasie der Menschen am Golf.

Zwei Palmen vergrößern das Emirat Dubai

Als Reverenz vor der Dattelpalme sind zwei Großprojekte angelegt, die den Verlauf der Küste von Dubai verändern. Sie tragen beide die Bezeichnung »The Palm«. Sie entstehen an zwei Orten: an der Küstenstraße des Stadtteils Jumeirah und an der Küste der Free Trade Zone von Jebel Ali.

Bei beiden Projekten ist die Struktur der Palme am besten auf Luftaufnahmen zu erkennen. Acht Wedel einer Dattelpalme entfalten sich in Kugelform um einen Stamm. Die acht Wedel sind künstliche Landzungen, durch Aufschüttung von Steinen und Sand entstanden; zwischen ihnen befindet sich Wasser. Der Stamm bildet die Zufahrt zu den »Wedeln«. Im Fall der »Palm Jumeirah« entstehen auf den Wedeln 2000 Villen, 2500 Apartments und 30 moderne Luxushotels. Als Zeitpunkt der Fertigstellung ist das Jahr 2006 vorgesehen. Ein weitgespannter Halbmondbogen – ebenfalls durch Aufschüttung entstanden – umgibt das Palmengebilde.

Stolz verkünden die Verantwortlichen des Projekts »The Palm«: »Wir schaffen das achte Weltwunder.«

Die Planung für das zweite Palmenprojekt, für die »Palm Jebel Ali«, sieht vor, dass auf den Wedeln 2000 Villen und 1400 Apartments sowie 30 Luxushotels entstehen. Zeitpunkt der Fertigstellung: 2007.

Noch ehrgeiziger ist das Projekt »The World«. 300 künstliche Inseln, im Wasser des Golfs aufgeschüttet, stellen Erdteile und Länder dar. Die Struktur der gesamten Erde ist zu erkennen. Das Ausmaß des Projekts: sieben mal neun Kilometer. Die Zahl der Villen, die auf dieser »World« zur Verfügung stehen, ist noch nicht fixiert. Fertigstellung im Jahr 2008.

Die für den Verkauf der Villen und Apartments auf den Palmwedeln Zuständigen in Dubai geben auf Befragen Auskunft, dass kein einziges Objekt mehr zu haben sei. Aus ihren Andeutungen ist zu erfahren, dass sich Prominente aus Europa, Asien und aus den USA die Villen rechtzeitig gesichert hätten.

Villen und Meer genügen nicht.
Der Wunsch nach Kultur muss befriedigt werden

Veranstalter der Kulturereignisse sind die Geschäftsleitungen großer Hotels oder Klubs, die den Wunsch nach »Cultural events« befriedigen. Sie werden unterstützt von Sponsoren, die im Geschäftsleben von Dubai und Abu Dhabi verankert sind.

Da bietet sich die Chance, dass Luciano Pavarotti den Entschluss fasst, eine »Farewell World Tour« anzutreten, um sich von seinen Freunden auf allen Kontinenten zu verabschieden. Ein Hotel, das ein Auditorium von entsprechenden Ausmaßen besitzt, ergreift die Chance, um den berühmten Tenor nach Dubai zu holen. Luciano Pavarotti wird gefeiert: Er singt Arien, die stürmischen Beifall auslösen, u. a.: »Nessun dorma!« Keiner schlafe!

Eine Woche zuvor brilliert José Carreras in einem Klub mit »Granada«. Finanziert wird die Veranstaltung durch Sponsoren. Pavarotti und Carreras begnügen sich zur Begleitung mit Orchestern, die weit unter dem Niveau der beiden Tenöre musizieren. Die Orchester bestehen aus lokalen Amateuren. Pavarotti und Carreras haben Zugeständnisse gemacht – sie wurden durch hohe Dollarbeträge entschädigt.

Keine Zugeständnisse machten die Organisatoren des Wiener Opernballs. Sie hat im Jahr 2004 die Einladung erreicht, das Kulturleben in Dubai zu bereichern. Vorausgeschickt nach Dubai wurde von Wien aus Alexander Hysek, einer, der als Organisator Erfahrungen mit dem Opernball in Wien gemacht hat. Er hat den Veranstaltungsort, den Ballsaal des Hotels Medinat Jumeirah inspiziert; er hat die acht enthusiastischen österreichischen Paare trainiert, die

in Dubai leben, und die bereit waren, sich in das Defilee der De-
bütantinnen und Debütanten einzureihen – 74 junge Damen und
Herren sind aus Wien eingeflogen worden; zur Verfügung standen
die vom Spezialisten Swarowski gefertigten Krönchen der Damen.
Mit dem Flugzeug nach Dubai flogen 38 Orchestermusiker sowie
Tänzerinnen und Tänzer der Ballettschule der Wiener Staatsoper.
Befragt, ob er den Ballsaal des Hotels Medinat Jumeirah für geeignet hält, antwortet der Wiener Alexander Hysek: »Du kannst nicht
das Wiener Opernhaus nachbauen. Doch der Salal des Medinat Jumeirah kommt nahe an das Original heran.«

Die Kleidervorschrift wird sehr streng ausgelegt: Die Herren tragen Frack; die Damen erscheinen im langen Ballkleid. Ausnahmen
werden nicht gestattet. Wer sich nach eigenem Geschmack kleiden
will, der wird abgewiesen. Dass der Tanz am Ballabend auch in
Dubai mit dem Walzer »An der schönen blauen Donau« eröffnet
wird, ist eine Selbstverständlichkeit. Beim Durchblick der Gästeliste
fällt auf, dass arabische Ballgäste fehlen. Die Vornamen heißen Walter und Monika, Robert und Ulla, Michael und Marta. Barbara und
John, Patty und Karl, Alexander und Emma. Kein Ballgast heißt Mohammed. Die Männer, die Dubai als ihre Heimat betrachten, trennen sich nicht von ihren blütenweißen Hemden, um schwarze
Fräcke anzuziehen. Jedoch zum Schirmherrn der Veranstaltung
»Wiener Opernball« hat sich neben Bundeskanzler Wolfgang Schüssel ein Mitglied der regierenden Familie gewinnen lassen: Sheikh
Ahmed bin Saed Al Maktoum. Im Ballsaal des Medinat Jumeirah ist
der Sheikh an jenem Abend nicht gesichtet worden.

Bei Walter und Monika, Robert und Ulla hat der Ball das Verlan-
gen geweckt, in Dubai einen richtigen Opernabend nach Art der
Wiener Staatsoper zu erleben. Der Gedanke ist entstanden, am Per-
sisch/Arabischen Golf einmal im Jahr ein Bühnenereignis der Wiener Staatsoper glanzvoll erstrahlen zu lassen.

Mancher, der im Paradies am Rande der Wüste Heimweh hat
nach alpenländischer Kultur, sieht diese Zukunft vor sich: Tagsüber
Ski fahren an einem beschneiten Hang; und abends »Don Giovan-
ni« in der Oper.

Der beschneite Skihang steht ab September 2005 zur Verfügung.
Betontürme tragen ihn. Die Piste erstreckt sich über 400 Meter im
Bogen. Um die Temperaturen von 40 °C, manchmal sogar 50 °C vom

kostbaren, künstlich erzeugten Schnee fern zu halten, wölbt sich eine Kuppel über dem Wintersportareal. Die Piste endet bei der Rezeption des neu erstandenen Hotels Dubai-Kempinski. Die Piste ist eingefügt in ein gigantisches Einkaufszentrum »Mall of the Emirates«. Ein riesiges Werbeplakat weist schon Monate vor der Eröffnung von Einkaufzentrum und Skipiste auf dieses Ereignis hin: Dargestellt ist ein Skiläufer in rasanter Abfahrt. Der Schnee stiebt zur Seite. Die Gestalt des Skiasses erinnert an Franz Klammer.

Das Einkaufszentrum soll, dem gebotenen Wintersport angepasst, Ambiente und Flair von Kitzbühl entfalten. Dass sich im Sommer wintersportbegeisterte Ausländer an der Piste und im Hotel Dubai-Kempinski einfinden, wird nicht bezweifelt. Elegante, junge, Ski fahrende Damen und sportliche junge Herren, die das Extravagante lieben, werden erwartet.

Suhaila Gobash, die während des Dubai Shopping Festival die Show »Dubai Fashion 2005« organisiert hat, ist überzeugt, es werde gelingen, französische Modehäuser wie Dior, für die Präsentation ihrer Modelle im Rahmen von »Mall of the Emirates« zu gewinnen. Suhaila Gobash möchte jedoch zugleich auch die besondere Art der »Middle Eastern Fashion« präsentieren. Sie meint: »We still are not another Paris, Milan or New York. Doch erleben wir es, dass die internationalen Modehäuser Interesse zeigen, hier in Dubai vertreten zu sein: »Alle Designer labels sind schon bei uns. Wir existieren bereits auf der Landkarte der Mode. Die Welt wartet darauf, dass wir beweisen, dass Dubai tatsächlich auch eine »Stadt der Mode« ist.« Suhaila Gobash bedauert allerdings, dass besonders in Berlin, Frankfurt, München und Düsseldorf noch niemand zur Kenntnis genommen hat, dass die Vereinigten Arabischen Emirate den Anschluss an die Modewelt suchen. Die beachtliche Zahl der Deutschen, die Dubai attraktiv finden, könnten entdecken, dass Dubai Mode zu bieten hat. Viel wird dafür getan, dass sich die Deutschen wohl fühlen.

Eine sensationelle Entscheidung:
Polizisten in Dubai sollen Deutsch lernen

Den Wunsch, die Polizisten hätten sich mit der deutschen Sprache
zu befassen, äußert im Februar 2005 Generalleutnant Dahi Khalifah
Tanim, der Chef des Polizeidepartments in Dubai. Die Ursache
seiner überraschenden Anweisung: »Mehr als 190 000 Deutsche
besuchen im Jahr unsere Emirate. Wir sind sehr dankbar dafür,
dass so viele Deutsche zu uns kommen. Sie beleben unsere Wirtschaft.«
Bisher haben sich die Polizisten wahlweise mit der russischen
und mit der chinesischen Sprache befasst – Englisch fehlt in der
Liste der Sprachkurse; diese Liste wird jetzt um Deutsch erweitert.
Franz Josef Dicken, der stellvertretende Missionschef des deutschen
Generalkonsulats in Dubai, begrüßt die Entscheidung des Generalleutnants: »Wenn deutsche Geschäftsleute erfahren, dass sich die
Sprachbarriere reduziert, werden sie sich noch leichter zur Reise in
die Vereinigten Arabischen Emirate entschließen. Bekannt ist hier
allerdings, dass die deutsche Sprache schwer zu erlernen ist, doch
es hilft schon, wenn eine bescheidene Form des Gesprächs möglich
ist – etwa mit einem Willkommensgruß oder mit einer Orientie-
rungshilfe.«
Das Interesse der Deutschen an den Vereinigten Arabischen Emiraten wird besonders in Dubai aufmerksam registriert. Als das
Nachrichtenmagazin »Focus« Anfang Februar 2005 ankündigt, dass
Bundeskanzler Gerhard Schröder mit einer beachtlichen Industriel-
lendelegation die Golfregion besuche, zeigte die »Business Times«
vom 14. Februar große Freude: »Normalerweise wird der Kanzler
von 20 Managern und Generaldirektoren begleitet; zu uns aber
kommen 170 Firmenbosse.« Die Berichterstattung zieht dieses Fazit:
»German Companies target Gulf market.«
Die Tageszeitung »Gulf News« berichtet am 6. März 2005,
während des Kanzlerbesuchs in den Vereinigten Arabischen Emiraten seien acht Kontrakte für eine Serie von Projekten unterzeichnet
worden. Der Wert der Projekte betrage mehr als eine Milliarde Euro.

Für den Präsidenten der Vereinigten Arabischen Emirate war allerdings die ökonomische Seite der Unterredung mit dem Bundeskanzler nicht von herausragender Bedeutung. Sheikh Khalifa bin Zayed Al Nahyan betonte den Wert der »strategic ties«, ohne allerdings näher zu definieren, was er damit meinte. Seine Absicht war zu erkennen, als er politische Themen anschritt: Die Situation der Sicherheit in der Golfregion beunruhigte den Ruler; diese Unsicherheit bedrohe den »globalen Ölmarkt«. Sie werde ausgelöst durch die Präsenz der USA im Irak. Sheikh Khalifa bat den Bundeskanzler um Unterstützung, wenn die Vereinigten Arabischen Emirate forderten, dass die Souveränität an Euphrat und Tigris rasch wieder dem irakischen Volk zugesprochen werden müsse.

Der Bundeskanzler stimmte im Prinzip Sheikh Khalifa zu – er hütete sich jedoch, die USA deutlich zu kritisieren.

Bei einem zweiten Punkt war eine Stellungnahme einfacher. Der Ruler der VAE bat um Unterstützung der Palestinian National Authority in ihrer Bemühung, dem palästinensischen Volk die Basis für eine staatliche Existenz zu schaffen. Gerhard Schröder konnte darauf hinweisen, dass die Europäische Gemeinschaft insgesamt den Friedensplan der »Road Map« realisiert sehen möchte. Wird die Road Map verwirklicht, führt das zur Gründung des Palästinenserstaates.

Sheikh Khalifa sagte am Ende des Gesprächs mit dem deutschen Bundeskanzler, das Ziel einer Stärkung der »strategic partnership« sei erreicht.

Das Thema des hohen Ölpreises hatte Gerhard Schröder schon beim vorausgehenden Gespräch mit den Herren der Kuwait Chamber of Commerce and Industry in Kuwait City auf die Tagesordnung setzen lassen. Sein Wunsch: »Bestimmen Sie einen fairen Ölpreis«, war zur Kenntnis genommen worden. Die Herren hatten den Kanzler nicht darüber informiert, dass sie auf den Ölpreis keinen Einfluss hätten. Doch Gerhard Schröder muss dies wohl gespürt haben, denn nach dem Treffen mit der Chamber of Commerce and Industry sagte er zu wartenden Journalisten: »Die augenblicklichen Ölpreise sind sehr hoch. Dadurch gerät die Weltwirtschaft in Gefahr. Es ist im Interesse von uns allen, dass ein fairer Ölpreis festgesetzt wird.«

Mit dem Direktor der Kuwait Investment Authority besprachen

der Bundeskanzler und Mitglieder seiner Delegation das Projekt einer Magnetschwebebahn auf der Strecke Kuwait – Oman. Sie wäre 2000 Kilometer lang mit Bahnhöfen in Bahrain, Qatar, Abu Dhabi, Dubai, Sharjah und Maskat. Die Insel Bahrain, so sieht die Planung vor, werde über kühne Brücken zu erreichen sein. Der Direktor der Kuwait Investment Authority nickte freundlich, als ihm der atemberaubende Vorschlag unterbreitet wurde, eine Zusage gab er nicht. Er sprach auch nicht davon, dass er ein ähnliches Projekt schon mit holländischen Industriellen durchgeplant hatte. Auch die Chinesen hatten vorgefühlt; doch konnte deren Angebot nicht ernst genommen werden.

Die deutschen Industriellen und die Regierungsmitglieder ließen sich von den Äußerungen, die sie zu hören bekamen, ermutigen. Der Informationsminister von Bahrain, Mohammed Abdul Ghaffar sagte diese Worte: »Bahrain ist sehr interessiert an dieser Magnetschwebebahn.« Der Emir von Qatar, Sheikh Hamad bin Khalifa ath Thani meinte mit leiser Stimme: »Das Projekt ist sehr wichtig.«

Die Gastgeber in den Emiraten glauben hingegen verstanden zu haben, dass Gerhard Schröder zur Behandlung des Projekts der Magnetschwebebahn alle Beteiligten zu einer Konferenz nach Berlin eingeladen hat. Eine lange zurückliegende Berliner Initiative in Sachen Bahnbau ist am Golf unvergessen und wirkt sich nun aus.

Eigentlich war Kuwait als Endziel vorgesehen. Das Deutsche Reich und die Baghdadbahn

Friedrich Rosen, der Referent für Orientfragen im Berliner Auswärtigen Amt, entwickelte zu Beginn des 20. Jahrhunderts die Idee, eine durchgehende Bahnverbindung von Berlin bis zum Emirat Kuwait aufzubauen. Er sah in diesem Projekt die Möglichkeit, britische Pläne, sich am Golf festzusetzen, entscheidend zu stören. Die Regierung des Osmanischen Reichs, damals zuständig für das gesamte Gebiet der geplanten Bahnstrecke, war mit der deutschen Absicht einverstanden. Der Sultan in Istanbul sah es gern, dass sich seinem Kontrahenten, der britischen Krone, am Golf ein starker

Gegner in den Weg stellte. Großbritannien brauchte Stützpunkte am Golf, um seine Lebensader, den Seeweg zwischen London und Bombay abzusichern. Dem Sultan behagte der britische Eingriff in sein Herrschaftsterritorium nicht. Dass der deutsche Kaiser seine Fahne in Kuwait aufpflanzen wollte, gefiel dem Herrscher der Osmanen.

Im Jahr 1903 erschien Lord Curzon, der britische Verantwortliche für Indien, bei den Emiren der Trucial Coast, um ihnen zu demonstrieren, dass der Golf von Großbritannien beansprucht werde. Im Gegenzug zu dieser Demonstration erhielt das Deutsche Kaiserreich die Konzession zum Bau der »Baghdadbahn«. Als Streckenführung war vorgesehen: Konya, Adana, Mosul, Samarra, Baghdad, Basra, Kuwait.

Über die Absicht, den Endbahnhof in Kuwait einzurichten, wurde zunächst Schweigen bewahrt: Der deutsche Partner im Bahnprojekt wollte eine britische Intervention vermeiden.

Die Finanzierung des Bahnbaus wurde durch folgende Banken garantiert: Deutsche Bank, Bankhaus Bleichröder, Bankhaus Jakob H. Stern, Gebrüder Bethmann, M. M. Warburg & Co, Württembergische Vereinsbank, Schweizerische Kreditanstalt, Wiener Bankverein.

Im Jahr 1909 entstanden politische Schwierigkeiten: Sultan Hamid II.wurde abgesetzt; in Istanbul übernahmen nationalistisch-bürgerliche Politiker die Macht. Die neuen Herren glaubten, den Bahnbau quer durch türkisches Kernland als rein türkisches nationales Projekt durchführen zu können. Sie brauchten zwei Jahre, bis sie die Regeln des Kapitalmarkts begriffen. Im Jahr 1910 akzeptierten sie das internationale Bankenkonsortium als Unternehmer.

Ab 1910 wurde auch an der Streckenführung im Irak gearbeitet. Brücken über den Euphrat entstanden. Die erste Lokomotive traf ein – aus dem Werk Borsig in Berlin. Langsam machte sich bei den Vorständen der Banken Optimismus breit. Der Grund: Die Regierung in London brachte keine Einwände gegen den Bau der Baghdadbahn vor – wenn die Streckenführung in Basra endete. Diese Bedingung wurde im Juni 1914 erfüllt. Das Deutsche Reich erkannte öffentlich die britische Vormachtstellung am Persischen Golf an. Sechs Wochen nach der Unterzeichnung dieser Vereinbarung begann der Erste Weltkrieg. Deutschland und England waren Feinde.

Am Ende des Ersten Weltkriegs gab es kein Osmanisches Reich mehr. Zuständig für die unvollendete Bahnstrecke waren nun die Regierungen der Türkei, Syriens und des Irak. Eine Gesellschaft, die das Projekt hätte weiterführen können existierte nicht mehr. Vom geschlagenen Deutschen Reich war keine Bahninitiative mehr zu erwarten.

Ein Jahrhundert später: Die Bundesrepublik kann mit Sympathie für ein Bahnprojekt rechnen

Ohne, dass darüber berichtet wurde, kommt Bewegung in diese Angelegenheit. Die Transportminister des Gulf Cooperation Council beschließen, dass das Projekt der Magnetschwebebahn vernünftig, finanzierbar und zu realisieren sei. In Abu Dhabi, der Hauptstadt der VAE, ist das Projekt der »Golfbahn« während der Gespräche mit Gerhard Schröder nicht behandelt worden. Gesprächspartner war General Sheikh Mohammed bin Zayed Al Nahyan. Er ist Deputy Supreme Commander of the United Arab Emirates Armed Forces. Sein Anliegen waren wehrtechnische Wünsche, die er auf der International Defence Exhibition (Index) im Februar 2005 aus Mangel an Angebot nicht hatte befriedigen können: Der General wollte für die Marine der VAE Unterseeboote kaufen. Ein Angebot aus der Bundesrepublik lag offenbar vor; der General Sheikh Mohammed bin Zayed Al Nahyan meinte jedoch, es sei zu teuer.

Sheikh Mohammed erhielt vom Bundeskanzler in einer anderen Angelegenheit eine positive Antwort: Die Bundesrepublik wird 32 Spürpanzer vom Typ »Fuchs« liefern. Die Frage wurde nicht gestellt, welche Befürchtungen die VAE veranlassten, Gas-Spürpanzer zu erwerben, die auch atomare Gefahren entdecken können?

Zu bemerken ist, dass Gerhard Schröder in Abu Dhabi auch deshalb einen guten Eindruck hinterlassen hat, weil er die Begräbnisstätte von »Zayed dem Großen« bei der neuen, nach ihm benannten Moschee besucht hat. Bei dieser Gelegenheit erfuhr die deutsche Delegation von den Betreuern der Grabstätte, dass derzeit in den Emiraten viele Väter ihren männlichen Neugeborenen den Namen »Zayed« geben.

Ein interessantes Projekt, das die Emirate beschäftigt, ist mit dem deutschen Bundeskanzler und seiner Wirtschaftsdelegation nicht besprochen worden: die Autobahnbrücke zwischen dem westlichen Zipfel der Vereinigten Arabischen Emirate und dem Emirat Qatar. Dieses Straßenprojekt verkündete der Präsident der VAE im Dezember 2004 während eines Staatsbesuchs im Nachbaremirat. Die Existenz dieser Brücke würde bedeuten, dass Autofahrer, die von der VAE-Stadt Sila nach Doha unterwegs sind, nicht mehr saudiarabisches Gebiet passieren müssen. Dies betrifft ganz besonders weibliche Autofahrer; Frauen dürfen in Saudi-Arabien nicht am Steuer sitzen.

Wer den Straßenabschnitt vom Grenzpunkt Al-Ghuwaifat (VAE) bis zur Qatar-Grenze befahren muss, klagt über den schlechten Zustand der Straße auf saudi-arabischem Gebiet; sie verläuft in beiden Richtungen jeweils nur einspurig. Die Fahrtdauer von Al-Ghuwaifat nach Qatar beträgt zwölf Stunden. Die Brücke bringt eine Zeitersparnis von acht Stunden.

Der Traum von einer gemeinsamen Währung am Persisch/Arabischen Golf

Niemand redet direkt darüber, aber die Vorbereitungen scheinen begonnen zu haben: Sieben Staaten haben vor, ab Februar 2010, ein einheitliches Währungssystem zu schaffen. Diese Golfstaaten haben sich dazu entschlossen: Vereinigte Arabische Emirate, Qatar, Bahrain, Kuwait, Oman, Saudi-Arabien, Jemen. Ein Working Committee, dem die Finanzminister der sieben genannten Staaten angehören, wird Vorschläge erarbeiten, welche Bezeichnung die Golfwährung tragen soll und mit welchem Wert sich die bisherigen nationalen Währungen in das neue Geld einbringen. Als Erleichterung wird dabei empfunden, dass diese nationalen Währungen zwar unterschiedliche Namen haben, an Wert jedoch vergleichbar sind.

Ein Problem scheint jedoch die Mitgliedschaft des Jemen in der Währungsgemeinschaft zu stellen. Von allen betroffenen nationalen Währungen ist das jemenitische Geld am wenigsten wert. Der Vertreter des Jemen im Working Committee gibt zu: »Jemen ist das ärmste Land in der Region. Die Frage ist, ob wir die »economic qualifying conditions« erfüllen können, die für die Aufnahme in die Währungsunion maßgeblich sein werden. Wir werden uns anstrengen.«

Es soll eine gemeinsame Währungszone für 50 Millionen Menschen sein, ein gemeinsamer Markt, der – nach Ansicht der Finanzminister der Golfstaaten – eigene finanzpolitische Energie entwickeln wird.

In den Regierungspalästen von Abu Dhabi und Dubai wächst allerdings die Befürchtung, dass die Idee von der gemeinsamen Währung eine heimtückische Falle darstellen kann: Ist erst die gemeinsame Währung geschaffen, und erleichtert sie das Zusammenleben der Bewohner der Arabischen Halbinsel, liegt der Gedanke nahe, dass ein gemeinsamer Staat geschaffen werden könne. Im Zentrum dieses Staates liegt dann Saudi-Arabien. Alle anderen Regionen gruppieren sich um dieses Zentrum, das Sogwirkung besitzt. Es war immer der Wunsch der Herrscher des Königreichs Saudi-Arabien, die Emirate und das Sultanat Oman zu schlucken. Die Sippe As Saud will über die gesamte Arabische Halbinsel herrschen. Dieser Wunsch könnte endlich durch die Schaffung der gemeinsamen Währung in Erfüllung gehen. Die sieben Emirate hätten sich dann der wahhabitischen Prägung des Islam zu beugen. Zu Ende wäre die Zeit der Toleranz gegenüber Christen und westlichen »expats«. Vereinnahmt werden würde der Reichtum von Abu Dhabi und Dubai. Es ist anzunehmen, das sich die Familien Maktoum und Al Nahyan rechtzeitig dieser Falle entziehen.

Der Ruler von Abu Dhabi zeigt entschlossen, dass er zur westlichen Zivilisation gehören will

Im Frühsommer 2005 geschieht Überraschendes, das in Saudi-Arabien undenkbar wäre: Sheikh Khalifa bin Zayed Al Nahyan respektiert ein westliches Humanitätsprinzip.

In jeder Hauptstadt der sieben Emirate gibt es eine Art Stadion, in dem Kamelrennen stattfinden. Die Tradition des Wettstreits der Kamele um das größte Tempo im Rundendrehen besteht seit Generationen. Hohe Preisgelder sind ausgesetzt – doch mehr als die finanzielle Prämie wirkt der Ruhm, das schnellste Kamel zu besitzen.

Gewinn oder Niederlage hängt nicht zuletzt vom Geschick des Jockeys ab. Vor allem aber soll sein Gewicht möglichst niedrig sein, um das Kamel nicht zu sehr zu belasten. Die Kamelbesitzer, darauf bedacht, möglichst junge Männer als Jockey zu engagieren – nahmen Kinder in ihre Dienste.

Damit aber erregten sie das Missfallen der Menschenrechtsorganisation Amnesty International. Ihre Mitarbeiter überprüften den Sachverhalt und stellten fest, dass die Kinder aus Pakistan, Indien und Bangladesch stammten; alle waren sie weniger als zehn Jahre alt. Der pakistanische Menschenrechtler Ansar Burney entdeckte, dass männliche Kinder von Schmugglerbanden entführt und in die Vereinigten Arabischen Emirate verkauft worden waren. Amnesty International erhob Protest. Sheikh Khalifa bin Zayed Al Nahyan reagierte schnell. Er dekretierte, dass künftig kein Junge unter 16 Jahren als Jockey bei Kamelrennen eingesetzt werden darf. Auch das Mindestgewicht der Jockeys wurde festgelegt: Es musste mindestens 45 Kilogramm betragen. Die Rennstallbesitzer hatten bisher durch strenge Diät das Gewicht niedrig gehalten; damit war die Siegeschance gesteigert worden.

Mit dem Erlass des Rulers waren sämtliche Kinderjockeys von ihrer bisherigen Arbeitsstelle verbannt. Doch auch der Herrscher wollte nicht auf das aufregende Vergnügen des Zuschauens bei Kamelrennen verzichten. Die Kinder mussten ersetzt werden. Ausgeschlossen war die Möglichkeit, ältere Jockeys zu beschäftigen, die dann eben ein höheres Gewicht haben. Schlechte Erfahrungen sind damit gemacht worden: Mit älteren und dickeren Jockeys verliefen die Rennen schwerfällig. Kamelrennen hatten ihren Reiz verloren. Ihre Zeit schien vorüber zu sein.

Da hatte ein Schweizer Unternehmen, das nicht genannt werden will, eine Idee. Ingenieure entwickelten einen Roboter, der den Jockey ersetzen kann. Er wird auf den Rücken des Kamels geschnallt; sein Gewicht beträgt sechs Kilogramm. Das Prinzip des Geräts: Eine Fernsehkamera ist auf die Rennstrecke ausgerichtet. Sie liefert ein Bild, das auf einen Monitor auf der Tribüne des Rennplatzes übertragen wird. Dort sitzt ein Jockey, der elektronisch sein Kamel steuert. Der Jockey aktiviert einen Stock, der dem Kamel Impulse gibt, der das Kamel antreibt.

Der Roboter ist aus Titan gefertigt. Der Preis beläuft sich auf 5000 Euro. Eine große Bestellung sei bei der Schweizer Firma bereits eingegangen.

Versuchsrennen sind zur Zufriedenheit von Rennstallbesitzern und Zuschauern ausgefallen. Auch Sheikh Khalifa akzeptiert die Verwendung der »Ersatzjockeys«; vor allem, weil sich damit der Vorwurf von Amnesty International »erledigt« hat.

Ein Problem stellt sich allerdings den Verantwortlichen in allen Städten der Vereinigten Arabischen Emirate: Sie müssen für den Heimtransport der »Kinder« nach Pakistan, Indien oder Bangladesch sorgen. Sie sind dort entführt worden; es ist schwierig, ihre Familien zu suchen. Die Menschenschmugglerbanden haben sich längst der Verantwortung entzogen.

Das Paradies der Superlative. Eine Steigerung wird nicht mehr möglich sein

»Wir wollen, dass die Leute, die Emirates Palace sehen, überwältigt sind, dass sie nur noch ›Wow‹ sagen können« – dies meint John Elliott, der chief architect des Ultraprojekts »Emirates Palace«. »Meine Auftraggeber verlangten von mir, dass ich eine »conference-hosting-plattform for the United Arab Emirates« schaffe; eine repräsentative Kombination von Konferenzzentrum und Luxushotel. »Emirates Palace« wurde in der Tat zum Palast für Staatsoberhäupter, die den Vereinigten Arabischen Emiraten einen Besuch abstatten. »The Hotel is designed for visiting dignitaries« – »Würdenträger sind willkommen!« Bau und Gestaltung hatte John Elliott dem britischen Unternehmen Wimberly Allison Tong and Goo (WATG) übertragen. John Elliott besitzt Erfahrung in der Region des Persisch/Arabischen Golfs. Er war in den 90er Jahren von Sheikh Zayed zum ersten Stadtplaner von Abu Dhabi berufen worden. Der Brite hatte dabei den Geschmack des Rulers getroffen. Sheikh Zayed hatte den Auftrag gegeben, den Palast für die Gelegenheit der Tagung des Gulf Cooperation Council (GCC) im Jahr 2004 zu schaffen. Doch dieses Treffen der Herrscher fand dann nicht in Abu Dhabi statt. Der Baustil, der für den Anlass des GCC-Treffens gewählt worden ist, wurde beibehalten. John Elliott beschreibt ihn so: Es wurde ein »gold and silver Arabian Style Palace. It is decorated with domes, recessed openings, decorative motifs, arcades and terrasses.« »Dabei ist«, so sagt der Architekt, »viel pures Gold verwendet worden. Nur auf diese Weise erreichten wir, dass sich Könige hier wohl fühlen.« Bemerkenswert ist, dass der Komplex zunächst »Bani Yas« genannt werden sollte. Doch diese Reverenz vor der Historie der Stämme im Gebiet der Emirate wurde aufgegeben. Wichtig ist die Zukunft; deshalb der Name »Emirates Palace«.

Bemerkenswert ist, dass sich um die Hauptkuppel des Palastes, die 60 Meter hoch aufragt, 82 weitere Kuppeln gruppieren. Das Gelände umfasst eine Million Quadratmeter. Das Eingangstor wirkt wie ein gewaltiger Palast. Stephan Kaminski, der deutsche Generalmanager, legt Wert auf die Feststellung: »Wir sind kein Hotel; wir sind ein Palast.« Er lehnt die gängige Hotelklassifizierung ab, die höchstens 5 Sterne vorsieht. Er reklamiert für sein Superunternehmen sechs Sterne. Betrieben wird das »Emirates Palace« von der Kempinski AG. Eigentümer ist das Emirat Abu Dhabi.

Vier Autostunden entfernt vom Emirates Palace, in Dubai, entsteht der höchste Turm, der je errichtet worden ist. Der Executive Director of Emaar Properties, Robert Booth, will die wahre Höhe nicht verraten. Er sagt: »Es soll jedem, der den Turm sieht, Spaß machen, die Höhe zu schätzen. Darüber werden die Leute noch lange spekulieren.« »Emaar Properties« sind ein Instrument des Rulers, Sheikh Mohammed bin Rashid Al Maktoum, zur Entwicklung der Wirtschaft des Emirats Dubai und der Vereinigten Arabischen Emirate insgesamt. Das ehrgeizigste Projekt, das Emaar jemals in die Hand genommen hat, ist »Burj Dubai«, der gewaltige Turm, dessen endgültige Höhe ein Geheimnis bleiben soll.

Das Wort »Burj« ist ursprünglich ein deutsches Wort – die Grundform ist »Burg«. Die Kreuzritter hatten es mitgebracht bei ihren Zügen ins Heilige Land. Dort hatten die fränkischen Ritter Burgen gebaut – wie in der Heimat, und die besiegten Araber hatten den Begriff Burg übernommen und ihrem Sprachduktus angepasst. Der Begriff ist hängen geblieben im Vorderen Orient und hat sich weiter verbreitet bis hin zum Persischen Golf. Das Wort »Burj« ist heute mit »festes, gewaltiges Gebäude« zu übersetzen. In Dubai steht schon ein Gebäude, das mit »Burj« bezeichnet wird, das Hotel Burj al-Arab. Von ihm ist bekannt, dass es 321 Meter hoch ist. Es ist im Stil der James-Bond-Filme gebaut: »Glitzer, Gold und Glamour«. Burj al-Arab ist das einzige Hotel in der Welt, das es bisher wagen kann sich »Sieben-Sterne-Hotel« zu nennen. Diese Klassifizierung gibt es eigentlich gar nicht.

Auch das Burj Dubai soll zum Teil als Hotel genutzt werden. Die meisten der 160 Stockwerke sind jedoch für Firmen reserviert, die es sich leisten können, diese exquisite Adresse als Sitz ihrer Gesellschaft vorzuweisen. Emaar Properties hat die Top-Unternehmen der Welt aufgefordert, sich bis zum 31. März 2005 als Interessenten zu melden – bei gleichzeitiger Zahlung eines Deposits in individuell auszuhandelnder Höhe. Am Stichtag waren alle dafür reservierten Stockwerke verbindlich verkauft.

Angeboten waren auch 700 Apartments zur Nutzung durch Privatpersonen und Familien. Sie waren innerhalb von acht Stunden verkauft.

Am 29. März 2005 konnte Emaar Properties melden, dass das Fundament des Burj Dubai fertig gestellt ist. Es besteht aus 192 Pfeilern, die eine Tiefe von 50 Metern erreichen. Die Pfeiler durchstoßen Sandschichten und erreichen festen Fels. Der Executive Director of Emaar Properties meint: »Wir haben dem Fundament eine schlichte, aber edle Form gegeben. Sie entspricht der Gestalt einer Wüstenrose; diese Blüten sind hier in Dubai zu finden.«

Fundament und Turm werden von der Samsung Corporation erstellt, die in Südkorea ihren Sitz hat. Sie war der Gewinner einer weltweiten Ausschreibung.

Das Fundament hat die gewaltige und intelligent erdachte Turmkonstruktion zu tragen. Errechnet worden ist, dass die oberen Stockwerke mit dem Wind insgesamt drei Meter schwanken – jeweils 1,5 Meter hin und her. Der Wind kann tatsächlich ein Problem darstellen: Seine Geschwindigkeit in der Höhe wird häufig so groß sein, dass der Aufenthalt auf den Balkonen nicht möglich ist. In diesem Fall lösen Sensoren Verriegelungen für die Balkontüren aus. Robert Booth, der Executive Director beschwichtigt Befürchtungen: »Sollte sich jemand auf dem Balkon befinden und die Türen verrie-

geln sich, kann der Betreffende die Balkontür von außen öffnen.«
    Robert Booth bekräftigt: »Burj Dubai wird der sicherste Wolken-
kratzer der ganzen Welt sein! Für alles ist gesorgt. Die Fluchtwege
sind so angelegt, dass kein Anlass für Panik besteht.«
    Im 112. Stockwerk wird sich die »Sky Lobby« befinden; sie ist der
Sammelpunkt für alle Nutzer der Suiten und Büros, die darüber liegen. Die Fahrstühle zu »Sky Lobby« transportieren die Benutzer mit
rasender Geschwindigkeit. Sie erreichen das 112. Stockwerk innerhalb von 50 Sekunden – wenn sie nicht unterwegs gestoppt werden.
Wer höher hinauf will, der steigt im 112. Stockwerk um. Vom 112.
Stockwerk an gibt es individuelle Suiten – jeweils eine per Stockwerk.
    Dem Bauunternehmen Samsung Corporation ist vorgegeben,
alle drei Tage die Konstruktion um ein Geschoss aufzustocken.
Damit sind 20 000 Arbeiter beschäftigt – bis zum Jahr 2008. Dann soll
Burj Dubai bezugsfertig sein. Emaar Properties behält sich allerdings Flexibilität vor: »Wenn dringender Bedarf besteht, kann Burj
Dubai auch höher werden. Fundament und Struktur halten dies
aus.«
    Nach Fertigstellung steht der Turm offen für 2,5 Millionen Besu-
cher im Jahr. Der Executive Director, ein noch junger Ingenieur, der
Optimismus ausstrahlt, ist der festen Überzeugung, dass sich so
viele Interessenten über zwölf Monate verteilt, am Fuß des Burj
Dubai einfinden, um sich von den Fahrstühlen in die Höhe tragen
zu lassen.
    Schon vor der Fertigstellung wird der Blick gepriesen, der sich
von oben bietet. Der Executive Director schwärmt: »The view will
be nothing short of magnificent. Der Blick reicht weit hinaus auf den
Persisch / Arabischen Golf. Zu erblicken ist ein Paradies!«
    Zu Füßen der Turmbesucher liegt dann die »Dubai Mall«, das Pa-
radies jeder Frau, die nach Eleganz und Luxus strebt – und die sich
beides leisten kann. Das Einkaufszentrum »Dubai Mall« wird das
Größte der Welt sein. Es besteht aus 800 individuellen Ladenge-
schäften mit höchstem Qualitätsanspruch. Emaar Properties rechnen damit, dass 40 Millionen Kauflustige im Jahr Milliardenbeträge
ausgeben, um Freude an diesem Paradies zu erleben – in angenehm
paradiesischer Klimatisierung.

Dubai: Middle Eastern City of the Future

Dass »Financial Times Business« im Frühjahr 2005 dieses Lob ausgesprochen hat, wird in allen Vereinigten Arabischen Emiraten mit Genugtuung zur Kenntnis genommen, weist es doch darauf hin, dass sich niemand wirklich Sorge zu machen braucht um die Zukunft des Paradieses am Golf. Der Ruler, Sheikh Mohammed bin Rashid Al Maktoum kommentiert die Auszeichnung so: »Sie ist ein Tribut an die harte Arbeit, die wir geleistet haben – wir alle zusammen, die wir in den VAE leben. Wir haben eine Vision in die Wirklichkeit verwandelt!«

Bibliographie

Ausgewertet wurden insbesondere die Tagebücher des Autors von 1970 bis in die Gegenwart sowie seine Notizen von Reisen in die Golfemirate, außerdem:
– Tageszeitungen der Golfregion: Gulf News, Business Gulf News, Business Times, Khaleiy Times, City Times (alle Dubai)
– Handbuch: The Middle East and North America, London (Jahrgänge seit 1970)
– Nachschlagewerk: Dubai Explorer, Dubai

Geschichte

Al Suwaidi, Jamal S.: Iran and the Gulf. Abu Dhabi 1996
Bibby, Geoffrey: Dilmun. Die Entdeckung der Ältesten Hochkultur. Reinbek 1973
Codrai, Ronald: The Seven Sheikhdoms. London 1990 (Bildband)
Heard-Bey, Frauke: Die arabischen Golfstaaten im Zeichen der islamischen Revolution. Bonn 1984
Heard-Bey, Frauke: From Trucial Coast to the United Arab Emirates. Dubai 1981
Hellyer, Peter (ed.): Waves of Time. London 1998
Henning, Richard: Wo lag das Paradies. Berlin 1950
Keiser, Helen: Suche nach Sindbad: das Weihrauchland Oman und die altsüdarabischen Kulturen. Olten 1979
McCall, Henrietta: Mesopotamische Mythen. Stuttgart 1993
Niebuhr, Carsten: Entdeckungen im Orient. Kopenhagen 1774
Potts, Daniel T. (ed.): Dilmun: New Studies in the Archaeology and Early History of Bahrain. Berlin 1983
Schmökel, Hartmut: Das Gilgamesch-Epos. Stuttgart 1966
Shukla, Ramesh: UAE Formative Years 1965-75: A Collection of Historical Photographs. Abu Dhabi 1990 (Bildband)
Weiss, Walter M.: Emirates and Oman. Abu Dhabi 1996

Lektüre über die Emirate

Abu Dhabi

Al Fahmi, Mohammed: From Rags to Riches: a Story of Abu Dhabi. London 1996
Maitra, Joventi: Qasr al-Hosn Abu Dhabi. Abu Dhabi 2001
Mann, Clarence: Abu Dhabi. Birth of an Oil Sheikhdom. Beirut 1969
Nowell, Christine: Abu Dhabi. Dubai 2001 (Bildband)

Dubai

Nowell, Robert: Dubai. Dubai 2000 (Bildband)

Fujairah

Hurndell, Christopher: The Colours of Fujairah. Dubai 2002 (Bildband)

Ras Al-Khaimah

Kay, Shirley: Portrait of Ras Al-Khaimah. Dubai 1990 (Bildband)

Sharjah

Nowell, John: Sharjah. (Bildband)

Biografien

Noor Ali Rashid: Sheikh Zayed. Life and Times. Dubai 2001
Wilson, Graeme: Father of Dubai: Sheikh Rashid bin Saeed Al Maktoum. Dubai 1999
Wilson, Graeme: Zayed. Dubai 2004

Register

Abdullah ibn Rashid 59
Abdullah II., König von Jordanien
 281
Aghasadeh, Gholamresa 273
Ahmed Abdallah Ali 233
Ahmed ibn Majid 42–45, 269
Ahmed ibn Said (Imam) 164
Ahmed Sultan ibn Said (Imam)
 164
Ahmed, Sheikh 169
Al Ansari, Sameer 17
Al Gergawi, Mohammed 17
Al As, Mohammed Amir bin 223
Al Assad, Hafez 229, 236
Al Bakr, Ahmed Hasan 194
Al Bu Falah (Sippe) 22
Al Bu Falasah (Sippe) 29f., 68, 71
Al Buainain, Khalid Abdallah 278f.
Al Fahim, Mohammed 214ff., 218,
 220f.
Al Ghubash, Saif 219
Al Jamani, Ahmed Zaki 211
Al Jurabi ibn Said, Sultan 163
Al Khalifa, Hamad ibn Isa 183, 191
Al Khalifa, Isa bin Salman 185
Al Maktoum (Sippe) 30f.
Al Maktoum, Ahmed 199
Al Maktoum, Ahmed bin Saed 295
Al Maktoum, Hamdan 199, 247
Al Maktoum, Hasher ibn 71f., 95,
 101ff.
Al Maktoum, Maktoum bin Rashid
 192, 199
Al Maktoum, Mohammed 278
Al Maktoum, Mohammed bin

Rashid 199, 252, 288–292, 294,
 306, 309
Al Maktoum, Rashid bin Saed 131–
 138, 152–156, 171, 185f., 192,
 196f., 199, 202, 205, 208, 212f.,
 250, 287, 290
Al Mehrizi, Mohammed 268, 270,
 272
Al Misnad, Mozah bint Nasser,
 Sheikha 232f.
Al Moalla, Rashid bin Ahmed 135,
 258
Al Mubarak, Khalifah 219
Al Nahyan (Sippe) 29ff.
Al Nahyan, Hamdan bin Moham-
 med 215
Al Nahyan, Khalifa bin Zayed 183,
 227, 246–249, 252, 254–259, 271f.,
 280f., 298, 303ff.
Al Nahyan, Lafta bint Hamdan,
 Sheikha 131f.
Al Nahyan, Mansur bin Zayed 252
Al Nahyan, Mohammed ibn Zayed
 209, 239, 301
Al Nahyan, Nahyan bin Mubarak
 292f.
Al Nahyan, Saif bin Mohammed
 215, 252
AL Nahyan, Sarur bin Mohammed
 215
Al Nahyan, Tahnun bin Moham-
 med 215
Al Nahyan, Zayed bin Sultan 27f.,
 144–149, 151, 177, 181, 183–186,
 189f., 192, 200, 202, 208, 210–216,

218, 222, 235–246, 251–258, 283, 305
Al Nuaiami, Rashid bin Humaid 135
Al Nuaimi, Humaid bin Rashid 258
Al Oteiba, Mani Said 211
AL Owais, Humaid bin Nasser 290
Al Qaradawi, Jussuf 232f.
Al Qasimi, Khalid bin Mohammed 178–181
Al Qasimi, Lubina, Sheikha 253
Al Qasimi, Saqr bin Khaled 261
Al Qasimi, Saqr bin Mohammed 135, 179, 257ff., 261ff., 269
Al Qasimi, Saqr ibn Khalid 102
Al Qasimi, Saud bin Saqr 263
Al Qasimi, Sultan bin Mohammed 19, 182, 236, 258, 264f.
Al Qasimi, Sultan bin Saqr (1803–1869) 259f.
Al Sharqi, Hamad bin Mohammed 223f., 226, 258
Al Sharqi, Mohammed bin Hamad 226
Al Suweidi, Ahmed Khalifah 215
Al Thani, Ahmed bin Ali 186
Annan, Kofi 237, 239
Arafat, Yassir 212, 256
Arta, Omar 209
As Saud, Mohammed ibn 34f.
As Sabah, Ahmed Al Fahad 275
As Sadat, Anwar 210, 213
As Saud, Abdallah ibn 75ff.
As Saud, Abdel Aziz 35f., 45, 75, 82, 105–108, 140–145
As Saud, Fahd, König von Saudi-Arabien 229
As Saud, Faisal, König von Saudi-Arabien 211, 213
As Saud, Khaled ibn 82
As Sharah, Faruk 219

Ath Thani, Hamad bin Jaber 228
Ath Thani, Hamad bin Khalifah 228–233, 299
Ath Thani, Khalifah bin Hamad 228f.

Bani Ka'ab (Sippe) 144
Bani Yas (Sippe) 22f., 29, 57f., 68, 75f., 91, 94
Barbosa, Duarte 268
Beethoven, Ludwig van 162
Begin, Menachem 213
Bennett (Kapitän) 47
Bibby, Geoffrey 27
Black, Gene 279f.
Booth, Robert 306ff.
Boustead, Hugh 156
Breschnjew, Leonid 208
Briscoc, Hugh 172
Buckingham, J. S. 261
Burchardt, Hermann 117
Burney, Ansar 304
Burrows, E. 25
Bush, George junior 251, 272–277
Bush, George senior 238
Buti, Zayed bin 71

Carentinos (Manager) 216
Carreras, Josè 294
Carter, Jimmy 238
Chirac, Jacques 238
Chopin, Frédéric 162
Churchill, Winston 144
Clinton, Bill 232, 237
Cox, Percy 108
Crawford, D. G. 167
Curzon, George 103f., 300

Damel, A. 25
Darwish (Mullah) 191
Davis, Peter 202
Dhjyab bin Isa 29

Dicken, Franz Josef 297
Dihaige, Ernest de 144
Dinsmore, Lee 239
Disscher, Charles de 144

Elisabeth II., Königin von England 244
Elliott, John 305f.
Enki 23–26

Faisal ibn Turki 81ff.
Felstead, Peter 282

Gama, Vasco da 44, 269
Gemayel, Bashir 256
Georg VI., König von England 141
Ghaffar, Mohammed Abdul 299
Ghalib ibn Ali (Imam) 163ff.
Gobash, Suhaila 296
Gorbatschow, Michael 207

Hadley, Stephan 277
Hamdan ibn Zayed 110f., 132
Hamid bin Rashid 59
Hamid II., Osmanischer Sultan 300
Hastings, W. 56
Hawley, Donald 125
Hazza, Sheikh 146
Heard-Bey, Frauke 270
Heath, Edward 177f.
Heath, Edward 193
Heikal, Hassanein 210
Henderson, Eduard 148
Hennel, S. 58
Hessa bint Al Murr, Sheikha 131
Hitler, Adolf 124, 132
Hussein II., König von Jordanien 205ff., 212, 256
Hussein, Hani 275
Hussein, Saddam 194ff., 198, 201f., 205ff., 213, 263–266

Huzza, Sheikh 114ff.
Hysek, Alexander 294f.

Indyk, Martin 232f.
Isa ibn Khalid 90f.
Isma'il Agha 81f.

Juwaisir (Viehhändler) 107

Kaminski, Stephan 306
Kassem, Abdel Kerim 192f.
Keir, William Grant 50 , 54, 64
Khaled, Sheikh 146
Khalid, Ali Hassan 238
Khalifah ibn Zayed 112, 114f.
Khalifah, Sheikh (Sohn Shakhbuts) 66ff., 84f., 87–93, 99
Khatami, Mohammed 272ff.
Khomeini, Ruhollah 195f.
Khurshid Pascha, General 83ff.
Kissinger, Henry 175f.
Klammer, Franz 296
Knox d'Arcy, William 117f.
Kossygin, Alexej 195

Laboureyes, Jean Luc 281
Lamb, Archie 254
Lichatschow, Wenjamin Andreje-witsch 194
Luce, William 178

Mackay, Ernest 25
Macleod (Leutnant) 66
Mahmud Hassa 144
Majid bin Mohammed 42
Maktoum bin Buti 70f.
Maktoum bin Hasher 285
Malcolm, John 45
Mandela, Nelson 238
Mann, Clarence C. 57
Melchior, Michael 232
Mistura, Steffen de 239

Mohammed (Prophet) 32, 72ff., 105, 163, 182, 223, 252, 284
Mohammed Ali 81–85
Mohammed ibn Umar 42
Mohammed, Sheihk (Sohn Shakhbuts) 54, 64f., 69
Mortensen, Peder 25
Moussa, Amr 264f.
Mozata, Thierry borja de 281
Mubarak, Husni 229

Nasr Eddin, Schah von Persien 96
Nasser, Gamal Abdel 159f., 181
Nebukadnezar II., König von Babylonien 26
Niebuhr, Carsten 37f., 46f.
Ninhursag 23–26
Nixon, Richard 175f.

Osama bin Laden 231, 278

Pahlawi, Mohammed Reza, Schah von Persien 132f., 168, 171f., 175f., 178, 182f., 187, 271, 275
Panie, Jean Paul 281
Pavarotti, Luciano 294
Peter der Große, Zar von Russland 175, 208
Philby, Harry St. J. B. 120
Preper, Jürgen 18

Qabus ibn Said (Sultan) 166ff., 176f., 189f., 238, 276

Rashid ibn Maktoum 101
Reza Khan, Schah von Persien 168–171
Roger, Will C. 204
Rosen, Friedrich 298
Ross (Oberstleutnant) 95, 97, 99

Said ibn Taimur, Sultan 160–163, 165, 167, 189
Salamah bint Buti, Sheikha 115f., 131, 147, 151
Saqr ibn Zayed (1926–1928) 114f., 147
Sargon II., König von Assyrien 25f.
Sceppard, Tom 174
Schrempp, Jürgen E. 17
Schröder, Gerhard 297f., 301
Schüssel, Wolfgang 295
Seton (Kapitän) 48
Shakespear, William Henry Irvine 119
Shakhbut bin Sultan 20–23, 27f.
Shakhbut, Sheikh (1928–1966) 114ff., 122–128, 144, 147, 149–152, 158ff., 254
Shakhbut, Sheikh (1793–1816) 31, 50, 54, 64
Sharon, Ariel 256f., 274, 277
Shepherd, Anthony 148
Sneh, Ephraim 272
Stobert, P. D. 139
Sultan bin Saqr 59, 77, 87, 89–92, 172, 180f.
Sultan ibn Zayed (1922–1926) 113ff., 122, 128, 147
Sultan, Sheikh (Sohn Shakhbuts) 66f., 90f.
Sutherland (Kapitän) 46
Suwaidi, Ahmed Khalifah 211
Swarowski 295

Tahnun ibn Zayed (1909–1912) 112
Tahnun, Sheikh (1818–1833) 54f., 57, 65ff., 80, 90f.
Talbot, A. C. 99
Tanim, Dahi Khalifah 297
Turki ibn Abdallah 78–82, 142
Twichell, K. S. 120

Wahhab, Mohammed ibn Abdel
31–36, 74, 77, 105f.
Williamson, Abdullah 122
Wilson, Graeme 71, 102
Wilson, Harold 176f.

Yassuf Yassin, Sheikh 144f.

Za'ab, Suwaidan ibn 65f.
Zahedi, Ardeshir 178

Zayed binTahnun 59
Zayed ibn Butye 59
Zayed ibn Khalfah (1855–1909) 99,
110
Zayed ibn Maktoum (1912–1958)
130f.
Zayed, Sheikh (Sohn Tahnuns) 91–
94
Zwemer, Samuel M. 116

Blättern Sie um:
Unsere Leseempfehlungen

Gerhard Konzelmann
Insch'Allah

Der Kampf um Glaube und Öl

Grundlage dieses hervorragend recherchierten Hintergrundberichts sind Gerhard Konzelmanns Tagebuchaufzeichnungen seit 1972, die belegen, wie er aus nächster Nähe den Weg Saddam Husseins vom Partner zum Feind des Westens verfolgte. Der Nahost-Fachmann zeigt dabei auch die Interessen der USA hinter einer Veränderung der Machtstrukturen auf.

Wie in seinen anderen Veröffentlichungen analysiert Gerhard Konzelmann auf faszirierende Weise, wie es zur Entwicklung im Irakkonflikt kam, und welche Gefahren dem Westen drohen können.

472 Seiten, ISBN 3-7766-2316-0
Herbig

Lesetipp

BUCHVERLAGE
LANGENMÜLLER HERBIG NYMPHENBURGER
WWW.HERBIG.NET

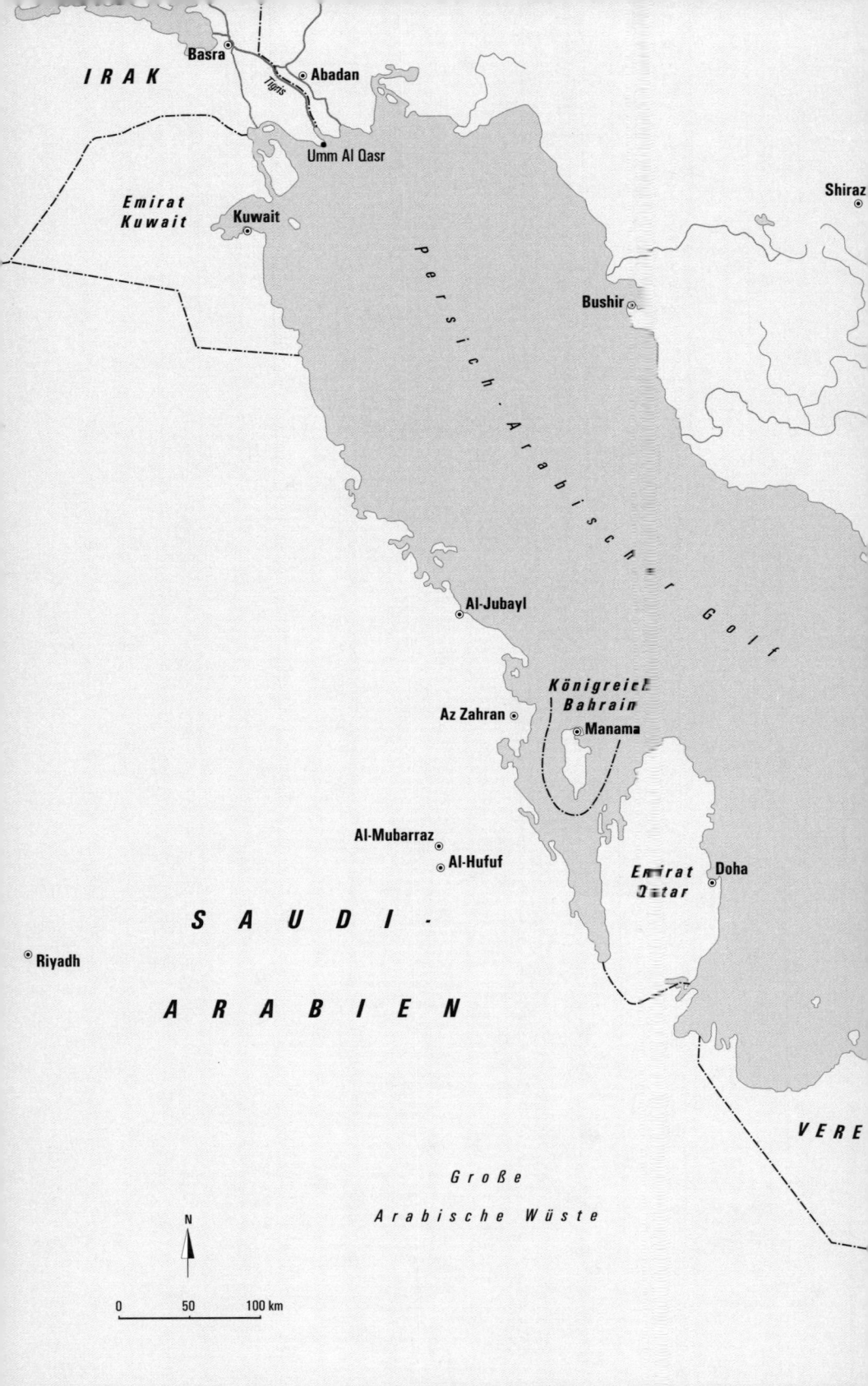